U0846634

为中华崛起传播智慧

To disseminate intelligence for the rise of China

机工传媒
China Machine Media

国家出版基金项目

中国战略性新兴产业研究与发展

R&D of China's Strategic New Industries

远程设备智能维护

Intelligent Maintenance of Remote Equipment

赵炯 周奇才
熊肖磊 刘星辰 张伟光 编著

机械工业出版社
China Machine Press

本书介绍了远程设备数据采集和智能维护知识，围绕监控与数据采集系统的先进技术及相关标准，讲解了设备数据采集、远程传输、状态监测、运行管理和健康评估等方面使用的完整理论和技术，并以斗轮机为例，对系统的数据采集部分、远程通信、数据库以及监控维护平台的设计和实现作了完整的说明。书中所述内容适用于所有类型的设备，并不限于斗轮机。

与国内外已出版的同类书籍相比，本书不仅介绍了设备数据采集、状态监测、健康评估等相关技术和理论，还将理论与实际结合，介绍了实际监控与数据采集系统的开发过程，使读者在了解理论知识的同时，也能了解理论知识在实际工程中的应用。本书适用于从事设备监测和维护方面的工程技术人员和科研设计人员，也可作为高等院校相关专业的本科生和研究生教材。

图书在版编目（CIP）数据

中国战略性新兴产业研究与发展. 远程设备智能维护 / 赵炯等编著. —北京 : 机械工业出版社, 2019.6

ISBN 978-7-111-62956-6

Ⅰ. ①中… Ⅱ. ①赵… Ⅲ. ①新兴产业—产业发展—研究—中国②设备—智能控制—产业发展—研究—中国 Ⅳ. ①F269.24 ②F426.67

中国版本图书馆 CIP 数据核字（2019）第 116091 号

机械工业出版社（北京市百万庄大街 22 号 邮政编码 100037）

策划编辑：赵 敏 责任编辑：张珂玲

责任校对：李 伟 封面设计：德浩设计工作室

责任印制：北京宝昌彩色印刷有限公司印制

2019 年 6 月第 1 版第 1 次印刷

170mm×242mm · 25.75 印张 · 479 千字

定价：178.00 元

凡购本书，如有缺页、倒页、脱页，由本社发行部调换

电话服务	网络服务
服务咨询电话：(010)88361066	年 鉴 网：http://www.cmiy.com
读者购书热线：(010)68326643	机工官网：http://www.cmpbook.com
(010)68326294	机工官博：http://weibo.com/cmp1952

中国战略性新兴产业研究与发展

编委会

序言

全球金融危机和经济衰退发生以来，美欧日俄等为应对危机、复苏经济、抢占未来发展的先机和制高点，都在重新审视发展战略，不断加快推进“再工业化”，培育发展以新能源、节能环保低碳、生物医药、新材料与高端制造、新一代信息网络、智能电网、海洋空天等技术为支撑的战略性新兴产业，在全球范围内构建以战略性新兴产业为主导的新产业体系。力图通过新一轮技术革命的引领，重新回归实体经济，创造新的经济增长点。这已成为很多国家摆脱危机、实现增长、提升综合国力的根本出路。可以预计，未来的二三十年将是世界大创新、大变革、大调整的历史时期，人类将进入一个以绿色、智能、可持续发展为特征的知识文明时代。那些更多掌握绿色、智能技术，主导战略性新兴产业发展方向的国家和民族将在未来全球竞争合作中占据主导地位，赢得全球竞争合作，共享持续繁荣进程中的主动权和优势地位。

为应对金融危机和全球性经济衰退以及日趋强化的能源、资源和生态环境约束，以实现中国经济社会的科学发展、和谐发展、持续发展，党中央、国务院提出加快调整产业结构、转变经济发展方式，加快培育和促进战略性新兴产业发展的方针，出台了《国务院关于加快培育和发展战略性新兴产业的决定》以及相关政策举措。可以肯定，未来 5 ～ 10 年将是我国结构调整与改革创新发展的一个新的战略机遇期，将通过继续深化改革，扩大开放，提升自主创新能力，建设创新型国家，实现我国科技、产业、经济由大变强的历史性跨越，我国经济社会发展将走出一条依靠创新驱动，绿色智能，科学发展、和谐发展、持续发展之路，实现中华民族的伟大复兴。

展望未来，高端装备制造、新能源汽车、节能环保、新一代信息技术、生物医药、新能源、新材料、绿色运载工具、海洋空天、公共安全等全球战略性新兴产业将形成十数万亿美元规模的宏大产业，成为发展速度最快，采用高新技术最为密集，最具持续增长潜力的产业群落。战略性新兴产业的发展需求也将拉动技术的创新突破和产业的结构调整，为包括我国在内的全球经济发展注入新的强大动力。

在世界各国高度重视培育和发展战略性新兴产业的新形势下，编著一套“中国战略性新兴产业研究与发展”图书，借鉴国外相关产业发展的成功经验，对行业发展思路、发展目标、发展战略、发展重点、投资方向、政策建议等方面进行全面、系统研究，凝聚对战略性新兴产业内涵和发展重点的认识，为国家战略性新兴产业发展规划的顺利实施，以及政府和有关部门制定促进战略性新兴产业发展的相关政策和法规提供参考，具有十分重要的现实意义。

“中国战略性新兴产业研究与发展”系列图书对相应产业的阐述、分析均注重强调战略性新兴产业的六个主要特点：

一是**绿色**。战略性新兴产业属于能耗低、排放少、零部件可再生循环的“环保型”“绿色型”产业，无论从产品的设计、制造、使用，还是回收、再利用等整个生命周期的各个环节，对资源的利用效率与对环境的承载压力均要求达到最理想水平。

二是**智能**。新型工业化要求坚持以信息化带动工业化、以工业化促进信息化，即要实现“两化融合”。而“两化融合”决定了智能是未来产业尤其是战略性新兴产业的发展方向。所谓智能，是指制造过程的智能化、产品本身的智能化、服务方式的智能化。这些均是智能的最基本层次，它还具有其他更为丰富的内涵。如：智能电网，通过先进的传感和测量技术、先进的设备技术、先进的控制方法以及先进的决策支持系统技术的应用，可实现电网的可靠、安全、经济、高效、环境友好和系统安全等方面的智能；智能汽车不只是安全智能，还包括节能、减排、故障预警等方面的智能。

三是**全球制造**。随着全球化趋势不断深化，战略性新兴产业的发展成果也必将是由全人类共创共享。新产品的研制开发，不再由一个企业独自完成，需要集成各方面优势资源共同解决。例如，iPhone 在中国完成装配，但它的设计、研发以及许多零部件的供应都是在美国、日本、欧洲等国实现的，其本身就是一个全球化的产品。因而，未来的制造必然是全球化制造、网络化制造。

四是**满足个性化需求与为更多人分享相结合**。目前中国有13亿人口，印度有12亿人口，还有巴西、印度尼西亚等新兴国家、发展中国家也都要实现现代化。在全球如此规模庞大的人群中，既存在富裕阶层、高消费阶层，他们的消费需求是个性化、多样化的；又有占比较大的中产阶层、贫困人口，他们的消费需求是基本层次的，但也不能被忽视。两种类型的消费需求必须同时被满足，这不仅是构建和谐社会的需要，而且是构建和谐世界的需要。因此，我国发展战略性新兴产业，应该既要满足中高端个性化的需求，同时又要满足我国与其他发展中国家广大普通消费者的需求。要把个性化的设计、个性化的产品生产，与规模化、工业化的传统生产结合起来，不能完全抛弃传统的规模化生产方式。

五是**可持续**。要使有限的自然资源得以有效、可持续利用，发展利用可再生资源、能源，强调发展再制造、循环经济。无论是原材料使用，还是零部件制造，从研发、设计之初就考虑到了生产中的废料、使用后的遗骸的回收处置，使其能够重新得到循环利用。

六是**增值服务**。培育发展战略性新兴产业需要注意在设计制造过程中与产品售后、使用过程中提供相关增值服务。不应再局限于传统的观念，只注重制造本身，而不注重服务的价值。例如，发展电动汽车产业，必须首先解决好商业模式问题，包括充电桩建设、电池更换、废旧电池回收等服务，否则将无法广泛推广。

“中国战略性新兴产业研究与发展”系列图书内容丰富，资料翔实，观点鲜明，立意高远，并力求充分体现出“四性”，即科学性、前瞻性、指导性和基础性。

第一，体现**科学性**。所谓科学性，就是指以科学发展观为指导。科学发展观的核心是以人为本，总体目标是全面、协调、可持续，基本方法是统筹兼顾，符合客观规律。“中国战略性新兴产业研究与发展”系列图书既要能够为党中央、国务院提出的加快发展战略性新兴产业的总体战略服务，又不应受到行业、部门的局限，更不能写成规划或某些部门规划的解读材料，而应能够立足于事物客观规律、立足于全局。各分册编写组同志重视调查、研究，力求对国情、科技、产业及全球相关产业的发展态势有比较准确的把握，努力为我国战略性新兴产业的发展提供一本基于科学基础的好素材。这套图书立足基于我国国情，而不是简单地把发达国家的相关产业信息进行综合、编译，照搬照抄。当然，我国发展战略性新兴产业不能“闭门造车”，而是要坚持开放性，积极参与国际分工合作，充分利用全球优势资源，提高发展的起点和水平。因而，有必要参照国际成功经验与最新发展趋势，但一定要以我国国情和产业特点为根本出发点，加快培育和发展有中国特色的、竞争能力强的战略性新兴产业。

第二，体现**前瞻性**。一是能够前瞻战略性新兴产业的发展，因为这套图书是战略性新兴产业的发展指导书。二是能够前瞻战略性新兴产业技术的发展。为了做好这两个前瞻，必须要适当地前瞻全球经济、我国经济与战略性新兴产业发展的趋势。只讲发展现状是不够的，因为关于现状的资料很多，通过简单的网络搜索即可查到；也不能只罗列国外的某些规划和发展战略。“中国战略性新兴产业研究与发展”系列图书的编写注重有深度的科学分析与前瞻性的研究。

第三，体现**指导性**。“中国战略性新兴产业研究与发展”系列图书本身就是指导书，能够对产业、对技术、对国家制定政策，甚至在未来国家发展战略与规划的制定等方面发挥一定的引导作用与影响。虽然不能说这套图书可以指导国家战略与规划的制定，但是应该努力发挥其积极的引导作用。

第四，体现**基础性**。所谓基础性，就是指要能够提供战略性新兴产业的基础信息、基础知识，以及我国和有关国家在相关产业发展方面的基本战略，主要的法规、政策和举措，并尽可能提供一些基本的技术路线图。比如，在轴承分册，就描述了一个轴承产业发展的路线图。唯有如此，“中国战略性新兴产业研究与发展”系列图书才能满足原来立项的宗旨——不仅要为工程技术界、大学教师、大学生与研究生提供学习参考书，为产业界的技术人员、管理人员提供决策参照，而且要为政府部门的政策法规制定者提供参考。

机械工业出版社是具有60多年历史的专业性综合型出版机构，改革开放后，随着市场经济的发展，机械工业出版社不断改革转型，不但形成了完善的编辑出版工作流程和质量保证体系，而且编辑人员作风严谨，工作创新。

“中国战略性新兴产业研究与发展”系列图书不仅是一套科技普及书，更是一套产业发展参考书，必须既要介绍国内外战略性新兴产业的发展情况，又要阐述相关政策、法规、扶植措施等内容。因此，这套图书的组编单位、编写负责人和编写工作人员必须要有相关积累和优势。“中国战略性新兴产业研究与发展”系列图书所选的分册主编和作者主要是精力充沛的业内中青年专家，并由资深专家负责相应的编审、校审工作。现在看来大多数工作由中青年同志担当，是完全符合实际的。此外，这套图书的编著还充分发挥了有关科研院所、行业学会和协会的作用，他们的优势在于对行业比较熟悉，并掌握了较为丰富的资料。

最后，特别感谢国家出版基金对“中国战略性新兴产业研究与发展”系列图书的大力支持！感谢全体编写出版人员的辛勤劳动！

期望“中国战略性新兴产业研究与发展”为社会各界了解战略性新兴产业提供帮助，期待中国战略性新兴产业培育和发展尽快取得重大突破，祝愿我国在不久的将来实现由经济大国向经济强国的历史性跨越！

是为序。

路甬祥

前言

在生活和工业生产中存在着广泛的信息获取和监控需求。比如在外出时，我们希望能随时查看家里的情况；在大规模的生产车间，希望能查看各个区域的生产情况和加工设备的状态。通过对特定对象数据的采集和信息交互，可以对该对象进行状态监测、控制乃至有价值信息的提取（比如故障诊断）。这些实现对象数据采集以及基于数据一系列应用的系统，统一称之为监控与数据采集系统。它在设备维护、智能家居、车联网等生活和工业领域中无处不在，本书的主题就是对监控与数据采集系统理论和应用进行介绍，并在此基础上对一个具体的监控与数据采集系统的设计进行详细说明。监控与数据采集系统涉及数据采集、远程通信、数据存储和管理、状态监测和远程维护等应用，本书在介绍相关理论与技术时，也对设备监控与数据采集系统的开发过程作一个完整的描述，使读者不仅对系统的概念有所了解，也为实际的系统开发提供一个参考。

一、特色

本书集数据采集、远程通信、数据库、数据分析管理、Web 监测维护平台、VPN 远程连接等基础知识与设计技能为一体，把设备远程监测维护领域的理论研究和实际应用表现得淋漓尽致。

全书语言简洁、精炼。一方面，在介绍基础知识及理论时，力求用简洁的语言及丰富的插图方便读者理解，加深印象；另一方面，在介绍设备远程监测维护系统的具体实现时，也尽量做到深入浅出，避开艰深技术词汇，多用简单的实例、图形化的表达来帮助读者了解系统的运行原理和关键功能的实现。

全书的组织结构、章节安排经过了精心的设计，由整体到部分，由基础知识到具体实现，逻辑清晰，由浅入深，不会有因内容的跳跃带来阅读障碍，便于读者对基础知识和系统设计理解的逐层深入。

二、内容

本书主要介绍监控与数据采集系统的基础知识，并以斗轮机为对象，对它的远程监测系统的设计过程进行详细的阐述。监控与数据采集系统主要包括数据采集、网络通信和监控应用三部分。在介绍这些内容的时候，首先介绍该部分的基础知识，然后再以斗轮机为例，说明实际系统的设计。比如在介绍数据采集部分内容时，先介绍数据采集常用的技术，对这个领域作一个简要的概述后，再说明本系统中斗轮机数据采集如何实现。

本书的内容主要分为五部分，第一部分是第 1 ～ 2 章，主要对设备智能产业的现状和发展趋势进行分析，同时对监控与数据采集系统的概念、定义、发展历史、内涵和结构组成以及典型应用进行简要介绍。通过5个典型的例子，让读者对监控与数据采集系统有一个初步的认识，然后再对监控与数据采集系统的通用结构作一个总结，并对结构中的主要组成部分作简要说明。第二部分是第 3 章，这部分主要以斗轮机为例，说明一个实际的监测维护系统的设计要素，以及它的组成和功能，为后面的具体开发提供一个框架。第三部分是第 4 ～ 6 章，这部分主要介绍数据获取部分的实现，包括设备数据的采集和远程通信的实现。第四部分是第 7 ～ 10 章，这部分主要讲述数据的组织和存储，包括数据库的详细设计、监控中心硬件的组建和软件设计。软件包括数据接收和预处理模块、状态监测模块、地理信息监控主界面、状态监测、数据查询、运维分析、寿命预测模块。第五部分是第 11 ～ 12 章，这部分主要介绍监控与数据采集系统在移动端的实现，同时介绍了港口岸桥远程监测与智能维护系统的实现。

全书由赵炯统稿，第 1、2、3 章由周奇才撰写，第 4、5、6 章由赵炯撰写，第 7、8 章由熊肖磊撰写，第 9、10 章由刘星辰撰写，第 11、12 章由张伟光撰写。另外，于学海、凌浩撰、甘凯、王磊、刘玲锦、朱清、陈阳振、周影、杨天豪及邹军在本书的编写过程中作了大量的校对和制图工作。

本书可作为高校学生、研究生，工程师和企业同行开展设备远程监测维护技术研究或系统开发的参考书。

赵炯

2019 年 6 月 20 日

编写说明

《国务院关于加快培育和发展战略性新兴产业的决定》确定了我国未来经济社会发展的战略重点和方向是战略性新兴产业，并且根据我国国情和科技、产业基础，又制定出现阶段重点发展节能环保、新一代信息技术、生物、高端装备制造、新能源、新材料、新能源汽车、数字创意和相关服务业九大新兴产业。可见，九大战略性新兴产业将是国家重点支持、大力推广的产业。

为了使大家全面理解、准确把握、深刻领会国家这一战略决定的精神实质，了解其发展内涵，推动产业结构升级和经济发展方式转变，增强国际竞争优势，抢占新一轮经济和科技制高点，机械工业出版社在国家出版基金的支持下，组织各领域权威专家编写了一套“中国战略性新兴产业研究与发展”（以下简称“研究与发展”）图书。

“研究与发展”以国家相关发展政策和规划为基础，借鉴国外相关产业发展的成功经验，对产业发展思路、发展目标、发展战略、发展重点、投资方向、政策建议等方面进行了全面、系统的研究；对前瞻性、基础性和目前产业上有瓶颈限制的问题提出了有针对性的对策。

“研究与发展”采用分期分批的出版方式陆续出版发行，第一期12 个分册、第二期 13 个分册分别于 2013 年 6 月和 2018 年 2 月完成出版，第一期包括：太阳能、风能、生物质能、智能电网、新能源汽车、轨道交通、工程机械、水电设备、农业机械、数控机床、轴承和齿轮。第二期包括 ：功能材料、物流仓储装备、紧固件、模具、内燃机、塑料机械、塑木复合材料、物联网、制冷空调、智能制造装备、非常规油气、中压开关和数据中心。本次出版的第三期 29 个分册图书包括：营商环境行动 2.0、生物基材料、数据与企业治理、智慧经济、智能注塑机、数据赋能组织、高端轴承、冷链物流、智能汽车、通用航空、远程设备智能维护、智能供应链、智能化立体车库、气体分离设备、焊接材料与装备、高端液气密元件、高端链传动系统、零部件数字化发展、风电齿轮箱、海洋油气装备、内燃动力工程装备、变频调速设备、电子信息功能材料、智能制造、数控系统、工业机器人、核电、智造与工业互联网、增材制造。今后根据国家产业政策要求及各行业的发展情况还将陆续推出其他分册。

为了出版好“研究与发展”，机械工业出版社成立了“中国战略性新兴产业研究与发展”编委会，全国人大常委会原副委员长路甬祥担任编委会主任。路甬祥副委员长对该套图书的编写高度重视，亲自参加编委研讨会，多次提出重要指导意见。他从图书的定位、内容选材、作者队伍建设和运作流程等方面都给予了全面和具体的指导，并提出了“六个特点”和“四性”的具体要求。

机械工业出版社还建立了完善的项目管理、编写组织、出版规范和网络支撑四个方面的工作体系来保证图书质量，投入了大量的精力组织行业权威专家规划内容结构、研讨内容特色。参与图书编写的主创人员自觉自愿地把自己的聪明才智和研究成果奉献给社会，奉献给国家。他们都担负着繁重的科研、教学、行业管理或生产任务，为了使此书能够早日与大家见面，他们不辞辛苦、加班加点，因为他们都有一个共同心愿——帮助企业快速成长，使中国由大变强。

在此，衷心地感谢为此项工作付出大量心血的组编单位、各位专家、各位撰稿人、编辑出版及工作人员！

尽管我们做了大量工作，付出了巨大努力，但仍难免有疏漏或错误之处，敬请读者批评指正！

中国战略性新兴产业研究与发展 编辑部

2019 年 5 月

目录 CONTENTS

第1章 设备智能维护产业分析

设备是现代企业的主要生产工具，也是企业现代化水平的重要标志。对于一个国家而言，设备既是发展国民经济的物质技术基础，又是衡量社会发展水平与物质文明程度的重要尺度。随着工业生产的发展和设备现代化水平的提高，设备在现代生产中的作用与影响日益扩大。提高企业机械设备维护管理水平，获得良好的维修效果，是保证企业生产正常运行的基础。因此，设备维护管理也得到了相应重视、充实和发展。

设备的维护是指维持产品的使用及操作状态，或者是为了消除故障和缺陷等所采取的措施和活动。设备的维护发展方式大致可以分为以下三种：

（1）事后维护方式（Breakdown Maintenance）　指设备发生故障后，或者设备的精度、性能降低到合格水平以下时进行的非计划性修理。事后维护方式是企业普遍采用的方式，但这也是一种被动的维护方式，适用于一些发生故障后对正常生产影响小、能及时提供备件、修理技术不复杂、利用率不高的设备。

（2）定期预防维护方式（Periodic Maintenance）　是一种预防维护方式，分为小、中、大修。由于周期性维护是被动、计划性的维护方式，它只适用于那些已掌握磨损规律的设备。

（3）基于状态维护（Condition-Based Maintenance，CBM）　是一种全新的设备维护方式。它是以设备实际状态为基础的预防性维修方式，根据设备当前运行状态确定是否进行检修，是一种主动、积极的维护方式。它比定期预防维护和事后维护更合理，对于一些利用率高、发生故障后对生产影响较大的关键设备，配件供应困难、精度高的大型设备可实行基于状态维护。

基于状态维护的核心思想是在有证据表明故障将要发生时才对设备进行维护。这种维护方式根据状态监测、故障诊断分析的结果，并结合设备运行的实际状况，确定检修时间，再安排停机检修。这样做可以节省人力、物力和财力，减少不必要的消耗，是延长设备运行周期、提高生产率、增加企业经济效益的有效途径。该方式在发达国家企业中已获得广泛的应用，我国企业也正逐步向这方面过渡。

由于高科技技术的应用，现代设备向着大型化、自动化、高精度、高效率、机电液一体化等方向发展，其性能与复杂程度不断提高，因而在工作中经常产生各种故障。设备相应出现突发性故障率高、可靠性低、维修费用高、维修周期长、停机损失大甚至机毁人亡等一系列问题。例如：1992 年德国 Wilmersdorf 电厂一台 83.6MW 的发电机发生事故，并引起氢气爆炸造成火灾，直接经济损失 2 000 万马克；1998 年我国某钢厂一台大功率高炉鼓风机数级叶片折断，致使该高炉停产，直接经济损失数千万元；而印度博帕尔化工厂和苏联切尔诺贝利核电站的事故对社会环境造成的巨大灾难和生命财产损失则是空前的。

仅仅依靠现场值班员的定时巡检或事后维护等方式已经无法满足当下设备维护管理的发展要求，设备状态监测与故障诊断技术应运而生。设备状态监测与故障诊断技术是一种了解和掌握设备在使用过程中的状态，判断其整体或局部是否正常，及早发现故障及其原因，并能预测故障发展趋势的技术。该技术能通过对设备各关键部件的温度、振动、噪声等各种参数的监测，分析设备运行的好坏，及早发现故障苗头，从而采取相应的预防措施，避免因突发性设备故障造成的经济损失，确保生产施工的顺利进行。由此可见，采用状态监测与故障诊断技术可以尽快改变我国长期以来凭个人经验去寻找故障的落后局面，对提高设备维护管理水平至关重要。

实施状态监测与故障诊断技术的经济效益是明显的。据日本有关部门统计，采用状态监测与故障诊断技术后，事故率减少了 75%，维修费用降低了 25% ～ 50%。法国 GraVelines 电厂在两年内由于采用了设备状态监测与故障诊断技术进行设备维护，实际节约了 540 多万法郎；国内如辽化、大庆石化等一些开展状态监测与故障诊断较好的单位，也产生了显著的经济效益。此外，在减少事故中人员伤亡和提高设备维护管理水平方面，该技术也带来了巨大的社会效益。由此可见，对设备进行状态监测及故障诊断技术研究具有现实必要性。

1.1 设备状态监测与智能维护研究现状

设备状态监测与故障诊断技术包括设备状态监测、故障诊断和预测发展趋势等几个方面。具体过程分为信号采集、信号处理、故障识别、决策支持等几个环节，该技术实现过程如图 1-1 所示。

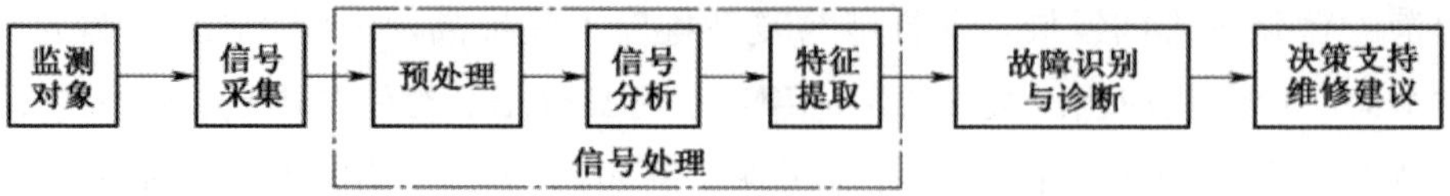

图 1-1　设备状态监测与故障诊断流程

这一技术的基本内容可以归纳为以下四个方面：

（1）信号采集　设备在运行过程中必然会有力、热、振动及能量等各种量的变化，由此会产生各种不同信息。根据不同的诊断需要，选择能表征设备工作状态的不同信号，如振动、压力、温度等是十分必要的。这些信号一般是用不同的传感器来拾取的。

（2）信号处理　这是将采集到的信号进行分类处理、加工，获得能表征设备特征的过程，也称特征提取过程，如对振动信号从时域变换到频域进行的频谱分析即是这个过程。

（3）故障识别　将经过信号处理后获得的设备特征参数与规定的允许参数或判别参数进行对比，以确定设备所处的状态，即是否存在故障及故障的类型和性质等。为此应正确制定相应的判别准则和诊断策略。

（4）诊断决策　根据对设备状态的判断，决定应采取的对策和措施。同时应根据当前信号预测设备状态可能发展的趋势。进行趋势分析，估计今后发展和可继续运行的时间。

国外状态监测与故障诊断技术的研究应用已有 40 多年的历史，美国是最早开展状态监测与故障诊断技术研究的国家。目前，美国已有多家公司从事电站状态监测与故障诊断系统的工作，其中最知名的有西屋公司（WHEC）、Bently 公司和 IRI 公司。在欧洲也有不少公司从事状态监测与故障诊断技术的研究、产品的开发及应用。如瑞士 ABB 公司目前正在大力发展振动观察系统（Vibro-View），并由诊断软件精确诊断机器故障。法国电气研究与发展部近年来发展了监测与诊断辅助站的 PSAD 系统，用于大型电站机组监测与诊断。英国在 20 世纪 60 年代末，以 Collacott 为首的机械状态监测中心首先开始故障监测诊断技术的研究，目前已有多家机构从事此项研究。

我国故障监测诊断技术起步较晚，然而得益于国家政府部门的重视和广大学者的努力，该技术得到了快速的发展。目前在理论研究方面，我国形成了特有的故障监测诊断理论，出版了许多相关的论著，研制出了一系列与国际接轨的大型设备状态监测与故障诊断系统。与国外相比，我国虽然在故障监测诊断技术的理论研究上已接近世界水平，但在应用技术方面仍有一定差距。

近年来，设备状态监测与故障诊断技术得到了前所未有的发展。在诊断方法和理论方面，人们不断吸收人工智能、信息工程、系统控制等方面的成果，用于改善和提升它的精度和可靠性；在诊断仪器和手段方面，监测手段的在线式、智能型、数字化等特征日趋明显；在应用方面，监测系统的集成化、分布式、网络型等特点尤为突出。

由前述可知，基于状态维护的关键是状态监测与故障诊断技术，维护人员根据诊断结果制定诊断决策，对设备及其工作进行必要的预测及干预。由于状态监测技术的发展，设备基于状态维护技术得到了飞速发展，在机械（飞机、潜艇、盾构机）、能源（汽轮发电机组、风能涡轮机组）等领域得到了广泛的应用，产生了巨大的经济效益。在吸收计算机技术、通信技术等先进技术后，基于状态维护技术从单机现场维护向多机组网和远程故障诊断维护等方式转变。

在设备的状态监测和故障诊断领域，李江林设计了一套电厂电气设备故障诊断专家系统，解决了徐州垞城电厂电气设备的状态监测与故障诊断；蒋东翔等采用模糊数学、模糊模式识别、模糊人工智能和基于规则的专家系统等混合智能诊断方法，应用于大型汽轮发电机组和电力热力系统的设备的故障诊断；桂中华等人设计了一套水轮机组状态监测与故障诊断的专家系统，应用于丹江口水电厂水轮机组的状态监测与故障诊断；史定国等人为上海宝钢热电厂高炉风站 48000kW 同步电动机拖动的全静翼可调的轴流大型风机设计了状态监测与故障诊断系统；Peng Yongsheng 等人提出采用经典分析方法（Classical Analysis Methods）和高级时频分析方法（Advanced Time-Frequency Analysis Methods）分别处理稳态信号和非稳态信号，建立基于 Internet 的集中式泵站状态监测和故障诊断系统；Gu 等人建立了一套多轴钻机状态监测和故障诊断系统，以振动和力传感器检测设备状态，采用递归优化双线性判别函数（Recursion Optimization Bilinear Discriminant Function，ROBDF）进行信号提取和故障诊断；Twiddle J.A. 等人提出基于模糊模型的状态监测和故障诊断系统，并应用于柴油机冷却系统；Zhang Xi 等人为基站信号控制设备的故障诊断开发了一套基于人工智能和专家系统的状态监测与故障诊断系统，系统结构由知识获取、设备状态监控数据输入、知识库、机器推理、综合数据库、人机界面等部分组成；Zhao Xiukuan 等人针对复杂设备难以建立数学模型的情况，提出基于多级半监督学习的支持矢量机方式实现设备智能状态监测；

Marzi Hosein 针对高速、高精度机械设备需要持续在线监控这一问题，提出基于神经网络自适应模块的状态监控和故障诊断系统。

1.2 设备状态监测与智能维护发展趋势

1.2.1 监控与数据采集系统

随着传感器的日益廉价和多样化，我们能获取的数据不仅在体量上不断增大，而且可以获取很多以前难以获得的信息。同时工业和生活的发展变化带来的新需求也不断驱动监控与数据采集系统的发展。总的来说，监控与数据采集系统正朝着开放和标准化的方向发展，同时随着通信、软件技术和计算机计算能力的提升，系统已经能够实现过往难以实现的远程、即时和大计算量的功能，因此监控与数据采集系统可以应用到港口、建筑和航空航天等各类工业场景以及交通和家居等生活场景。由于各个领域的需求不同，不同领域的监控与数据采集系统结构、特性和功能也不尽相同。从功能角度上看，监控与数据采集系统可以分为两大类：控制型和应用型。

控制型监控与数据采集系统：所谓控制型监控与数据采集系统，指的是系统是出于控制的目的而构建。比如典型的分布式控制系统（Distributed Control System，DCS）和工业监控与数据采集（Supervisory Control and Data Acquisition，SCADA）系统都属于这一类。由于主要目的是控制，因此系统把稳定性、敏捷性和安全性放在首位。系统的数据采集主要是作为控制程序的输入，实现设备或过程的精准、快速控制，因此系统对数据传输的即时性要求极高，数据一般通过工业总线和以太网等稳定快速的媒介传输，通常大部分数据在设备端通过可编程逻辑控制器（Programmable Logic Controller，PLC）或工控机即时处理，远程监控中心只接收一些即时性要求不高的状态指示数据，起到对全局的监测作用。

应用型监控与数据采集系统：应用型监控与数据采集系统则是指系统出于除控制之外的其他功能和应用而构建的系统。比如汽车服务应用系统和互联网单车租借系统，以及近期比较热门的智能家居系统和车联网系统，都属于这一类。在工业领域，预测与健康管理系统（Prognosties and Health Management System，PHMS）也属于这一类。这类系统对数据传输和处理的即时性要求相对较低，而侧重于大数据量分析和相关功能应用的实现。比如汽车服务应用系统中的车况诊断、油耗分析和紧急求助等，预测与健康管理系统中的故障诊断和剩余寿命预测等。随着传感技术、通信技术的发展，应用型监控与数据采集系统的功能不断丰富，小到定位追踪的生活化应用，大到设备维护的工业化应用，应用型监控与数据采集系统都扮演着重要的角色。

控制型和应用型监控与数据采集系统的分类并非泾渭分明。实际上，大部分监控与数据采集系统都是两者的结合，这也是监控与数据采集系统的发展趋势。比如在工业监控与数据采集系统中，不仅有设备和生产过程的自动化控制，还有基于采集数据的设备状态监测和健康评估。在工业 4.0 的背景下，信息、物理系统的结合不仅加快了自动化控制的进程，同时大量获取的信息催生了丰富的功能和应用，两者的基础都是信息的获取。实际上，监控与数据采集系统正是信息化的产物，监控与数据采集系统的发展与信息化技术的发展紧密相关，到今天已经经历了三代。

第一代监控与数据采集系统起源于 20 世纪 70 年代，一般采用专用计算机和专用操作系统。如电力自动化研究院为华北电网开发的 SD176 系统以及日本日立公司为我国铁道电气化远动系统所设计的 H-80M 系统。

第二代监控与数据采集系统出现在 20 世纪 90 年代，开始基于通用计算机技术，广泛采用 VAX 机和 PDP 机，操作系统使用 UNIX 或类 UNIX 系统。因为计算机价格非常昂贵，所以一般采用集中控制，计算机用量少，同时由于技术复杂、系统不具有开放性，少有人熟悉，导致系统维护升级、设备改造更新、多系统网络互联、多系统信息交换都非常困难。

第三代监控与数据采集系统出现在 20 世纪 90 年代，其通信部分基于网络技术，管理部分结合数据库技术，控制系统采用通用微型计算机或单片机，网络协议开放，易于多系统之间互联，数据库可以帮助管理人员储存大量的数据，从而进行数据挖掘、运行分析等工作。采用通用微型计算机使系统价格急剧下降，为使用者节省了大量资金。系统维护简单，易于更换和升级，有利于系统长时间不间断运行。

当前，监控与数据采集系统正逐渐向第四代过渡。Internet、FCS、GSM、GPRS 等网络技术的利用，GIS、GPS、面向对象技术、神经网络技术、专家系统的融入，Windows、Linux、RTOS 等操作系统的使用，SQL、ODBC、OPC 等标准的完善，都预示着第四代监控与数据采集系统将会更加适合社会需求，更加广泛应用于社会各个领域。可以说，监控与数据采集系统随着社会和工业的发展而发展，近期比较热门的全生命周期、大数据和数据挖掘等概念无不和它相关。

1.2.2 监控与数据采集系统和 CBM 系统

CBM（基于状态维护）是一种全新的设备维护模式，其核心思想是在有证据表明故障将要发生时才对设备进行维护。它通过对设备工作状态和工作环境的实时监测，借助人工智能等先进的计算方法，诊断和预测设备未来的有效工作周期，合理安排设备未来的维修调度时间。CBM 是一种基于设备实际状态的智能维护方式，相比传统的事后维护（Breakdown Maintenance）和定期维护（Periodic Maintenance）更加合理和高效。

监控与数据采集系统在设备维护领域的应用正是 CBM 思想的体现。系统通过对设备或生产过程状态数据的采集，在监测端实现其远程监测和智能维护，这个过程就是 CBM 思想在监测与维护系统上的实践。因此监测与数据采集系统的设计与开发需要借鉴 CBM 思想和相关标准，特别是在工业领域，监控与数据采集系统可以说是 CBM 系统的类型之一。

CBM 系统用来监测复杂系统的运行，并为现场操作人员提供系统目前健康状况的准确评估。如果可能，CBM 系统还能预测系统或子系统的剩余寿命。剩余寿命是从设备目前状况到期望失效点的运行时间。失效标准必须根据运行环境定义，例如失稳点，性能、价格或者噪声水平的最低限。OSA-CBM 包含了建立一个 CBM 系统所需的各个功能模块，并为状态监测的硬件要求，设备故障诊断、预测及维修决策方案的人机界面提供了一套规范。OSA-CBM 将 CBM 系统分成七层不同的技术模块，分别为：数据采集模块（Data Acquisition）、数据处理模块（Data Maipulation）、状态监测模块（Condition Monitoring）、健康评估模块（Health Assessment）、预诊断模块（Prognostics）、决策支持模块（Decision Support）、表述模块（Presentation）。一个完整的 CBM 系统结构应当具有从数据采集到给出具体维修建议等一系列功能。CBM 系统的主要功能包括：传感和数据获取、信号处理和特征提取、产生警告、失效或故障诊断和状态评估、预诊断（预测未来健康概况和估计剩余寿命）、辅助决策（维修建议或为特定现场运行准备的资产评估）、管理、控制数据流动与测试时序、对历史数据存储和存取管理、系统配置管理和人机系统界面。CBM 系统的组成模块如图 1-2 所示。

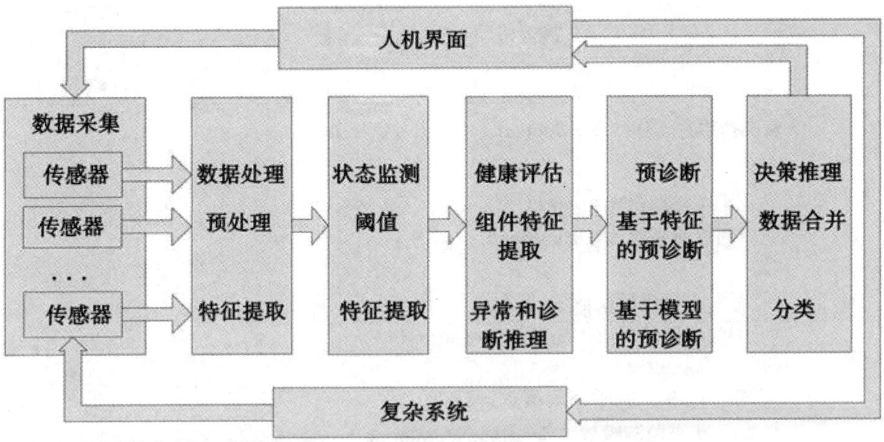

图 1-2 CBM 系统组成模块

OSA-CBM 的体系结构将 CBM 系统分成具有不同功能的 7 个层次，定义了不同层次之间的数据接口和通信协议，保证 CBM 系统内部不同层次模块的互操作性和互换性。OSA-CBM 定义的 CBM 框架和标准组件如图 1-3 所示，它们通过计算机网络技术及中间件技术松散结合在一起，构成开放式系统。OSA-CBM 体系结构使用 UML 语言定义一个面向对象的系统模型并使用抽象接口描述语言 AIDL（Abstract Interface Document Language）定义界面规范。AIDL 语言是文本式语言，可以转换为用户选择的中间件接口描述语言，如 DCOM MIDL、Web-based/XML、CORBA IDL 等。由于表述模块通常用于显示和存取底层模块的数据，而并不为其他模块提供任何信息，OSA-CBM 没有定义它的数据接口，而决策支持模块针对不同的故障和设备硬件提供不同处理机制和维护方法，其接口定义也没有规定。CBM 系统被划分为相互独立的组件，这些组件就是各层的模块，各层模块可以独立设计开发，按照不同的需要灵活组合。CBM 系统的层次结构划分也反映了系统数据流向，每个模块都应该能直接从其需要的层获取所需的数据，但总体上数据的流动还是按照相邻的层顺序流动，从传感器上采集数据，通过各个不同功能的中间层模块处理，传送到决策支持模块，确定设备的故障原因和维护时间。图 1-3 中的箭头方向描述了数据流向。

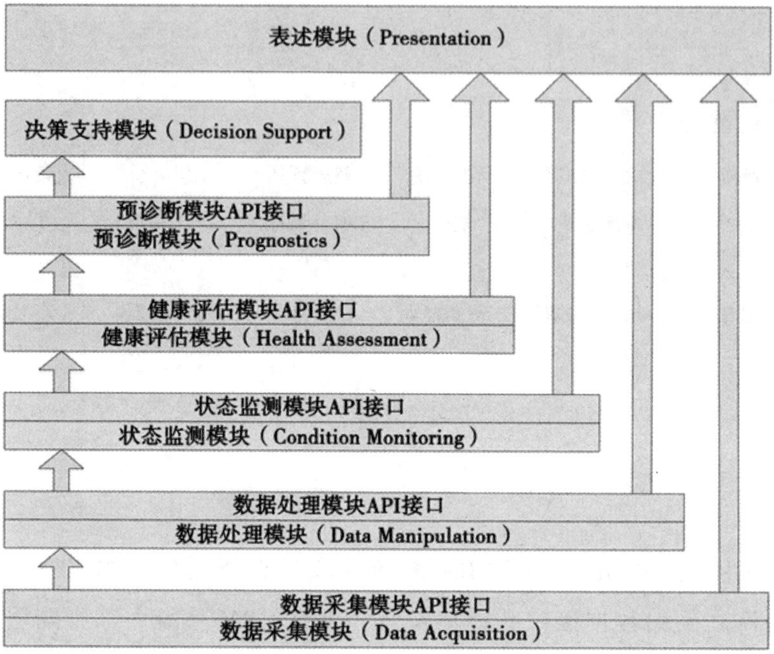

图 1-3 CBM 系统框架

1.2.3 监控与数据采集系统和大数据

当今世界，数据无处不在，已经渗透到当今每一个行业和业务职能领域，成为重要的生产因素。监控与数据采集系统作为通过数据收集、处理和应用，来实现对象的监测、控制、分析等功能的系统，将与大数据技术、物联网技术、云计算技术密不可分地联系在一起。本小节主要针对大数据技术中分布式计算技术和流计算技术，展望未来监控与数据采集系统的发展。

1.2.3.1 大数据的内涵

什么是大数据？麦肯锡全球研究所给出的定义是：一种规模大到在获取、存储、管理、分析方面大大超出了传统数据库软件工具能力范围的数据集合，具有海量的数据规模、快速的数据流转、多样的数据类型和价值密度低四大特征。维克托·迈尔-舍恩伯格及肯尼斯·库克耶编写的《大数据时代》指出，大数据是指不用随机分析法这样的捷径，而采用所有数据的方法。

IBM 首先提出了大数据的 3V 特点：Volume（大量）、Velocity（高速）、Variety（多样），随后又补充了 Value（低价值密度）这个维度，在后续发展中又增添了 Veracity（真实性），形成了所谓 5V 的大数据特征。但大数据的主要难点并不在于数据量大，因为通过对计算机系统的扩展可以在一定程度上缓解数据量大带来的挑战。其实，大数据真正难以对付的挑战来自于数据类型多样、要求及时响应和数据的不确定性。数据类型多样使得一个应用往往既要处理结构化数据，同时还要处理文本、视频、语音等非结构化数据，这对现有数据库系统来说难以应付；在快速响应方面，在许多应用中，时间就是利益；在不确定性方面，数据真伪难辨是大数据应用的最大挑战。追求高数据质量是对大数据的一项重要要求，最好的数据清理方法也难以消除某些数据固有的不可预测性。

大数据技术内容广泛，大规模并行处理（MPP）数据库、数据挖掘、分布式文件系统、分布式数据库、云计算平台、互联网和可扩展的存储系统等，均可视为大数据技术的一部分。

1.2.3.2 传统监控与数据采集系统的局限性

监控与数据采集系统大致分为三个过程：数据采集、数据存储、响应处理。以工程机械远程监控与数据采集系统解决方案为例，其主要采用 GPS 全球定位系统、3G/4G 无线通信技术和 GIS 三种技术的组合。在机械设备机身上安装控制器或者是数据采集装置，控制器通过数据采集装置获取机械设备的状态信息，同时通过 GPS 接收地理位置，而后通过无线通信发送机械设备状态到监控中心，实现对工程机械设备的远程监控。

随着时代的发展，传统监控与数据采集系统面临着数据量大、数据多样化、数据快速化以及数据价值高、数据密度低的挑战。高频率的数据采集如位置信息、故障信息和工况信息，使得数据量上升到太字节（TB）甚至是拍字节（PB）级别。传统的单一数据库存储技术已经无法满足如此庞大的数据存储需求。同时包括设备位置信息、工况信息、故障信息、车辆熟悉、保养维修、人员管理、设计图样、视频和音频等多源异构数据带来了数据处理和存储的挑战。大量网页信息、图片信息等半结构化和非结构化数据挑战着数据处理和存储能力。对于实时性要求高的数据如故障信息等，需要快速的系统更新速度以及对用户查询的高速响应。另外，在大量繁杂数据如几个月的故障信息中找到有价值的数据，进行深度的数据挖掘，也是传统监控与数据采集系统难以胜任的。

1.2.3.3 大数据技术的优势

监控与数据采集系统面临大量的多源异构的数据采集。而大数据应用的第一步是多源异构大数据的感知、融合、表示。业界已经提出了一系列的抽取算法以应对大数据的异构性，针对大数据动态性和时效性的特点，工业界研究开发出许多成熟稳定的开源框架以应对海量动态数据的高效接入。在海量数据的存储方面，当前研究的热点主要集中在分布式文件存储系统、分布式键值对存储、分布式数据库存储方面。在2003年的学术会议上，谷歌发表了GFS分布式文件存储系统的相关文章，次年在OSDI会议上发表了Google的分布式计算框架MapReduce的论文，两年后在OSDI会议上发表了分布式数据库BigTable的文章。Google这三篇重量级论文的发表，极大地普及了分布式计算的核心技术并推动其发展，多种开源分布式计算产品相继出现并得以应用。其中以Hadoop开源项目最为流行，形成了自己的生态圈。2010年Facebook推出了针对海量小文件的文件系统Haystack，类似的还有淘宝推出的文件系统TFS。键值对存储也是重要的存储系统，2007年Amazon提出的Dynamo是一个以键值为模式、去中心化的完全分布式存储系统。NOSQL数据库是另一种非常重要的分布式存储类型。开源界根据BigTable开发了基于HDFS和Zookeeper的分布式列示存储数据库Hbase。在海量数据分布式计算模型方面，Google研发了MapReduce计算模型，适用于海量离线数据的批处理。鉴于MapReduce离线分析的局限性，Yahoo!和Twitter分别开发了流式数据处理框架S4和Storm来处理实时性比较强的业务。在海量数据分析方面，学术界研究出一系列针对海量数据的高数据分析速度和挖掘能力。另外，基于大规模分布式架构的中间件技术如分布式消息队列也被开发出来，如RabbitMQ、Kafka等，通过消息传递进行分布式系统的集成。随着需求的不断变化和研究的广泛与深入，分布式计算将产生更多激动人心的技术，这些技术将被逐渐应用到未来的监控与数据采集系统中。

1.2.3.4 典型的大数据监控与数据采集系统框架

基于大数据的监控与数据采集系统需要更好地解决大数据量、多源异构数据、数据实时性高、数据价值密度低的挑战，同时为数据的深入挖掘提供更为方便的计算处理平台。一种典型的系统框架如图1-4所示。

整体架构分为数据源采集、数据处理、应用开发三部分，其中数据处理包括实时数据处理分析、数据集成与批量数据分析以及元数据管理。大数据技术主要应用于实时数据处理、批量数据处理这两部分。

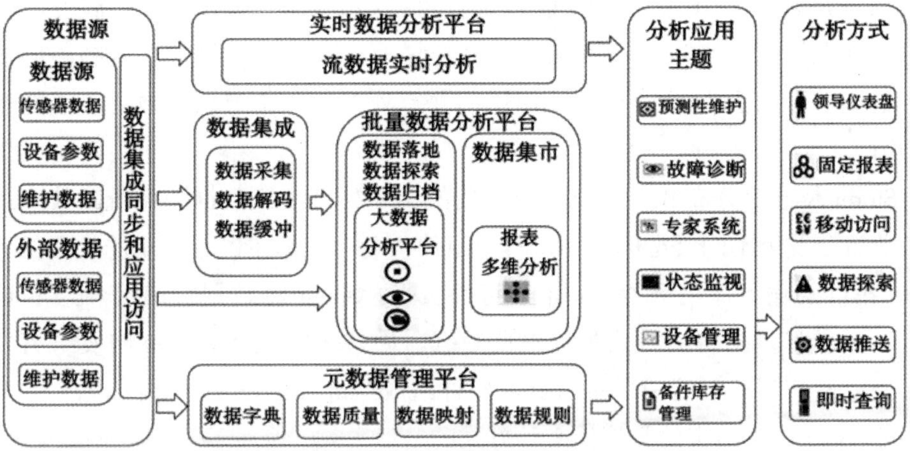

图 1-4　一种典型的基于大数据的监控与数据采集系统架构

（1）实时数据处理　架构中的实时数据处理分析主要利用了大数据技术中的流计算技术。由于监控与数据采集系统面临的数据可能存在实时性强、价值密度不高、数据量庞大的特点，因此如何在数据的预处理过程中实现对数据的初步提取、清洗和存储就显得非常重要了。流计算技术正是为了解决这一问题应运而生的。

流数据处理方面的主流产品分为三个级别：

◇商业级：IBM InfoSphere Stream、IBM Stream Base。

◇开源流计算框架：Yahoo S4（Simple Scalable Streaming System）、Twitter Storm、Facebook Puma、Spark Streaming、Linkedin Samza。

◇公司基于自身需求开发：Facebook Puma、淘宝银河流数据处理平台、百度 Destream。

其中国外的流数据处理主流产品是 Yahoo S4、Twitter Storm、Facebook Puma、Spark Streaming。

Yahoo S4 是一个面向在线数据流的通用的、可伸缩的实时处理框架。S4 能够通过扩展廉价硬件的规模来构建一个高可用集群。并且它采用去中心的对等架构，不存在单点故障问题，同时使得 S4 的部署和维护变得更加方便。开发者能够通过 S4 提供的编程接口根据自己的业务处理逻辑开发实时数据处理任务，此外开发者可以自定义事件（Event）。在 Yahoo S4 中的处理单元是 PE（Processing Elements），能够对特定的事件类型进行 count、join 等处理。S4

的通信层是基于 UDP 实现的，能够进行可插拔。S4 虽然具有可扩展性，但它不支持动态增删节点以及动态部署，并且它没有事件的可靠处理机制，所以可能会造成事件的丢失。此外，S4 应用的并行处理取决于节点的数目，不能够进行调节。

Storm 是一套分布式、可靠、可容错的用于处理流式数据的系统。其流式处理作业被分发至不同类型的组件，每个组件负责一项简单的、特定的处理任务。Storm 集群的输入流由名为 Spout 的组件负责。Spout 将数据传递给名为 Bolt 的组件，后者将以指定的方式处理这些数据，如持久化或者处理并转发给另外的 Bolt。Storm 集群可以看成一条由 Bolt 组件组成的链（称为一个 Topology）。每个 Bolt 对 Spout 产生出来的数据做某种方式的处理。

Sparking Streaming 是一个准实时的流式处理框架，属于 BDAS（Berkeley Data Analytics Stack）软件栈中的实时数据流处理类型。BDAS 是以 Spark 为基础的软件栈，包含了批处理、交互式查询以及实时数据流的处理三种类型，并且 BDAS 支持 HDFS 文件系统，能够运行在 YARN 之上进行分布式计算。其中，批处理主要是采用 Spark 实现的，Shark 能够进行数据的 SQL 查询，Sparking Streaming 则是只对在线数据流进行处理。Spark Streaming 进行分布式计算时，会首先根据 batch 大小对输入数据进行秒级单位的分段操作，之后再对每个分段进行批处理操作，最后将计算结果进行存储。其中 batch 是以时间作为单位。Spark Streaming 同 Spark、Shark 同属于一个软件栈，在不同应用场景下的数据能够共享，同时也降低了开发人员的学习成本。

Facebook Puma 是一个数据流处理系统，一般与 Facebook Data Freeway 数据传输系统和 HBase 结合使用。Puma 服务器也是采用了去中心化的对等架构，便于用户部署和维护。Puma 工作时，PTail 将数据流传递给 Puma 进行计算，再将计算结果存储在 HBase 中。

而国内的流数据处理主流产品有银河流数据处理平台、腾讯实时计算平台。银河流数据处理平台是通用的流数据实时计算系统，以实时数据产出的低延迟、高吞吐和复用性为初衷和设计目标，与 S4 很相似，采用 Actor 模型构建分布式流数据计算框架（底层基于 Akka），功能易扩展，提供容错功能，而且对数据和运行状态可监控。银河流数据处理平台具有处理流数据和静态数据的能量，能够提供灵活的实时数据输出，并提供自定义的数据输出接口以便扩展实时计算能力。银河流数据处理平台目前主要是为淘宝数据魔方提供实时的交易、浏览和搜索日志等数据的实时计算和分析。

腾讯实时计算（Tencent Real-time Computing，TRC）平台是腾讯的数据平台部转为海量数据实时处理而构建的提供基础计算能力的服务平台。从全局流程的流数据实时计算体系的角度看，整个 TRC 由核心的平台支撑层和扩展的平台应用层构成。平台支撑层主要包括实时数据接入、实时数据处理、实时数据存储，平台应用层主要包括实时算法预测、实时模型训练、实时效果统计、实时系统监控、实时数据展示。当前，该平台每天支撑公司千亿次实时数据接入、万亿次实时计算、千亿次数据访问，业务应用包括广点通广告推荐、视频推荐、电商推荐、游戏道具推荐、微信实时多维分析以及微信系统实时监控等。

（2）批量数据处理　批量数据处理方面，Google 研发了 MapReduce 计算模型，适用于海量离线数据的批处理大数据技术。由 Google 公司 2003 年研发的 Google 文件系统 GFS 和 2004 年研发的 MapReduce 编程模型以其 Web 环境下批量处理大规模海量数据的特有魅力，在学术界和工业界引起了很大反响。2006 年 Nutch 项目子项目之一的 Hadoop 实现了两个强有力的开源产品 HDFS 和 MapReduce。Hadoop 成为典型的大数据批量处理架构，由 HDFS 负责静态数据的存储，并通过 MapReduce 将计算逻辑分配到各数据节点进行数据计算和价值发现。Hadoop 顺应了现代主流 IT 公司的一致需求，之后以 HDFS 和 MapReduce 为基础建立了很多项目，形成了 Hadoop 生态系统。Hadoop 生态系统如图 1-5 所示。

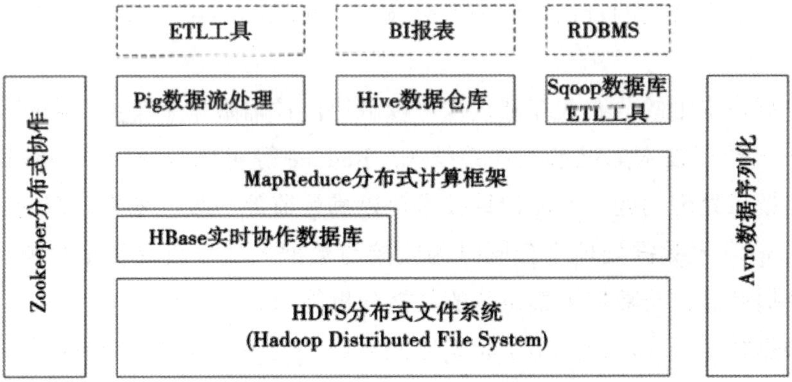

图 1-5　Hadoop 生态系统

Hadoop 生态系统各组件作用如表 1-1 所示。

表 1-1 Hadoop 生态系统组件功能表

组件	功能
HDFS	分布式文件系统
MapReduce	分布式并行编程模型
YARN	资源管理和调度器
Hive	Hadoop 上的数据仓库
HBase	Hadoop 上的非关系型的分布式数据库
Pig	一个基于 Hadoop 的大规模数据分析平台，提供类似 SQL 的查询语言 Pig Latin
Sqoop	用于在 Hadoop 与传统数据库之间进行数据传递
Zookeeper	提供分布式协调一致性服务
Avro	一个数据序列化的系统，将数据结构或对象转化成便于存储或传输的格式
ETL	Extract-Transform-Load，数据清洗工具

MapReduce 采用无共享大规模集群系统。集群系统具有良好的性价比和可伸缩性，这一优势为 MapReduce 成为大规模海量数据平台的首选创造了条件。其次，MapReduce 模型简单、易于理解、易于使用。它不仅用于处理大规模数据，而且能将很多繁琐的细节隐藏起来（比如，自动并行化、负载均衡和灾备管理等），极大地简化了程序员的开发工作。而且，大量数据处理问题，包括很多机器学习和数据挖掘算法，都可以通过 MapReduce 来实现。第三，虽然基本的 MapReduce 模型只提供一个过程性的编程接口，但在海量数据环境、需要保证可伸缩性的前提下，通过使用合适的查询优化和索引技术，MapReduce 仍能够具有很好的数据处理性能。

大数据技术中的分布式存储技术可以解决监控与数据采集系统中庞大的数据量，分布式计算技术如批量处理系统 MapReduce 等可以解决监控与数据采集系统的数据批量处理问题，而流计算技术可以满足监控与数据采集系统的实时性要求。Hadoop 等大数据处理平台同时为监控与数据采集系统提供了数据挖掘的平台，方便提升监控与数据采集系统的数据分析能力。

大数据技术不仅广泛应用于状态监测领域，也用于实时应用点击、物联网等新兴行业。利用大数据所构建的监控与数据采集系统将具有强大的高速数据处理及存储能力，具备深度数据挖掘的数据处理平台，利于实现整个制造业中各类设备的全生命周期管理与信息化、智能化施工的目标。

第 2 章

监控与数据采集系统

20 世纪中后期，电子计算机和微电子技术等领域的突破标志着第三次工业革命的开始。以信息收集、处理和分发为核心的信息技术作为此次革命的内在动力，推动着世界互联化和工业自动化的进程并绵延至今。随着信息收集、处理和分发能力的不断提高，人们希望随时获取想要的任何信息，并且借助这些信息，让工厂自行生产、设备自动运转和环境自主调节，或者实现远程实时查看某台机器的运行状态、某个车间流水线的工作正常与否等功能。

这一美好愿景和迫切需求推动着传感测量、通信、数据存储和数据处理等众多重要技术的发展，进而催生了众多集监控、数据采集和管理于一体的系统级产品出现。在企业中，通过车间、设备等信息的收集、处理和分发，实现生产过程的监测、自动化控制和管理，让人能够从繁重的生产中抽身出来并转向整个企业的监控管理。像这类通过数据收集、处理和应用来实现对象的监测、控制和分析等功能的系统，我们统一称为监控与数据采集系统。而介绍这类系统的理论、应用及开发实例便是本书的主题。在介绍监控与数据采集系统的概念之前，先介绍一下监控与数据采集系统的应用背景，再从几个应用实例出发，探讨它们的组成和运行原理。

2.1 监控与数据采集系统的典型应用

说到监控与数据采集系统，我们可能会首先想到它在生产过程或者工业设备监控管理上的应用。但实际上，监控与数据采集系统几乎无处不在，我们在日常生活中也常常看到它的身影。接下来将介绍 5 个比较典型的实例，其中前三个例子在生活中应用广泛，分别是互联网共享单车租借系统、汽车定位追踪系统和汽车服务应用系统；后两个则常见于工业领域，分别是工业监控与数据采集系统、电力监控自动化系统。

2.1.1 互联网共享单车租借系统

在很多城市的大街小巷，我们常常可以看到颜色鲜艳、造型独特的自行车（如图 2-1 所示），不仅给城市增添了一抹亮丽的色彩，而且由于可以随时取用，给人们出行带来巨大的便利。在短途出行的情况下，用户使用手机 APP 可以查看周边自行车的位置信息，通过扫描二维码便能将车锁打开，然后在骑行结束后停到室外合适的位置，通过锁车和APP支付实现还车。这就是当下热门的互联网共享单车，相比传统城市共享自行车定点停放，它不仅实现了不定点停放，而且通过手机APP查看单车信息和借还车，使单车渗透到城市的每一个角落，真正解决了传统租借自行车使用程序复杂、难找、定点借还的问题。那么，互联网共享单车是如何解决这些问题的呢？互联网共享单车能够摈弃固定车桩的秘诀就在于单车本身集成了“车桩”的功能——控制车锁、用户交互和定位。

图 2-1　互联网共享单车

单车在车身内集成了GPS定位和移动通信（内置SIM卡）功能的嵌入式控制终端，这样单车便成为一个联网控制终端，可以将自行车的位置信息发送到监控服务中心，然后用户通过手机APP就能查看周边的车辆位置信息并通过手机和自行车终端实现交互，如图2-2所示。如果用户需要借车，只需扫描单车上的二维码并点击租车按钮，便能向自行车发送开锁指令，待开锁后开始计时计费；当用车结束，用户点击结束按钮并锁车，向自行车发送结束指令，结束用车和实现扣费。由于自行车能不断向服务中心发送位置信息，极大地方便了服务中心的监控和管理，可以实现任意位置的停放，从而不用为自行车设置固定桩。

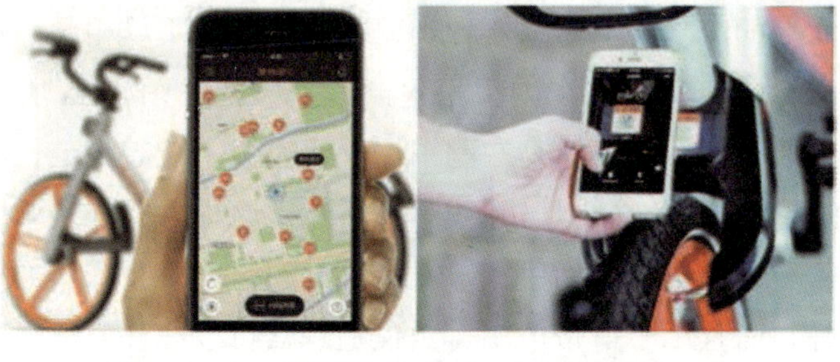

图 2-2　互联网共享单车寻车和开锁

互联网共享单车租借系统是一个典型的监控与数据采集系统。该系统包括一个数据获取和控制终端，终端获取位置信息后发送到服务中心，服务中心通过这些位置信息，实现对单车的监控和管理。同时用户通过手机 APP 实现单车位置信息查看和借还车交互。系统主要包括三部分：单车终端、移动通信网络和监控端（含服务中心和用户），如图 2-3 所示。这是一个监控与数据采集系统最基本的结构。

图 2-3　互联网共享单车租赁系统组成

监控与数据采集系统在自行车租赁上的应用为自行车租赁的模式提供了一个新的思路，由单车移动终端、通信网络和监控端组成的系统使得用户交互方式和信息查看变得极为便利。除了自行车，监控与数据采集系统在汽车上也有广泛的应用，下面要介绍的汽车定位追踪系统就是其中之一。

2.1.2　汽车定位追踪系统

车主为了防止汽车被盗，往往希望随时能获取汽车实时位置信息，并且在汽车有入侵迹象之时收到报警通知。要达到这个目的，车主只需在汽车上安装定位追踪器即可。汽车定位追踪器是安装在汽车上的定位终端，在安装并启动之后，车主可以通过手机 APP 或者网页实时查看车辆的位置信息，使其在自己的监视范围之内。

目前市面上的汽车定位追踪器种类繁多，功能也不尽相同。从安装方式讲，主要分为三种：第一种是从车内引出电源线安装，如图 2-4a 所示。这种方式安装难度比较高，隐蔽性强，但是在汽车熄火的时候不能起到定位的作用。第二种通过汽车 ODB 接口插入安装，如图 2-4b 所示。这种方式安装难度低，但是隐蔽性比较差。第三种通过磁力吸附在汽车上，如图 2-4c 所示。这种方式安装难度低，隐蔽性比较好，而且由于自带电源，定位追踪器可以在任何情况下定位。虽然三种定位追踪器的供电和安装方式不尽相同，但是内部组成和功能相近，下面以第三种定位追踪器为例，说明它的功能和工作原理。

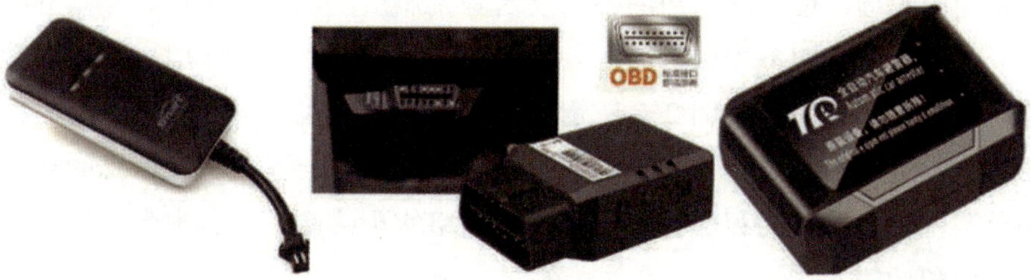

a）引出电源安装　　b）车内接口安装　　c）磁吸式安装

图 2-4　三种汽车定位追踪器

首先我们来看看汽车定位追踪器的硬件组成，如图 2-5 所示。可以看出，GPS 定位器是一个小型的、具有特定功能的嵌入式设备，包括微处理器、存储器和外部设备。主要包括四大部分：①主芯片微处理器。用来运行程序，通过调度算法及中断控制各类外设运行，是整个 GPS 定位器的核心。② GPS 模块。通过接收 GPS 卫星信号，独立计算定位器的位置坐标，并通过总线传输给主控板。③射频模块。主要的通信载体，通过现有的 3G 或 4G 网络进行数据、短信和语音通信。同时还兼具辅助定位功能，利用无线电信号的特征，通过信号匹配和多参数计算来实现。④辅助功能模块。震动报警模块 —— 主要应用在防盗场合，利用三轴加速度传感器测量物品是否发生震动，如果发生意料之外的震动，用户端软件会产生报警。远程传声模块 —— 一般的主控芯片都具有音频处理接口，因此可以通过外接传声模块来实现呼救或监听被盗物品周围声音的功能。远程控制模块 —— 当发现物品尤其是车辆已经丢失，可以通过发送短信的方式远程控制继电器发生关断，让被盗车辆无法移动。电量检测模块 ——GPS 定位模块一般采用独立锂电池供电，如果锂电池电量消耗殆尽就无法实现定位功能，通过集成电量检测模块，用户可以在监控界面上实时看到 GPS 定位模块的当前电量。包络天线 —— 用于增强定位器信号接收能力，在定位器上一般设计成内嵌式。图 2-6 所示是某品牌汽车定位追踪器的电路布局示意。

磁吸式汽车定位追踪器一般安装在汽车的金属表面，比如车底或车座下面。追踪器包含 GSM 和 GPS 模块，并内置 SIM 卡，可以发送位置数据和短信。汽车定位追踪器在启动的情况下，会通过 3G/4G 网络不断把位置信息发送到服务平台，服务平台接收数据并存储。用户只需要打开手机 APP 或者浏览器便可获取这些实时数据以查看车辆的位置信息。汽车定位追踪器能感应到它是否吸附在金属上，一旦和金属脱离，便会向用户的手机发送警告短信，以防小偷将追踪器拆卸之后偷车。可以看出，服务平台时刻在获取车辆的位置数据，并在用户需要查看车辆位置信息时立即响应。如图 2-7 所示，整个系统主要包括三大部分：定位终端、监控端（服务中心和用户）和移动通信网络。定位终端实现位置信息的获取，服务平台实现位置数据的存储和应用，通信网络实现终端、服务平台和用户之间的数据传输和通信。

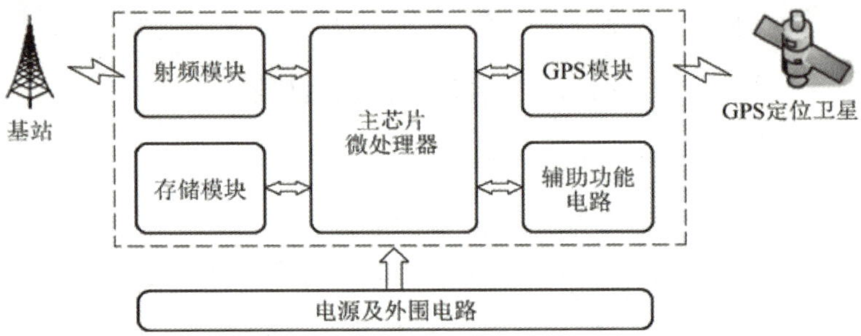

图 2-5 GPS 定位器硬件框架图

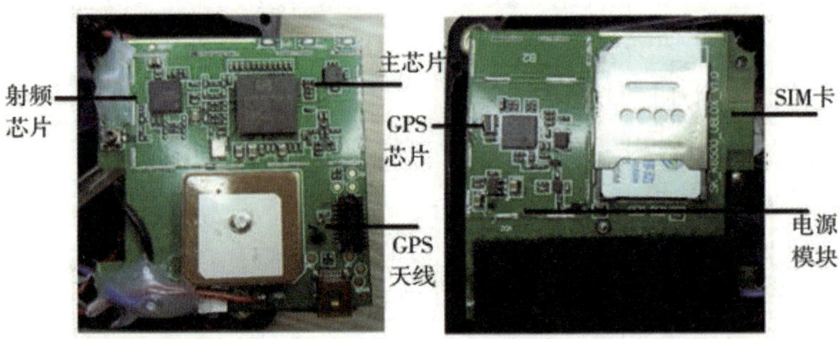

图 2-6 某品牌汽车定位追踪器电路布局示意

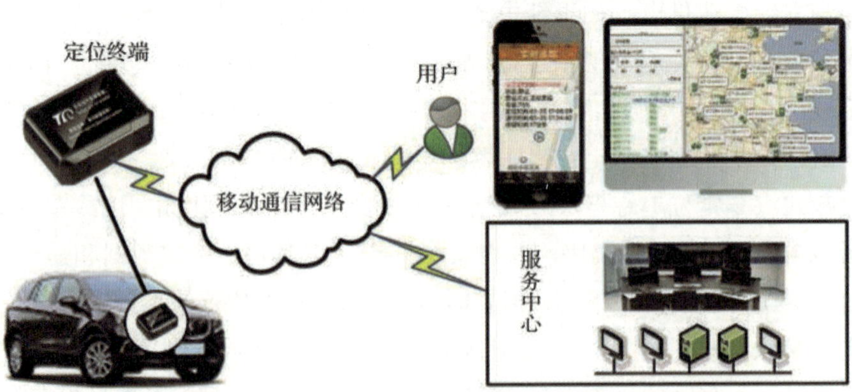

图 2-7 汽车定位追踪器原理图

上面介绍的汽车定位追踪器是一个最简单的监控与数据采集系统，通过汽车位置数据的实时采集实现追踪和简单报警。接下来我们将进一步介绍应用于汽车上的更复杂的例子——汽车服务应用系统，相比于汽车定位追踪器，汽车服务应用系统采集的数据丰富得多，因此，其实现的功能也更加多样。

2.1.3 汽车服务应用系统

很多司机在汽车驾驶中都碰到过突发故障的情况，不仅耽误行程，严重的情况下还会危及人身安全。这就需要汽车具有某种给司机提供故障预测信息的功能。除了车辆发生故障情况之外，司机还希望获得更多关于汽车运行状态的信息和服务，比如汽车的油耗信息、车况信息以及远程控制服务和紧急援助服务等，这些都成为汽车使用体验很重要的一部分。

为了保障汽车驾驶安全和提供优质的服务，各大汽车厂商纷纷推出汽车服务应用系统，如通用汽车公司的 Onstar 安全信息系统、宝马汽车公司的 iDrive 智能驾驶控制系统、福特汽车公司的 SYNC 车载连接系统和上汽公司的 inkaNet 网络行车系统等。它们给用户提供汽车的各类信息（如车况信息、油耗分析等）和丰富的服务（如实时导航、紧急援助、资讯服务等）。下面将解读汽车服务应用系统是如何实现这些功能的。

汽车服务应用系统在应用的车型中安装车载终端，如图 2-8 中的左右两图分别是别克君越和凯迪拉克 XTS 上的通用 Onstar 车载安全、保障和通信服务系统终端。终端面板上有三个服务功能按钮：蓝牙电话、接通资讯服务和紧急救援服务。同时，汽车服务应用系统还提供手机 APP 应用，通过车载终端和手机 APP，用户可以享受碰撞自动求助、紧急救援协助、气囊打开报警、车辆检测报告、实时安全检测、被盗车辆定位和远程车门应急开启等 14 项服务，如图 2-9 所示。

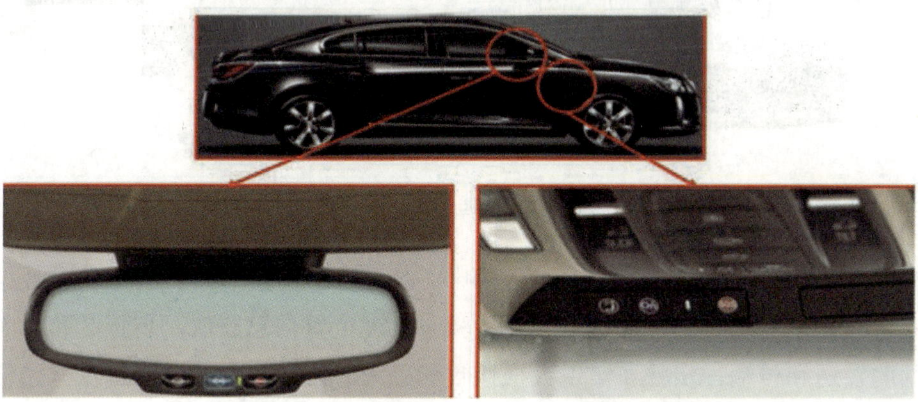

图 2-8　某汽车服务应用系统车载终端

图 2-9　某汽车服务系统的手机应用界面

现在以紧急救援服务为例来分析一下系统是如何工作的。在汽车突发故障时，车主首先按下车载终端中的紧急救援按键。由于车载终端内置 GPS 和通信模块，在按下按键后，终端便将汽车的位置信息和求援信息通过移动网络发送到服务应用中心，服务应用中心把信息和请求分配到离事发地点最近的服务站点，收到请求的站点立即派出救援团队对事故车辆实施救援。在汽车发生意外碰撞的情况下，汽车还会自动发出求援信号，以保证司机在第一时间得到救援，系统的整个工作过程如图 2-10 所示。

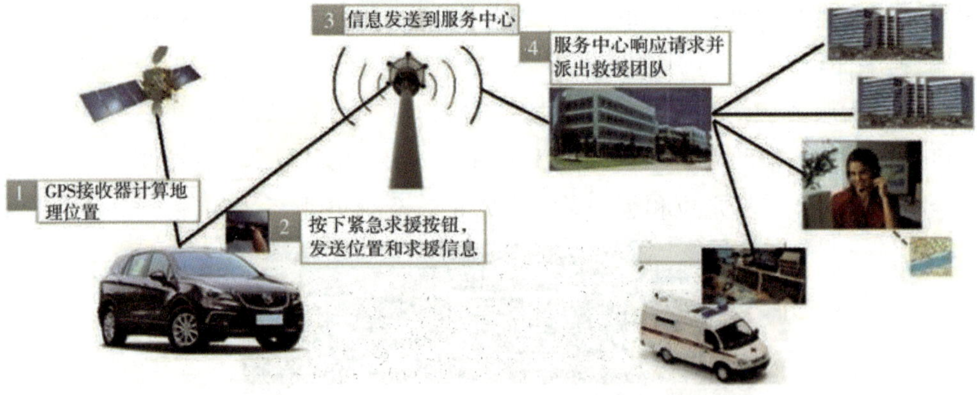

图 2-10　某汽车服务应用系统原理示意图

从图 2-10 可以看出，汽车服务应用中心时刻在获取车辆的运行状况数据，并在客户发出需求时进行迅速响应。步骤 1 实现位置信息获取，步骤 2 和 3 实现数据的发送和传输，步骤 4 实现数据接收和处理。因此，整个过程可以分为信息获取、信息传输和信息处理三部分。

和紧急援助类似，当用户想要查看实时车辆健康情况、油耗分析信息的时候，只需要按下手机 APP 上的对应功能按钮就可以接收到数据中心发来的数据，并能在手机上看到分析结果和建议，用户可以根据这些结果和建议来决定是否对汽车进行检修。汽车服务应用系统和前面介绍的两个例子类似，同样包括车载终端、监控端（服务中心和用户）和通信网络三部分。

从以上三个例子可以看出，虽然系统的功能不尽相同，但它们有着类似的结构：首先系统包含获取监测对象必要信息的数据采集单元，通常采集终端在常规数据获取之外根据系统需要还有其他方面的功能（如控制、交互等）。通过数据的短程或远程传输，监控端接收数据后，通过对数据进行直接或加工后的利用，实现一系列功能和服务。最后，在数据采集端和监控端之间通过网络通信实现数据的传输。接下来将介绍监控与数据采集系统在工业上的应用，它们和前面介绍的例子也有相似的结构。

2.1.4 工业监控与数据采集系统

在港口、油田、核电站等很多工业环境中，由于设备复杂、分布范围广及作业环境恶劣等原因而难于进行人工管理。比如我国“西气东输”项目，全长 8704km 的管道横贯 10 多个省份，除了主干管道之外，还有数不清的支干。这些复杂的管道网络倘若不能妥善管理，不仅容易造成巨大的经济损失，还将危及沿途居民的人身安全。对于运营商而言，他们希望能实时查看任何管道的状态信息，并且在发生异常时及时报警并远程发送停止或启动的指令，以保证整个系统高效、安全地运行。为了实现这一目的，很多工业控制企业纷纷提出解决方案。

在诸多解决方案中，工业监控与数据采集系统（SCADA）因其灵活的结构、丰富的应用脱颖而出，受到用户的青睐。很多工业电气巨头都推出自己的 SCADA 产品，如西门子针对广域 / 分布式提出的 PVSS 控制系统、施耐德的遥测和遥控 SCADA 解决方案、通用电气的 IFIX 平台，其中施耐德的 SCADA 解决方案比较有代表性。

监控与数据采集系统包含三部分内容：数据采集和监控部分，以及连接两者的通信网络。在施耐德的解决方案中，系统的结构层次如图 2-11 所示，包含四个层次：第一层是数据采集层，实现监控对象的数据采集；第二层是传输层，实现数据的传输；第三层是监控层，主要实现对象的监测和控制；第四层是拓展层，主要实现监控与数据采集系统和其他企业管理系统的对接和融合。

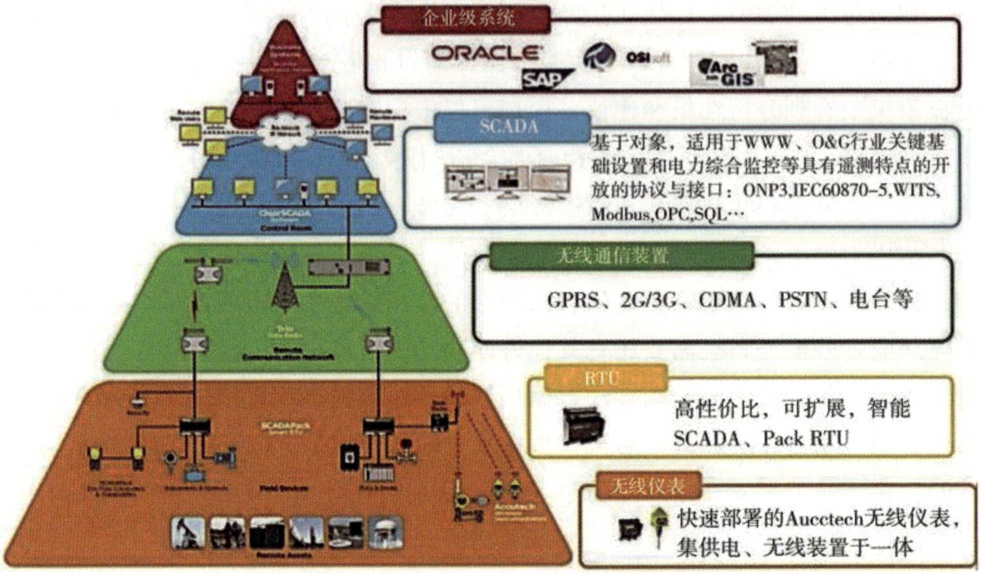

图 2-11　遥测与遥控 SCADA 解决方案

遥测与遥控 SCADA 解决方案主要应用在分布范围广的工业场景。第一层数据采集层包括适用于特定对象（场景）的传感器、测量仪表和负责“收集”与发送数据的终端，比如 PLC 或者远程终端单元（Remote Terminal Unit，RTU）。如图 2-12 所示是一个典型的无线传感网，传感器通过蓝牙或 Zigbee 和通信单元连接，通信单元再将数据转发到数据采集单元（如 RTU），再由 RTU 将数据发送到监控端。如图 2-13 是典型的数据采集单元，它支持以太网、RS-232 和 RS-485 等多种通信方式，因此可以实现多类型数据的采集。同时它通过网络模块拓展可以方便地实现外网连接。

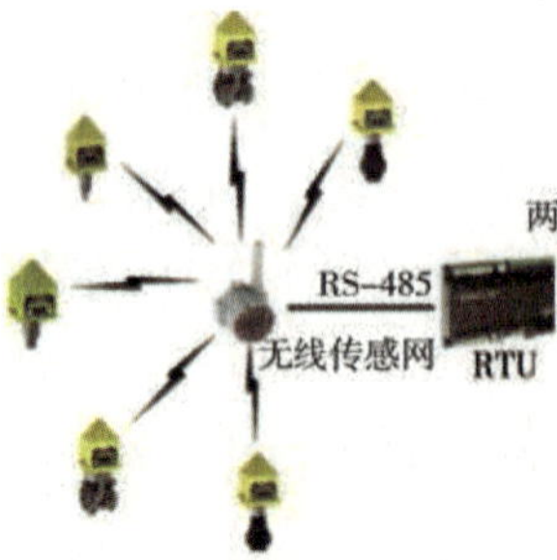

图 2-12　数据采集层结构

图 2-13　某品牌 RTU

第二层传输层实现监测对象数据的远程传输。在传输距离比较大的情况下，用得比较多的有 3G/4G 移动通信、电台、以太网和 WiFi 等。RTU 内置相应的通信模块，接入网络后便可把数据传输到监控端。

解决方案中的第三层是监控层。监控层是基于采集数据的丰富应用，包括状态监测、故障诊断、维护规划和统计报表等，针对不同的工业场合，应用也不尽相同。如图 2-14 所示是 SCADA 解决方案应用于城市电力管理的案例。城市供电复杂的网络和不均衡的负载给电力管理带来不小的难题，通过图示的软件可以很好地对一个城市的供电网络进行全局和局部的监控。软件界面的左边三个小框从上到下依次是：状态颜色标示栏，表示中间地图中不同颜色的点代表的不同状态；导航栏，通过树形结构可以找到所有的监控点；查询栏，通过一定的条件可以筛选出想要找的目标监控点。中间的两个大框是主监控框。左边是以地图的形式显示所有监控点的状态，不同的状态用不同的颜色来区分。右边的框是以逻辑图的方式显示监控点的连接方式和它们的状态。右侧的两个小框是管理框，可以查看和管理选中的监控点。这个应用软件不仅能实现全局电力供应状态的查看和管理，还能通过查询和选择功能查看局部的供电状况。

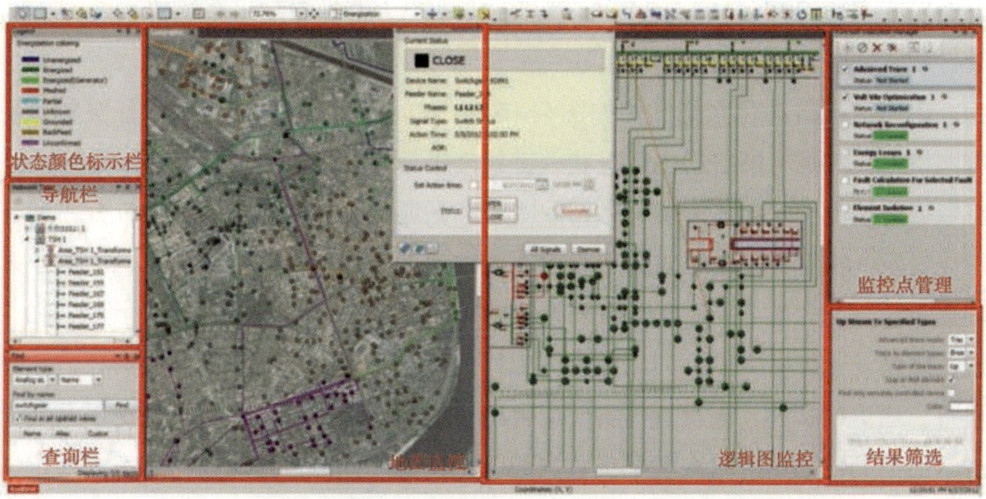

图 2-14　能源管理 SCADA 监控软件界面

在监控层之上还可以提供拓展接口，方便其他企业信息管理系统的接入。这些企业信息管理系统包括制造执行系统（Manufacturing Execution System，MES）、企业资源计划系统（Enterprise Resource Planning，ERP）和地理信息系统（Geographic Information System，GIS）等。其他系统接入后，可以实现跨平台资源（特别是数据）共享。

从上面的介绍中可以看出，SCADA 同样包含三个部分：数据采集端、网络通信和监控端。数据采集端实现监测对象的状态数据采集，包括丰富的传感器和采集设备；网络通信则实现数据的短程或远程通信，包括一些通信模块和设备；监控端实现基于数据的丰富应用，主要包括服务器和监控 PC。以上介绍的是一套完整的数据采集、监控管理的解决方案，接下来介绍 SCADA 在配电网络上的应用。

2.1.5 电力监控自动化系统

相比普通家庭的供电，工业应用、基础设施和大型建筑等环境中的配电网络极为复杂，它们不仅用电量巨大，而且在不间断供电的前提下对用电质量要求也极高。为了保证高质量供电以及能源的高效利用，需要对电力进行监控、对能源进行管控。针对复杂的配电网络，很多工业巨头推出了电力监控自动化系统，比如西门子的 SicAM、ABB 集团的 Micro SCADA 和施耐德的 PowerLogic SCADA 等。虽然它们采用了不同企业开发的硬件和软件，但是在结构和功能上却极为相似。下面以施耐德的 PowerLogic SCADA 为例，介绍电力监控自动化系统的结构、功能、硬件和软件。

电力监控自动化系统结构如图 2-15 所示，图片下方的第三方设备安装在配电网络上，对配电网络用电情况和关键状态进行监控，通过通信设备、光纤网络将数据传输到图片上方的工程师站。工程师站通过软件应用对数据进行分析和可视化显示，实现对配电网络的实时电力监控和能源管控。可以看出，电力监控自动化系统分为三部分：配电网络采集端（第三方设备、通信设备、控制设备等）、通信网络（光纤以太网）和监控端（工程师站）。其中，采集端通过第三方测量设备、通信设备和控制设备等实现配电网络的关键状态量的采集、发送以及配电网络的控制；通信网络实现采集数据的即时传输，保证数据传输的速率、稳定性和安全性；监控端实现配电网络的实时监测和管控，并以丰富的数据应用实现配电网络的诊断和维护功能。

电力监控自动化系统数据采集端主要通过电力测量仪表（见图 2-16）测量电流、电压和功率等电能参数以及谐波畸变率和三相不平衡度等电质量参数。而后将获取的信号经过降噪、滤波和 A-D 转换等预处理或时域、频域和小波域等分析后，将得到的状态参数以数字量的形式输出，并经过以太网网关将数据传输至光纤以太网，最后到达监控端的网络设备和服务器。

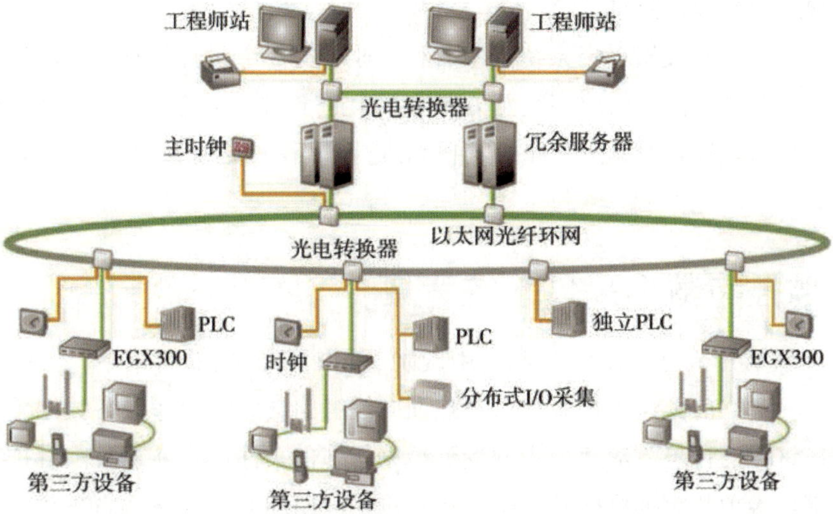

图 2-15　电力监控自动化系统结构图

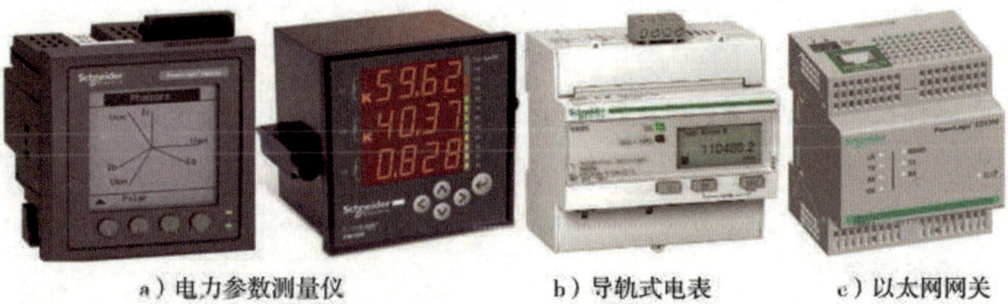

图 2-16　常见电力测量仪表

通信网络主要由光纤链路及光电转换器等配套电路组成。除这些硬件之外，还要选择和定制相应的通信协议以保证数据传输的快速性、完整性、安全性和容错性。比如，在网络出现断开的情况下如何恢复连接，恢复连接之后如何补上断开期间缺失的数据，如何保证传输的数据不被第三方获取等。

在获取关键数据的基础上，用户（监控端）可以通过既有或定制的应用实现配电网络的可视化监控。这些应用具备很大的自由度，用户可以通过配置定制界面显示的内容和风格等。

电力监控自动化系统是工业 SCADA 在配电网络中的应用，因此它的结构和后者是一致的，只不过针对配电网络这一特定场景选择合适的测量仪器、通信设备以及定制对应的监测管控应用。除了上面提到的数据采集端、网络通信和监控端外，电力监控自动化系统同样可以提供拓展接口和其他企业信息管理系统相融合，实现跨平台数据共享。

通过对监控与数据采集系统在生活和工业中的5个案例分析，可以看出，虽然各系统实现的功能、组成和交互方式有很大的不同，但是其结构却极为相似。接下来，将对监控与数据采集系统的概念进行介绍，并在此基础上分析其一般结构和组成。

2.2 监控与数据采集系统背景

在工业4.0、“互联网+”和“中国制造2025”提出的背景下，工业信息化和智能化受到空前关注，同时制造业也在向服务化转型，远程设备数据采集及智能维护在这样的背景下应运而生并受到越来越多的关注。当前设备的维护方式从传统的事后维护和定期维护转向基于状态维护（CBM），其核心思想是在有证据表明故障将要发生时才对设备进行维护。这种维护方式根据状态监测、故障诊断分析的结果，并结合设备运行的实际状况，对设备进行智能维护。当前基于状态的维护方式已经在发达国家企业中获得广泛的应用，我国企业也逐步向这方面过渡，而远程设备数据采集与智能维护技术正是其中的关键。远程设备数据采集与智能维护主要涉及设备信息化技术、工业智能云服务系统和工业大数据挖掘技术，以下对这几个方面分别介绍。

1. 设备信息化

设备信息化技术指通过信息化手段实现设备状态监控、资源管理、安全检查、隐患排查、危险源辨识和应急管理规范化操作和灵活定制。其中ERP、MES和PLM等系统是设备信息化系统中的典型代表。比较典型的有SAP的S/4HANA ERP系统，常用于大型企业的设备信息管理；泛微的e-cology设备信息管理系统。在物联网的背景下，当前的设备信息化技术正朝着互联化和智能化发展，一方面网络高速发展，设备联网和设备间通信使得信息化不限于单机水平，而在多机调度管理等信息化水平上有了很大的提升；另一方面，信息化从浅层次的直接利用转向更加复杂的分析和灵活的定制，提供更加智能的信息化服务以及个性化的信息服务。

2. 工业智能云服务

工业智能云服务系统涉及大数据采集、存储和可视化应用等服务。当前，各大工业巨头正加紧工业智能管控云服务平台的部署进程，国外比较有代表性的有GE的Predix工业互联网管控云平台、菲尼克斯的ProfiCloud工业管控云平台和西门子的 MindSphere 工业管控云平台；国内比较有代表性的有华源创世开发的 Smart-Plant 工业智能管控云平台和映翰通设备云平台。其中 GE 的 Predix 是工业界领先的智能管控云平台，通过数据标准化和统一呈现，提供一系列工业数据采集、存储和管控应用方案。ProfiCloud 和 MindSphere 起步比较晚，其功能和前者类同，但在功能和数据标准化上都不如前者完善。而国内的云平台则处于起步阶段，在数据标准化和服务功能上相对于国外的管控服务平台还不够完善，能够应用的工业场景有限。

另外，基于这些通用管控云服务平台开发的各类智能管控系统也如雨后春笋般涌出，如：蒂森克虏伯电梯利用微软云 AZURE，实现了全球电梯的在线监测、故障诊断和预防性维修管理；远景能源公司建立自主云服务平台，开发风机在线监测、能源管理和预防性维护系统。

3. 工业大数据挖掘

工业大数据挖掘旨在通过统计分析、趋势预测和机器学习等技术，从获取的海量设备数据中提炼有价值的信息，包括状态监测、智能维保、安全管理和资产管理等。目前大数据挖掘主要涉及模式识别、回归预测和强化学习三大类技术，从传统的确定性推理和专家知识库等智能推理方法转向统计学习和机器学习方法，比如线性回归、支持向量机、隐马尔科夫链和深度学习等，并且在上述三个方向上均取得重要的突破。

目前各大工业智能管控云服务平台均提供通用的数据挖掘服务，比如 Predix 提供微软云 AZURE 机器学习等数据挖掘模型。由于数据挖掘重要性日益增加，传统的工业巨头一般选择和微软、谷歌和亚马逊等公司合作来强化数据挖掘功能。由于工业应用场景存在明显的差异化，需要根据用户需求在原有通用模型的基础上进行二次开发，因此尽管数据挖掘在工业领域有成功的应用，但是在很多具体的工业场景仍然处于探索阶段。

2.3 监控与数据采集系统定义

在前面讲到的 5 个监控与数据采集系统的实例中，尽管系统的应用对象、功能和通信方式有很大的差别，但是在结构上是相通的。它们都包含数据采集终端、监控端及通信网络。因此可以说，监控与数据采集系统是通过数据采集、通信和处理，实现监测和控制等应用的计算机系统。

从汽车服务应用系统、SCADA 系统和电力监控自动化系统来分析，监控与数据采集系统的应用对象既可以是汽车这样具体的设备，也可以是管道、矿井、港口等环境。可见监控与数据采集系统的应用对象极为广泛，它不限于设备和环境，只要是能实现信息获取的对象，都可以成为系统的应用对象，甚至在监控人体健康状况的系统中，人体就是监控与数据采集系统的应用对象。

在前面的例子中，系统的监控端组织方式存在比较大的差异，实现的功能也不尽相同。在汽车监控服务系统中，应用中心的组织结构是一个远程数据中心连接多个服务中心的方式，数据的应用处理主要由数据中心完成，然后由服务中心来为用户推送服务。而在电力监控自动化系统中，通常是一个远程监控中心连接多个本地监控中心的组织形式，远程和本地的监控中心实现的功能不尽相同。虽然它们在结构上有所不同，但这只是为了更灵活地实现系统的功能，在逻辑上可以把它们归为一部分，即监控端。

通过上面的分析，可以作这样的总结：监控与数据采集系统是指出于监测、控制和维护等目的的计算机信息管理系统。系统从功能的角度上来看至少包含三部分：数据采集、网络通信和监控应用。数据采集端通过获取监测对象的信息，传输到本地或远程监控端，在监控端实现监测对象的监测、控制和分析等应用。数据采集主要由终端设备（包括传感器）来完成，终端设备有时也称下位机（Slave Computer）。监控端有时也称为上位机（Master Computer），则通过监测、管理服务器和计算机来实现。数据采集端和监控端都配备通信设备，通过移动网络、以太网、卫星通信的方式实现二者之间的通信。

结合国内外参考文献，这里给出一个监控与数据采集系统的定义：监控与数据采集系统是一类功能强大的计算机监测服务和数据采集系统，它综合利用传感测量技术、控制技术、通信与网络技术、计算机技术完成各类设备和过程等对象的数据采集、预处理和网络传输，以实现本地或远程的自动控制，以及生产过程的全面监控，并为生产、调度、管理、优化和故障诊断提供必要和完整的技术支持。

近年来，随着网络技术、通信技术特别是无线通信技术的发展，监控与数据采集系统在结构上更加分散，通信方式更加多样，系统从 C/S（客户端 / 服务器）架构向 B/S（浏览器 / 服务器）与 C/S 混合的方向发展，各种通信技术如数传电台、GPRS、PSTN、VPN、卫星通信等得到更加广泛的应用。另外，监控与数据采集系统最初的目的是保证生产过程或者设备的正常运转，而现在则越来越多地融入服务的概念，系统中“服务”的成分大大增加。比如，在汽车服务应用系统中，可以一键获取紧急救援，车主通过与车载终端的语音交互来获取特定的资讯，甚至还可以获取一个月内油耗、汽车维修的统计报表。总的来说，监控与数据采集系统朝“服务化”的方向发展。

2.4 监控与数据采集系统的通用结构与关键组成

下面分别从监控与数据采集系统的功能层次和关键组成来分析系统的通用结构。

2.4.1 监控与数据采集系统七层结构

从第一小节的例子中可以看出，不同的监控与数据采集系统功能和组成都不尽相同：汽车服务应用系统更多偏向于服务，因此它的很多功能也是服务性质的；而在SCADA系统中，功能则更多地倾向于监测和控制。尽管如此，它们的结构有很多相似之处，比如，两者都存在一个数据采集和通信终端，功能的实现都是基于数据的应用，并且在终端和应用端之间都有通信网络。

从之前的5个例子中总结出了数据采集端、通信网络和监控端的三层结构。从功能的角度对结构进一步细化，可以总结出如图2-17所示的七层框架，从下往上依次是：数据采集层（Data Acquisition）、数据预处理层（Data Manipulation）、数据传输层（Data Transmission）、数据存储层（Data Storage）、状态监测层（Condition Monitoring）、分析决策层（Decision Support）和表示层（Presentation）。

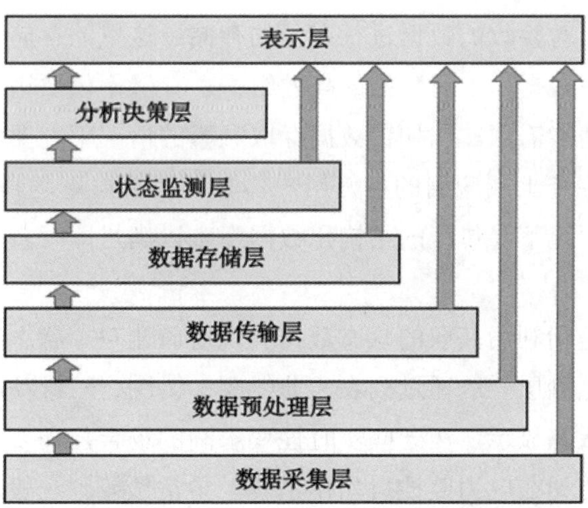

图2-17 监控与数据采集系统框架

数据采集单元与数据采集层和数据预处理层对应。数据采集层指数据的产生，比如在互联网共享单车租赁系统和汽车定位追踪系统中，单车和汽车位置信息的产生就属于这一层。同理，汽车服务应用系统、工业 SCADA 和电力监控自动化系统中通过各类传感器获取的信息也属于这一层。数据预处理层指对所产生原始数据进行的一系列操作，使之方便传输、存储和进一步的分析。数据预处理一般针对振动、电压和电流等比较复杂的模拟量甚至图像等多维数据进行降噪、滤波和 A-D 转换等处理，以形成标准格式的数据。在互联网共享单车租赁系统和汽车定位追踪系统等简单的系统中，获取的原始数据是比较简单的数字量，因此可以略去数据预处理的过程。而在工业 SCADA 和电力监控自动化系统等复杂系统中，获取的模拟量则必须经过调理和数字化等预处理后才能传输和加以利用，因此数据预处理层在这样的系统中是必不可少的。

数据传输层指对原始或经过处理后的数据进行短程或者远程的传输，对应于三层结构的通信网络。上文指出，数据传输不仅包括传输链路和相关硬件，还包括保证传输速率、安全性和稳定性的传输协议。在不同的场景和传输方式中，传输链路、通信硬件和通信协议也随之不同，比如在互联网共享单车租赁系统、汽车定位追踪系统、汽车服务应用系统中，由于监控对象处于移动的状态，单车和汽车上的终端通过 3G/4G 移动网络实现数据传输，而在工业 SCADA 系统和电力监控自动化系统中，监控对象位置固定，因此一般采用工业以太网传输。由于两者采用截然不同的传输方式，它们的传输链路、硬件和协议自然也存在较大差异。

数据存储层指对接收的数据进行有效的存储。这里的存储不仅是硬件存储介质上的存储，还是数据库上对数据的高效组织。存储不仅要满足容量上的要求，还要满足系统的功能需求。比如在数据存取频繁的情况下，要保证数据的高并发读写速度，从而保证上层应用的良好用户体验；在数据量达到 TB 的级别、数据格式类型多样的情况下，传统的结构化数据库难以满足即时查询的需求，可以考虑采用大数据框架。

状态监测层是指利用获取的状态数据实现对监测对象状态的查看以及简单的异常预警。状态监测层一般通过列表、曲线图、饼图、三维动画等可视化应用来实现监测对象的状态显示，在一些实时性要求高的场合，需要保证监测对象状态更新的实时性，比如在电力监控自动化系统。异常预警则一般通过阈值超限检测来实现，即对关键参数设置阈值，一旦超过阈值即视为发生异常。

分析决策层则是通过数据挖掘获取有价值的信息，特征提取、模式识别、预测、统计分析和关联分析等方法便是应用到分析决策层。分析决策层的内容和系统的应用场景是相关的，比如在 SCADA 等控制型监测与数据采集系统中，分析决策只是配角；而在设备智能维护等应用型系统中，分析决策的功能则会占较大的比重。

表示层是指数据、配置和功能的可视化，比如数据采集单元配置的可视化界面、通信状况的可视化、数据库结构的可视化以及监测和分析决策的可视化。因此，之前系统的每一层都和表示层相关联。

2.4.2 监控与数据采集系统组成

通过对汽车服务应用系统和工业 SCADA 的组成分析发现，两者虽然在功能上有很大的差异，但是在结构上却有共通之处。系统都由三大部分组成：数据采集、网络通信、监控。

系统的数据采集都有一个对象。在汽车服务应用系统中，对象是汽车，包括汽车本身和发动机、液压缸等汽车关键部件。在 SCADA 系统中，对象是系统应用的工业环境。在监控与数据采集系统中，这些对象统称为测控对象。

针对具体的测控对象，系统的数据采集部分实现测控对象数据的获取和采集，数据采集部分统一称为数据采集单元。数据采集单元一般包含数据获取、数据采集和通信三部分。数据获取指从测控对象中获取数据并进行预处理，使之能输入数据采集器；数据采集实现所有数据的收集、存储；通信则实现数据的传输。在汽车服务应用系统中，数据获取主要由汽车上的传感器和 GPS 接收器完成，数据采集由 ECU 和采集终端实现，而通信则由终端中的通信模块实现。在 SCADA 系统中，数据获取、数据采集和通信分别由传感器、RTU 和通信设备完成。数据采集单元的通用结构如图 2-18 所示。

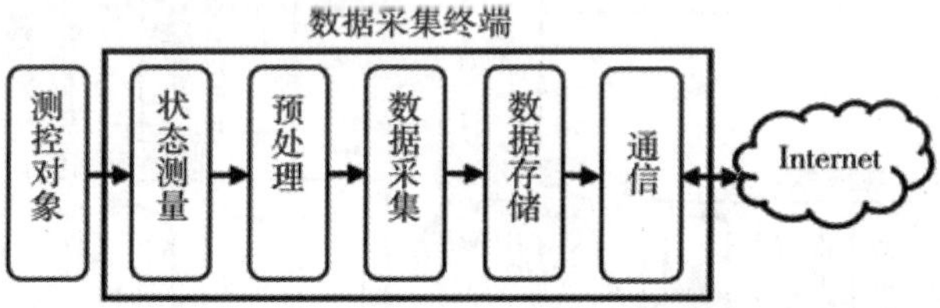

图 2-18 数据采集单元通用结构

在不同数据源的基础上，不同的监控与数据采集系统实现不同的应用。通常系统都包含监测与 / 或控制应用，因此系统的应用统一称为监控中心。从上面两个例子分析中可以总结出，监控中心包含通信、预处理、数据存储、监控应用、拓展接口五大部分。当然，一个具体的系统可能只有其中的一部分，而且顺序也不尽相同。比如在汽车服务应用系统中，一般就没有和企业管理系统相连的拓展接口。同时，不同的系统在监控应用部分的差异更加明显。在汽车服务应用系统中，监控应用部分主要是诊断、分析、救援服务，而在 SCADA 系统中则为监测、报警和控制。监控中心通用结构如图 2-19 所示。

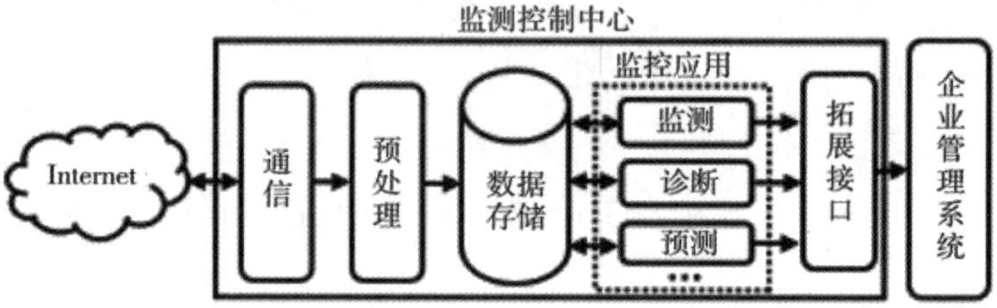

图 2-19　监控中心通用结构

根据数据采集单元的特性、数据采集单元和监控应用中心的距离以及测控对象的特性的不同，数据采集单元和监测控制中心之间的通信网络可以选择不同的通信方式。比如在汽车服务应用系统中，一般采用 3G/4G 移动网络，而在工业 SCADA 中，除采用移动通信网络外，多采用以太网、WiFi。此外，还有很多其他的通信方式，比如数传电台、VPN 通信等。

结合上面的分析，可以得出一个监控与数据采集系统的通用结构如图 2-20 所示。

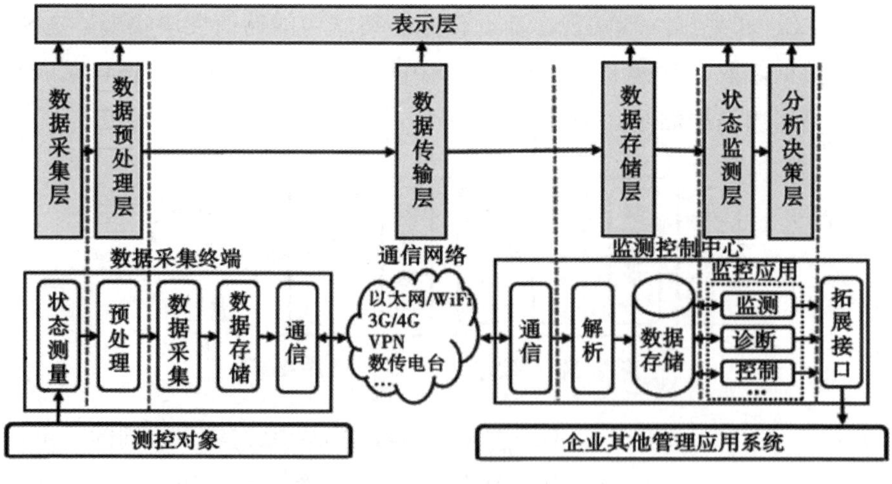

图 2-20　监控与数据采集系统通用结构

2.4.2.1 数据采集单元

数据采集单元针对特定的测控对象，实现测控对象各种类型数据的采集、预处理，形成能够输入计算机的数据，然后再存储并发送到监控应用中心。从硬件的角度讲，数据采集单元一般不是一个设备，而是一系列设备的集合，它们按功能的顺序组合在一起。在很多生产过程或者设备中，其中的一部分（比如状态测量和预处理）已经集成在它们的控制系统中了，在采集数据的时候只要从它们的控制单元读取即可。比如，在汽车服务应用系统中，汽车关键部件的参数测量和预处理已经集成到汽车控制系统，在采集数据时只需读取 ECU 中的数据。

1)状态测量。状态测量是为了实现测量对象各种类型的数据直接或间接获取。针对不同的测量对象，所要获取的数据类型和测量方式也不同。比如在汽车服务应用系统中，获取的数据类型是关键部件的状态参数（如温度、振动），测量方法是在关键部件安装对应的传感器。而在视频安防监控与数据采集系统中，获取的数据类型是环境的视频数据，而获取方式则是通过摄像头。一般来讲，状态测量主要通过一些测量设备、传感设备来实现，而测量方式则有自动测量和人工测量两种，甚至在某些情况下，需要借助人的判断，采用人工输入的方式。

2）预处理。预处理的目的是对获取的原始数据进行一些初步的处理，方便下一步的存储、传输和分析。比如在视频安防监控与数据采集系统中，摄像头获取的视频数据不能直接在网络中传输，需要通过数字编码器对其进行数字编码。一般来讲，原始数据的预处理包括模拟数据的放大、滤波、A-D 转换，视频、声音数据的编码、降噪等。

3)数据采集。数据采集的目的是把经过预处理的不同类型的数据“收集”起来。测量对象的状态测量是多样的，每一种参数的测量就是一路数据通道，因此需要把多个通道的数据集成，方便存储和发送。因此，数据采集部分的硬件要支持多种数据传输接口，比如 RS-232、CAN 总线接口、以太网接口。

4）存储。存储是在采集终端对“收集”的数据进行暂存，一方面可以对数据作一个备份，另一方面，如果数据采集单元和监控应用中心通信断开的时候，还可以利用存储的数据续传，保证数据的完整性。从硬件的角度上讲，存储可以采用硬盘、SD 卡等介质；从软件的角度讲，可以用数据库或者文件的方式组织存储。

5）通信。通信的目的是实现数据采集单元接入互联网，实现数据的发送。根据接入的方式不同，其硬件组成和软件也不同。在汽车服务应用系统中，车载终端含 3G/4G 通信模块，通过接入 3G/4G 移动网络来发送数据。而在视频安防监控与数据采集系统中，则是在编码器中内置以太网卡，通过接入有线 / 无线以太网实现数据的发送。另外，数据需要根据具体的通信协议，打包成指定的数据格式，然后发送到监控应用中心，监控应用中心根据通信协议即可接收和解析。

2.4.2.2 监控应用中心

监控应用中心接收数据采集单元发送的数据，利用数据实现测控对象的监控和相关应用。在得到可用的数据之前，还需要先对数据进行预处理，因为发送过来的数据一般是根据一定的协议格式打包或者编码过的。因此，要得到有意义的数据，就需要对数据进行拆包或者解码。另外，在预处理之前或者之后，需要对数据进行存储。这样，在服务器中的监控应用程序就可以利用数据实现对测控对象的监控和其他应用。另外，整个系统的配置、管理和控制也是在监控应用中心实现的。

1）通信。一般情况下，监控应用中心通信要求较高，而且比较方便铺设光纤网络。因此，监控应用中心多采用有线以太网的方式来实现数据的接收，并根据商定的通信协议对数据进行拆包处理。

2）预处理。预处理的目的是把接收到的“数据块”还原成一个一个有意义的数据。在网络中传输的数据是大量数据连在一起的数据块，因此，要根据一定的规则把数据块中的多种数据一个一个地读取出来。这部分工作一般通过运行在服务器中的预处理程序来完成。

3）存储。数据存储的目的是高效地把预处理后的数据组织起来，方便管理和后续的监控应用。目前一般设计专用的数据库来组织数据存储，可以提高数据的利用效率。

4）监控应用。监控应用的目的是通过利用预处理之后的数据，实现对测控对象的监控和其他应用。一般通过不同客户端程序（包括移动端）或者 Web 程序来实现不同的应用，比如监测、诊断、统计分析等。

5）拓展接口。拓展接口提供监控与数据采集系统拓展，使其他系统通过接口可以利用监控与数据采集系统中的应用或数据。

2.4.2.3 通信网络

通信网络实现数据采集单元和监控应用中心之间的数据传输。两者的数据传输除了要选择合适的通信方式外，还要设计相应的通信协议，包括通信的流程和通信的数据格式等。

2.5 监控与数据采集系统相关技术标准

监控与数据采集系统经过不断地发展和完善，已经形成了一些技术标准。与监控与数据采集系统研究相关的标准有：IEEE 1451 系列标准、IEEE 1232 系列标准、MIMOSA-CRIS 标准和 OSA-CBM 标准等。

2.5.1 IEEE 1451 系列标准

IEEE 1451 系列标准是智能变送器接口标准（Smart Transducer Interface Standards），它是瑞典国家标准与技术研究中心（NIST）和 IEEE 在 20 世纪 90 年代中期提出的一个技术标准，目前有 5 个正式标准和 3 个预标准。这些子标准相互协同工作，但也可以彼此独立使用。它主要针对传感器的安装、使用和升级等问题，其特点是易形成长期的文件档案、易于升级与维护、易于提供数据与系统的可靠性并允许远程校正或自校正等。

IEEE1451 系列标准的制定，为变送器制造商与用户、系统集成商和网络提供商带来巨大利益，使他们能够以较低的成本支持多种网络和变送器，促进了网络智能变送器技术的发展，在航空航天、智能汽车、环境监测、故障诊断、工业控制和机器人等领域得到了广泛的应用。

2.5.2 IEEE 1232 系列标准

IEEE 1232 系列标准是关于所有测试环境的人工智能交换与服务标准（Artificial Intelligence Exchange and Service Tie to All Test Environments，AI-ESTATE），它是由 IEEE SCC20 下属的诊断与维修控制委员会提出的，由 3 个子标准组成。通过封装问题、定义接口边界、开发交换格式、指定标准服务，AI-ESTATE 为具有互操作性、独立于特定厂商和产品解决方案的诊断系统的开发提供了方法。IEEE 1232 定义了一个标准诊断系统的体系结构，以及信息交换和软件接口的组件标准。其目的是提供一个规范的诊断信息模型，以保证对信息支持系统测试和诊断的清晰理解。它的目标主要是统一专业术语、促进诊断知识的移植性、允许诊断知识的可扩展、确保诊断性能交换与综合的一致性。

AI-ESTATE 目前支持 5 种诊断系统的模型：公共单元模型（CEM）、故障树模型（FTM）、增强诊断推理模型（EDIM）、诊断推理模型（DIM）和动态上下文模型（DCM）。将来还会包含更多的数据与知识规范，如基于约束的模型、神经网络模型、Bayesian 网络模型和基于规则的模型等。

2.5.3 MIMOSAOSA-EAI

机器信息管理开放系统联盟（Machine Information Management Open System Alliances，MIMOSA）是一个致力于制定有关制造系统环境中操作与维护的开放信息标准的标准化组织，成立于 1994 年。它制定了设备维护信息系统间进行信息交换的开放规范 —— 企业应用集成开放系统结构（Open System Architecture for Enterprise Application Integration，OSA-EAI）。

公共概念对象模型（Common Conceptual Object Model，CCOM）是 OSA-EAI 的基本概念模型，它使用统一建模语言 UML 定义了 OSA-EAI 的基类、主要属性和类之间的关联。OSA-EAI 核心部分是公共关系信息模式（Common Relation Information Schema，CRIS），它建立了一个设备维护信息关系数据模式，涵盖了 CBM 系统中所要管理的所有信息。

MIMOSAOSA-EAI 的主要目标是建立一个开放的体系结构，提供一组标准协议，以支持在不同 CBM 系统间交换复杂的传感器信息。CRIS 数据的体系结构已被 OSA-CBM 采用，作为分布式设备维护应用通信的核心基础结构。

2.5.4 OSA-CBM

在监控与数据系统中，CBM 系统是一类重要的应用。由于 CBM 系统涉及众多学科，如传感器技术、人工智能技术、计算机软件技术等，设备用户很难进行专业的诊断和维护，很多专门从事维护技术开发的科研院所、企业纷纷推出了自己的维护产品和维护服务。这些产品功能单一、价格昂贵、彼此间互不兼容，并不能很好地解决设备维护问题。同时，封闭的系统模式限制了技术应用和发展，市场垄断给设备用户带来了巨大的经济负担，限制了设备维护技术的推广。很多工厂没有能力购买先进的诊断维护系统，依然沿用落后的维护技术，很多可以避免的生产故障不时发生，造成了巨大的经济损失，严重地影响了整个国民经济的发展。

开放系统应该是一种厂家中立的理想系统，它的应用发展不应受任何厂家的控制和限制。要实现对这样一个开放系统的有效配置、操作和部件替换，就要制定一套接口、服务、协议的规范标准。在开放系统的环境下，可以用不同厂家的产品作为组成部件来构成系统，也可以在不同厂家生产的相同功能的产品间互换。这样就为用户采用多家产品集成系统以及系统的维护带来很大的方便，也有利于 CBM 维护系统的组件化、专业化发展。同时有利于打破市场垄断，促进技术与产品的发展。

市场的需求提出了要对 CBM 系统进行结构标准化。在这种需求的推动下，2001 年，一个由美国海军提供部分资助，由 Boeing、Caterpillar、Rockwell Automation、Rockwell Scientific Company 等联合组建的工业小组，制定了一个 CBM 开放系统体系结构（Open System Architecture for CBM，OSA-CBM）。与 MIMO-SAOSA-EAI 不同，OSA-CBM 标准以组件形式为分布式 CBM 软件模块制定了一个开放的标准化体系结构，定义了 CBM 系统组成及数据交互标准，实现了来自不同厂商 CBM 组件间的互换性和互操作性。OSA-CBM 标准把 CBM 系统分成了 7 个层次不同的技术模块，使 CBM 结构层次化、组件化。不同的研究机构和企业可以发挥在各自领域的专业技术优势，充分实现技术整合，共同推进 CBM 技术的发展。

2.5.5 其他相关标准

除了以上的 4 个标准以外，同监控与数据采集系统研究相关的标准还有 ISO 13373、ISO 13374-1 和 IEEE P1522，以及部分机械状态监测和故障诊断的相关国际标准等。

ISO 13373 是机械状态监测与诊断 - 振动状态监测标准，它以机械振动参量为主要指标，为设备状态监测的测量与数据采集功能提供通用指导。该标准主要包含以下内容：状态测量方法、状态测量参数、传感器的选择、传感器的定位、传感器的配属、数据采集、机器运行状态、振动监测系统、数据处理系统交互、连续监控和周期监控等。

ISO 13374-1 是机械状态的监测和诊断标准，它定义了机械状态监测系统的 6 个功能模块及其输入输出，但它只提供了一个框架结构，并没有指出如何实现一个状态监测系统。OSA-CBM 则正是该功能规范的实现标准，定义了功能块内部的数据结构及其对外接口。

IEEE P1522 是标准测试能力和诊断能力特性与度量标准。

ISO 13372 是机器的状况监测和诊断 - 词汇标准，它规定了机器及其状态监测与诊断中使用的术语和定义，旨在为状态监测与诊断系统的用户和制造商提供共同的词汇。

ISO 13379 是机械状态监测和诊断 - 数据解释和诊断技术通用指南标准，为数据解释和机器的诊断提供了一定的参考依据。它的目的是让状态监测和诊断系统的用户和制造厂家共享机器诊断领域常见的概念，让用户能够准备必要的将用于进一步诊断机器状态的技术特征，然后给出一个适当的方法以达到机器故障诊断的目的。但它只给出了一般指南，不包括一系列的机器类型处理。

ISO 13381-1 是机械的状态监测与诊断 - 预测标准，为预报过程的开发提供指南，它旨在：让状态监测和诊断系统的用户和制造商能够分享机器故障预报领域的一般概念；使用户确定所需的数据、特性和必要性能，以获得准确的预报；概括预报开发的一般方法；引入预报的概念，以促进未来系统的开发和培训。

ISO 17359 是机器的状态监测和诊断标准，给出了机器状态监测和诊断的指南，是涵盖状态监测与诊断领域一组标准的母标准。它规定了制定机器状态监测方案时要考虑的一般程序，并包括在这一过程中要引用的相关标准。标准综述了执行状态监测方案时推荐的通用程序，并在其后详细提供了关键步骤。它引入了状态监测活动针对根本原因失效模式的概念，并描述设立报警准则、进行诊断和预报的一般方法，以及改善诊断结论和预报置信度的一般方法。

第3章

监控与数据采集系统设计

前两章讨论了监控与数据采集系统的主要功能和一般结构，第 1 章介绍了在各种场景中应用的监控与数据采集系统，本章及后续章节将介绍针对斗轮机设计的监控与数据采集系统，将其称之为斗轮机监控与数据采集系统。本章将结合前两章的内容，说明针对斗轮机设计的监控与数据采集系统的体系结构和组成。首先从系统的需求开始，介绍系统的设计目标以及需要实现的功能。在需求明确的基础上，再介绍系统的体系结构设计，同时对系统的运行原理和主要组成进行说明，使读者对整个系统的构建和运行有一个完整的认识。

3.1 系统目标

第 1 章斗轮机监控与数据采集系统主要解决斗轮机由于机电系统的复杂性和地理上的分散性而难于管理和维护的问题。通过开发斗轮机监控与数据采集系统集中对多台设备进行远程监测和健康管理，从而实现对斗轮机高效的管控和维护。和第 1 章介绍的监控与数据采集系统一样，系统通过采集斗轮机的关键状态数据，并将这些数据经过远程传输、预处理和存储后，传输至监控中心实现状态监测、运维管理和健康评估等应用。另外，系统还要求建立远程用户与设备 PLC 上的连接通道，方便客户随时随地对斗轮机 PLC 程序进行查看和调试。

根据系统的功能，系统的目标划分为 6 部分，见图 3-1，包括：①实现斗轮机数据的采集和远程传输。②实现斗轮机数据的预处理和存储。③实现斗轮机的状态监测。④实现斗轮机的运维管理。⑤实现斗轮机的健康评估。⑥实现远程用户和斗轮机上 PLC 的连接。

数据采集和远程传输是指通过数据采集设备和通信设备获取斗轮机的关键状态数据，并将数据发送到远程监控中心，它是系统所有功能实现的基础。在获取数据的基础上，通过数据预处理和存储实现原始数据的格式标准化和对数据库中数据的高效组织，为后续数据的应用提供支持。最后通过数据的直接利用或者进一步挖掘，实现对斗轮机的状态监测、运维管理和健康评估。状态监测是指通过实时显示设备的状态和即时报警保证管理人员对斗轮机状态的实时查看；运维管理是指通过对斗轮机运行状态和能耗情况作统计分析，从而对斗轮机的运维情况有全面的了解；健康评估则是通过故障诊断和寿命预测，对斗轮机的健康状况进行诊断和评估，从而为设备维护提供参考。最后，斗轮机 PLC 程序在线运行是指通过建立远程用户与 PLC 的专用连接，使用户不用在现场即可对斗轮机的程序进行查看、调试和更新。

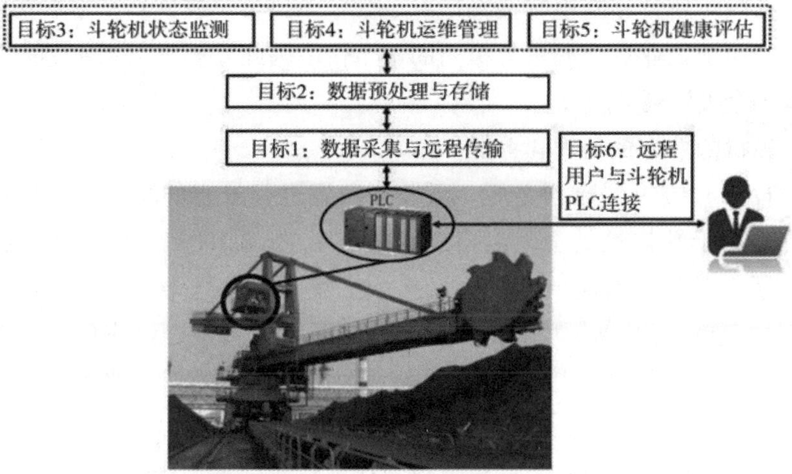

图 3-1　系统目标

3.2　系统功能需求分析

上面提出了系统的目标，但是实现这些目标需要的具体功能和要求，需要开发者和用户共同来协商确定。值得注意的是，在系统开发的过程中，用户的参与是极为重要的。一方面，用户作为设备的生产者或者使用者，需要设备的哪些信息，比开发者更加清楚；另一方面，他们更能站在系统使用者的角度来看问题，提出改善用户体验的建议。

本系统在开发的过程中与用户进行了充分的交流，随着交流的深入，功能数次变更，越来越接近用户的实际需要。下面根据上面提出的目标，逐条来说明具体的功能需求。

1. 斗轮机的数据采集和远程传输

此目标分为两个部分，数据采集和远程传输。对于数据采集，需要满足两个要求：保证足够快的数据采集频率和实现数据采集的通用性。由于某些突发状态的数据（故障数据、振动数据等）会瞬间丢失，因此需要足够快的数据采集频率来避免这些数据被忽略。同时，数据采集的对象多种多样，采集的接口和协议也不同，因此数据采集模块在设计时要实现多种接口、多协议的通用数据采集。

对于数据远程传输，则需要满足三个要求：保证有足够强的数据传输能力，保证数据传输的完整性及稳定性和数据传输的安全性。在高速的数据采集频率下，如果数据的传输速率小于数据采集速率，就会造成数据堆积，因此必须保证数据传输能力足够强以避免数据堆积。另外，考虑到设备现场通信环境和供电状况，需要保证在网络断开和断电等突发情况下数据不丢失，在恢复正常后实现数据补发。最后，由于工业场合要求有极高的安全性，因此需要采取加密等安全措施，保证数据不会被泄露。

2. 斗轮机的数据预处理和存储

在监控中心接收到数据之后，需要对数据进行一定的预处理，然后对数据进行存储。对于数据预处理，需要满足两个要求：保证有足够快的数据预处理速度和灵活的预处理策略。监控中心接收大量设备发送来的数据，如果预处理速度不够快，就会造成数据堆积。另外，不同的设备发送过来的数据长度、顺序和数据类型都不一样，因此需要采取一种灵活的预处理策略，实现不同设备数据的预处理。

对于数据存储，需要满足三个要求：保证设备数据存储的完整性、保证数据存储的通用性和保证数据的高取用效率。一方面，设备数据不仅包括采集的数据，还有设备信息、用户信息、分析结果及报表日志等信息，系统要对所有这些数据进行有效的组织和存储；另一方面，大量设备不断发送数据使总体数据量不断增大，系统要满足不断增长的海量数据的组织和存储需要。另外，系统还需要实现多设备数据的存储，由于不同的设备在数据类型和长度上有很大的差异，所以数据的存储要满足不同的设备类型需求，保证数据存储的通用性。最后，数据的组织存储方式还要满足数据的高取用效率要求。面对海量数据，在取用和处理这些数据时不能耗时过长，以获得较好的用户体验。

3. 斗轮机的状态监测

斗轮机远程监测包括三部分功能，分别是全体设备的监测、具体设备的状态监测和简单的故障报警。由于系统接入了多台设备，因此需要实现全体设备基本状态（故障或正常、作业或停机）的查看。另外，对于具体的设备，需要实现整机信息、关键机构和部件信息的查看。最后，在设备发生故障时需要及时报警并提供简单的故障信息。

4. 斗轮机的运维管理

斗轮机的运维管理指的是对斗轮机运行状态的统计，主要包括对一些开关的打开、关闭次数的统计，对电动机工作时长的统计，对斗轮机能耗的统计和故障的统计等。

5. 斗轮机的健康评估

斗轮机的健康评估是指利用设备数据，对设备整机、机构及关键部件的状况进行深入的分析，实现设备健康状况的评估，同时，对设备关键部件的剩余寿命进行预测。最后结合前面两者，生成评估报表并提出斗轮机维护建议。

6. 用户和 PLC（Programmable Logic Controller，可编程逻辑控制器）**的远程连接**

通过用户和 PLC 的远程连接，调试人员在不去现场的情况下就可调试和修改现场 PLC 的程序，即 PLC 的程序在线运行。PLC 的程序在线运行要满足两个要求：实现多台 PLC 同时在线运行以及保证在线运行的安全性。在管理多台设备的情况下，会碰到多台 PLC 同时需要调试的情况，因此 PLC 的连接要能实现多台 PLC 同时在线。另外，由于 PLC 是设备的控制核心，因此 PLC 在线运行要保证有足够的安全性，需要经过严格的用户验证之后才允许在线运行。

上面详细介绍了斗轮机远程监测、健康评估系统的详细功能需求，详见图 3-2。在功能需求的基础上，下一节将提出系统的体系结构设计并说明其运行原理。

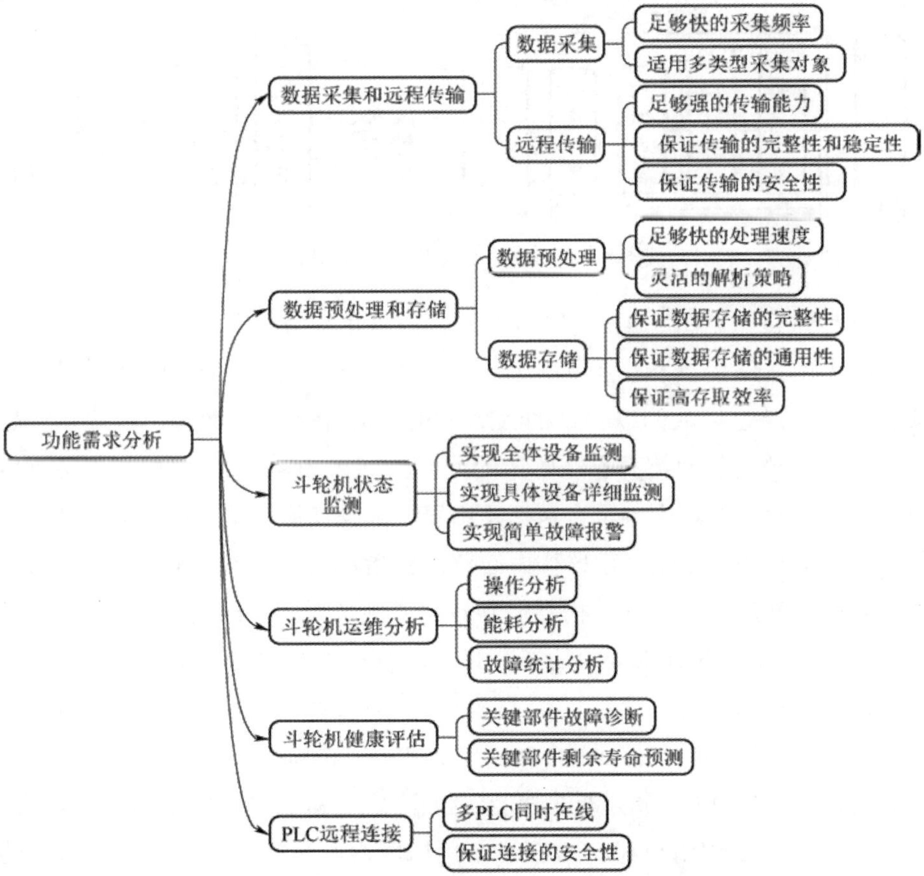

图 3-2　斗轮机监控与数据采集系统功能需求分析

3.3 系统体系结构及运行原理

如图 3-3 所示，对照第 1 章中提出的监控与数据采集系统通用结构，除了确定测控对象为斗轮机外，在数据采集单元框内的状态测量和预处理功能由斗轮机本身的传感测量系统和 PLC 来执行。斗轮机的数据采集只需获取 PLC 上的数据即可。因此，斗轮机监控与数据采集系统体系结构设计的内容是简化后的内容。

根据系统的逻辑结构，参照一般监控与数据采集系统，斗轮机的监控与数据采集系统可划分为三个主要部分：①数据采集单元。②网络通信。③监控中心平台。其中，数据采集单元实现斗轮机数据的采集；网络通信实现 PLC 与数据采集单元之间的本地通信，数据采集单元与监控中心平台的远程通信，用户和 PLC 的远程连接建立；监控中心平台实现设备数据的接收、预处理、存储和管理，以及利用数据实现设备的实时状态监测、简单故障报警、健康评估和维护决策。

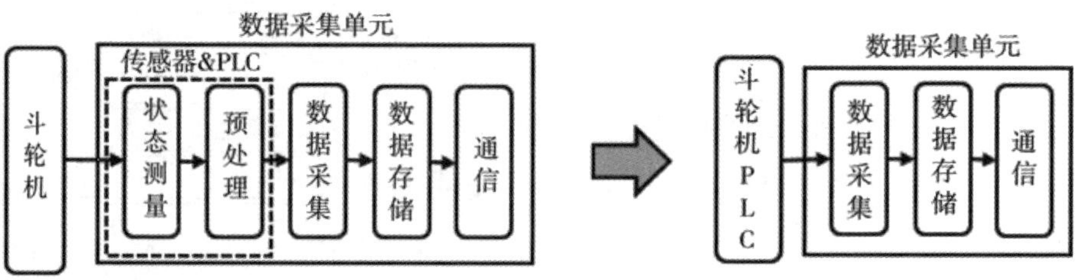

图 3-3 斗轮机数据采集端简化

系统整体架构见图 3-4，在设备端的数据采集部分主要包含数据采集单元、PLC、3G（4G）路由器和交换机，设备的数据存储在 PLC 中，两者通过交换机连接在一起，通过以太网以一定的频率采集 PLC 中的设备数据，在采集到数据后，数据采集单元将数据暂存在本地的同时，通过 3G（4G）路由器将数据发送到监控中心平台。监控中心平台包括路由器、数据库服务器、网络服务器、管理机和显示大屏幕等，数据经由监控中心路由器后，由数据库服务器中的接收程序接收并解析，然后以一定的结构存储到数据库服务器中。监测维护平台采用 B/S 架构，提供 Web 设备监测维护功能，其中，监控中心的监测维护程序取用数据库服务器中的数据，实现设备的实时监测、故障报警以及健康评估。另外，用户和设备 PLC 之间的远程连接通过 VPN（Virtual Private Network，虚拟专用网）建立，监控中心路由器有 VPN 服务器的功能，数据采集端路由器和远程用户均登录到 VPN 服务器，使远程用户和 PLC 在一个局域网内，这样，只要知道了 PLC 的 IP

地址，远程用户就能实现和 PLC 的连接。

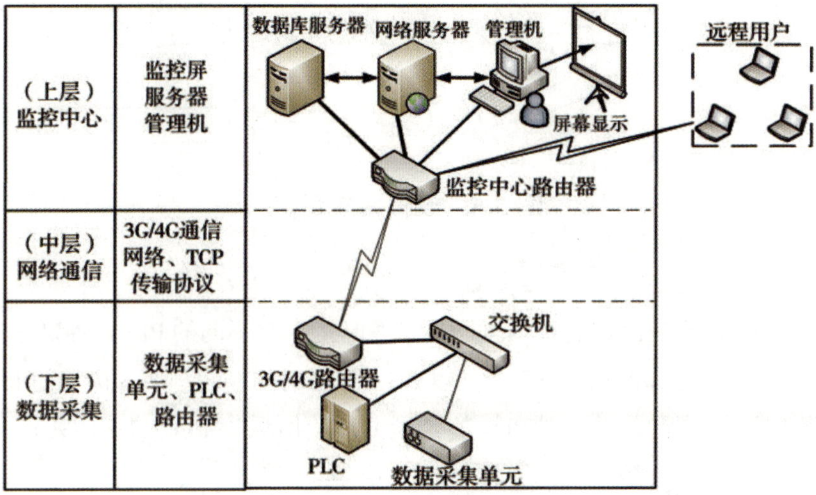

图 3-4　系统整体架构

在本系统的数据采集端，由于斗轮机的机载 PLC 已经将设备的运行数据集中存储，大大简化了数据采集的程序。在很多情况下，如果没有 PLC 的集中存储环节，则需要对多传感器的数据进行采集，显然这种情况下的数据采集程序就复杂得多，这里面涉及很多数据采集和预处理技术，如 A-D 转换、滤波等，这在第 5 章数据采集部分将进行简要的介绍。

网络通信同样具有多样化的选择，对于不同的设备而言，工作环境存在很大的差异，因此，在通信方式的选择上也不尽相同。在本系统中，采用了以太网连接实现 PLC 的数据采集，以及采用 3G/4G 网络实现数据远程传输的方式，但是在其他环境下，有可能通过总线或者串口实现数据采集，以及通过 WiFi 来实现数据远程传输。因此在数据采集部分设计的时候，要考虑到其通用性，支持多种主流的通信方式。这部分内容会在第 4 章通信设计部分中详细介绍。下面对系统三个主要部分作简要介绍。

3.4　网络通信

网络通信包括三部分：数据采集单元与 PLC、数据采集单元与监控中心和远程用户与 PLC 的通信，通信组成示意见图 3-5。下面对这三个部分简单进行介绍，更详细的内容会在第 4 章和第 6 章进行介绍，其中第 4 章将介绍通信的基础知识和通信协议的设计，第 6 章将介绍通信程序的具体实现。

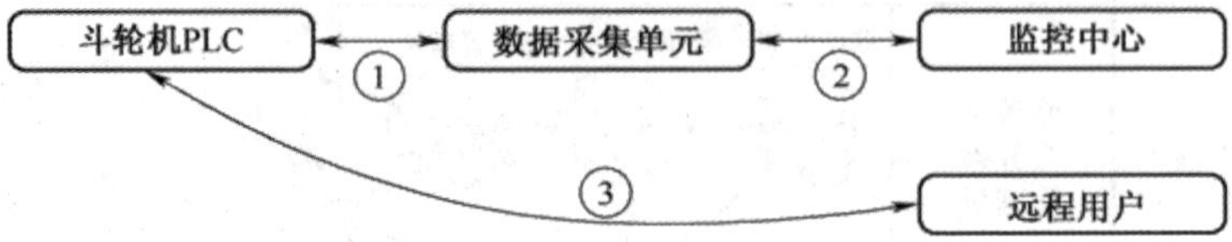

图 3-5　通信组成示意

3.4.1　数据采集单元与 PLC 通信

数据采集单元与 PLC 通过以太网通信，但是针对不同的 PLC，协议有所区别。比如数据采集单元和西门子 S7-300 以西门子定制的 fetch_write 协议进行通信。因此，数据采集单元需要识别 PLC 的类型并适应所采集 PLC 的通信协议。

3.4.2　数据采集单元与监控中心通信

由于斗轮机现场环境不适合网络布线，而且 3G/4G 移动通信能满足数据传输要求，因此数据采集单元连接 3G/4G 路由器，通过移动通信网络实现和监控中心的通信。

数据采集单元和监测中心的通信是以 C/S 的方式进行的，数据采集单元在开机后就会主动连接监测中心，整个连接过程会根据是否是初次连接而有所不同。初次连接的设备需要先注册，将设备的信息提供给监控中心，监控中心验证设备之后，分配给数据采集单元一个新的用户名和密码供以后登录使用。设备通过用户名和密码登录后，就可以正常通信了。在正常通信过程中，数据采集单元不断地将 PLC 采集的数据传输到监测中心，监测中心收到数据后就会向数据采集单元发出确认收到数据的指令，然后数据采集单元继续发送数据。如果发送的数据包出现错误，服务器就会让数据采集单元进行重传。若数据采集单元和监测中心意外断开，则数据采集单元在断开的期间，会不断尝试与监测中心建立连接，在连接恢复之后，把断开期间没有发送的数据补发到监测中心。这样就保证了通信的可靠和设备数据传输的完整性。

3.4.3　PLC 远程程序在线

用户和 PLC 远程连接的方式有三种：第一种是用户和 PLC 直连，但前提是 PLC 端有公共网络地址，这是 3G/4G 网卡所不具备的，并且安全性也比较低；第二种是设备端路由器开启 VPN 服务功能，用户以客户端的方式登录，但这同样要求设备端具备公共网络地址；第三种是在监测中心设置 VPN 服务器，机载路由器使用 VPN 客户端模式连接监测中心。当用户使用 PLC 在线功能时，只需要通过 VPN 登录监控中心，再由监测中心的 VPN 服务器将用户和机载路由器连接上，这样用户就可以通过局域网直接访问 PLC。这种方式不需要机载端具有公共网络地址，而且用户需要经过监控中心的验证，比较安全。因此在本书中选用第三种在线方式。

3.5 数据采集单元

数据采集单元是安装于斗轮机电气控制柜中的专用采集设备。它通过交换机和 PLC 相连实现数据采集，并和路由器相连实现数据远程传输，另外数据采集单元本身有数据存储的功能，数据采集单元外观见图 3-6，数据采集单元功能示意见图 3-7。

图 3-6 数据采集单元外观

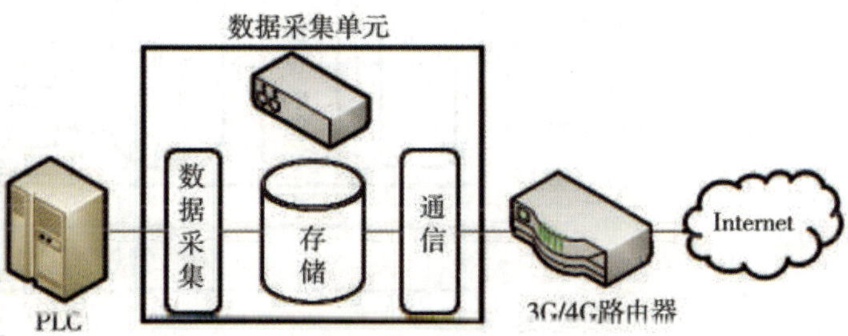

图 3-7 数据采集单元功能示意

数据采集单元是一个类似于工业路由器的盒子，通过标准卡槽卡在工业导轨上。从图 3-7 可以看出，数据采集单元主要实现数据采集、存储和通信三部分功能。而单元的硬件和软件设计也是围绕着这三个功能进行的。数据采集单元通过以太网和 PLC、路由器相连，实现数据采集和远程传输，因此，数据采集单元的程序包括数据采集程序和远程通信程序。另外，数据采集单元通过数据库实现数据的存储。

3.6 监控中心平台

本系统的监控中心类似于一般的视频安防监控室，大体尺寸为 8m×8m，高度为 3m，主要由管理计算机、服务器、网络设备（路由器、交换机）、监测屏幕组成。其示意见图 3-8。

图 3-8　监控中心示意

监控中心的功能逻辑见图 3-9，监控中心主要实现数据的接收、数据预处理、数据存储、监测和诊断等功能。围绕这些功能，进行监控中硬件的搭建和软件的开发。

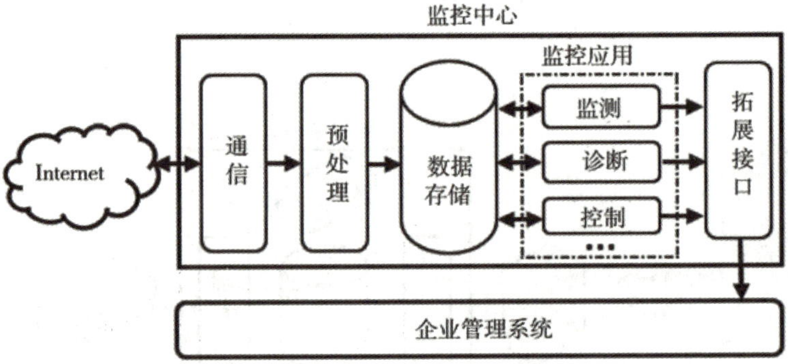

图 3-9　监控中心的功能逻辑

3.6.1　监测中心硬件

监测中心系统硬件主要由四大部分组成：服务器、屏幕显示、操作管理和网络设备，其结构见图 3-10。

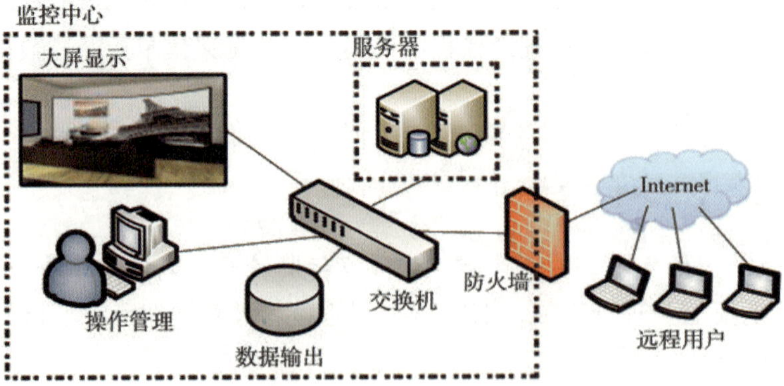

图 3-10　监测中心系统结构

1. 服务器部分

服务器部分包括数据库服务器和网络服务器：数据库服务器用于斗轮机数据、设备信息和系统信息的存储；网络服务器用于设备监测、运维管理和监控评估等 Web 服务。监测中心用户和远程用户可以通过网络服务器访问监测网站。

2. 屏幕显示部分

屏幕显示部分由监测屏幕和屏幕控制器组成：监测屏幕显示监测界面，控制器实现屏幕的拼接和监测界面的切换。通过大屏幕可以显示设备的监测界面、运维管理界面和监控评估界面等，不同屏幕可以灵活调度不同的界面。

3. 操作管理部分

操作管理部分的设备主要是管理计算机，它主要实现整个系统的管理和维护，比如调度监控屏幕中的界面显示，管理系统的接入设备等。

4. 网络设备部分

网络设备部分主要包括交换机和路由器。它主要实现监控中心内部、监控中心和设备、监测中心和远程用户之间的通信。

3.6.2 数据库

数据库是用于存放数据的仓库。在本系统中，数据库用于存储设备运行数据、设备信息和系统信息，为后续的监测、运维管理和监控评估等提供数据来源和数据支持。

系统数据库采用关系数据库管理系统。其组织结构见图 3-11。由设备管理模块、测点管理模块、功能实现模块以及人员管理模块四大模块组成。其中，设备管理模块根据其信息类型的不同又可以划分为设备信息、设备零部件信息以及传感器信息三部分；测点管理模块可以划分为数据采集模块与数据处理模块两部分，数据采集模块主要包括原始数据日志信息与原始数据缓冲信息，数据处理模块即原始数据处理；根据系统针对斗轮机实现的具体功能不同，功能实现模块可以分为警告与报警、状态监测、故障诊断、健康评估、预测评估、建议生成与报表生成七部分；而人员管理模块主要包括人员信息、权限信息、人员配置与登录日志等部分。

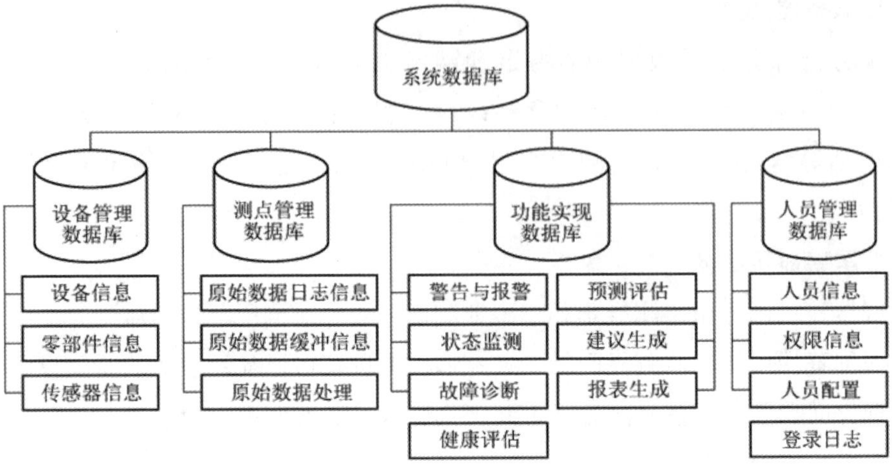

图 3-11　系统数据库的组织结构

3.6.3　监控中心的应用软件

监控中心的应用软件是在系统数据的基础上，实现设备的远程监测、数据查询、运维管理、健康评估和系统管理等功能。本系统应用软件主要包括五个模块，分别是上位通信及数据预处理、设备监测、GIS 设备管理、设备寿命预测和系统配置模块，见图 3-12。

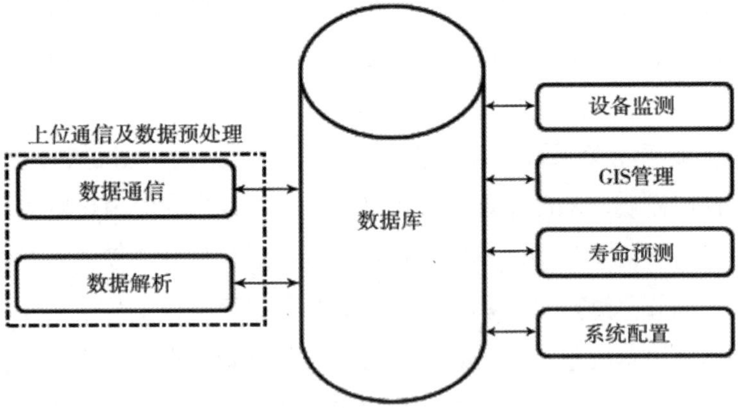

图 3-12　系统应用软件组成

1. 上位通信及数据预处理

上位通信及数据预处理主要包括两部分：数据通信和数据解析。数据通信模块实现与数据采集单元的通信，收发数据。数据通信模块接收到数据采集单元的连接请求之后，若通过验证，则建立连接。建立连接之后，接收数据单元发送的数据，并将原始数据包存入数据库中。数据解析模块取出并解析数据库中的原始数据包，然后把解析后的数据存入数据库。

2. 设备监测

设备监测主要包括两部分：实时状态监测和数据查询。实时状态监测实现设备整机及关键零部件的状态参数的显示，并在设备发生故障时报警和显示简单的报警信息。数据查询实现设备历史数据的查询，比如可以查看某个测点在一个时间段之内采集到的值。图 3-13 是一个设备监测界面，界面的左侧是所监测设备的部分信息，中间是设备模型，右侧是设备整机和主要机构的重要参数显示。

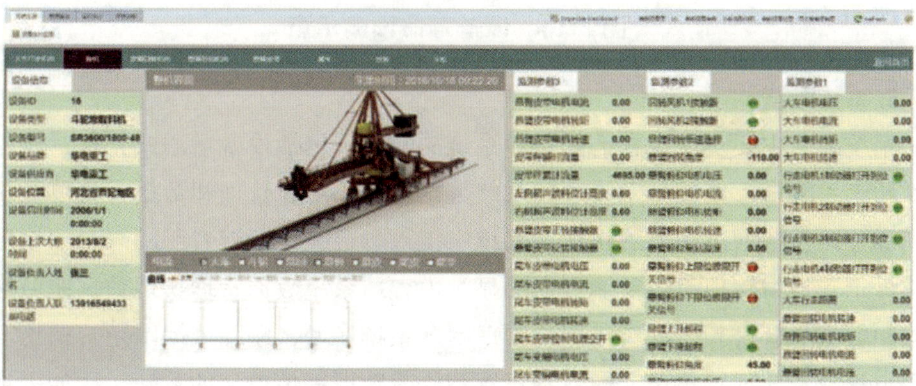

图 3-13　设备监测应用示意

3.GIS 设备管理

GIS 设备管理应用软件实现基于地理位置信息的全体设备管理。该应用根据设备的位置信息在地图上显示全体监控设备，并显示设备全体的概述信息，比如总计多少台设备在线等。通过颜色或文字来表示设备的状态，比如用红色图标来表示设备故障，用灰色图标表示设备离线等。

4. 寿命预测

寿命预测主要通过大量的设备运行数据，实现设备关键部件的寿命预测。应用寿命预测模型对采集到的参数的历史数据进行分析，就可以得出关键部件的剩余寿命。图 3-14 是一个寿命预测界面，其左侧是关键部件选择导航栏，中间上侧是时间、模等条件的选择项，中间下侧的圆是标示部件剩余寿命的图示，右侧对话框是预测结果的输出。

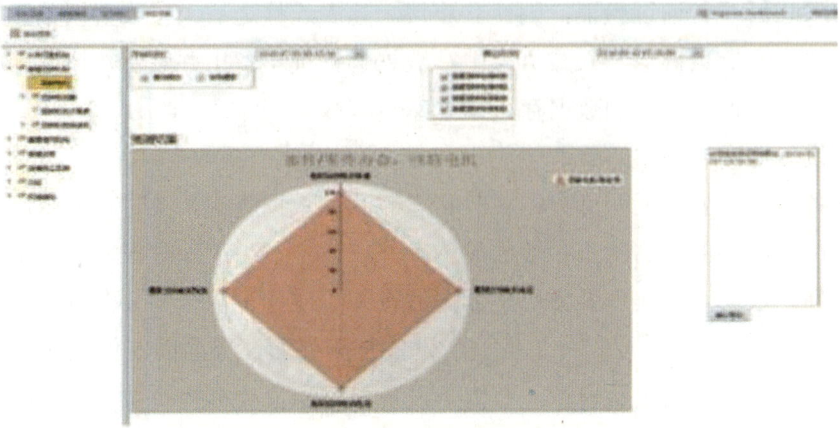

图 3-14 设备寿命预测示意

5. 系统配置

系统配置主要实现设备的配置和系统的配置，包括设备增添或删除、设备零部件和测点编辑、系统显示管理、系统数据管理、用户管理和数据采集单元配置六大部分。设备增添和删除实现在系统中接入一台新设备或者删除一台旧设备；系统显示管理指管理设备监测界面的显示内容；系统数据管理实现数据完整性的检查和数据的备份和转移等；用户管理实现系统新增、删除或编辑用户信息，修改用户权限；数据采集单元配置指设置和修改数据采集单元的参数，比如采集频率和发送频率等。

3.7 监控对象工作原理

图 3-15 所示是一种比较常见的臂架型斗轮机，也是本书所设计系统的应用对象。该斗轮机有较长的臂架结构伸出，以保证有足够大的作业范围。在臂架的末端有一个斗轮，斗轮可以装卸煤炭，根据回转方向的不同，它可以抓取臂架传送带上的煤炭卸至料堆上或者抓取料堆的煤炭卸至臂架传送带上。斗轮机的中心是回转机构和中心料斗，回转机构可以使臂架回转，增大作业范围，提高作业的灵活性。中心料斗实现煤炭的纵向运输，要把臂架带式输送机上的煤炭向下传输到地面上的带式输送机或者将地面带式输送机上的煤炭向上传输到臂架带式输送机上，都需要经过中心料斗。通过大车行走机构，斗轮机可以实现整机沿着轨道的移动。下面我们分别对斗轮机的两种作业方式——堆料和取料加以分析。

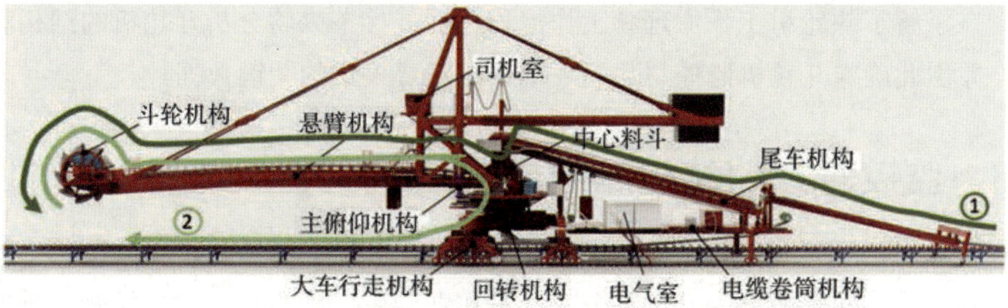

图 3-15　臂架型斗轮机示意图

1—堆料时散料的流向　2—取料时散料的流向

3.7.1　堆料

斗轮机堆料的过程是由地面带式输送机送料至尾车带式输送机上，经斗轮机将散料提升，再将散料卸至料场的过程。地面带式输送机将输送的散料传输到斗轮机尾车机构上的带式输送机，经由尾车传输带提升至中心料斗的顶部料口，散料经过顶部料口进入中心料斗，下料至悬臂机构的带式输送机，然后经由带式输送机传输到末端斗轮，最后由斗轮通过回转卸料，散料在斗轮机上的流向见图 3-15 中的线条①所示。为了充分利用料场的空间，斗轮机通过行走和回转来扩大堆料范围，实现料场空间的最大化利用。堆料的流程总结见图 3-16。

图 3-16　斗轮机堆料流程

3.7.2　取料

斗轮机取料的过程正好与堆料相反。首先，斗轮机构挖取料堆中的散料，卸至悬臂带式输送机上。悬臂带式输送机将散料输送到中心料斗，把散料传输到地面带式输送机上。最后由地面带式输送机传输到指定的装船或装车点，散料在斗轮机上的流向见图 3-15 中的线条②所示。同样，斗轮机通过大车行走机构和回转机构实现移动和回转来扩大取料范围。斗轮机取料流程见图 3-17。

图 3-17　斗轮机取料流程

在了解了斗轮机工作原理和工作流程之后，接下来将分析斗轮机的结构和组成，并由此确定斗轮机监控与数据采集系统需要采集的关键数据。

3.8 监控对象的结构和组成

斗轮机的组成结构见图 3-18。根据斗轮机各部件在取料和堆料作业中的功能不同，可将斗轮机分为几个部分：一是作业装置，即直接与物料接触，堆取、输送和转运物料的装置，包括斗轮机构、悬臂机构、尾车带式输送机、中心料斗等；二是运动机构，用于实现斗轮机在料场的高度、宽度和长度方向上的移动，包括俯仰机构、回转机构和大车行走机构，同时运动机构也是设备作业的辅助装置；三是金属结构，作业装置和运动机构都需要通过金属结构支撑，实现三维空间位移，包括门座架、回转平台、上部钢结构和尾车等；四是电控系统，实现斗轮机的电力拖动和设备控制，主要包括系统供配电、调速和控制等。下面对四大部分中的关键组成结构作简要介绍。

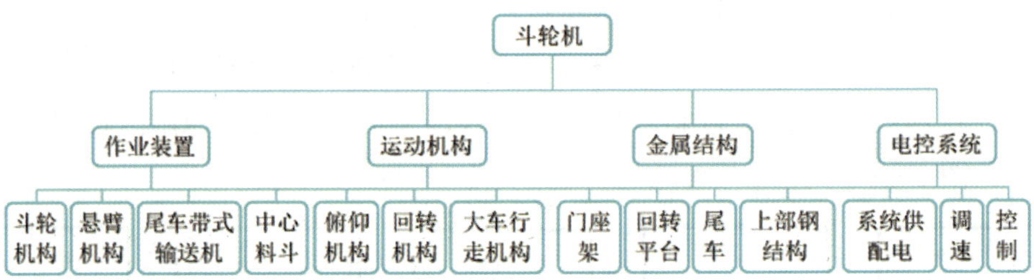

图 3-18　斗轮机的组成结构

3.8.1 作业装置

斗轮机作业装置主要由斗轮机构、悬臂机构、尾车带式输送机和中心料斗等组成，其中尾车带式输送机和悬臂机构类似，中心料斗起到散料“漏斗”的作用，结构比较简单，以下对斗轮和悬臂机构作简要介绍和分析。

3.8.1.1 斗轮机构

斗轮机构包括斗轮和斗轮驱动装置，作为挖取物料之用。斗轮驱动装置主要由电动机、减速机、制动器、液力耦合器和铲斗等组成。斗轮机构位于臂架的尾端，由电动机通过液力耦合器的减速机来驱动。斗轮机构通过斗轮的回转，配合斗轮机的行走、俯仰，逐层或按阶梯形方式分层取料。其结构示意见图 3-19。

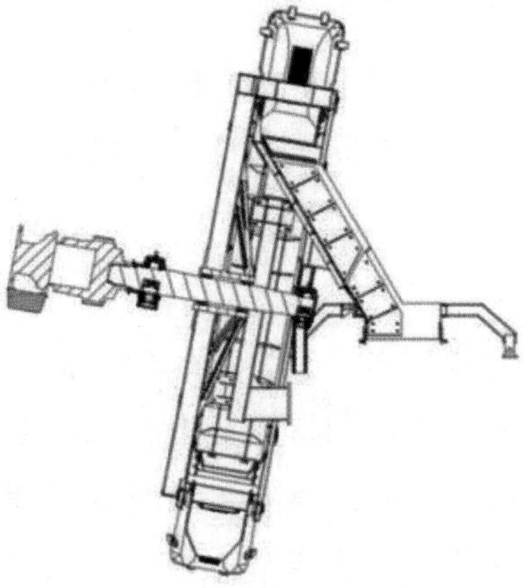

图 3-19　斗轮机构

根据对斗轮机构的维护经验，确定电动机、减速机、制动器、液力耦合器、轴承座为斗轮机构的关键部件，为了实现这些关键部件的监测、故障诊断和健康评估，需要采集的参数见表 3-1。除此之外，还要采集斗轮机转速、偏角和电气输出信号等状态信息。

表 3-1　斗轮机构关键部件及采集参数

电动机					减速机			制动器	液力耦合器	轴承座	
振动	温度	转矩	电流	功率	振动	高速轴承温度	润滑压力	打开限位	电子防喷开关	轴承温度	轴承振动

3.8.1.2　悬臂机构

悬臂机构是典型的带式输送机系统，主要实现从斗轮机到中心料斗间散料的输送。和普通的输送机系统一样，悬臂带式输送机由电动机经过减速机驱动滚筒转动，从而带动张紧的传送带以及传送带上的散料的运动。

根据对斗轮机悬臂机构的维护经验，确定电动机、减速机、制动器、液力耦合器和滚筒为关键部件，为了实现这些关键部件的监测、故障诊断和健康评估，需要采集的参数见表 3-2。除了这些关键参数外，还需要采集传送带速度、传送带流量和电气输出信号等状态信息。

表 3-2　悬臂带式输送机构的关键部件及采集参数

电动机					减速机			制动器	液力耦合器	滚筒	
振动	温度	转矩	电流	功率	振动	高速轴承温度	润滑压力	打开限位	电子防喷开关	轴承温度	轴承振动

3.8.2 运动机构

斗轮机运动机构主要由大车行走机构、回转机构和俯仰机构组成，分别实现斗轮机在料场高度、宽度和长度方向上的移动，以下对这三大机构进行简要介绍和分析。

3.8.2.1 大车行走机构

大车行走机构的主要功能是支撑和移动斗轮机整机，使斗轮机在作业的过程中沿着轨道移动。按行走机构的结构特点分为有轨行走和无轨行走，本系统的斗轮机均属有轨行走，整机根据生产的需要，沿着专门铺设的轨道运行。行走机构主要由支撑装置和驱动装置两部分组成，此外，还包含有多种安全防护装置，如行走限位装置、缓冲器、夹轨器及锚固器等。如图 3-20 所示。

a） b）

图 3-20 大车行走机构

根据对斗轮机大车行走机构的维护经验，确定行走电动机、减速机、制动器、车轮和夹轨器为关键部件，为了实现这些关键部件的监测、故障诊断和健康评估，需要采集的参数见表 3-3。除了这些关键参数外，还需要采集大车行走距离、大车行走速度和电气输出信号等状态信息。

表 3-3 大车行走机构关键部件及采集参数

电动机					减速机		制动器	车轮	夹轨器		
振动	电流	温度	转矩	功率	振动	轴承温度	打开限位	车轮轮压	打开限位	油温	油压

3.8.2.2 回转机构

回转机构的作用是使臂架围绕着回转中心转动，在小范围内实现斗轮的移动，增大斗轮机构的作业范围和作业灵活性。回转机构和大车行走机构相配合，使斗轮机能完全覆盖沿着轨道方向上的所有料堆。

回转机构一般由回转支撑装置和驱动装置两大部分组成。回转支撑装置是用来将斗轮机的回转部分支撑在固定的行走门架部件之上，它承受着斗轮机各种载荷所引起的垂直力、水平力与倾覆力矩。回转驱动装置用来驱动斗轮机回转部分，使其相对于固定部分回转。回转机构见图 3-21，驱动电动机经过减速机，带动图中的小齿轮转动，从而带动和小齿轮啮合的大齿轮以及和大齿轮固接在一起的臂架结构转动。

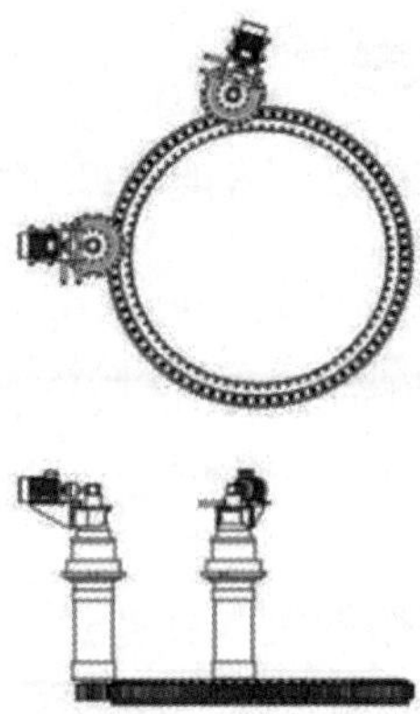

图 3-21　回转机构

根据对斗轮机回转机构的维护经验，确定大轴承、电动机、减速机和制动器为关键部件，为了实现这些关键部件的监测、故障诊断和健康评估，需要采集的参数见表 3-4。除这些关键参数外，还需要采集回转角度、回转速度和电气输出信号等状态信息。

表 3-4　回转机构关键部件及采集参数

大轴承						减速机		电动机					制动器
表面压力 1	表面压力 2	表面压力 3	振动 1	振动 2	振动 3	振动	轴承温度	振动	温度	转矩	电流	功率	打开限位

3.8.2.3　俯仰机构

俯仰机构主要用于调节堆料、取料时臂架的高度，配合其他机构满足生产要求，臂架在俯仰的过程中需要实现自动平衡。对于斗轮机这种大型设备，臂架自重平衡多采用移动重心式，见图 3-22，移动重心平衡的原理是利用杠杆系统或拉索使臂架与配重的合成重心沿近似水平线移动，即应用平衡配重的上升或下降来抵偿臂架重心的下降或上升。臂架俯仰机构的俯仰角度是通过液压缸的伸缩来调节的：当液压缸伸长时，悬臂机构上仰；当液压缸缩回时，悬臂机构下倾。

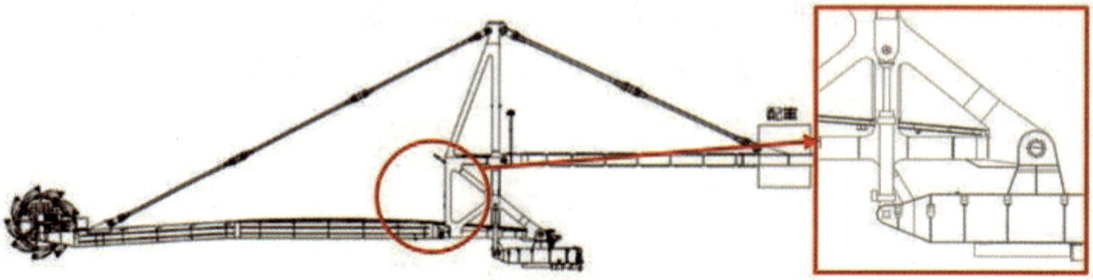

图 3-22　臂架俯仰机构

根据对斗轮机俯仰机构的维护经验，确定电动机、液压系统为关键部件，为了实现这些关键部件的监测、故障诊断和健康评估，需要采集的参数见表 3-5。除了这些关键参数外，还需采集俯仰角度和电气输出信号等状态信息。

表 3-5　悬臂俯仰机构关键部件及采集参数

电动机					液压系统				
振动	温度	转矩	电流	功率	温度	有杆腔压力	无杆腔压力	油位	堵塞

3.8.3　金属结构

斗轮机门座架处于机器下方，起着支撑整台机器和连接行走机构的作用，门座架的安全性与可靠性对整台机器的安全运行十分重要。门座架分四支点四支腿支撑、三支点四支腿支撑及三支点三支腿支撑等，其区别在于支撑和受力方式不同，因此支撑的稳定性也有所区别。

斗轮机尾车的作用是在堆料时将地面带式输送机上的物料送到悬臂带式输送机上，再通过悬臂带式输送机将物料送到料场。

上部俯仰钢结构机构作为斗轮机实现堆取料作业的主要部分，其结构性能的好坏直接决定了斗轮机能否高效、安全地实现堆取料作业。斗轮机上部俯仰钢结构采用整体平衡式结构，即其中的悬臂架、塔架、拉杆以及配重臂等几部分以铰接的方式连接成一个整体，变幅时相对于回转平台主铰点作俯仰摆动，其结构本身较为复杂，且在作业过程中受力状态也很复杂。这种结构的运动简单，除俯仰主铰点外均是固定铰点，一般采用液压驱动，不需加油维护。

3.8.4　电控系统

电控系统是设备简便操作、使用可靠的基础。斗轮机采用 PLC 结合接触器、断路器和热继电器等构建的电控系统对设备的运行进行控制。PLC 控制系统中控制逻辑由软件实现，解决了硬件控制逻辑不可变的问题，极大地提高了系统的工作可靠性，降低了系统的故障率。电气室和司机室同时配置有 PLC，形成主从站结构，采用同轴电缆进行控制和信息传输，大幅度地减少了中间继电器及控制用电缆，同时能够在司机室终端设备上大规模显示机器状态，以便司机能够全方位监视设备状况。目前，随着计算机技术、通信技术的发展，以 PLC 为核心构建的控制系统能够实时进行数学运算、数据传送和信号联锁或者与其他 PLC 联网通信，完成数据处理和信息交换，实现安全生产。此外，PLC 还有故障记录、文件保存等管理功能，远远超出了最初的逻辑运算和模拟运算能力。由于 PLC 中存储着设备所有的采集参数，因此要实现斗轮机数据的采集，只需要设计数据采集器采集 PLC 中的数据。在本书应用的斗轮机中，电气柜中 PLC 和司机室中的 PLC 是主从关系，因此只需采集司机室中的 PLC 数据即可。电气室和司机室电气柜内部结构见图 3-23。

a）电气室电气柜　　b）司机室电气柜

图 3-23　电气室和司机室电气柜内部结构

第4章

通信系统

在监控与数据采集系统中，数据是核心。数据除需要组织和存储外，还需要传输，即系统各部分之间需要通信。通信的实现依赖硬件和软件两个方面。硬件实现通信双方在物理上的连接，无论是用双绞线、光纤，还是用无线方式来实现连接。在硬件连接上以后，软件需要实现的就是通信双方协商如何去收发数据。本章将对通信的基础知识做简要介绍，包括通信技术的历史、现状和未来发展；分析和总结一般通信协议的特点；同时分析远程数据采集系统的通信需求，给出通信协议的设计方法。另外，介绍作为通信系统的一部分——虚拟专用网（VPN）在线功能的设计与实现过程。

4.1 计算机网络通信概述

通信系统是用以完成信息传输的技术系统的总称。从定义上就可以知道整个通信系统所涵盖的范围非常大，但是在使用中最为常用的就是网络通信系统。

那么何为计算机网络？计算机网络是通信技术与计算机技术密切结合的产物。它最简单的定义是：以实现远程通信为目的的一些互连的、独立自治的计算机的集合。随着计算机网络体系结构的标准化，计算机网络又被定义为由三个主要部分组成：①能向用户提供服务的若干主机。②由一些专用的通信处理机（即通信子网中的节点交换机）和连接这些节点的通信链路所组成的一个或数个通信子网。③为主机与主机、主机与通信子网，或者通信子网中各个节点之间通信而建立的一系列协议。

4.1.1 计算机网络的发展阶段

计算机网络已经历了由单一网络向互联网发展的过程。1997 年，在美国拉斯维加斯的全球计算机技术博览会上，微软公司总裁比尔·盖茨先生发表了著名的演说。在演说中强调，“网络才是计算机”的精辟论点，充分体现出信息社会中计算机网络的重要地位。计算机网络技术的发展越来越成为当今世界高新技术发展的核心之一，而他的发展历程也曲曲折折。计算机网络的发展分为以下几个阶段：

（1）第一阶段——诞生阶段（计算机终端网络）。20 世纪 60 年代中期之前的第一代计算机网络是以单个计算机为中心的远程联机系统。典型应用是由 1

台计算机和全美范围内 2 000 多个终端组成的飞机订票系统。终端是一台计算机的外部设备包括显示器和键盘，无 CPU 和内存。随着远程终端的增多，在主机前增加了前端处理机（FEP）。当时，人们把计算机网络定义为“以传输信息为目的而连接起来，实现远程信息处理或进一步达到资源共享的系统”，这样的通信系统已具备网络的雏形。早期的计算机为了提高资源利用率，采用批处理的工作方式，为适应终端与计算机的连接，出现了多重线路控制器。

（2）第二阶段 —— 形成阶段（计算机通信网络）。20 世纪 60 年代中期至 70 年代的第二代计算机网络是以多个主机通过通信线路互联起来，为用户提供服务，兴起于 60 年代后期，典型代表是美国国防部高级研究计划局协助开发的 ARPANET。主机之间不是直接用线路相连，而是由接口报文处理机（IMP）转接后互联的。IMP 和它们之间互联的通信线路一起负责主机间的通信任务，构成了通信子网。通信子网互联的主机负责运行程序，提供共享资源，组成资源子网。这个时期，网络概念为“以能够相互共享资源为目的互联起来的具有独立功能的计算机之集合体”，形成了计算机网络的基本概念。ARPA NET 是以通信子网为中心的典型代表。在 ARPA NET 中，负责通信控制处理的 CCP 称为接口报文处理机 IMP（或称节点机），以存储转发方式传送分组信息的通信子网称为分组交换网。

（3）第三阶段 —— 互联互通阶段（开放式的标准化计算机网络）。20 世纪 70 年代末至 90 年代的第三代计算机网络是具有统一的网络体系结构并遵守国际标准的开放式和标准化的网络。ARPANET 兴起后，计算机网络发展迅猛，各大计算机公司相继推出了自己的网络体系结构及实现这些结构的软硬件产品。由于没有统一的标准，不同厂商的产品之间互联很困难，人们迫切需要一种开放性的标准化实用网络环境，这样应运而生了两种国际通用的最重要的体系结构，即 TCP/IP 体系结构和国际标准化组织的 OSI 体系结构。

（4）第四阶段 —— 高速网络技术阶段（新一代计算机网络）。20 世纪 90 年代至今的第四代计算机网络，由于局域网技术发展成熟，出现了光纤及高速网络技术、多媒体网络、智能网络，整个网络就像一个对用户透明的大的计算机系统，发展成为了以 Internet 为代表的互联网。

4.1.2 计算机网络的体系结构

在计算机网络的基本概念中，分层次的体系结构是最基本的。最初的 ARPANET 设计师就提出了分层的概念。分层将庞大而复杂的问题，转化为若干个较小的局部问题，而这些局部问题就比较易于研究和处理了。

1974 年，美国的 IBM 公司宣布了系统网络体系结构（System Network Architecture，SNA）。这个著名的网络标准就是按照分层的方法制定的。随后其他一些大公司也相继推出了自己公司的具有不同名称的体系结构。然而，全球经济的发展使得不同网络体系的用户迫切要求能够相互交换信息。为了使不同体系结构的计算机网络都能够互联，国际标准化组织（ISO）于 1977 年成立了专门机构研究该问题。随后便提出了著名的开放系统互联参考模型（Open Systems Interconnection Reference Model），简称“OSI”。在 1983 年形成了开放系统互联参考模型的正式文件，即 ISO 7498 国际标准，也就是所谓的七层协议体系。

在 20 世纪 80 年代，许多公司甚至一些国家的机构纷纷表示支持 OSI，然而到了 20 世纪 90 年代初，虽然整套的 OSI 国际标准已经制定出来了，但是由于因特网已经在世界上覆盖了相当大的范围，已经找不到有什么厂家生产出了符合 OSI 标准的产品，因而 TCP/IP 成为事实上的国际标准。

在计算机网络中要做到有条不紊地交换数据，就必须遵守一些事先约定好的规则。这些规则明确规定了所交换的数据的格式以及相关的同步问题。这些为进行网络中的数据交换而建立的规则、标准或约定称为网络协议（Network Protocol）。网络协议主要由三个要素组成：

1）语法，即数据与控制信息的结构或格式。

2）语义，即需要发出何种控制信息，完成何种动作及做出何种响应。

3）同步，即事件实现顺序的详细说明。

我们把计算机网络层次结构及各层协议的集合，称为网络的体系结构，计算机网络的体系结构就是这个计算机网络及其协议所应完成的功能的精确定义。

OSI 的七层协议体系结构的概念清楚，理论也较完整，但是它既复杂又不实用。TCP/IP 体系结构则不同，它在现实中得到了最广泛的应用。TCP/IP 是一个四层体系结构，它包含应用层、运输层、网络层和网络接口层。从实质上来说，TCP/IP 的网络接口层没有什么具体内容。因此可以将 OSI 和 TCP/IP 综合起来，形成一个五层体系结构。网络参考模型见图 4-1。

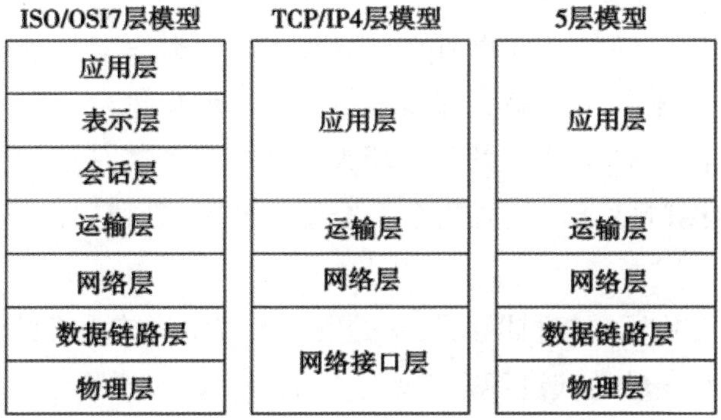

图 4-1　网络参考模型

下面主要介绍各层次的作用。

1）应用层（Application Layer）。应用层是体系结构的最高层。应用层直接为用户的应用进程提供服务，在因特网中的应用层协议很多，如 HTTP、FTP、SNMP 等。

2）运输层（Transport Layer）。运输层的任务就是负责向两个主机进程之间的通信提供服务。由于一个主机同时运行多个进程，因此运输层有复用和分用的功能。运输层主要有两个协议：TCP 和 UDP。TCP 是面向连接的，数据传输的单位是报文段，提供可靠的交付。UDP 是面向无连接的，数据传输的单位是用户数据报，不保证提供可靠的交付，只能提供“尽最大努力交付”。

3）网络层（Network Layer）。网络层是为网络上的不同主机提供通信服务的。在发送数据时，网络层把运输层产生的报文段封装成分组或包进行传输。在 TCP/IP 中，由于网络层使用 IP，因此分组也叫作 IP 数据报。

4）数据链路层（Data Link Layer）。数据链路层是负责两个主机之间的数据传输，总是在一段一段的链路上进行数据传输，也就是说，在两个相邻节点之间数据是直接传输的（点对点），这就需要专门的链路层协议。在两个相邻节点之间传输数据时，数据链路层将网络层传输下来的 IP 数据包组装成帧（framing），在两个相邻节点间的链路上透明地传输帧。

5）物理层（Physical Layer）。在物理层上所传数据的单位是比特。物理层的任务就是透明的传输比特流。

4.1.3　计算机网络的发展趋势

计算机网络的发展有很强的规律性，也就是集成性、开放性、高性能、智能化。

其中计算机网络的集成性表现在计算机网络资源的高度集中化，各种服务和媒体应用的高度集成，同时允许点对点、点对面、面对点等多种传输，既能提供尽力而为的无特殊服务质量要求的信息传递，也能提供有一定时延和差错要求的确保服务质量的实时交互。另外，开放性是指整个体系结构是一个开放性的窗口，有统一的接口标准，使得整个系统便于被互联网认知，这也是一个统一性的问题。

体系结构的变化。计算机网络技术的发展呈现出螺旋上升的规律，即计算机网络技术的发展是一种迭代过程，需要不断地研究、应用验证去证实与推进。网络研究推动应用发展的同时新的应用需求又驱动网络研究不断取得新成果。首先，对于数据通信速率和质量的迅速提高，网络的瓶颈从传统的“低速传输”转移到了高速传输与低速通信软件的矛盾上，当今的主要问题是传统通信协议过于复杂，占用了太多的系统资源，降低了网络传输效率，因此需要解决协议的复杂化问题，使网络尽量减少计算量；其次，相对于传统的文件传输式服务，基于网络的新分布式应用，如计算机视频会议、多媒体数据库查询和再现、共享式编辑和多用户游戏等，要求网络提供更高的服务质量。

计算机网络相关技术的深化。路由技术与交换技术的融合是目前网络发展的热点。随着 Internet 的膨胀式发展促使更多路由算法不断出现，在 Internet 的核心路由器上，路由表变得也越来越庞大，这就导致路由器的计算速度需要不断加快，路由器也不断复杂化，由此带来的问题是越来越难以管理，这种趋势愈演愈烈。目前，最好的解决办法是将路由器和交换机融为一体，由此提出了可能的解决方案：IP 交换、TAG 交换和 MPLS 交换。这三种 IP 网络都还没有通用的标准支持，从而在一定层面上阻碍了计算机网络技术的发展。

计算机网络的安全。网络安全问题是一个关系到每个用户切身利益的问题，随着网络互联的规模越来越大，网络安全问题也日益突出。安全问题集中在以下几个方面：其一，安全服务质量问题，主要指如何保证合法用户的带宽，防止非法用户占用带宽，从而保证合法客户的正常上网需求；其二，安全网络基础设施，主要涉及路由器、域名服务器，以及网络控制信息和管理信息的安全问题；其三，端—端的安全问题，主要指用户之间的加密、鉴别和数据完整性的维护；其四，端系统的安全问题，主要涉及防火墙技术。防止用户非法侵入网络和非法访问资源是当前网络安全的主要问题。除了用防火墙隔离来自外部网络的非法访问外，还可以用虚拟网络技术在公共基础网络上建立虚拟专用网。

4.2 典型通信系统

在典型的通信系统中，主要有两类不同的通信方式。一种是基于本地的通信，称之为底层通信（主要用于数据的采集或者说是获取数据），这种通信方式在OSI/ISO 7层通信模型中一般只使用物理层、数据链路层及应用层。其一般只需要实现少量数据在小的范围内进行传输，这种方式的特点是需要进行高实时性的通信和控制。另一种方式是远程通信，这种方式主要用于大量数据的远距离传输，不同于底层通信，由于其是远距离的通信，一般会在底层通信的层次基础上加入网络层和运输层。由于这两种方式具有显著的差异，因此，在本章中将这两部分独立讲解。

4.2.1 底层通信

在一个完整的采集监测系统中，底层通信主要实现数据的采集，其所处的位置见图 4-2 阴影部分。底层通信实现从数据源获取数据，然后发送控制指令，或者仅仅采集数据。

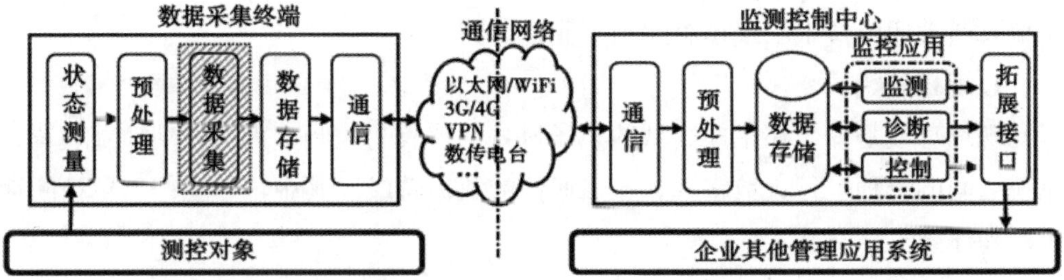

图 4-2 底层通信在系统中所处位置

目前最为普遍的底层通信技术是并行总线数据采集技术和串行数据采集技术。并行总线数据采集技术拥有很高的精度和采集频率，但是成本较高，限制了其在自动化领域的发展，目前并行总线数据采集技术在军事领域有较好的发展。串行数据采集技术主要借助 RS-232、RS-485、双绞线、电力载波、光纤等实现。目前用得最为广泛的技术就是 RS-232 技术，其最大的特点就是使用简单、成本低廉。串行数据采集技术虽然有很多优点，但是应用场合要求较为复杂，在精度和频率要求较高时，无法很好地实现采集。现场总线由此诞生。

PC 与智能设备的通信多借助 RS-232、RS-485、以太网等实现，究竟用哪项技术主要取决于设备的接口规范。但 RS-232、RS-485 只能代表通信的物理介质层和链路层，如果要实现数据的双向访问，就必须自己编写通信应用程序，这种程序多数都不符合 ISO/OSI 的规范，只能实现较单一的功能，适用于单一设备类型，程序不具备通用性。在 RS-232 或 RS-485 设备连成的设备网中，如果设备数量超过 2 台，就必须使用 RS-485 做通信接口，RS-485 网的设备间要想互通信息只有通过主（Master）设备中转才能实现，这个主设备通常是 PC，而这种设备网中只允许存在一个主设备，其余全部是从（Slave）设备。现场总线技术是以 ISO/OSI 模型为基础的，其具有完整的软件支持系统，能够解决总线控制、冲突检测、链路维护等问题。现场总线设备自动成网，无主 / 从设备之分或允许多主存在。在同一个层次上不同厂家的产品可以互换，设备之间具有互操作性。

数据采集技术与网络通信有极大的不同，数据采集需要很高的精度和速度，而网络通信主要注重于大量数据的传输，往往难以保证数据的准确性。因此，最初数据采集和网络通信技术不通用，但是随着网络通信的传输速率越来越快，同时在网络通信领域也出现了很多用于支持数据传输可靠性的协议，再加上其应用的广泛性和普遍性，以太网被尝试用于数据采集领域，特别是高速以太网，其在数据采集领域的应用越来越普遍，并称之为工业以太网。在专业的数据采集领域，主要有两类通信技术：现场总线和工业以太网。

1. 现场总线

现场总线是安装在生产区域的现场设备、仪表与控制室内的自动控制装置、系统之间的一种串行、数字式、多点通信的数据总线。其中，“生产”包括断续生产和连续生产两类。

现场总线技术得以实现的关键，是要在自动化行业中形成一个制造商、集成商等共同遵守的现场总线通信协议技术标准，制造商能按照标准生产产品，系统集成商能按照标准将不同产品组成系统。这就提出了现场总线标准的问题。

国际上著名的自动化产品及现场设备生产厂家，意识到现场总线技术是未来的发展方向，纷纷结成企业联盟，推出自己的总线标准及产品，在市场上培养用户、扩大影响，并积极支持国际标准组织制定现场总线国际标准。能否使自己公司的总线技术标准在未来国际标准中占有较大比例，关系到该公司相关产品的前途、用户的信任及企业的名誉。而历史经验证明：国际标准一般是以一个或几个市场上最成功的技术为基础而制定的。因此，各大国际公司在制定现场总线国际标准中的竞争优势，体现了各公司在技术领先地位上的竞争优势，而其最终还是要归结到市场实力的竞争优势上。

目前，国际上现有的各种总线及总线标准有二百多种。具有一定影响和已占有一定市场份额的总线标准有如下几种：

（1）PROFIBUS 现场总线　PROFIBUS 现场总线于 1996 年 3 月 15 日被批准为欧洲标准，即 EN 50170 V.2。PROFIBUS 产品在世界市场上已被普遍接受，市场份额占欧洲首位，年增长率为 25%。目前支持 PROFIBUS 标准的产品有 1500 多种，分别来自国际上 250 多个生产厂家。在世界范围内已安装运行的 PROFIBUS 设备已超过 200 万台，到 1998 年 5 月，适用于过程自动化的 PROFIBUS-PA 仪表设备在 19 个国家的 40 个用户厂家投入了现场运行。

1985 年组建了 PROFIBUS 国际支持中心，1989 年 12 月建立了 PROFIBUS 用户组织（PNO）。目前在世界各地相继组建了 20 个地区性的用户组织，企业会员近 650 家。1997 年 7 月组建了中国现场总线（PROFIBUS）专业委员会，并筹建了现场总线（PROFIBUS）产品演示及认证的实验室。

PROFIBUS 主要应用领域有：制造业自动化——汽车制造（机器人、装配线、冲压线等）、造纸、纺织；过程控制自动化——石化、制药、水泥、食品、啤酒；电力——发电、输配电；楼宇——空调、风机、照明；铁路交通——信号系统。

（2）FF 现场总线　1994 年由 ISP 基金会和 World FIP（北美）两大集团合并成立 FF 基金会，其宗旨在于开发出符合 IEC 和 ISO 标准的、唯一的国际现场总线（Fundation Fieldbus）。低速总线（H1）协议已于 1996 年发表，高速总线（H2）已于 1998 年发表。1997 年 5 月建立了中国现场总线（FF）专业委员会，并筹建了 FF 现场总线产品认证中心。

目前，FF 现场总线的应用领域以过程自动化为主，如化工、电力厂实验系统、废水处理、油田等行业。

（3）LONWORKS 总线　LONWORKS 全称为 LONWORKS NetWorks，即分布式智能控制网络技术，希望推出的该技术能够适合各种现场总线应用场合的测控网络。目前 LONWORKS 应用范围广泛，主要包括工业控制、楼宇自动化、数据采集及 SCADA 系统等。国内主要应用于楼宇自动化方面。

（4）CANBUS 现场总线　CANBUS 现场总线已由 ISO/TC22 技术委员会批准为国际标准 IOS 11898（通信速率小于 1Mbit/s）和 ISO 11519（通信速率小于 125kbit/s）。CANBUS 主要产品应用于汽车制造、公共交通车辆、机器人、液压系统、分散型 I/O。另外在电梯、医疗器械、工具机床、楼宇自动化等场合均有应用。

（5）HART 总线

现场总线对比见表 4-1。

表 4-1 现场总线对比

特性	现场总线类型				
	FF	PROFIBUS	LONWORKS	CAN	HART
主要应用范围	过程控制	PLC	楼宇自动化	汽车	智能变送器
通信介质	双绞线、电缆、光纤、无线	双绞线、光纤	双绞线、电源线、电力线等	双绞线、光纤、电缆	双绞线、电缆
介质访问方式	令牌	令牌、主从	P-P CSMA	位仲裁	请求应答式和成组模式
纠错方式	CRC	CRC	CRC	CRC	CRC
最大通信速率	2.5Mbit/s	12Mbit/s	1.25Mbit/s	1Mbit/s	1.2Mbit/s
最大节点数	32	127	32 000	110	15
优先级	有	有	有	有	有
本质安全	是	是	是	是	是

2. 工业以太网

工业以太网（Ethernet for Plant Automation，EPA）是指在工业环境的自动化控制及过程控制中应用以太网的相关组件及技术。工业以太网采用的 TCP/IP 和 IEEE 802.3 标准兼容，但在应用层会加入各自特有的协议。工业以太网主要有以下几个特点：

1）系统响应的实时性好。工业以太网是与工业现场测量控制设备相连接的一类特殊通信网络，控制网络中数据传输的及时性与系统响应的实时性是控制系统最基本的要求。在工业自动化控制中需要及时地传输现场过程的信息和操作指令，要能够支持和完成实时信息的通信。这不仅要求工业以太网传输速度要快，而且响应也要快，即响应实时性要好。

2）网络传输具有确定性。即要保证以太网设备间的传输不能发生冲突或数据的碰撞，让不同设备对网络资源的使用合理化、有序化。以前，以太网被认为不能用于工业控制领域，这主要是因为以太网的 CDMA/CD 媒体访问方式不能保证网络（传输时间）的确定性，而现在随着以太网速率的不断提高，加上确定性调度算法研究的突破，使网络负荷进一步减轻、碰撞减少，系统的确定性已得到了很大的提高。

3）总线供电技术。电气和电子工程师协会于 2003 年 6 月批准了以太网供电 PoE 国际标准 ——IEEE802. 3af。PoE 技术是指在对现有的以太网 CAT-5 布线基础架构不作任何改动的情况下，借助于一根常规以太网线缆在传输数据的同时供应电力，从而保证该线缆在为以太网终端设备传输数据信号的同时，还能为此类设备提供直流电源。

4）极高的可靠性。工业控制网络必须连续运行，它的任何中断和故障都可能造成停产，甚至引起设备和人身事故，因此必须具有极高的可靠性。具体表现在以下三个方面：①可使用性要好，网络自身不发生故障。②容错能力强，网络系统局部单元出现故障，不影响整个系统的正常工作。③可维护性强，故障发生后能及时发现和及时处理，通过维修可使网络及时恢复。

以下介绍一些常用的工业以太网协议：

1）EtherCat：EtherCat 以太网控制自动化技术是一个以 Ethernet 以太网为基础的开放架构的现场总线系统。EtherCat 名称中的 Cat 为 Control Automation Technology（控制自动化技术）首字母的缩写，最初由德国倍福自动化有限公司 Beckhoff Automation GmbH 研发。EtherCat 为系统的实时性能和拓扑的灵活性树立了新的标准，同时它还符合甚至降低了现场总线的使用成本。EtherCAT 的特点还包括高精度设备同步、可选线缆冗余和功能性安全协议（SIL3）。EtherCat 通过协议内部的优先权机制可区别传输数据的优先权，组态数据或参数的传输是在一个确定的时间段中通过一个专用的服务通道进行，EtherCat 操作系统的以太网功能与传输的 IP 兼容。EtherCat 设备分主站和从站，主站通常是运动控制器等，从站一般是 IO 模块、伺服驱动器、网关、板卡等。目前 EtherCat 技术开发已经完成，市场上已提供了从站控制器芯片及设备。

2）Ethernet/IP：Ethernet/IP 是一个面向工业自动化应用的工业应用层协议，这里的 IP 表示 Industrial Protocal。它建立在标准 UDP/IP 与 TCP/IP 之上，利用固定的以太网硬件和软件，为配置、访问和控制工业自动化设备定义了一个应用层协议。

3）ProfiNet：ProfiNet 由西门子主导的 Profibus 国际组织 ProfiBus International-PI 推出，是基于工业以太网技术的自动化总线标准。作为一项战略性的技术创新，ProfiNet 为自动化通信领域提供了一个完整的网络解决方案，囊括了诸如实时以太网、运动控制、分布式自动化、故障安全以及网络安全等当前自动化领域的热点话题；作为跨供应商的技术，ProfiNet 可以完全兼容工业以太网和现有的现场总线如 ProfiBus 技术，保护现有投资。ProfiNet 是适用于不同需求的完整解决方案，其功能包括 8 个主要的模块，依次为实时通信、分布式现场设备、运动控制、分布式自动化、网络安装、IT 标准和信息安全、故障安全和过程自动化。

4）Modbus/TCP：Modbus/TCP 是用于管理和控制自动化设备的 Modbus 系列通信协议的派生产品。显而易见，它覆盖了使用 TCP/IP 的 Intranet（企业内部网）和 Internet（互联网）环境中 Modbus 报文的用途。该协议的最通用的用途是为诸如 PLC、I/O 模块以及连接其他简单域总线或 I/O 模块的网关服务的。Modbus/TCP 是作为一种实际的自动化标准发行的。Modbus 已经广为人知，该规范只将别处没有收录的少量信息列入其中。该规范力图阐明 Modbus 中哪种功能对于普通自动化设备的互用性有价值，哪些部分是 Modbus 作为可编程序的协议交替用于 PLC 的多余部分。Modbus/TCP 在美国比较流行，它由两部分组成，即 IDA 分散式控制系统的结构与 Modbus/TCP 的信息结构的结合。

工业以太网对比见表 4-2。

表 4-2　工业以太网对比

	EtherCAT	Profinet	Ethernet/IP	Modbus/TCP
管理组织	ETG	PNO	ODVA	Modbus-IDA
通信结构	Master/Slave	Master/Slave	Master/Slave	Master/Slave
传输模式	全双工	半双工	全双工	半双工
拓扑结构	星形、线型、环形、树形、总线型	星形，线型	星形、树形	星形、树形

4.2.2 远程通信

远程通信技术在整个系统中一般起到桥梁或纽带作用，用于连接采集设备和数据中心，远程通信层次见图 4-3 中阴影部分。

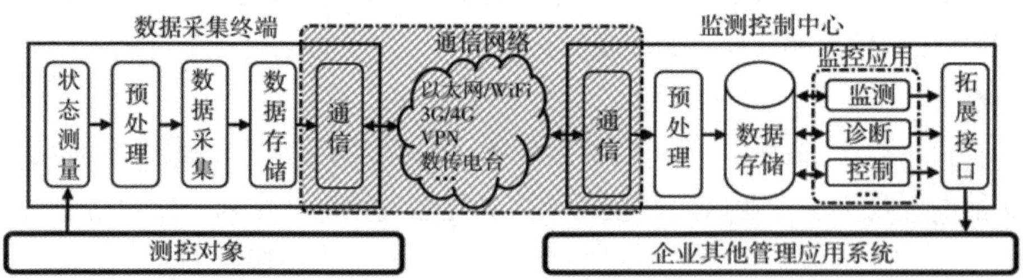

图 4-3　远程通信层次

远程通信技术也有多种不同的实现方式，但普遍采用 TCP/IP 来实现。根据 4.1.2 节的内容，TCP/IP 栈分为 4 层：网络接口层、网络层、运输层和应用层。而远程通信所关注的主要是两层：网络接口层——通信方式的选择；应用层——应用层通信协议的选择和设计。而在这两层中间的网络层和运输层的协议选择则比较固定，在运输层采用TCP还是UDP，是主要关注的重点，并与应用层所采用的通信协议密切相关。TCP针对的是可靠通信，而UDP正好与之相反。如果采用UDP，往往需要在应用层协议中考虑数据的可靠性问题。大多数可靠性要求高的场合普遍采用TCP作为运输层协议。下面就从网络接口层和应用层两个方面进行介绍。

4.2.2.1 网络接口层

在网络接口层，目前最为简单但是条件最为苛刻的通信方式就是有线方式，包括网线和光纤等。这种方式能够保证最好的传输效率和速度，同时可靠性也很好。但是有线方式需要布置线路，并且可能需要借助路由器提供网络接入功能，在大型厂房内部或者在室外环境中，是难以实现的或者需要极高的成本。总体来说，有线通信方式是最优先选择的方式，如果条件无法满足，则需要选择无线的通信方式。

不同于有线通信方式只有网线和光纤两种，无线通信目前正处于蓬勃发展阶段，而且无线通信方式的发展分为两个方向：一种是借助其他设备上网，其主要针对的是小范围网络通信的需求，属于局域网通信方式；另一种是用于大范围的数据通信，其上网是由通信ISP的通信基站来实现的，属于广域网通信的范畴。

近几年，随着面向家庭的控制及自动化短距离无线技术的发展，家庭智能化正成为现实。轻家居相比传统智能家居很明显的两个优势就是易安装和易交互。在已出现的各种短距离无线通信技术中， EnOcean、Zigbee，Z-Wave和Bluetooth（蓝牙）是当前连接智能家居产品的主要手段。

1. 局域网无线通信

主要的局域网无线通信方式有EnOcean、Zigbee、Z-Wave、Bluetooth等，这些通信方式也有其不同的应用范围：

1）EnOcean：EnOcean无线通信标准被采纳为国际标准ISO/IEC 14543-3-10，这也是世界上唯一使用能量采集技术的无线国际标准。EnOcean能量采集模块能够采集周围环境产生的能量，从光、热、电波、振动、人体动作等获得微弱电力。这些能量经过处理以后，用来供给EnOcean超低功耗的无线通信模块，实现真正的无数据线、无电源线、无电池的通信系统。 EnOcean无线标准ISO/IEC 14543-3-10使用868MHz、902MHz、928MHz和315MHz频段，传输距离在室外是300m，室内为30m。

2）Zigbee：Zigbee是基于IEEE 802.15.4标准的低功耗个域网协议。其特点是近距离、低复杂度、自组织、低功耗、低数据传输速率、低成本，是一种便宜的、低功耗的近距离无线组网通信技术。Zigbee 使用的频段为 2.4GHz、868MHz 以及 915MHz。在不使用功率放大器的前提下，Zigbee 的有效传输范围为 10 ～ 75m。

3）Z-Wave：Z-Wave 是由丹麦公司 Zensys 所主导的无线组网规格，Z-Wave 是一种新兴的基于射频的、低成本、低功耗、高可靠性、适于网络的短距离无线通信技术。工作频带为 908.42MHz、868.42MHz，信号的有效覆盖范围在室内是 30m，室外可超过 100m，适合于窄带宽应用场合。Z-Wave 技术也是低功耗和低成本的技术，有力地推动着低传输速率无线个人区域网的发展。

4）Bluetooth：蓝牙技术主要分为 BT3.0+HS 和 4.0 版本中加入的 Wibree 标准也就是低功耗蓝牙（Bluetooth Low Energy，BLE）。在轻家居领域，主要讨论 BLE 部分。BLE 是低成本、短距离、可互操作的鲁棒性无线技术，工作在 2.4GHz 频段。BLE 采用可变连接时间间隔，从几毫秒到几秒，连接快速，平时可以处于“非连接”状态以节省能源，此时链路两端相互间只是知晓对方，只有在必要时才开启链路，然后在尽可能短的时间内关闭链路，因此拥有极低的运行和待机功耗。

远距离无线通信技术比较见表 4-3。

表 4-3　短距离无线通信技术比较

技术指标	EnOcean	Zigbee	Bluetooth	Z-Wave
频段 /Hz	315M/868M/902M/928M	2.4G	2.4G	868M/915M
无线标准	IEC 14543-3-10	IEEE 802.15.4	IEEEE 802.15.1	私有协议
传输速率 /（kbit/s）	125	250	720	9.6/40
受干扰概率	极低	中等	较低	低
兼容性	是	不同版本不兼容	是	是

2. 广域网无线通信

目前，广域网的无线通信主要包括 2G、3G、4G 等几种技术，5G 技术也开发出来了。

1）2G：第二代移动通信技术（2G）加入了更多的多址技术，包括 TDMA 和 CDMA，同时 2G 是数字通信，因此在抗干扰能力上大大增强。第二代移动通信技术可以说为接下来的 3G 和 4G 奠定了基础，比如分组域的引入和对空中接口的兼容性改造，使得手机不再只有语音、短信这样单一的业务，还可以更有效率地连入互联网（电路域也可以提供 Internet 业务，只是相对来说分组域更适合 Internet 业务）。2G 主要的制式也有两种，分别是来自欧洲 ETSI 组织的

GSM（GPRS/EDGE）和来自美洲以高通公司为主力的TIA组织的CDMA IS95/CDMA2000-1x。ITU（国际电信联盟）提出了IMT-2000，要求符合IMT-2000要求的才能被接纳为3G技术，ITU向全世界征集IMT-2000标准的时候，许多国家和地区的通信标准化组织都提出了自己的技术，比如欧洲的ETSI和日本的ARIB/TTC提出了关键参数和技术大致相同的WCDMA技术，随后成立了3GPP组织，对WCDMA技术进行了标准化探讨，形成了一份统一的协议，保证了彼此接口的兼容。美国以高通公司为首的TIA组织也提出了CDMA2000，随后与利益同盟成立了3GPP2组织，也形成了CDMA2000标准化技术。我国当时的CWTS（现为CCSA）也提出了TD-SCDMA技术，随后加入到3GPP组织中，与来自ETSI的UTRA TDD进行了融合，完成了标准化建设。所以3G主流的制式主要就是WCDMA、CDMA2000 EVDO、TD-SCDMA三个，后来IEEE组织的Wimax也获准加入IMT-2000家族，也成了3G的标准化技术。

2）3G：相对于2G来说3G主要采用了CDMA技术，扩展了频谱，增加了频谱利用率，提升了传输速率，更加利于Internet业务，同时3G的演进技术将多种多址技术进行了结合（FDD-HSPA、TD-SCDMA都是多种多址技术结合的产物），使用了更高阶的调制技术和编码技术，还采用了多载波捆绑、MIMO等新技术，使得传输速率进一步提升，部分功能也从RNC之类的上级机器下移到基站中来完成，提高了响应速度，降低了时延。同时3GPP组织在演进3G技术的同时也不断为未来做准备，包括核心网电路域的软交换、分组域和传输网的IP化等。

3）4G：第四代移动通信技术（4G）也是由ITU提出了需求，也就是IMT-Advanced家族的基本需求，4G标准的制定主要有两个组织；一个是3GPP组织，代表了绝大多数传统的运营商、通信设备制造商等，LTE/LTE-Advanced出自其手；一个是IEEE组织，主要是IT界对通信界的一次挑战，推出了Wimax的后续技术，也就是WierlessMAN-Advanced。高通公司和以其为首的3GPP2组织在4G时代放弃了UMB技术，转而投向LTE。LTE能得到高通公司和3GPP2组织的支持，可以说是对竞争对手的Wimax技术的一次重大冲击。由于目前4G中以LTE的应用最广泛，下面以LTE来说明4G相对于3G的改变。首先是网络架构的大变化，LTE抛弃了2G、3G一直沿用的基站-基站控制器（2G）/无线资源管理器（3G）-核心网这样的网络结构，而改成基站直连核心网，整个网络更加扁平化，降低了时延，提升了用户感受。在核心网方面抛弃了电路域，核心网迈向全IP化，统一由IMS承载原先的业务。空中接口的关键技术也抛弃了3G

的 CDMA 技术而改成 OFDM 技术，其在大带宽上比 CDMA 技术更加具备可行性和适应性，大规模使用 MIMO 技术提升了频率复用度，跨载波聚合能获得更大的频谱带宽从而提升了传输速率，这些技术都是 LTE-Advanced 能跻身 4G 标准的重要因素（4G 要求静止状态下 1Gbit/s 的下行和 500Mbit/s 的上行传输速率）。由于 4G 的大频谱带宽有需求以及各国各地区在频谱资源上的稀缺，所以会看到更多的频段被使用，相比之下 3G 则主要在 800MHz、850 MHz、900 MHz、1 700 MHz、1 900 MHz、2 100 MHz 等频段。目前 LTE 以占绝对优势的地位成为了 4G 的主流技术，Wimax 家族可以说被完全压制了。

4.2.2.2 应用层

应用层需要考虑的部分主要就是应用层协议。通信协议的选取主要考虑以下几点：

1）通信协议的可靠性。在工控设备中，可靠性绝对是至关重要的。由于当前普遍使用的网络通信方式并不能保证通信的可靠性。通过网络传输的数据，可能被外来因素干扰、截取和误导，导致最终数据无法正常到达目标。即使使用 TCP，能够提供端到端的可靠通信，网络仍然可能存在异常。因此，在设计通信协议的过程中，需要着重考虑协议的健壮性。

2）通信协议的安全性。网络通信在数据传输过程中是不安全的，而对于工业应用，数据的安全性是放在第一位的，因此就需要在设计过程中保证数据的安全。但是如果采用对数据包加密的方式会在一定程度上增加传输的数据量，从而降低传输效率，同时还会增加两端的处理量。并且一般的采集数据往往是以二进制或是十六进制形式传输。如果这些数据没有完整的解析格式，是难以获取有效信息的。因此，安全性的重点也就是防止通信两端被侵入或者在传输过程中数据包中的敏感信息被截取。对于 C/S 模型的系统，服务器往往是攻击的重点，其需要设置严密的防护措施。而对于数据包中的敏感信息则需要进行加密处理。

3）通信协议的可扩展性。可扩展性指的是由于某些原因需要在协议中添加或者删去某些字段或者某些部分的时候，不需要去大量修改协议，只需要通信双方通信商定，这样的修改对于程序来说只会产生较小的变动。可扩展性对于上层协议尤为重要。在本系统中所用到的通信接口必须具有较好的扩展性，因为，采集器所针对的对象是设备，而这些设备具有不同的用途，在传输过程中就需要有不同的传输要求。

4）数据包容量。数据包的大小问题主要是考虑到在实际环境中，数据采集单元往往位于有线网络中无法接入的地方，因此数据的传输依赖于无线通信方式。但是无线通信的传输速率具有局限性，其次，无线通信方式会产生流量资费，如果需要传输大量数据，那么流量资费也是非常可观的。基于以上考虑，在设计通信协议的过程中，需要尽可能考虑压缩数据的传输量。

根据以上的一些要求，接下来的任务就是选择合理的应用层通信方案。在本实例中，选择自行设计一套应用层通信协议，而不是采用现有的通信方案。这主要是由于自定义的通信协议相对于现有的通信协议有以下优势：①开放的通信协议虽然更可靠也更有效率，但是其毕竟是通用化的协议，需要从各个方面进行考虑，从而产生了很多不必要的内容。而自定义的通信协议显然没有这个问题，它能够以最为适合应用场合的方式设计协议。②自定义的通信协议能够设计得更加突出特点。例如通信过程需要高可靠性，那么在设计时就可以从可靠性角度出发。如果通信过程需要高度精简，提高传输效率，降低传输流量，那么就可以采用更为精简的语法，甚至可以对数据包进行压缩处理。③从实现角度而言，采用已有的通信协议往往意味着具有更大的开发难度，甚至还需要购买已经实现的开发包，这对于小规模的系统开发是非常不利的。而自定义的协议在再设计过程中，也能够充分考虑最终实现时会出现的情况。

通常在自定义一套通信协议时，可以在其他通信协议的基础上进行修改、简化或者是添加某些必要的特性。另外，通信协议在设计过程中，需要充分考虑在未来使用过程中可能遇到的各种情况。最基本的一点是由于上位设备和下位设备通常是不同的设备，如在 RMF 系统中，通信两端分别是监控中心的服务器和机载端的数据采集单元，这两者在处理能力上有很大差异，这是设计协议时必须考虑的问题。

5）数据帧的组成形式。数据帧的一般形式有字节流（有的地方也叫作二进制协议）和字符流。字节流一般会规定每一个字节表示的含义，通常情况下采用字节流协议的通信效率都相对较高，因此大多数底层的协议都采用字节流如 TCP 和 UDP。而字符流都是使用可见的字符组成数据帧。

6）数据帧的头和尾。数据帧的头和尾其实是为了解析数据而设计的。对于采用字节流的协议通常在设计过程中会有长度字段，因此可以不设置数据帧的头和尾，只需要通过长度就能识别一个帧，不过也有很多协议是通过特殊字符来区分数据帧的。而对于采用字符流的协议，很多时候无法保证数据帧能够一次性传输完成，因此就需要选择较少出现的字符作为数据帧的头和尾。

7）数据帧的验证。采用字节流协议，一般会规定验证数据帧的验证字段，目前使用最多的验证方法就是 CRC 校验。对于采用字符流的协议也可以加验证字段，但因为每一部分都是可视的字符，所以验证字段并不是必须的。

8）转义字符。在数据帧的头和尾添加较少出现的字符虽然能够在很大程度上避免帧的接收错误，但是由于数据帧内容的不确定性，仍可能在数据帧内部出现这些字符。一旦出现这种情况，那么数据帧就会出现异常，因此必须极力避免这种情况发生。常用的解决方案是在数据帧的开始部分对标志数据帧开始的字节进行转义处理。

9）心跳包。心跳包是一种很特殊的数据帧。通过每隔一段时间发送一条心跳包来判断对端是否还在工作。这对于服务器具有很重要的意义。因为如果客户端与服务器一直保持连接不断开，而后续的客户端还在源源不断地连接服务器，那么服务器所需要维护的资源越来越多，最终可能导致服务器崩溃。而通过使用心跳包，就能及时判断对端断开与否。

下面，根据上文所介绍的典型通信系统设计方法，以斗轮机远程监控系统为例，详细分析如何根据整个系统的需求，设计一套可靠实用的通信系统。

4.3 系统通信

从本节开始将以实例介绍典型的通信系统。在通信系统中，数据源和监控中心在物理位置上并不在一起，因此需要通过网络通信的方式来实现数据的远程传输。但是由于数据需要存储，而存储数据必须有载体，所以在设计过程中不得不将数据的传输分为两个部分：从 PLC 采集到数据及将数据转发到监控中心，这两部分的功能需要在设备现场实现。本节介绍如何在设备现场实现这两部分的功能。

4.3.1 目标

整个监控与数据采集系统主要由机载系统和远程监控中心组成。其中机载系统主要由数据采集单元、机载路由器和可编程序逻辑控制器（PLC）组成。数据采集单元又称黑匣子，用于存储主控器中的采集数据，并将其定期发送至远程监控中心。监控中心位于远程监控室中，其主要功能是设备状态的监测、健康评估和设备信息管理等。系统整体框图见图 4-4。

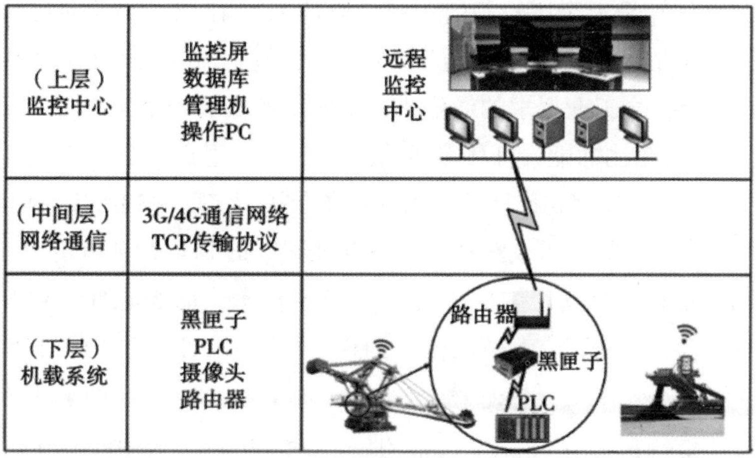

图 4-4　系统整体框图

将整个系统按功能模块来划分，分为以下几个部分：数据源、通信系统、数据库系统和应用系统。在本实例中，数据源已经确定，就是 PLC 设备；通信系统主要实现从 PLC 中获取数据，并且将数据发送到监控中心；数据库系统用来存储和管理与系统相关的数据；应用系统是对所获取到的数据进行显示或进一步的分析和处理。

根据上面的分析，可以知道机载系统主要有以下几点功能：

1）数据的采集功能。对于设备而言，实际的采集设备应该是 PLC。但是如果将 PLC 和采集对象——斗轮机看成一个整体，那么黑匣子的功能就是数据采集。数据采集的主要难点是能够通过不同的硬件和不同的协议采集数据。在本系统中，由于主要的数据来源是 PLC，而 PLC 普遍都支持网络接口，因此，黑匣子的主要硬件接口就是网口。但是从软件角度而言，不同的 PLC 设备所采用的通信协议是不同的，这就需要根据不同的通信协议来实现从不同 PLC 中采集数据的功能。

2）数据的存储功能。这是本实例的设备所不同于一般采集设备的地方。它能够在较长的一段时间内保存采集到的数据，保证数据不会丢失。为了实现这个功能，首先在硬件上必须支持该功能，也就是黑匣子必须配有一个较大容量的存储设备。其次在软件上也需要支持大容量的存储、读取功能。而最好的支持数据大量存储的软件系统就是数据库。因此，在本实例系统中采用了一种嵌入式数据库来管理所采集的数据。

3）数据转发功能。数据的转发功能是整个系统的主要功能。在硬件上，通过使用 3G、4G 的通信方式使数据的远程传输成为可能。在软件上，采用 TCP/IP 来实现数据传输是一个比较好的选择。但是 TCP/IP 并不能提供完全的数据安全可靠传输，因此通信过程中数据的安全可靠传输就需要其他方式来保证，也就是需要设计一套符合工业要求的通信协议来实现数据的安全传输。

4）PLC 远程在线功能。PLC 在线功能指的是当用户不在 PLC 设备现场时，通过一些技术手段，能够访问所要接入的设备，从而实现对 PLC 设备的在线编程、调试等工作。这项功能对于企业技术人员管理和维护 PLC 设备有着十分重要的意义。实现 PLC 远程在线功能的核心技术是 VPN 技术，也就是通过 VPN 技术在技术人员和 PLC 设备之间建立一条通道，这样技术人员就可以直接访问 PLC 设备了。

4.3.2 通信系统的整体架构

整个软件系统是基于 Linux（Linux 是目前流行的开源操作系统）系统之上，根据系统特点以及本软件开发需求，本节将介绍整个黑匣子的软件框架。

为了实现数据的采集和远程通信这两大功能，设立独立的两个模块，而这两个模块之间主要通过数据库实现交互。在 Linux 中，不同的模块通常是使用进程方式来实现其功能的。这样，数据采集和远程通信分别是两个进程。

远程通信进程可以分为远程接收线程和远程发送线程。远程接收线程用于接收来自监控中心的命令和应答，并根据接收到的内容进行相应的处理。远程发送线程主要用于发送采集数据和设备状态。在远程通信进程启动时，它会首先初始化与监控中心的连接，然后再启动发送和接收线程。

本地采集进程会根据配置信息从 PLC 设备上采集数据。由于采集的数据量较大，同时有部分数据需要以较快的频率进行采集，系统将通过 TCP 和 UDP 两种方式进行数据采集，其中，TCP 用户采集主要的传感器数据，包括模拟量和部分限位开关量。UDP 用于采集报警量，这部分数据需要使用较快的采集频率以保证出现的报警数据能够及时获取到。这些数据是由 PLC 主动向设备发送的，因此就需要在 PLC 上进行相应的设置，确定哪些数据需要以最快的速度进行采集。

远程通信进程与本地采集进程之间是通过数据库进行数据交互的，这主要是因为数据库的稳定性较高且灵活。如果采用其他方式进行数据交互，如采用进程间通信的方式，可以在一定程度上提高数据的实时性，这一点对于实时数据采集系统尤为关键，但是本系统的主要目的是保证数据的完整性，因此，对本系统来说通信的可靠性是最为关键的，而数据库是最符合可靠性这一关键指标的方式。另外，虽然采用其他通信方式会在一定程度上提高两个进程的耦合性，但这对于程序的稳定性是不利的。因为一旦其中一个进程出现异常，可能导致另外的进程也出现问题，这一点是在使用中所不愿意看到的，但是使用数据库就不会出现这个问题。最后一点是由于本系统是针对多种不同采集对象和PLC设备进行开发的，因此采集数据的灵活性是十分关键的，如果采用进程间通信，则需要设备采用多种接口形式来应对不同情况。

程序在启动的时候会需要使用一些配置信息，这些信息都是存储在软件的配置文件中，对不同的情况只需要使用不同配置内容就可以了。因此，在本软件中面向用户的部分就是配置文件。

整个软件系统就主要包括以上几个部分。这几部分共同实现了整个系统的功能。但是，此外还需要一个模块用来管理这些模块，因此需要设计一个主程序。这个程序用来初始化整个程序，保证程序所需要的内容的完整性，然后启动其他程序模块；同时一旦有某个程序模块出现异常，它也能立刻检测出来，并且恢复这个程序。因此主程序是整个软件系统正常运行的保证，只要主程序不出现异常，那么就能保证其他程序也能正常运行。图 4-5 主要是以模块来划分整个软件。从图 4-5 中可以看到，整个程序由主程序进行启动，并且也是通过主程序来保证程序的正常运行，而本地采集模块和远程通信模块主要通过数据库和配置文件进行交互，同时也通过配置文件获取所需要的信息。更为具体的软件框架见图 4-6。

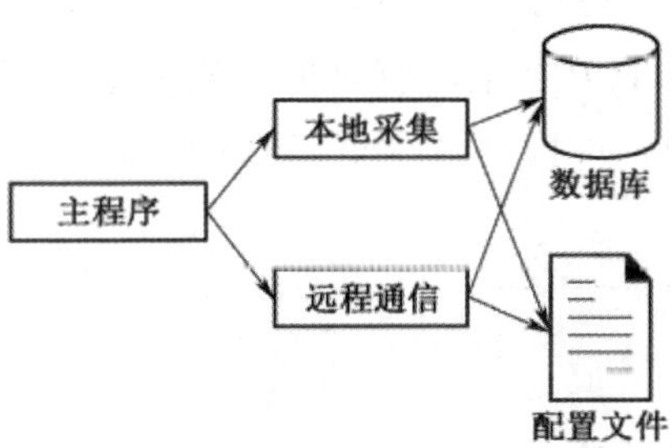

图 4-5　软件框架

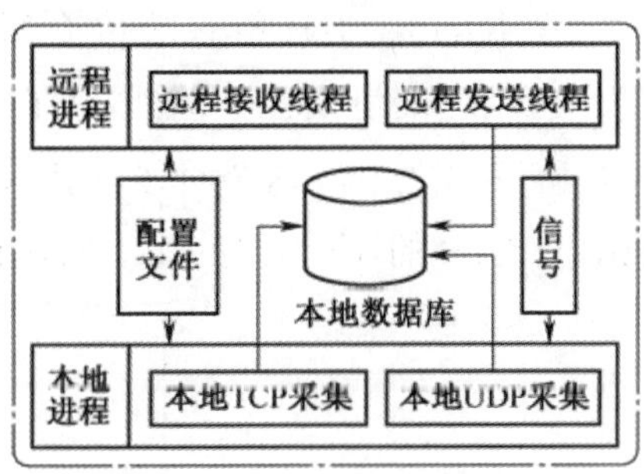

图 4-6　软件系统框架

4.4　远程通信设计

本节主要介绍作为黑匣子软件系统中最为重要的模块 —— 远程通信模块的整个设计过程。这个模块的主要作用是与监控中心进行通信。因此，在其中最为重要的就是设计监控中心上层通信接口 —— 通信协议。所谓上层通信接口指的就是采集器与远程监控中心的通信接口，即通信协议。因此，设计通信接口的过程也就是设计通信协议的过程。本小节围绕通信协议来展开。

系统的远程服务中心和机载系统之间会承担大量的数据通信任务。而应用层协议在整个设计中最为灵活，同时对最终通信系统的优劣起到最为关键的作用。因此，整个系统的通信系统设计核心就是应用层协议的制定。

如前文所述，在较短时间内是难以设计出一套既高效又可靠的通信协议的。因此，最为合理的方法是在其他现有协议的基础上进行定制，从而形成一套能够具有两种方法优点的协议。在本系统中需要基于网络进行协议的设计开发，同时协议的可扩展性是需要着重考虑的。基于以上两点，考虑参考 HTTP 设计并实现能满足本系统要求的协议，因为 HTTP 在可扩展性方面非常优秀。

4.4.1 HTTP 简介

（1）协议概念　HTTP，即超文本传输协议（HyperText Transfer Protocol），是一种详细规定了浏览器和万维网（WWW，即 World Wide Web）服务器之间互相通信的规则，通过因特网传送万维网文档的数据传送协议。HTTP 是用于从 WWW 服务器传输超文本到本地浏览器的传送协议，它可以使浏览器更加高效，使网络传输量减少。它不仅能保证计算机正确快速地传输超文本文档，还能确定传输文档中的哪一部分以及哪部分内容首先被显示（如文本先于图形）等。HTTP 是一个应用层协议，由请求和响应构成，是一个标准的客户端服务器模型。

在 Internet 中，所有的传输都是通过 TCP/IP 进行的。HTTP 作为 TCP/IP 模型中应用层的协议也不例外。HTTP 通常承载于 TCP 之上，有时也承载于 TLS 或 SSL 协议层之上，这个时候，就成了我们常说的 HTTPS。HTTP 默认的端口号为 80，HTTPS 的端口号为 443。HTTP 见图 4-7。

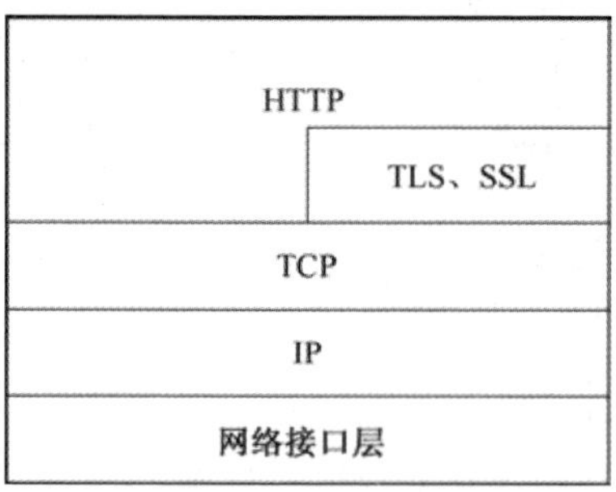

图 4-7　HTTP

浏览网页是 HTTP 的主要应用，但是这并不代表 HTTP 就只能应用于网页的浏览。HTTP 是一种协议，只要通信的双方都遵守这个协议，HTTP 就有用武之地。

比如常用的QQ、迅雷这些软件，都会使用HTTP（还包括其他协议）。

（2）协议特点　HTTP永远都是由客户端发起请求，服务器回送响应。这样就限制了HTTP的使用范围，无法实现在客户端没有发起请求的时候，服务器将消息推送给客户端。

HTTP的主要特点可概括如下：

1）支持客户/服务器模式，支持基本认证和安全认证。

2）简单快速：客户向服务器请求服务时，只需传送请求方法和路径。请求方法常用的有GET、HEAD、POST。每种方法规定了客户与服务器联系的不同类型。HTTP简单，使得HTTP服务器的程序规模小，因而通信速度很快。

3）灵活：HTTP允许传输任意类型的数据对象。正在传输的类型由Content-Type加以标记。

4）HTTP 0.9和1.0使用非持续连接：限制每次连接只处理一个请求，服务器处理完客户的请求，并收到客户的应答后，即断开连接。采用这种方式可以节省传输时间。HTTP 1.1使用持续连接，不必为每个Web对象创建一个新的连接，一个连接可以传送多个对象。

5）无状态：HTTP是无状态协议。无状态是指协议对于事务处理没有记忆能力。缺少状态意味着如果后续处理需要前面的信息，则它必须重传，这样可能导致每次连接传送的数据量大。

（3）协议流程　一次HTTP操作称为一个事务，其工作过程可分为四步：

1）首先客户机与服务器需要建立连接。只要单击某个超级链接，HTTP就开始工作。

2）建立连接后，客户机发送一个请求给服务器，请求方式的格式为：统一资源标识符（URL）、协议版本号，后边是MIME信息（包括请求修饰符、客户机信息和可能的内容）。

3）服务器接到请求后，给予相应的响应信息，其格式为一个状态行，包括信息的协议版本号、一个成功或错误的代码，后边是MIME信息（包括服务器信息、实体信息和可能的内容）。

4）客户端接收服务器所返回的信息并通过浏览器显示在用户的显示屏上，然后客户机与服务器断开连接。

如果在以上过程中的某一步出现错误，那么产生错误的信息将返回到客户端，由显示屏输出。对于用户来说，这些过程是由HTTP自己完成的，用户只要用鼠标单击，等待信息显示就可以了。

（4）协议格式　HTTP 格式的头部称为头域。每个头域由一个域名、冒号（：）和域值三部分组成。域名是与大小写无关的，域值前可以添加任何数量的空格符。头域可以被扩展为多行，在每行开始处，使用至少一个空格或制表符。

1）请求信息。HTTP 请求头的格式主要可以分为三个部分：请求行、消息报头、请求正文。其发出的请求信息格式如下：

①请求行，例如 GET /images/logo.gif HTTP/1.1，表示从 /images 目录下请求 logo.gif 这个文件。

②（请求）头，例如 Accept-Language： en。

③空行。

④可选的消息体，请求行和标题必须以 <CR><LF>（也就是，按 Enter 键然后换行）作为结尾。空行内必须只有 <CR><LF> 而无其他空格。在 HTTP/1.1 协议中，所有的请求头除 post 外，都是可选的。

HTTP 请求头格式见图 4-8。

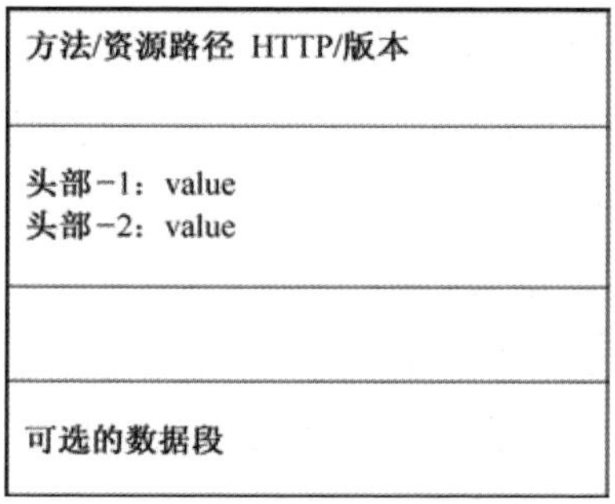

图 4-8　HTTP 请求头格式

2）请求方法。HTTP/1.1 中共定义了八种方法（有时也叫“动作”）来表明 Request-URI 指定的资源的不同操作方式。

OPTIONS：返回服务器针对特定资源所支持的 HTTP 请求方法。也可以利用向 Web 服务器发送“*”的请求来测试服务器的功能。

HEAD：向服务器索要与 GET 请求相一致的响应，只不过响应体将不会被返回。这一方法可以在不必传输整个响应内容的情况下，就可以获取包含在响应消息头中的元信息。该方法常用于测试超链接的有效性、是否可以访问，以及最近是否更新。

GET：向特定的资源发出请求。注意：GET 方法不应当被用于产生“副作用”的操作中，例如在 Web APP 中。其中一个原因是 GET 可能会被“网络蜘蛛”等随意访问。

POST：向指定资源提交数据进行处理请求（例如提交表单或者上传文件）。数据被包含在请求体中。POST 请求可能会导致新的资源的建立和 / 或已有资源的修改。

PUT：向指定资源位置上传其最新内容。

DELETE：请求服务器删除 Request-URI 所标识的资源。

TRACE：回显服务器收到的请求，主要用于测试或诊断。

CONNECT：HTTP/1.1 中预留给代理服务器的连接通道。

PATCH：用来将局部修改应用于某一资源，添加于规范 RFC5789 中。

对于一台 HTTP 服务器，其至少应该实现 GET 和 HEAD 方法，其他方法都是可选的。此外，除了上述方法，特定的 HTTP 服务器还能够扩展自定义的方法。

3）响应消息。客户端向服务器发送一个请求，服务器以一个状态行作为响应，响应的内容包括消息协议的版本、成功或者错误编码、服务器信息、实体元信息以及必要的实体内容。根据响应的类别，服务器响应里可以含实体内容，但不是所有的响应都有实体内容。

HTTP 响应与 HTTP 请求相似，也由 3 个部分构成，分别是：状态行、响应头（Response Header）、响应正文。在接收和解释请求消息后，服务器会返回一个 HTTP 响应消息。

状态行由协议版本、数字形式的状态代码及相应的状态描述构成，各元素之间以空格分隔。

格式：HTTP-Version Status-Code Reason-Phrase CRLF

例如：HTTP/1.1 200 OK \r\n

状态代码由 3 位数字组成，表示请求是否被理解或被满足。状态代码的第一个数字定义了响应的类别，后面两位没有具体的分类。

第一个数字有五种可能的取值，其取值和所代表的含义见表 4-4。

表 4-4　响应代码

响应代码	含　义
1××	指示信息 —— 表示请求已接收，继续处理
2××	成功 —— 表示请求已经被成功接收、理解、接受
3××	重定向 —— 要完成请求必须进行更进一步的操作
4××	客户端错误 —— 请求有语法错误或请求无法实现
5××	服务器端错误 —— 服务器未能实现合法的请求

除了第一位数字以外，后面的数字则是详细说明第一位数字。常见的 HTTP 响应代码见表 4-5。

表 4-5　常用状态代码

状态代码	状态描述	说明
200	OK	客户端请求成功
400	Bad Request	由于客户端请求有语法错误，不能被服务器所理解
401	Unauthorized	请求未经授权。这个状态代码必须和 WWW-Authenticate 报头域一起使用
403	Forbidden	服务器收到请求，但是拒绝提供服务。服务器通常会在响应正文中给出不提供服务的原因
404	Not Found	请求的资源不存在，例如，输入了错误的 URL
500	Internal Server Error	服务器发生不可预期的错误，导致无法完成客户端的请求
503	Service Unavailable	服务器当前不能够处理客户端的请求，在一段时间之后，服务器可能会恢复正常

4.4.2　通信协议介绍

在对 HTTP 的介绍中，可以看到 HTTP 是基于无状态的，这对于本应用不合适。在本实例中，需要黑匣子和监控中心保持长连接，因此需要对 HTTP 进行定制。

（1）通过定制，本协议要完成以下几个目的：

1）完成客户端与远程服务器之间的数据传输、命令应答的任务。

2）不同监控对象的客户端能自动连入远程服务中心，完成通信应答。

3）服务中心能鉴别客户端的身份，并保证信息传输的可靠安全。

4）根据用户要求尽最大努力传输实时数据。

5）传输紧急信息，不受网络状况的影响。

（2）通信协议层次　本协议是基于 TCP/IP 进行设计的，TCP/IP 前文已有所介绍，见 4.1.2 节 。TCP/IP 通信主要分为四层：网络接口层、网络层、传输层和应用层。其中，每一层都有相应的通信协议组成。在网络接口层，由于 TCP/IP 没有做相应的规定，而在远程监控系统中又需要实现数据的远程传输，因此在网络接口层采用 3G 网络来实现。网络层采用 IP。在传输层，从数据的安全性和可靠性方面考虑，还是选择 TCP 作为传输层协议。在应用层，为了更好地提高数据传输的效率，选择自定义通信协议，该通信方案主要参考 HTTP，但是由于 HTTP 主要针对的是网页应用或其他一些相关场合，因此 HTTP 在很多方面与本系统的通信需求并不相符合，故本协议在 HTTP 的基础上进行了相应的修改，借鉴并保留了通信协议的基本格式，对通信协议的首部进行了一定程度的精简，从而能够在一定程度上压缩数据包的大小，提高数据传输的效率。此外，与大多数 HTTP 应用采用无状态的连接不同的是，本协议采用长连接的方式。该方式能够更好地保持数据的传输，同时也需要一定的方法进行长连接的维护。

本协议是基于服务器 / 客户端模型开发的，客户端与远程监控系统之间采用 TCP 服务器绑定固定域名，客户端通过 3G/4G 方式接入互联网。协议底层采用 TCP 进行通信。服务器仅开放 80 端口来处理与客户端的通信，提高了服务器的安全性。每个命令请求包，包括数据请求包，都必须有应答。应答为与请求相对应，需要添加与命令 ID 相同的 ID 号。

4.4.3 通信协议格式

本通信协议采用统一的基本格式，该格式与 HTTP 的格式基本一致。无论是数据包、命令包、应答包都是在基本通信格式的框架内制定。协议的基本格式由三部分组成，分别是：请求行、首部、正文。系统通信协议的基本格式见图 4-9。

请求行	COMMAND 002\r\n
首部	attribute = value\r\n (example) username = name\r\n length = number\r\n no = number\r\n\r\n
正文	data

图 4-9　协议基本格式

报文的第一部分是请求行，请求行由两部分组成：第一部分是 COMMAND，COMMAND 可以是命令，也可以是应答，请求传输数据也是命令的一种，该字段长度为 4 字节；第二部分是 VERSION，也就是版本号，为了在以后版本升级时能够兼容以前版本的协议，添加了该字段，本协议版本为 002。在请求行的最后要加上回车换行符。

报文的第二部分是首部字段，首部的格式是“属性：值 \r\n”，首部的行数并不限定，并且每行的长度也不限定，仅以回车换行符作为结束，只要通信双方按照首部格式商定即可。首部的结束是以一个空行来判定的。在首部字段中有一个字段是必须添加的——Length 字段，无论后面有没有数据。当没有数据的时候，长度字段就是 0。

报文的第三个字段是正文，也就是数据部分。数据部分的长度是由首部字段中的 Length 来确定的。正文部分是可选的，某些情况下是没有正文部分的。

4.4.4 通信协议流程

（1）客户端登录　当客户端启用时，远程监控系统需要验证该客户端的系统信息，因此就需要在使用前设定好设备的配置信息。一般情况下，客户端在连接远程服务器时，会使用预先设定的设备序列号进行服务器访问，具体流程见图 4-10。如果其中任何一个环节出错，都将自动终止本次对话，然后会重新建立连接。

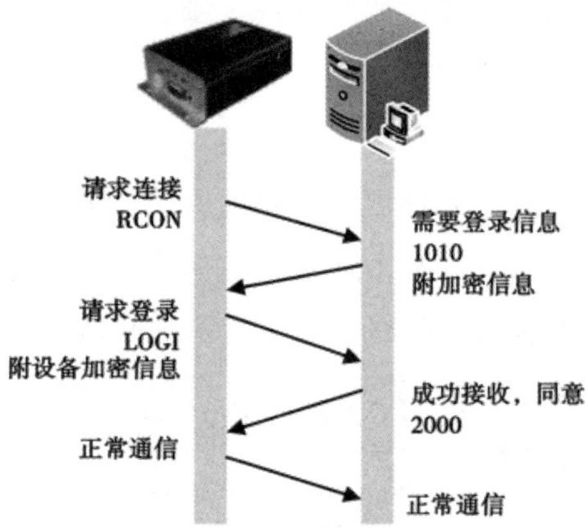

图 4-10　客户端登录

在 TCP 连接成功后，黑匣子首先会向监控中心发起连接请求，其格式见图 4-11。

监控中心在收到该请求时，会生成一个 5 个字节长的字符串，这个字符串会设置在响应包中，即 key 字段的值，这个字符串的主要作用是进行加密，见图 4-12。

请求行	RCON 002\r\n
首部	\r\n
正文	null

图 4-11　请求登录包

请求行	1010 002\r\n
首部	key=xxx\r\n\r\n
正文	null

图 4-12　请求响应

黑匣子在收到这个字符串时，会把这个字符串与自身的设备序列号进行组合，而序列号也是一个字符串，两者组合后会生成一个新的字符串，然后再对这个字符串进行 MD5 加密。由于经过 MD5 加密后是难以进行破解的，或者说要破解密码需要大量的时间，因此，也就无法获取黑匣子的原始序列号。同时，为了防止直接通过MD5码来进行登录，设置一个key值，每次的key值都由服务器随机生成。这样只要不知道 key 值与序列号的组合方式那么也就无法获取到真实的序列号。这种方式被称为 MD5 的加盐处理，是一种较为有效的加密方法。黑匣子在收到监控中心的请求响应后，除了要生成这个密码以外，还需要将自身的一些状态同时反馈给服务端，在图 4-13 中，sn 的值就是生成的 MD5 值，而 free_sp 指的是用于存储的固态硬盘的剩余容量，total_sp 是总容量，这两个值都是以 MB 为单位的。在实际使用中，还可以增加其他的设备状态参数，这样监控中心就能够更好地了解到设备的运行状态。

请求行	LOGI 002\r\n
首部	sn=xxx\r\n free_sp=xxx\r\n total_sp=xxx\r\n\r\n
正文	null

图 4-13　登录请求包

当监控中心收到登录请求包后，需要首先验证 sn 值。如果这个值没有问题，那么就表示登录通过。然后监控中心会传输协议配置参数到黑匣子。图 4-14 中的 index 和 alarm_index 分别表示正常数据包和报警数据包的序号，而 datalength、dataoffset 和 datalocation 是用来共同表示一个参量的，这个参量用于描述设备关机量的位置。关机量指的是在采集的数据中，所能代表设备是否正在运行的量。由于数据包索引和关机量非常重要，因此，通过这个数据包进行传输。

请求行	2000 002\r\n
首部	index=xx\r\n alarm_index=xx\r\n datalength=xx\r\n dataoffset=xx\r\n datalocation=xx\r\n\r\n
正文	null

图 4-14　应答包格式

（2）数据传输　在登录完成后，就进入正常通信状态。在正常通信时，最重要的通信过程是客户端向服务器发送监测数据。数据包格式见图 4-15。

请求行	DATA 002\r\n
首部	date=time\r\n length=number\r\n number=number\r\n datalevel=xx\r\n\r\n
正文	data

图 4-15　数据包格式

在首部中，必须要有时间戳字段，时间的格式为：year-month-day hour：minute：second。length 字段用来表示所要传输的数据长度。number 字段表示数据包的序号。datalevel 字段用来表示采集数据是正常数据还是报警数据。如果是重要数据则为 1，如果是报警数据则为 2。而在正文字段中，就是所要传输的数据。

（3）命令与应答　客户端与监控系统之间的命令传输与应答流程是通过请求应答的方式来进行的，两者可以通过命令接口发送命令信息或进行命令应答。在数据传输期间，可以进行系统配置设置与查询等的操作。

通信命令由 4 个字符组成。这 4 个字符通常由命令所待变含义的单词缩写而成。

连接请求（RCON）：用于初始时候的连接，客户端向服务器请求登录，无首部及正文。格式见图 4-11。

请求登录（LOGI）：用于客户请求登录服务器时使用。无正文。格式见图 4-13。

数据传输（DATA）：用于客户端向服务器请求发送数据的命令。格式见图 4-15。

修改参数（CHAG）：用于服务器请求修改客户端或者 PLC 的参数。每条命令只能进行一项参数的修改，无正文。见图 4-16。

查询（QURY）：主要用于服务器向客户端查询配置参数。所有的配置信息都通过首部进行发送，无正文。见图 4-17。

等待（NOOP）：用于在链路没有信息往来的时候，查看连接状态，用以维护通信，无正文。见图 4-18。

请求行	CHAG 002\r\n
首部	parameter=xx\r\n value=xx\r\n number=xx\r\n\r\n
正文	null

图 4-16　修改包格式

请求行	QUR Y 002\r\n
首部	\r\n
正文	null

图 4-17　查询包格式

请求行	NOOP 002\r\n
首部	\r\n
正文	null

图 4-18　心跳包格式

通信命令的响应同样是由 4 个数字构成。其中数字每位都有一定的意义，第一位确定响应是好的、坏的还是不完全的，通过检查第一位，用户进程通常就能够知道大概要采取什么措施。第二位表示是在哪个环节中进行应答。第三位是具体描述应答的细节。最后一位是保留位，留待扩展使用。

第一位有 4 个值，分别表示不同的含义：

1xyz 表示包已接收，需后续处理。请求已经被接收，在进入下一步前需要其他信息。

2xyz 表示请求已被接收，并处理。要求的操作已经完成，可以执行新命令。

3xyz 表示客户端错误。命令已接收，但要求的操作被停止，客户端错误。

4xyz 表示服务端错误。命令已接收，但要求的操作被停止，服务端错误。

第二位同样有 4 个值：

x0yz 关于认证登录过程。

x1yz 关于请求。

x2yz 关于数据。

x3yz 格式错误。

第三位表示应答码的详细含义，根据前两位值的不同有相应的含义。

第四位作为保留，供后续拓展使用。

以下是根据数字顺序列出的在本项目中所使用的应答码，见表 4-6。

表 4-6　系统通信应答码

代码	含义	缩写
1010	命令已接收，需登录信息	NEED_LOG
1020	命令已接收，需配置信息	NEED_COF
2000	命令成功接收并执行	RECV_SUC
2010	命令接收并确定	RECV_CON
2020	命令接收，设备确认	RECV_DEV
2110	查询命令执行完成	QURY_SUC
2120	修改命令，执行程序完成	CHAG_SUC
2130	实时数据传输	REAL_TIME
2200	数据已经收到	DATA_RECV
3100	客户端无法处理该请求	CLIT_QURY
3300	客户端无法识别，格式有误	CLIT_FORM
4000	登录信息有误	LOG_WROG
4010	配置信息有误	COF_WROG
4100	服务器无法处理该请求	SERV_QURY
4200	服务器无法处理该数据包	SERV_DATA
4300	服务器无法识别，格式有误	SERV_FORM

4.5　底层通信设计

本地是通过两种不同的通信方式（TCP 和 UDP）来实现 PLC 数据采集的。这主要是基于如下原因：①由于在 PLC 的采集数据中会包括一般数据（包括模拟量和开关量）和故障量，一般数据的数据量会比故障量多很多。②故障量比较重要，需要达到每 20ms 采集一次。③如果所有的数据量都通过 TCP 传输，经过测试是无法在 20ms 内实现数据传输的。根据以上原因把数据的采集工作分成两种方式：报警数据通过 UDP 连接，由 PLC 主动发送数据，发送频率为 20ms 一次；一般数据通过 TCP 连接进行传输，由黑匣子主动向 PLC 请求数据，这类数据的采集频率为 500ms 一次。数据采集方式见图 4-19。

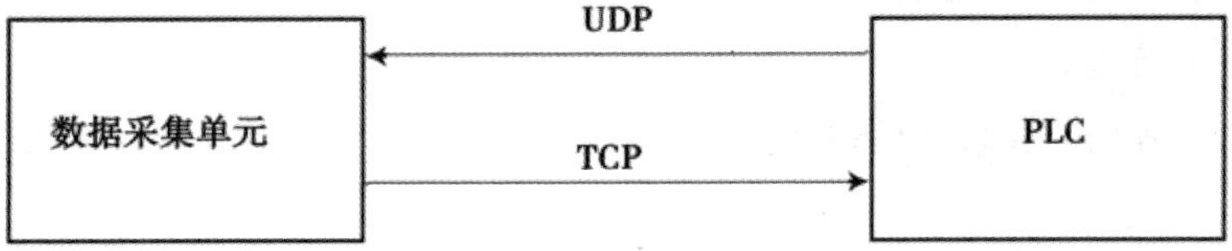

图 4-19　数据采集方式

通过这种分类传输的方式能够有效地节约系统资源，同时还能够满足系统的传输需求。当然，与此同时也在一定程度上增加了系统的复杂性，影响了系统的扩展性，特别是如果要增加其他类型的 PLC 将受到影响。

UDP 在传输过程中是进行不可靠传输的，数据由 PLC 以 20ms 的频次主动向黑匣子发送，黑匣子在接收到数据后，会优先判断数据中是否含有报警数据，如果有就把这个数据存入数据库中，如果没有就丢弃这个包。因为通过 UDP 传输的数据就是报警量，如果其中没有任何传感器报警那么这个数据也就没有意义，通过这种方式能够大大减少数据库中所需要存储的数据量。

在与 PLC 进行通信过程中，报警数据的采集是通过 UDP 来实现的，在使用这种方式时，通过在 PLC 上进行相应的设置，然后在运行过程中，PLC 就会主动向黑匣子发送数据，而黑匣子只需要等待接收数据即可，因此在这种情况下，不需要考虑如何实现通信。而用 TCP 与 PLC 进行通信时，就需要考虑如何进行通信。对于不同的 PLC 设备而言，通信方式都是有所区别的。本系统使用西门子的 S7-300PLC，这种 PLC 的通信方式采用的是 FETCH/WRITE 协议。这种协议使用简单的请求 - 应答模式进行通信。

要通过以太网读取西门子 PLC 采集的传感器数据，需要采用西门子提供的 FETCH/WRITE 应用层协议。首先黑匣子与 PLC 进行 TCP 通信连接，在通信过程中黑匣子则需要作为 Client 去连接 PLC，向 PLC 发送数据请求，然后 PLC 会根据请求的内容给予相应的应答。

首先需要建立与 PLC 的 TCP 连接，在建立成功后按照表 4-7 中的数据结构发送报文，共 16 个字节，具体说明如下：

0 ～ 1 字节为“S”“5”的 ASCII 码值，即十六进制的 53、35。

2 字节为长度描述，值为 16 进制的 10。

3 ～ 7 字节为固定的 16 进制的值 01、03、05、03、08。

8 ～ 9 字节为变化的参数，用来描述读取 PLC 地址区，数值选择见表 4-7。

A、B 字节为起始地址。

C、D 字节为长度。

E、F 字节为固定的 FF 和 02。

表 4-7 FETCH/WRITE 协议请求包格式

起始字节	含义	解释	默认值
0	System ID	系统标识	S
1			5
2	Length of header	报头长度	16d
3	ID OP code	操作代码表示	01
4	Length OP code	操作代码长度	03
5	OP code	操作代码	05
6	ORG field	操作区域字段	03
7	Length ORG field	操作区域字段长度	08
8	ORG ID	操作区域代码	
9	DBNR	数据块号	
A	Start address	数据起始地址	High byte
B			Low byte
C	Length	数据长度	High byte
D			Low byte
E	Empty field	空白字段	FF
F	Length empty field	空白字段长度	02

其中 PLC 操作区（ORG ID），是采用 PLC 的 DB 区。DB 区是 PLC 的主要存储区域，其代号为 0x01。对于 DB 区，其中的数据块号（DBNR）的范围就是从 1 到 255 任选，在本系统中采用 90，转化为 16 进制是 0x5a。后面的 Start address 表示从 DBNR 区域的哪个位置开始采集，默认是 0x0000，也就是从头开始进行采集，这是根据具体 PLC 的设置来作的相应设置。Length 字段是指整个数据段长度，也是根据具体需求设置的。本系统中所需要采集的数据一共是 1 670 个字节，也就是 835 个字，转化为 16 进制，就是 0x0343。因此这个请求包的内容见图 4-20。

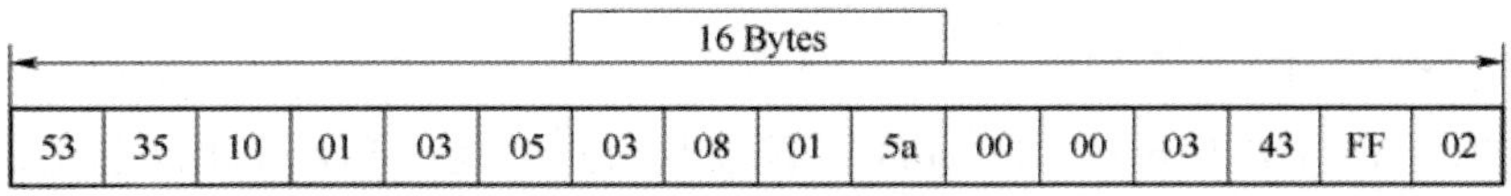

图 4-20 请求包格式

如果数据请求发送成功后可以接收到应答，应答格式见表 4-8，整个应答的头部同样有 16 字节，其中最为重要的是 Error Field，这个字段是告知请求是否有错误。如果该字段是 0，那么就表示请求正确，然后 PLC 就会发送所请求的数据段内容。

表 4-8 FETCH/WRITE 协议响应报文

起始字节	含义	解释	默认值
0	System ID	系统标识	S
1			5
2	Length of header	报头长度	16d
3	ID OP code	操作代码表示	01
4	Length OP code	操作代码长度	03
5	OP code	操作代码	05
6	Ack field	确认字段	03
7	Length ack field	确认字段长度	08
8	Error field	错误字段	NO
9	Empty field	空白字段	FF
A	Lenth empty field	空白字段长度	07
B	Empty	空白域	
C			
D			
E			
F			

4.6 PLC 远程访问技术

所谓PLC远程访问技术，指的就是用户能够通过VPN技术直接访问PLC设备，进行在线调试诊断 PLC 的工作。本节主要介绍常用的 VPN 技术及如何实现远程访问。

4.6.1 VPN 技术介绍

VPN（Virtual Private Network，虚拟专用网）是 InfoWorld 评选出的 1997 年度四项重要技术之一，作为一项新兴技术，刚一诞生，便立刻引起世人瞩目。VPN 是通过在两台计算机之间建立一条专用连接从而达到在 Internet 上传输私有数据的目的。VPN 能够利用现有的 Internet 资源，数据的安全性强，显著降低了企业联网成本，便于扩充和管理。这些优点对于想要通过 Internet 与分布于异地的分支机构、合作机构，甚至是移动企业用户联络和发展业务的企业来说，其吸引力无疑是非常大的，VPN 因而成为最近网络技术方面研究的热点。

目前，IETF 工作组已制定或研究出许多关于 VPN 的隧道协议，它们主要可分为第二层链路层隧道协议和第三层网络层隧道协议，以及工作在高层的 SOCKS v5 和 SSL 协议。

4.6.1.1 链路层隧道协议

链路层隧道协议是先把各种网络协议封装到 PPP 中，再把整个数据包装入隧道协议中。这种双层封装方法形成的数据包靠链路层协议进行传输。链路层隧道协议有 PPTP、L2F、L2TP 等。L2TP 是目前 IETF 的标准，由 IETF 融合 PPTP 与 L2F 而形成。

1. 点对点隧道协议 PPTP

PPTP 由美国微软公司设计，用于将 PPP 数据帧封装在 IP 数据报内通过 IP 网络如 Internet 传送。PPTP 还可用于专用局域网络之间的连接。PPTP 使用一个 TCP 连接对隧道进行维护，可以先对负载数据进行加密或压缩，再使用通用路由封装 GRE 技术把数据封装成 PPP 数据帧，通过隧道传送。PPTP 在逻辑上延伸了 PPP 的会话能力，从而具有了虚拟的远程拨号功能。PPP 属于链路层，因此 PPTP 是作用在数据链路层的封装。封装后的分组被装入 IP 分组中，在 IP 网络上发送。

2. 第二层转发 L2F

L2F 是 Cisco 公司提出的隧道技术。它对链路层的数据帧进行封装传递，使得传统的 PPP/SLIP 拨号分组能穿越各种异构的网络环境，并使得拨号用户在地域上完全与拨号协议终点设备相分离，从而使得对包括调制解调器、访问服务器 ISDN 等通用访问设施的共享成为可能，并能将各种非 IP 传统协议分组封装发送，成功地利用了已有的传统网络设施。

3. 第二层隧道协议（L2TP）

L2TP 是结合 PPTP 和 L2F 协议而设计的协议，设计者希望它能够综合二者的优势。L2TP 支持封装的 PPP 帧在 IP、X.25、帧中继或 ATM 等网络上进行传送。当使用 IP 作为 L2TP 的数据包传输协议时，可以使用 L2TP 作为 Internet 网络上的隧道协议。L2TP 还可以直接在各种 WAN 媒介上使用而不需要使用 IP 传输层。IP 网上的 L2TP 使用 UDP 和一系列的 L2TP 消息对隧道进行维护。L2TP 同样使用 UDP 将 L2TP 封装的 PPP 通过隧道发送，可以对封装 PPP 帧中的负载数据进行加密或压缩。

4.6.1.2 网络层隧道协议

网络层隧道协议是把各种网络协议直接装入隧道协议中，形成的数据包依靠网络层协议进行传输。网络层隧道协议有通用路由封装（Generic Routing Encapsulation，GRE）和 IETF 的 IP 层加密标准协议 IPSec。

1. 通用路由封装（GRE）

GRE 被指定为第 47 号 IP。GRE 给出了如何将任意类型的网络层分组封装入另外一种网络分组的规范。它忽略了不同协议间的各种细微差别，因此更具有通用性。GRE 的另一特点是它是一种基于策略路由的轻型封装。为方便理解，将运载 GRE 分组的网络层协议称为递交协议，相应的分组称为递交分组；而受 GRE 封装的网络协议称为载荷协议，相应协议的分组称为载荷分组。

2.IPSec

IPSec 是 VPN 最常用的安全协议。它是 IETF IPSec 工作组为了在 IP 层提供通信安全而制定的一套协议簇，包括安全协议部分和密钥协商部分。安全协议部分定义了对通信的各种保护方式，密钥协商部分定义了如何为安全协议协商密钥参数，以及如何对通信实体的身份进行鉴别。IPSec 提供了两种通信保护机制：ESP 封装安全载荷和 AH 认证头标。其中 ESP 机制为通信提供机密性、完整性保护；AH 机制为通信提供完整性保护。ESP 和 AH 机制都能为通信提供抗重放攻击。

IPSec 使用 IKE 协议实现安全协议的自动安全参数协商，IKE 协议本质上是 ISAKMP 的一个实例。IKE 协议协商的安全参数包括加密及认证算法、加密及认证密钥、通信的保护模式传输或隧道模式、密钥的生存期等。

对于 IP 分组，ESP 提供两种封装模式：传输模式和隧道模式。在传输模式下，对原 IP 头保持不变，仅对传输层的数据进行加密封装。在隧道模式下，对整个

IP 数据进行加密、封装，并附加一个新的 IP 头。

3.SOCKS v5 与 SSL 协议

SOCKS v5 由 NEC 公司开发，是建立在 TCP 层上的安全协议，更容易为与特定 TCP 端相连的应用建立特定的隧道，它最适合用于客户机到服务器的连接模式，适用于外部网 VPN 和远程访问 VPN。用 SOCKS v5 的代理服务器可隐藏网络地址结构，能为认证、加密和密钥管理提供插件模块，可以让用户自由地采用他们所需要的技术。

当 SOCKS v5 同 SSL 协议配合使用时，可以作为建立高度安全的虚拟专用网的基础。SOCKS v5 协议的优势在于访问控制，其性能比低层次协议差，需要协同 IPSec、L2TP、PPTP 等一起使用，制定更加复杂的安全管理策略，因此适合用于安全性较高的虚拟专用网。SOCKS v5 现在被 IETF 建议作为建立虚拟专用网的标准，尽管还有一些其他协议，但 SOCKS v5 协议得到了一些著名公司如 Microsoft Netscape、IBM 的支持。

VPN 技术见表 4-9。

表 4-9 VPN 技术

OSI 七层模型	安全技术	安全协议	协议优点
应用层	应用代理	N/A	N/A
表示层			
会话层	会话代理	SOCKS v5	同底层协议共同使用
传输层		N/A	N/A
网络层	包过滤	IPSec	可扩充、安全、可靠
数据链路层		PPTP、L2TP	端对端压缩加密
物理层		N/A	N/A

4.6.2 常用在线访问方式

上节介绍了主要的 VPN 技术，在实际应用中，除了选择协议，还需要考虑实现方式。不同的协议有不同的应用场合和可靠性、安全性，而实现方式也是如此，通常情况下实现 VPN 的方式有如下几种：

1）直连方式。即用户直接能够访问设备现场。这种方式是最为简单的实现方式。但是其最大的缺陷在于目前通常设备现场没有外网 IP 地址，这样用户就无法正常访问设备端。不过在这种方式下也有解决方案，可以通过使用目前比较流行的动态域名使设备端能够被访问到，不过动态域名的可靠性和安全性还需要进一步考察。

2）间接方式。即通过其他设备来联系用户和 PLC 设备。这种方式较前一种方式有更大的实现难度，但同时也具有更好的可靠性、安全性以及灵活性。同样，这种方式也不会存在需要设备端能直接被访问的问题。当然新的问题在于用于连接用户和设备的服务器需要能够被访问，就是说其需要有公网 IP。另外一方面，由于添加的中间设备既可以为整个系统提供更高的安全性，同时也更易于管理用户和设备的运行情况。而灵活性则体现在无论是用户接入还是设备接入，都需要使用 VPN 的方式，因此，两端都可以选择不同的 VPN 协议来实现。

4.6.3 远程访问功能需求分析

从本节开始，主要以斗轮机远程监控系统为例，介绍该系统的远程访问技术如何实现。该系统要求远程访问功能满足以下几点要求：

1）能够在线访问的设备数量和用户数量会比较大，可能超过 100 个。此外，还需要考虑用户同时进行远程在线访问的要求。

2）大多数设备所处网络都是比较单一的 192.168.X.0/24 的网段，并且设备所在网段都是事先已经设置好的，无法另行修改。

3）在线访问模块需要具备对接入用户的有效管理功能，并且需要得到管理用户的许可才能够进行在线访问。用户的访问信息必须有所记录。

4）在线访问模块会允许用户直接控制现场设备。因此，必须保证该模块的安全性。

对于第一点，大量的用户和设备接入只需要选取性能较好的 VPN 服务器即可。但是对于同时在线访问的要求，结合第二点的固定单一网段的要求，大多数的实现方法都无法满足，因此就需要选择合适的方法。其次，对于第二点，由于要对用户进行有效管理，因此前文所介绍的直接方式就无法满足要求了，同样对于用户的访问记录等也无法单独依靠普通的 VPN 服务器来实现。好的解决方法是需要另外的模块对用户进行管理。最后一点是在线访问技术的安全性问题。通常而言，VPN 就是用于安全传输，因此其传输的安全性是可以得到保证的。主要的安全性问题是在用户端，需要考虑如何防止伪造信息登录验证。针对这一点，比较好的方式是用户登录后，还需要对用户进行进一步的验证，只有在用户得到同意后，才打开设备端的 VPN 接入，这样就保证了不会意外访问到其他设备或者不会受到恶意用户的攻击。根据以上需求，提出了几种可行的方案。

4.6.4 PLC 在线方案

PLC 在线方案主要针对的是远程用户或者出差用户想要实现远程在线 PLC 的需求。根据这个需求，设计了整体 PLC 在线方案，采用监控中心 VPN 服务器作为中转，远程用户通过 VPN 接入到监控中心，而同时将 PLC 设备也通过 VPN 接入到监控中心。通过这种方式，用户和 PLC 设备都会接入同一个网络中，此时，用户只需要知道 PLC 设备的 IP 地址，就可以实现 PLC 在线连接。

整个方案分为两个主要部分：用户 VPN 的接入和 PLC 设备 VPN 的接入。这两种接入方式是有所不同的。因为用户可以通过 VPN 软件或者系统自带的 VPN 功能进行 VPN 连接，而绝大多数 PLC 是不具备 VPN 功能的，这就需要其他设备帮助其接入 VPN 网络中。对于用户 VPN 接入，其实现相对简单，基本上当前比较普遍使用的 PPTP、L2TP、OPENVPN 等方案都可以实现。但是 PLC 设备 VPN 的接入则需要考虑多种方案，下文将主要介绍如何实现 PLC 远程 VPN 接入的方案。

4.6.4.1 方案一：IPSec 建立 VPN 通道

1. 方案原理介绍

采用 IPSec 建立 VPN tunnel，实现端到端的通信隧道，对 IPSec 对接的两个局域网不产生影响，原有局域网主机还将保持原有地址不变。在通道建立完成后，只需要在两端路由器上将目的地址设置为对端的地址，数据包经路由器发送，这样就能实现端到端的通信，且数据通信的安全可以由 IPSec 隧道来保护，见图 4-21。

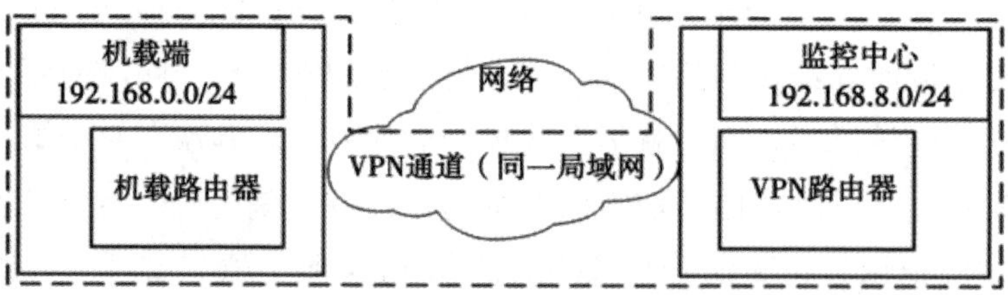

图 4-21　方案一原理图

2. 方案实施过程

首先是要在机载端路由器和监控中心的路由器上设置相对应的 IPSec 通道，实现机载端和监控中心端的通道构建。然后在监控中心路由器设置用于远程用户接入的 PPTP 服务器，并且设置相应的从用户端网段到机载系统网段的路由。最后，在用户端，根据软件的不同进行不同的设置，实现远程用户接入到监控中心。

3. 使用方法

1）用户首先需要登录到监控中心网页，并查看所要查询的设备是否在线。

2）如果在线，用户就可以通过系统自带的 VPN 功能或者 VPN 软件使用预先设定的账号登录监控中心。

3）用户登录到监控中心 PLC 在线功能页面，网页通过判断用户的登录 IP 就可以判断用户是否已经通过 VPN 登录到监控中心了。然后，用户可以选择想要的在线设备。

4）网页服务器会通知通信程序所要的在线 PLC 设备。

5）通信程序会通过命令告知黑匣子执行 PLC 在线命令。

6）黑匣子调用相关程序设置机载路由器的 VPN 功能。

7）此时用户到 PLC 的链路实际已经连通，用户可以利用软件进行 PLC 在线操作。

方案一实现图见图 4-22。

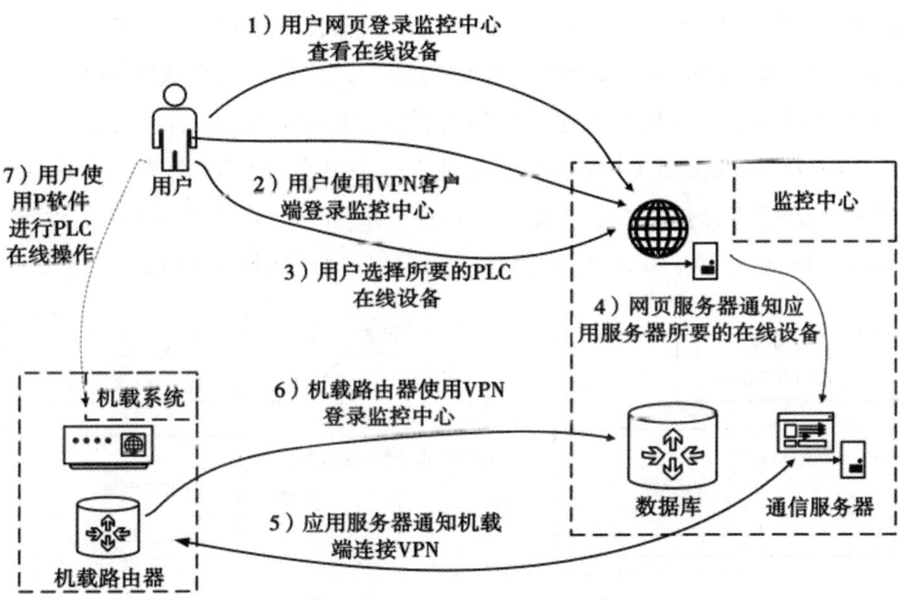

图 4-22　方案一实现图

4. 方案分析

1）优点。由于采用 IPSec 建立通道，IPSec 所采用的加密机制安全性高，因此 PLC 在线的安全性和可靠性也相对较高。如果可以控制机载端内网网段，就可以建立多个甚至更多的 VPN，而各个机载端网段也不会相互干扰。可以为机载端内网多个 PLC 或者其他设备接入 VPN 提供条件。最后一点是，这种方式会使通信过程中的流量损失较少，因为只有当用户需要 PLC 在线的时候才会让机载端接入 VPN 网络中，而在其他时间就不会浪费流量。

2）缺点。首先，由于机载端内网网段通常无法控制，且大多数企业都会将内网网段设置为 192.168.1.X 或者 192.168.0.X，这样会造成在设备数量较多的情况下，大量设备网段重叠，导致多个用户无法同时使用 PLC。其次，这种方式的实施难度较高，需要让 Web 服务器通知通信程序，然后通信程序还要通知黑匣子，黑匣子再设置路由器。整个过程需要较多工作量，且其中任何一个环节都不能出错，否则就无法实施 VPN 在线。

4.6.4.2 方案二：L2TP/PPTP 建立 PC to site VPN

1. 方案原理介绍

由于当前所用监控中心路由器只支持 IPSec、L2TP 的方式建立 VPN（替代方案：可以不用路由器作为 VPN 服务器），此处暂时只考虑 L2TP，实际上 L2TP 是 PPTP 的扩展和延伸。本方案只将机载端路由器接入监控中心，然后通过机载路由器上的 DMZ 主机功能将 PLC 直接映射出去，这样访问机载路由器的请求都会被直接转发到 PLC，从而达到了将 PLC 接入 VPN 网络的目的。这里所说的 PC to site，其中 PC 指的是单主机，在此处就是机载路由器，而 site 就是监控中心网段。在机载路由器接入监控中心后，路由器会被分配到一个监控中心网段的地址，通过 DMZ，PLC 也相当于获取了该地址。方案二的原理图见图 4-23。

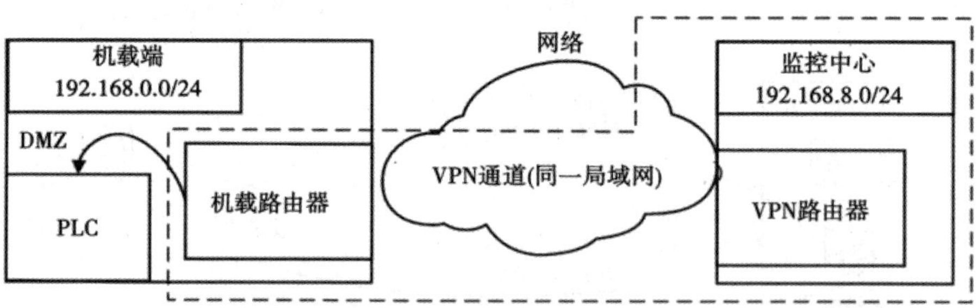

图 4-23 方案二的原理图

2. 方案实施过程

在机载路由器端，设置 PPTP 客户端用于连入监控中心，同时设置 DMZ 主机，将 PLC 映射到外部网络。在监控中心设置相应的 PPTP 服务器端。用户需要使用设置相应的 PPTP 客户端，即可连入监控中心路由器上，从而实现用户和 PLC 并入到同一个网段。黑匣子需要使用定时功能将路由器的 IP 发送到监控中心，供用户访问使用。

3. 方案使用方法

方案二实现图见图 4-24。

1）用户通过监控中心网页服务器查看当前可以在线的 PLC。

2）网页服务器会根据用户所选择的 PLC，返回该设备的映射 IP 地址。

3）用户可以通过系统自带的 VPN 功能或者 VPN 软件，使用预先设定的账号登录监控中心。

4）由于所有的机载端都已经接入监控中心了，因此，用户只需要根据所得到的 IP 地址直接使用 PLC 软件进行 PLC 在线操作。

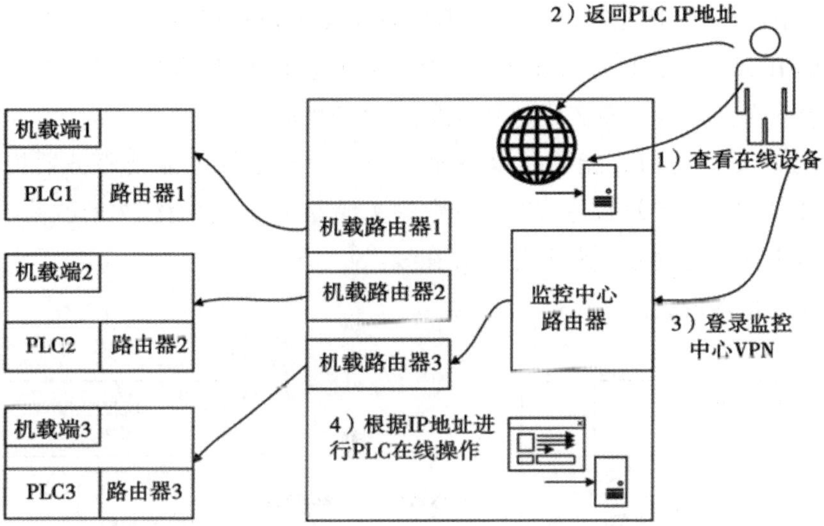

图 4-24　方案二实现图

4. 方案分析

1）优点。可以实现几个甚至更多 PLC 设备的同时在线，因为不需要关心 PLC 的内网地址，整个方式实施较为简单，PLC 所在的机载端路由器会一直连接着监控中心，因此用户只需要知道 PLC 的映射 IP 地址，就可以访问了。

2）缺点。由于使用了 DMZ 主机的方式，因此会将 PLC 直接映射到外网，可能会在一定程度上降低 PLC 的安全性。由于设备会一直接入到监控中心 VPN，因此，会在一定程度上增加网络流量。同时由于 PLC 的映射 IP 地址是固定的，用户在登录到监控中心 VPN 后，可以直接访问 PLC，而监控中心是无法管理用户访问的。还有一点就是，这种 VPN 的方式只能将一个设备接入监控中心（DMZ），因此如果存在其他 PLC 或者摄像头等设备就无法连入 VPN。最后一点是，因为设备接入监控中心 VPN 的方式与机载路由器接入 VPN 的方式是一致的，如果将这两种不同的连接放到同一个 L2TP 连接中，不利于用户和 PLC 设备的管理。

4.6.4.3 方案三：L2TP/PPTP 建立 site to site VPN

本方案将机载端路由器所在局域网通过 L2TP 的 size to size 方式接入监控中心，见图 4-24，然后对局域网内的设备进行 nat 映射。PLC 设备就会被映射一个监控中心 VPN 局域网的地址，不同 PLC 会被映射不同的地址。当用户也接入监控中心后，就能够通过映射的 IP 地址访问 PLC。

但是这种方式在实现上可能存在较大的问题。这是因为在这种方式下，PLC 的确可以接入 VPN 网络中，但是当用户想要实现 PLC 在线时，就需要知道 PLC 所映射的 IP 地址。在这种情况下，只有当 PLC 通过 VPN 进行通信时，VPN 服务器才会给它分配地址，而在这之前是没有 IP 地址的。

解决方案就是 PLC 能够向服务器发送数据，这样才能使服务器提前获取 PLC 的 IP 地址。但是这种方式对于现在的实现方式而言会有较大的改动，因此，暂时不考虑使用这种方式来实现 PLC 在线。

方案三原理图见图 4-25。

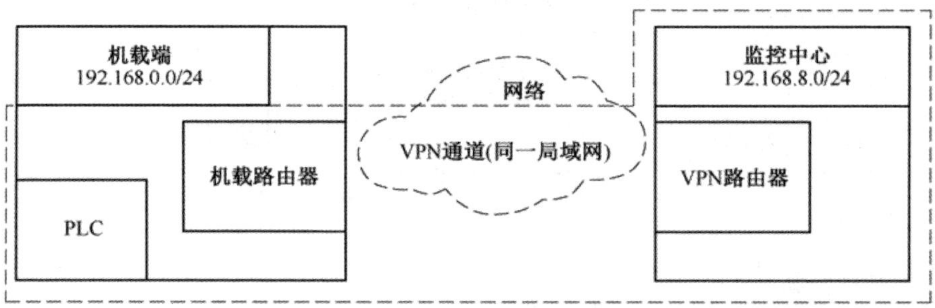

图 4-25 方案三原理图

4.6.4.4 方案四：L2TP/PPTP 建立 PC to site VIP VPN

1. 方案原理介绍

本方案采用 VIP（Visual IP）地址的方法来建立 VPN，也就是所有的设备能够在整个 VPN 网络中拥有一个 VIP 地址，这个 IP 地址不是设备实际所拥有的 IP

地址，而是作为中间转换的 IP 地址。但是每台设备都只对应一个 VIP 地址，当用户访问设备的时候就去访问这个 IP 地址，通过 VPN 服务器，访问请求能够被转发到 VPN 客户端，即机载路由器，机载路由器会将这个 VIP 地址转化为所要访问设备的实际内网 IP 地址，这样就实现了用户到设备的访问。见图 4-26。

图 4-26　方案四原理图

2. 实施过程

这种 VPN 实现方法的实施过程最为重要的内容就是设备 VIP 地址的设置，而其他内容则与方案二较为类似。首先在实施该方案之前，必须先规划好整个网络，因为 VIP 地址作为中间参数，其不依赖于设备本身，需要对其进行有效管理。必须要确保每个需要通过同一个 VPN 连接接入网络的设备都能够在同一个网络中，这样才能在访问的时候能够将数据包路由到目的地。在规划好 VIP 地址以后，只需要设置机载路由器到 VPN 服务器的 PC to site VPN 连接，实现路由器接入 VPN 服务器。然后在机载路由器上设置设备内网 IP 地址到 VIP 地址的映射，而在 VPN 服务器上也需要设置服务器到目标设备 VIP 地址网络的路由。

3. 使用方法

1）用户通过监控中心网页服务器查看当前可以在线的 PLC。

2）网页服务器会根据用户所选择的 PLC，返回该设备的 VIP 地址。

3）用户就可以通过系统自带的 VPN 功能或者 VPN 软件使用预先设定的账号登录监控中心。

4）由于所有的机载端都已经接入监控中心了，因此，用户只需要根据所得到的 VIP 地址直接使用 PLC 软件进行 PLC 在线操作。

方案四实现图见图 4-27。

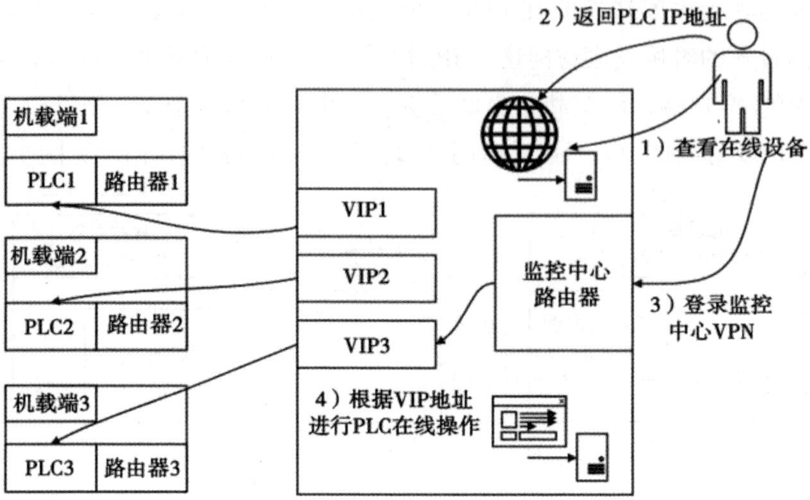

图 4-27　方案四实现图

4. 方案分析

1）优点。方案四采用了 VIP 地址的方式，这种方式可以有效解决由于实际设备的内网 IP 地址重复的问题。能够支持大量设备接入整个 VPN 系统中，并且可以实现不同设备的同时访问。用户仅能获取要访问设备的虚拟 IP 地址，这样也能从一定程度上提高设备的安全性。

2）缺点。这种方式虽然能够杜绝很多问题，但也带来了新的问题，就是采用 VIP 地址会提高整个系统管理的复杂程度。所有新接入的设备都要规划其 VIP 地址的网段，并且使该网段与其他设备不冲突，同时还需要在 VPN 服务器处手动添加到该设备的路由。

以上四种方案，各有其优势，也有缺点，能够应对不同的应用场合，需要根据实际需求来相应地选择。在本系统中，由于最为核心的问题是处理多台 PLC 同时远程在线的问题，而根据上述四种方案的介绍，可以看到方案二和方案四能够很好地解决这个问题，而且方案四还能够实现多设备通过同一个 VPN 连接到网络中，因此方案四对于本实例而言是一个更好的选择。

4.7　在线模块搭建

根据上一节的介绍，本项目采用方案四作为实现方法，也就是使用 VIP 地址的方式。

目前 VPN 的实现技术有多种，并且不同的技术所在的网络层次也不尽相同，因此，其应用场合也不尽相同。

L2TP 结合了 PPTP 和 L2F 两种 VPN 协议的优点，目前已经被广泛使用，能够满足本项目的实际需求，而且目前大多数路由器都支持 L2TP，因此，本系统的在线模块也使用 L2TP 作为 VPN 的实现方法。

1. 硬件设备功能介绍

在项目中所用到的 VPN 设备是华为的 AR2220 路由器和映翰通公司生产的工业级 4G 路由器 IR900 系列路由器。在通常情况下，实现 VPN 通道采用的普遍方式是使用相同公司生产的甚至是相同型号的 VPN 设备，这样能够在硬件设备建立的过程中省去许多不便，因为虽然 VPN 的实现方式是一致的，但是不同公司在具体的实现上会有较大的不同。比如就所使用的 AR2220 和 IR900 路由器而言，这两个设备在设置 VPN 通道时有很大的不同，这给整个配置过程带来了较多麻烦。

AR2220 路由器是针对中小型企业的路由器，提供了 Web 设置方法和命令行设置方法，简单的功能可以使用 Web 的界面设置，但是对于复杂的任务就需要通过命令行实现。华为公司提供了一整套命令行设置的语法，并给出了大量实际应用中可能用到的实例。

对于 IR900 路由器，它也提供了 Web 设置和命令行设置的方案。但是由于 IR900 路由器是作为机载设备安装在工控室中的，并且该路由器主要作为 VPN 客户端，所以该路由器的设置只需要使用 Web 界面就可以完成。

2.VPN 服务器设置

VPN 服务器所要实现的功能就是向用户和机载设备提供 VPN 服务。其设置过程为：①登录 VPN 服务器，通过 Windows 系统自带的或者其他能够提供 telnet 的工具来登录路由器。然后输入用户名、密码就可以登录到路由器的命令模式。②设置路由器的自身参数，假设路由器的出口 IP 地址是 202.1.1.1，下一跳为 202.1.1.2。③设置 L2TP 用户的用户名和密码，用户类型为 PPP。④定义地址池，并分配给该 VPN。⑤配置虚拟接口模板。⑥使能 L2TP，设置 L2TP 组为 1。⑦禁止 VPN 隧道认证。⑧绑定接口模板 1。

3.VPN 客户端设置

VPN 的客户端设置较为简单：①设置 L2TP 服务器的 IP 地址或者域名。②设置登录账号，也就是在上一节中所设置的 L2TP 用户。③设置本端 VPN 的

IP 地址。在默认情况下不设置也能够连接成功，但是为了便于系统管理，有必要在连接的时候就设置好 IP 地址。

4. 用户端设置

用户端设置分为七步：①通过控制面板进入网络和共享中心，选择“设置新的连接或网络”。②单击“连接到工作区”。③选择“使用我的 Internet 连接到 VPN”。④填入 VPN 服务器的地址，也就是监控中心 VPN 服务器所设置的密码。⑤填入在 VPN 服务器中设置的默认用户名和密码。⑥连接到 VPN 服务器。如果以后还要连接，就不需要再像前面那样设置那些参数，系统会自动生成一个连接。⑦单击连接就可以直接填入用户密码，然后连接到 VPN 服务器。对于有些用户如果在局域网内有和 PLC 相同或接近的网段时，数据包会默认使用本地路由，这样就无法正常访问 PLC，所以必须设置一下本地的静态路由。

4.8 在线模块管理

在线模块管理实际上就是对远程在线用户和 PLC 设备的管理。因此本节将分别介绍如何实现对在线用户和 PLC 设备的管理。

4.8.1 在线用户管理

对在线用户进行管理可以为整个系统提供安全保证。因为整个系统有多种不同的权限，并且即使有相同权限的用户对于不同的 PLC 设备也具有不同的访问权限。

首先整个系统的用户主要可以分为以下几类：①系统管理员，具有最高权限，可以访问所有的设备。②普通用户，只能访问特定的 PLC 设备，并且需要得到许可。③临时用户，临时创建的用户，用于处理一些意外情况，在使用完以后系统会回收该账户。

系统管理员是在系统正式运行的时候创建的，用于管理本系统中所有的用户和设备。因此，该账户不需要注册，同时也无法删除。此外，该用户还需要监控其他用户的申请和访问请求。

普通用户是使用该系统的公司账户，用于管理本公司的 PLC 设备。这些用户必须申请，并由管理员用户通过才能成功注册，在注册过程中需要指定所属的 PLC 设备。在申请成功以后，该用户只能看到本公司下属的 PLC 设备的运行状态，同时也只能访问这些设备。在系统设计的过程中需要考虑对这些用户进行严格管理，以防止用户意外访问到非所属的设备或恶意访问其他设备。此外，如果一台设备有多个用户可以访问，那么一旦一个用户已经在进行在线访问了，那么就要防止其他用户再进行访问，并告知其不能访问的原因。

临时用户指的是生产厂商或者其他一些临时需要访问 PLC 的用户。这一类用户需要临时申请，并需要进行严格检测，在得到许可后才能进行远程访问。在完成许可工作以后需要立刻销毁该账户，防止意外情况发生。

4.8.2 在线设备管理

不同于用户管理，PLC 设备是统一进行管理的，也就是说，并不会区分 PLC 设备的权限等问题，只会区分每台 PLC 设备是隶属于哪家公司，以方便用户在线操作。同时 PLC 设备的接入是和数据采集单元绑定的，也就是说，数据采集单元隶属于哪家公司，那么 PLC 也属于这家公司。因为在安装的时候，数据采集单元是直接连接到 PLC 设备上的，并且不会随意挪动。这样，只要实现了对数据采集单元的管理，也就实现了对 PLC 设备的管理。每台数据采集单元在生产的时候就会为其添加一个序列号，同时这个号码会在设备使用前就注册进 RMF 系统。当设备正式接入系统中时，只需要在监控中心设置该设备的隶属关系，也就完成了 PLC 设备的设置。

4.8.3 设备在线流程

根据需求，整个系统的用户远程在线可以分为以下几步：

1）用户登录系统网站，查看所属设备，并申请对某一台设备进行 PLC 在线操作。这里的用户指的是系统管理员（能在线所有设备）、一般用户（在线所属设备）和临时用户（在线所设置的设备），见图 4-28。

2）系统通过判断用户的权限以及当前设备的运行情况，确定是否同意该用户进行下一步操作。如果系统判断该用户有权利在线操作 PLC，就会启动 PLC 在线命令；如果用户没有足够的权限，那么系统就会把该信息提交系统管理员，由系统管理员来确定该用户的权限，见图 4-29。

3）系统启动 PLC 在线后会向 VPN 服务器发出命令，添加一条由 VPN 服务器连接到指定 PLC 设备的路由，而其中的 IP 地址信息是在系统和设备安装的时候添加在系统数据库中的。通过这种方式就可以实现从 VPN 服务器连接 PLC 设备。在使用完成后就会关闭这条路由，这样，其他用户就无法直接在线操作此 PLC 了。这种方式能够极大地提高系统的安全性。

4）系统还会向用户返回 VPN 设置成功的信息，并且提供所要在线的 PLC 虚拟 IP 地址。然后可以根据上一节的内容进行设置，并连接上 VPN 服务器。

5）用户打开所指定的 PLC 在线软件进行 PLC 远程在线操作，并且在在线时设置系统返回的 PLC 虚拟 IP 地址。

6）完成 PLC 在线操作后，无论是关闭网页或者退出登录都会使系统认为该用户已经完成任务，然后系统会通过 VPN 服务器删除连接所用的路由信息，如果用户是临时用户，系统还会删除该用户。

7）最后，所有的用户操作及系统响应内容都会被记录进系统的日志。

图 4-28　选择所要连接的设备

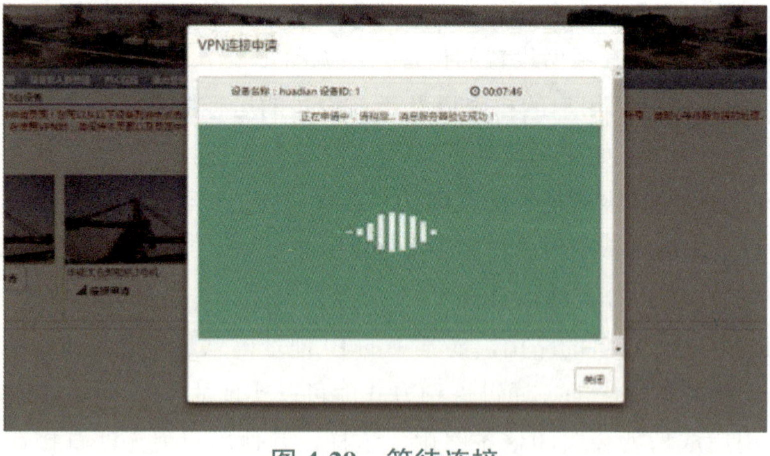

图 4-29　等待连接

第 5 章

数据采集单元的硬件设计

监控中心整体结构示意图见图 5-1，数据采集单元在整个监控中心结构中的位置如灰色加深区域所示。数据采集单元通过 TCP/UDP 与监控中心相连，负责采集、存储和远程发送工业设备关键部件的实时运行状态信息。数据采集单元采集到的数据，首先经过预处理，判断重要变量的数值是否需要进行初步警告与报警；其后通过并行的两个线程进行数据的远程发送与数据存储。

数据采集单元又称“黑匣子”。本节从数据采集单元的功能需求出发，分析系统硬件的设计框架，进而确定机载系统的核心芯片、接口设置与供电电路，从而合理设计出黑匣子硬件电路和采集程序。

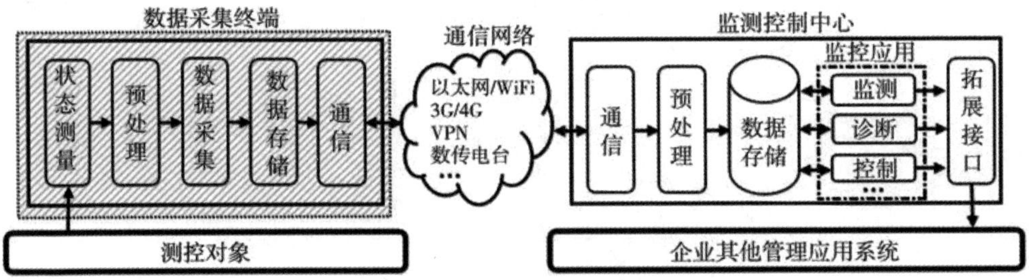

图 5-1　监控中心整体结构示意图

5.1　数据采集单元的功能和分类

5.1.1　基本组成和功能

数据采集单元由指令控制器、数据储存模块、数据输入输出模块、数据通信模块、电源部分及辅助部件等部分组成。

数据采集单元的基本功能是采集与储存数据和信息，即将测得的状态或信号转换成可在通信媒介上发送的数据格式，同时，还可将从中央计算机发送来的数据转换成命令，实现对设备的功能控制，某些数据采集单元还会附带实时信息传输功能。

数据采集单元应该具有的具体功能如下：

1）实时采集功能，具有多种数据采集接口。

2）数据存储功能。

3）数据显示或传输功能。

4）可通过串口或调制解调器进行通信。

5）安全的电源。

6）看门狗功能（出现错误时，保证系统可以重启）。

5.1.2 分类

目前，数据采集单元主要分为批处理数据采集单元和工业数据采集单元。

1. 批处理数据采集单元

批处理数据采集单元是一种基于离线式工作的数据采集单元。数据被批量采集后，通过USB线或串口数据线与计算机进行通信。由于缺乏数据处理能力及转发能力（只能通过USB和计算机进行有线连接），目前这种数据采集单元已经鲜有发展。

2. 工业数据采集单元

工业数据采集单元通过无线网络（WiFi、GPRS或Bluetooth）实时连接本地应用软件数据库，时刻更新数据库的内容，因此具有更高速的数据处理和数据传输能力。目前，实时数据采集单元正在稳步发展。

5.1.3 国内外数据采集单元分析

根据调研，国内外的数据采集单元都支持多种通信模式，如串口通信协议、Modbus协议、TCP/IP通信，具有多通道的数据采集功能，也有一定的数据处理功能。

但是国内的数据采集单元还停留在基本功能的完善上，主要实现信息采集、数据存储、通信等功能，支持一部分比较通用的通信协议，如RS-232/RS-485、无线通信等。

反观国外的数据采集单元，典型的数据采集单元都支持IEC 61131-3标准，相当于一个功能更完善的PLC，是一种可根据实际情况进行调节的组件。

因此，国外的数据采集单元在实际应用中的可扩展性强，更容易适应不同的应用环境。而国内的大多数数据采集单元只有少数类似安科公司支持IEC 61131-3标准，其他大部分是嵌入式系统，不支持PLC功能。

此外，国外产品大都有一些控制算法集成在系统中，有些甚至具有故障诊断及统计功能，而国内产品在这些方面有所欠缺。

接下来，我们将通过分国内、国外的几款典型数据采集单元的了解来加深对数据采集单元功能、组成的认识。

5.2 数据采集单元的发展现状

5.2.1 发展现状

数据采集单元的发展经历了多个阶段，最初只是用来进行一些简单的数字量的模拟量采集工作，其他的工作都由上位工控机完成，目前很多数据采集单元已经发展成为远程终端单元（Remote Terminal Unit，RTU）。

随着工业总线技术的发展和CPU处理能力的提升，很多RTU开始具备多种总线接口，并支持简单的控制功能，这一定程度上提高了系统的控制效率，使RTU能适应各类工业场合。这是RTU发展的第二阶段。

前面所述两个阶段的RTU与上位设备必须处于同一地点，通过接口直连传输数据。这种方式严重削弱了上位设备的处理能力，恶劣的工业现场环境又会使采集的数据中添加了额外的干扰。随着网络技术的快速发展，RTU加入了无线发送数据的功能，这样只需要一个联网的上位设备机房，就可以接收处于各地点的RTU数据。在这个阶段，大量的工业厂商开始涉足这一领域，不同厂家设备的通信协议有所不同，因此RTU的通用性问题显现出来。目前市场上大多数RTU都处于这个阶段。

RTU发展到现在，主要的研究方向已经转向智能化，兼具数据存储和智能控制功能。RTU可以独立获取数据并进行设备的控制，并将数据和运行日志本地存储。这一类的设备能够很好地处理设备运行的异常状态，能够实现自恢复。但通信的安全问题是这类RTU投入广泛运行前需要面对的重大挑战。

5.2.2 RTU市场

随着数据采集系统的蓬勃发展，绝大多数工控企业都推出了自己的RTU设备。国外企业起步较早，在推出自己的系统解决方案同时推出了一系列不同功能的RTU设备，其中，艾默生（Emerson）的ROC800系列RTU、霍尼韦尔（Honeywell）的RTU2020系列及ABB公司的RTU560系列应用得比较广泛。由于国外企业已经占据RTU市场的绝大部分，并且大量的控制标准和通信标准都是由国外企业把控，国内企业在没有核心技术和标准的状况下，相对于国外企业有一代或两代的差距，发展有一定的困难。国内仅有北京安控和阿尔泰两个相对著名的厂家，但与国外相比仍有一定的差距。

1. 艾默生 ROC800

艾默生 ROC800 是基于微处理技术的远程控制器，以 32 位 PowerPC 微处理器作为控制器。使用 32 位处理器极大地提升了 ROC800 的数据处理能力。ROC800 可以实现对远程设备的监控，并且有足够的计算能力完成一系列的控制动作。其能够支持多种扩展模块，包括 CPU、电源模块、通信模块和各类 I/O 模块，最多能够扩展 27 个插槽，见图 5-2。

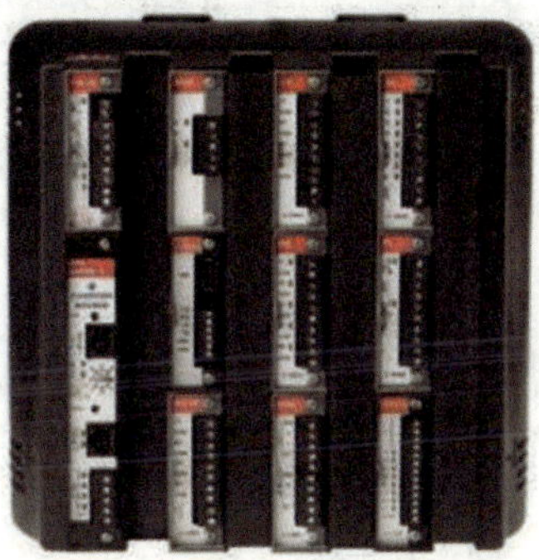

图 5-2 艾默生 ROC800

2. 霍尼韦尔 RTU2020

RTU2020 是霍尼韦尔公司生产的 RTU 设备，可运用于远程自动化和控制领域。该设备具有很好的可扩展性，包括扩展 IO 模块、无线 IO 模块、冗余模块等。设备功耗低，能够通过太阳能来供电。RTU2020 还具备远程管理的平台，这对于有大量部署的应用场景有很大的帮助，可以实现设备信息的可视化，从而完成对设备的远程高效管理，见图 5-3。

图 5-3 霍尼韦尔 RTU2020

3.ABB RTU560

RTU560 产品基于 ABB 40 多年来开展 RTU 业务的经验，具有多种不同的配置，并且所有的配置都只需要使用同一种工程工具。作为基于模块化设计的产品，RTU560 可以进行灵活的配置和功能延展，还具有集成的 HMI（人机界面）能够实现简易的解决方案功能。RTU560 可以根据客户的需求进行通信接口、中心处理单元和电源的冗余配置。可以通过多种通信协议和接口实现与多控制系统的连接。见图 5-4。

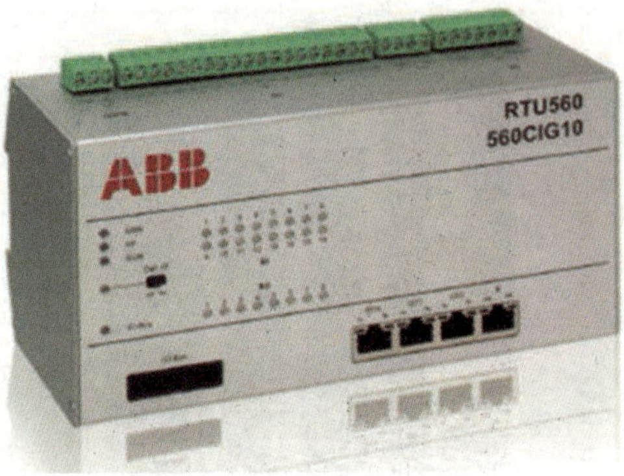

图 5-4　ABB RTU560

4. 北京安控 Super 系列

北京安控科技是一家以提供自动化、信息化技术为核心的智慧产业解决方案的运营商和供应商，其在多个领域提出了完整的系统解决方案。目前安控科技已经发布了多个系列的 RTU 产品，包括 SuperE50、SuperE60 和 Super32 等。SuperE50 是安控科技的模块化 RTU 设备，由电源模块、CPU 模块、通信模块和 IO 模块等组成。其 CPU 模块采用了 32 位的处理器，在数据采集、定时、计数、控制和通信等方面有很好的表现。并且 SuperE50 能够工作在 -40～70℃的环境下，能适应各种恶劣环境。见图 5-5。

图 5-5　安控 SuperE50

5. 阿尔泰 RTU6605

北京阿尔泰科技发展有限公司是一家从事测控产品研发、生产、销售和服务的公司，与多家军工单位和科研院所等权威机构保持长期稳定的合作关系，产品包括各类 RTU、数据采集卡、运动控制卡、工业计算机等。RTU6605 是阿尔泰公司生产的一类低功耗 RTU，具有 16 路模拟量输入、1 路数字量输入、1 路以太网接口及 2 路 RS-485 接口，支持 GPS 定位和 CF 卡存储功能，可以应用在油田参数采集、环境监测、水文监测、气象监测、地质灾害监测、供水 / 燃气管网监测和农业土壤墒情监测等多种野外环境中，取得了良好的效果。见图 5-6。

图 5-6　阿尔泰 RTU6605

5.3　数据采集单元的技术发展方向和展望

通过对比几种典型的数据采集单元，可以发现数据采集单元的技术发展方向为：

（1）小型化　体积小型化可以使数据采集单元的应用场所更加广泛，同时也可以减少安装上带来的困难。

（2）接口多样化　除了传统的 RS-232/RS-485 等接口外，还发展出了多种类型的数据采集接口。因此数据采集单元的发展必须能适应多种采集接口需求。

（3）传输多样化　在互联网大环境下，数据采集单元除了具有数据储存能力外，还应具有数据传输能力，实时地向用户反馈数据。而数据采集单元应用的环境多种多样，不同的环境下可能会选择有线网络、WiFi 通信、3G/4G 通信等方式。未来数据采集单元应能支持多种传输技术。

（4）高性能　随着电子硬件的发展，数据采集单元的采集能力还有很大的提升空间。与此同时，数据采集单元对采集到的数据应进行更加科学的初步处理，以提高存储和传输效率。

（5）电源问题　多样化的电源可以扩展数据采集单元的应用场合。比如使用太阳能供电可以使数据采集单元能够脱离一般的电控机箱，实现更多的应用可能。

5.4　数据采集单元的设计框架

数据采集单元硬件设计选用符合工业等级要求的元器件，在保证硬件功能的基础上尽可能优化电路板布线，提高电路的安全稳定性，并具备多种总线接口。采集系统硬件设计框图见图 5-7。

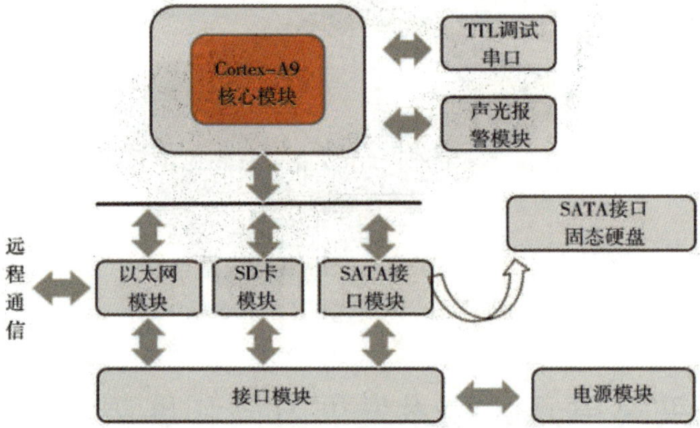

图 5-7　数据采集单元硬件框图

数据采集单元主要分为四个模块：核心模块、电源模块、接口模块和声光报警模块。核心模块搭载主控芯片负责系统和程序运行。电源模块接入 24V 直流电用于给数据采集单元供电。接口模块包括以太网接口、SD 卡接口、SATA 接口和 CAN 总线接口，负责数据的采集和存储。声光报警模块包括 LED 指示灯和蜂鸣器，在关键部件出现故障时做出紧急报警和警告。

5.5　数据采集单元的核心模块及接口、供电电路设计

硬件设计包括三大部分：核心模块设计、接口电路设计、供电电路设计。硬件原理设计框图见图 5-8。以飞思卡尔 i.MX6Q 芯片为核心，包括内存与 Flash、Boot 电路和复位电路组成核心模块；根据 i.MX6Q 上引出的接口结合相应的驱动芯片设计 RJ45、SD 卡、SATA 和 CAN 总线接口电路；由于工业现场的电源一般

为 24V，因此需要选用合适的降压芯片设计供电电路，提供芯片所用的 5V 及 3.3V 电压。

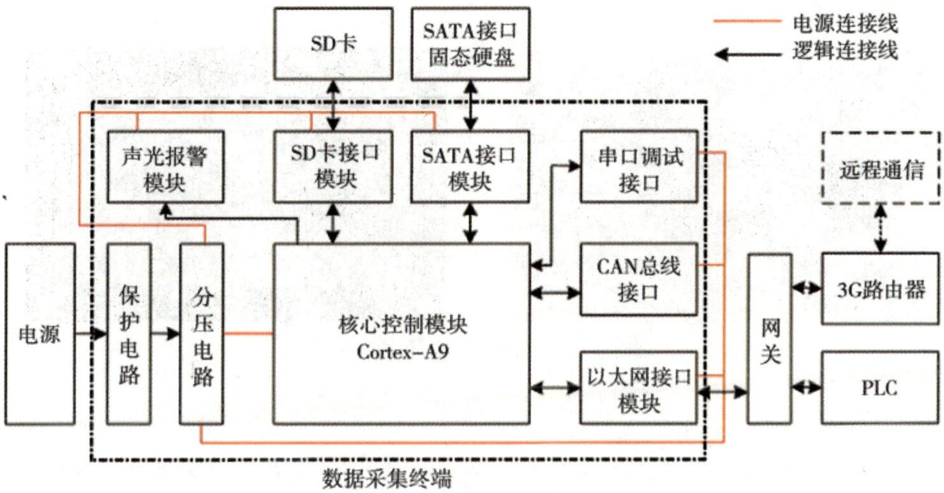

图 5-8　硬件原理设计框图

5.5.1　数据采集单元的硬件核心模块设计

核心模块设计包括核心芯片选型、启动模式电路和复位电路设计三部分。核心芯片是数据采集单元的心脏，决定着终端性能上的强弱，需要有较强的运算能力和丰富的扩展能力。启动模式选择电路决定了系统上电复位后执行程序的起始地址，针对开发人员和使用人员有不同的启动方式。复位电路按下可以令整个系统重新启动，在调试和使用中都起到非常重要的作用。

5.5.1.1　核心芯片选型

核心芯片即微处理器是数据采集单元的核心，负责系统和程序的运行。根据系统、程序运行的流畅度要求及对数据采集接口的支持程度，数据采集单元核心芯片采用飞思卡尔公司生产的 i.MX6Q 处理器，该处理器基于 ARM Cortex-A9 架构，40nm 工艺制程，最高运行频率可达 1.2GHz。处理器支持 ARMv7、Neon、VFPv3 和 Trustzone，集成了 32KB 指令和数据 L1 高速缓存以及 256KB ～ 1MB 的 L2 高速缓存。i.MX6Q 处理器性能高、功耗低，在远程监控、智能控制等领域都有较广泛的应用。系统内存为 2GB，采用三星公司生产的 DDR3 1333MHz 内存芯片；搭载东芝公司生产的 8GB EMMC 闪存，充分满足了系统运行及升级需要。芯片支持 IIC、SPI、CAN、USART 等多种数据总线传输形式，通过扩展外部芯片即可进行 RS-232、RS-485、LIN 等工业总线数据采集，适用于数据采集单元设计。核心模块电路 PCB 见图 5-9。

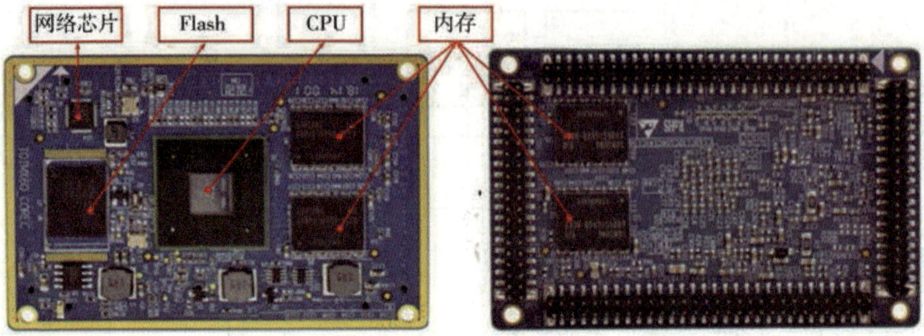

图 5-9　核心模块电路 PCB

5.5.1.2　系统启动模式选择电路设计

与 PC 机类似，数据采集单元安装的 Linux 操作系统将有多种启动方式，包括安装系统时用 PC 机引导启动、内置存储器（eMMC）启动和 SD 卡启动等。根据 i.MX6Q 芯片数据手册可知，芯片上有相应的 BOOT 选择引脚和启动模式选择引脚来控制系统的启动方式，用户可以根据不同用途进行选择，为系统开发方便和使用方便，设计了启动方式选择电路可方便不同类型的操作。

系统 BOOT 程序存储在核心芯片上的 ROM 中，并在上电复位后使 ARM 核心执行启动。BOOT 程序启动后将查看芯片内部寄存器 BOOT_MODE[1：0]、eFUSEs（芯片内部可编程熔丝）或设定好的 GPIO 引脚状态来决定从何处启动操作系统。在正常情况下，产品已经定型，系统启动地址也已经确定并不轻易允许用户修改，因此系统启动位置由内部寄存器 BOOT_MODE 和 eFUSEs 决定。但作为芯片开发者，我们需要进行系统下载并根据不同用户需求从不同硬件启动系统，因此根据需要设定不同的启动方式，这时 eFUSEs 的作用可用指定 GPIO 引脚代替。芯片支持的外部启动设备有：NOR Flash、NAND Flash、OneNAND Flash、SD/MMC、Serial ATA（SATA）HDD、Serial ROM and NOR Flash and EEPROM。

内部寄存器 BOOT_MODE[1：0] 由外部 GPIO 第 190、191 引脚状态决定，每个 GPIO 引脚可以有“1”“0”两种输入状态，因此内部寄存器可以决定四种状态。根据芯片用户手册，四种状态见表 5-1。

表 5-1　内部寄存器状态设定表

内部寄存器 BOOT_MODE[1：0]	启动方式 Boot Type
00	Boot From Fuses（使用 eFUSEs 决定启动方式）
01	Serial Downloader（可用 USB OTG 接口下载系统镜像）
10	Internal Boot（使用芯片内部 ROM 启动 BOOT 程序）
11	Reserved（无作用）

根据表中内容可知，我们需要将内部寄存器 BOOT_MODE[1：0] 的状态设置为 10，以保证 BOOT 程序的正常启动。

内部寄存器 BOOT_MODE 设定后，需要对代替 eFUSEs 的外部 GPIO 引脚的输入状态进行设定。根据设定要求，可以从 eMMC 和 SD 卡启动，参看芯片用户手册可知，需要设定芯片内部 eFUSEs 和相应的外部 GPIO 引脚映射，见表 5-2。

表 5-2　寄存器与 GPIO 引脚映射表

eFUSEs	GPIO 引脚
BOOT_CFG1[6]	EIM_DA6
BOOT_CFG1[5]	EIM_DA5
BOOT_CFG1[4]	EIM_DA4
BOOT_CFG2[6]	EIM_DA14
BOOT_CFG2[5]	EIM_DA13
BOOT_CFG2[4]	EIM_DA12
BOOT_CFG2[3]	EIM_DA11

具体从哪一个外设启动操作系统需要通过设定表中的 BOOT_CFG1[6：4] 来决定，详细设定见表 5-3。其中 SD 卡和 eMMC 启动分别为 100 和 110。

表 5-3　启动外设选择表

BOOT_CFG[6：4]	外设
000	NOR/OneNAND
001	未指定
010	HHD/SSD
011	Serial ROM
100	SD 卡
110	eMMC

剩下的 BOOT_CFG2[6：3] 则进行一些针对这两种外设具体格式的设置，由芯片用户手册可知，除 BOOT_CFG2[5] 之外，其他三个寄存器设置的内容可以不用关心。BOOT_CFG2[5] 在 SD 卡为启动外设时应设置为 0，在 eMMC 为启动外设时应设置为 1。这部分由于需要设置多个 GPIO 引脚的状态，且都只有“1”“0”两种状态，因此设计拨码开关电路，开发者可以通过拨码开关选择自己的启动方式。

拨码对应的模式见表 5-4。默认启动方式为 eMMC 启动，如需要进行操作系统烧录则应拨到“系统下载模式”。

表 5-4　拨码开关对应启动模式列表

拨码开关 1	拨码开关 2	拨码开关 3	拨码开关 4	模式
1	0	0	0	SD 卡启动
1	1	0	1	eMMC 启动
0	1	1	0	系统下载

5.5.1.3　复位电路设计

在系统调试和运行过程中，有时不免遇到系统卡死或软件崩溃情况，需要人为对系统进行重启操作，这就需要设置一个复位按键，遇到特殊情况时，按下此按键实现硬件复位。根据芯片用户手册可知，系统硬件复位需要给复位引脚一个低电平信号。系统在正常运行情况下，RST 引脚接 3.3V 引脚，为高电平；当按钮按下时，RST 引脚接入 GND，为低电平，实现复位。

5.5.1.4　RTC 电路

在系统运行过程中系统时钟要持续不断地运行，这样才能为系统提供稳定的时区设置、日历、实时时间等功能。这就要求即使系统外部电源被切断，系统时钟也要继续运行，因此设计了 RTC（Real Time Clock）电路。当系统正常运行时由外部电源降压后的 3.3V 电源给实时时钟引脚供电，同时给纽扣电池充电；当外部电源切断后，由电池给实时时钟引脚供电。

5.5.2　数据采集单元的硬件接口设计

由于各种工业现场使用的总线会不同，因此在设计通用化的数据采集单元时就需要尽可能满足各类总线的接入要求，因此针对工业上常用的工业以太网、CAN 总线和 RS-485 总线设计了对应的符合工业标准的接口。同时为实现采集数据的存储，硬件上布置了 SD 卡接口与 SATA 硬盘接口，可使用户灵活应用。

5.5.2.1 以太网接口

工业以太网是将以太网应用于工业控制和管理的局域网技术。工业以太网在最近发展迅速，一方面由于工业系统不断向分散化、智能化和实时化方面发展，工业上对统一的通信格式和网络的需求日益增加；另一方面需要有一种通信方式可以使管理界面到现场控制界面实现无缝连接，以太网正满足了这种需求。工业以太网开放性好，数据传输效率高，价格低廉，易于组网，并支持普遍使用的 TCP/UDP，相对于其他类型总线有着不可比拟的优势。华电重工斗轮机上的 PLC 控制器主站与各从站之间正式利用了工业以太网进行连接，因此数据采集系统硬件上必须预留以太网接口。

由于核心模块已经搭载 AR8035 以太网控制器，这一部分只需设计以太网变压器和接口电路即可。经过市场调研，电路板上使用内置网络变压器、带有指示灯的千兆以太网 RJ45 接口。此接口网络滤波器的电气性能符合 IEEE 802.3 和 IEEE 802.3ab 的标准，外观和机械性能符合 FCC 外观尺寸、机械制造工业标准，环保要求符合 RoHS 标准。RJ45 网口电路见图 5-10。

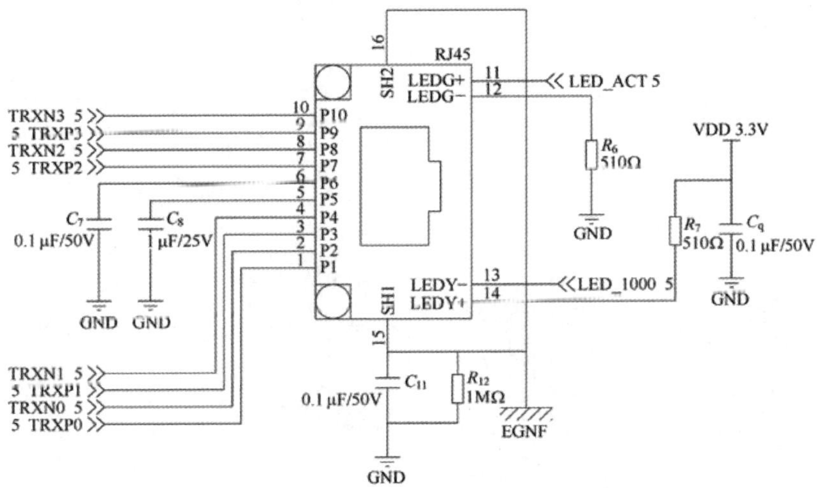

图 5-10 RJ45 网口接口电路原理图

RJ45 网口有十几个引脚，其中，1 ～ 4、7 ～ 10 为 8 根数据引脚，分别组成四个差分对；5、6 引脚通过 0.1μF 电容接地，用来减少干扰；11 ～ 14 引脚为指示灯接口，通过芯片 I/O 口直接控制，指示灯绿色亮起代表接入 100Mbit/s 以太网，熄灭代表接入 10Mbit/s 以太网，黄灯闪烁代表有数据流过，熄灭代表无数据流过；15 和 16 引脚为外壳防静电接地引脚，通过并联电容和电阻接地，以产生良好的防静电效果。

在 RJ45 网口 PCB 布局布线中有几点需要注意：

1）网口下除电源层外全部做掏空处理，并设置 100mil（$1mil=25.4\times10^{-6}m$，下同）隔离带。

2）灯线尽量不要与差分信号线同层走线，如果在同一层走线，与差分线距离应该在 30mil 以上。

3）差分线应做等长处理，线长差距在 5mil 以内。实际布线中四对差分线线长分布在 760 ～ 764mil 之间。

4）防静电接地走线宽度要宽，线宽设置在 50mil 以上。

5.5.2.2 SD 卡接口

数据采集单元在工作和运行过程中需要进行程序的更新以及历史数据的导出，除了利用网络传输方法之外还可以利用外接存储装置进行现场操作。这样做有两个好处，一方面节省了网络流量；另一方面传输速度较为快速。因此设计 SD 接口，采用全铜自弹式 SD 卡槽，支持标准 SD 卡，最大容量支持 32GB。SD 卡电路原理图见图 5-11。

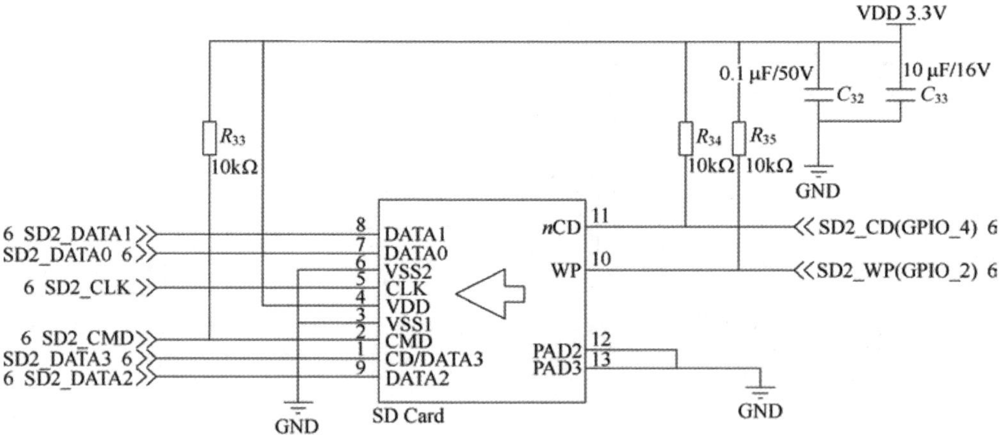

图 5-11　SD 卡接口电路原理图

SD 卡插槽分布有 13 个引脚，大体上可分为电源引脚、接地引脚、数据引脚和控制引脚。具体参数见表 5-5。

表 5-5 SD 卡插槽引脚功能描述

引脚	名称	描述
1	CD/DATA3	数据位 3
2	CMD	命令
3	VSS1	接地
4	VDD	电源
5	CLK	时钟引脚
6	VSS2	接地
7	DAT0	数据位 0
8	DAT1	数据位 1
9	DAT2	数据位 2
10	WP	写保护
11	nCD	检测卡插入
12	PAD2	外壳接地
13	PAD3	外壳接地

SD 卡主要引脚功能为：

1）时钟信号：为 SD 卡数据传输提供时钟信号，频率在 0 ～ 25MHz 之间变化，每个时钟周期传输一个命令或者数据位。

2）命令信号：命令信号为双向命令，命令可以从一次主机对卡操作开始，可以单卡寻址，也可以搜索到所有卡；对于之前命令的应答也可以来自单卡和所有卡。

3）数据信号：四根数据线上数据可以双向传输。

根据数据手册要求，SD 卡引脚的 CMD、nCD、WP 需要连接上拉电阻，用以让 SD 卡初始化程序正常通过。

在 SD 卡的 PCB 布局布线过程中，需要注意以下几点：

1）CLK 和 CMD 信号线要做等长处理，CLK 信号线要做包地处理。

2）DAT 0 ～ 3 共 4 根数据线要做等长处理。

3）外壳接地的两个引脚，不在同一水平线上，做封装时要特别注意。

5.5.2.3 SATA 接口

根据数据采集单元运行需求，要储存至少一年的数据信息，供历史数据查询。根据数据量计算，一年的数据量大小在 50GB 左右，因此购买 64GB 工业级固态硬盘。在港口设备运行过程中温度变化和振动不可避免，使用工业级固态硬盘可以有效地防止因温度变化和振动造成的硬盘损毁。采购金胜维工业级固态硬盘，工作温度可适应 -20 ～ 75℃，可抵抗 20N 的冲击，在 3 个轴线上可承受 40 ～ 2 000Hz 的振动，并有较高的传输速度（读 68MB/s 写 50MB/s），平均故障间隔时间超过 100 万 h。

固态硬盘接口为 SATA 总线接口，SATA 为 Serial ATA 即串行 ATA 的缩写，可以进行大量的存储数据传输，SATA 总线使用嵌入式时钟信号，具备了更强的纠错能力，可以在传输时对数据进行检查，在很大程度上提高了数据传输的可靠性。SATA 总线接口结构简单，只需要 4 根数据线，并可支持热插拔。SATA 接口电路原理图见图 5-12，分为 SATA 电源接口和 SATA 数据接口。SATA 电源接口采用 5V、1A 电源供电，通过 0Ω 电阻连接稳压电路转换出的 5V 电压，实现数字地和模拟地的隔离。SATA 电源和地之间通过并联多个 0.1μF 电容，实现电源滤波，使电源输出更为平滑。SATA 数据接口有 4 根高速信号线，为保证高速信号线通信质量，在 4 根信号线上串联耦合电容，以解决收发系统电压不同造成的通信质量降低问题。电容选用 0.01μF/16V，0.01μF 的容值可以满足绝大多数 10Gbit/s 高速信号线的耦合要求；耐压值初选为 50V，但在测试中发现长时间使用后电容性能有较大程度下降，甚至造成硬盘无法识别，换成 16V 耐压值后效果有很大提升。

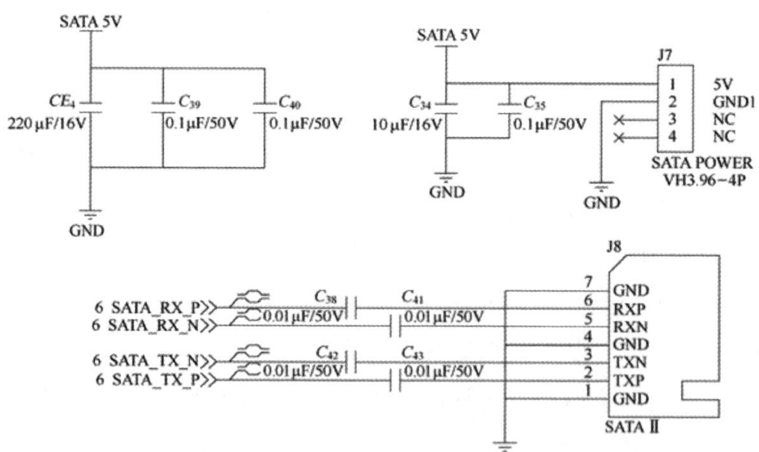

图 5-12　SATA 接口电路原理图

在 SATA 接口的 PCB 设计过程中，布局布线对是否能正常工作起着极为重要的作用。因此在设计过程中以下几点要特别注意：

1）SATA 是高速差分信号，包含发射和接收两个信号对，差分信号对应该保证走线长度匹配，不匹配的走线长度会导致信号误码率增加，而且会产生共模噪声，因此规定差分对走线长度差别在 5mil 之内。SATA_RX 长度为 3 287mil，SATA_TX 为 3 285mil，符合走线要求。

2）差分信号对之间的距离不能靠得太近，走线间距为参考平面高度的 10 倍左右，但为保证电磁兼容性需求又不能过宽，不应超过 150mil。在实际布线过程中，SATA 信号线走在顶层，顶层层高为 1.4mil，走线间距为 80mil，符合设计标准。

3）为保证信号质量，尽量在同一层上走线。在实际布线中，通过布局规划，SATA 所有信号线都在顶层走线。

4）为保证信号完整性，在信号线两侧 50mil 范围内不能设置挖空或切断的区域。

5）滤波电容的封装尽可能小，并靠近接口进行布置。在实际布线中，选用封装为 0402 的贴片电容。

5.5.2.4 CAN 总线接口

CAN（Controller Area Network）总线是德国博世公司为进行汽车系统控制和监控而设计的一款工业总线，由于具有高性能、高可靠性的优点，现在已经成为一款符合工业标准的国际化通用总线协议，目前广泛应用于工业机器人、过程控制、医疗器械、船舶航运及纺织机械等领域。其主要特点如下：

1）CAN 总线的节点无主从之分，网络上每个节点都可以在任意时刻向任意节点发布消息，通信方式灵活。

2）CAN 总线使用优先级来仲裁各个节点信息，满足了不同的实时性要求。

3）CAN 总线采用非破坏性总线仲裁技术，当多个节点同时向总线上发布消息时，优先级高的自动占有总线，优先级低的等待一段时间后再次发送。

4）CAN 总线通过接收滤波即可实现一对一、多对一、多对多和广播等多种形式的报文发送。

5）CAN 总线每一帧数据都带有 CRC 校验，出错率低。

6）CAN 总线只需一对差分线即可完成信息传输，描述为 CANH 和 CANL。

CAN 总线现行技术规范包括 2.0A 与 2.0B 两种版本。2.0A 版本阐述了 CAN 报文格式，2.0B 版本主要介绍了标准帧和扩展帧两种格式。CAN 协议遵从 ISO/

OSI 七层协议规范，但只占有物理层和数据链路层。物理层分为三个子层，分别是：媒体接口，涉及电气连接；物理媒体附件，显示驱动器和控制器特性；物理指令，包括位编码／解码、位定时和同步三种功能。数据链路层包括两个子层：媒体访问控制子层进行数据封装、帧编码、错误检测和应答等控制；逻辑链路控制子层进行接收滤波、超载通知、恢复管理的运行。CAN 总线连接的节点数在理论上可以是无限制的，但由于受到物理层承载能力限制，一般可以达到 110 个。总线制式可以选择光缆、同轴电缆、双绞线等多种，长度最大可达 10km。其总线上具有两种逻辑状态：显性或隐性。在显性状态时，U_{CANH} 和 U_{CANL} 之间的电压差大于阈值；在隐性状态时，U_{CANH} 和 U_{CANL} 之间的电压差接近于 0。显性状态可以改变为隐性状态，电压表示见图 5-13。

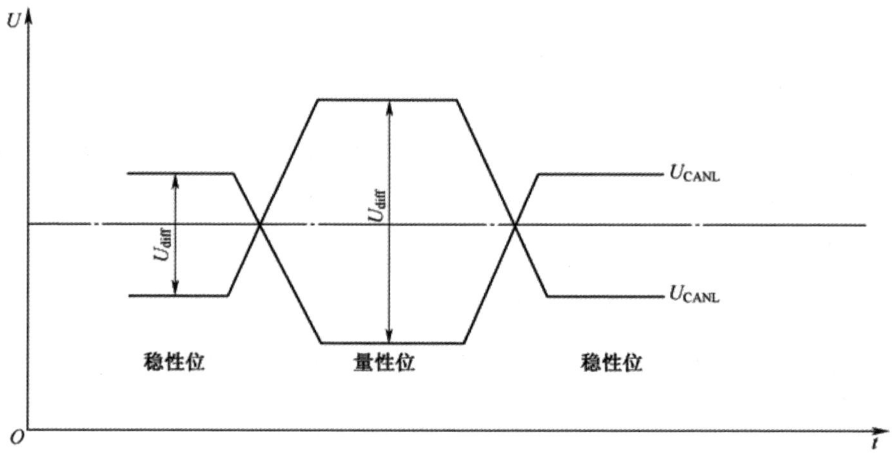

图 5-13 CAN 总线电平规范

CAN 总线每个节点都由传感器、微控制器、CAN 控制器和 CAN 收发器四部分组成，其连接见图 5-14。CAN 收发器负责连入 CAN 总线，并将 CAN 控制器发出的信号传输到总线上；上一层的 CAN 控制器，负责执行 CAN 协议，主要进行验收滤波和消息缓冲；微处理器负责获取传感器信息，对信息进行初步处理或进行人机接口信号检测；最上层的传感器负责获取被测设备信息。CAN 控制器和 CAN 收发器都有相应的芯片可以使用。

i.MX6Q 芯片具有 1 路 CAN 总线接口，并已经在芯片内部集成了 CAN 控制器，因此在 CAN 总线接口电路设计上只需进行 CAN 收发器的选型和设计。这里选用 MicroChip 公司生产的 MCP2551 芯片。MCP2551 是一款可容错的高速 CAN 总线传输器件，有提供支持 CAN 协议的差分收发功能，完全符合 ISO—11898 标准，工作速率高达 1Mbit/s，工作温度范围为 -40 ～ 85℃符合工业级标准。在正常情况下，MCP2551 将控制器的数字信号转化为符合 CAN 标准的总线传输信号，并可连接 110 个节点，并有上电复位和欠电压保护功能。CAN 收发器电路见图 5-15。

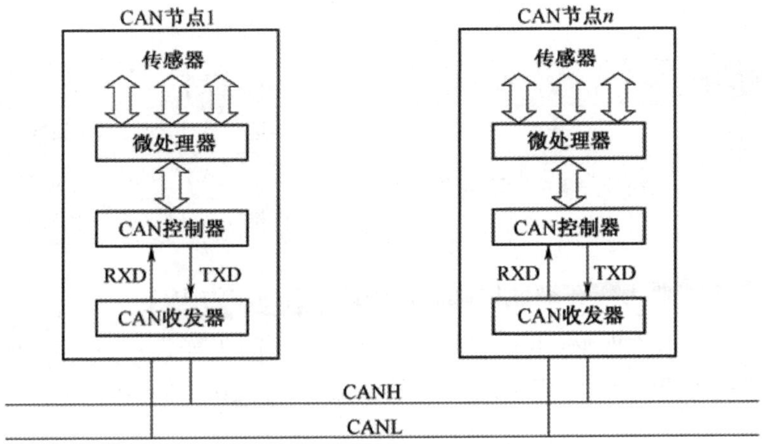

图 5-14　CAN 节点连接图

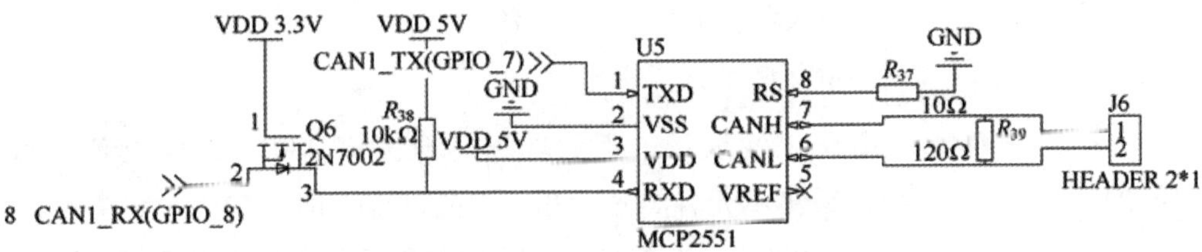

图 5-15　CAN 接口电路原理图

MCP2551 芯片共有 8 个引脚，引脚功能见表 5-6。

表 5-6　MCP2551 引脚功能描述

引脚号	引脚名	功能描述
1	TXD	收发器数据输入引脚
2	VSS	接地引脚
3	VDD	电源引脚，5V 接入
4	RXD	收发器数据输出
5	VREF	参考电压输出
6	CANL	CAN 低电压端
7	CANH	CAN 高电压端
8	RS	模式选择引脚

根据 MCP2551 芯片手册，芯片具有高速、斜率控制和待机三种模式可选择。工作模式选择由 RS 引脚电压决定，RS 引脚的电压取决于外接偏置电阻，不同工作模式下 RS 引脚电流也有所不同，具体工作模式与 RS 端外接电阻值的关系见表 5-7。

表 5-7　MCP2551 工作模式与 RS 端外接电阻值的关系

外接电阻阻值	RS 引脚电压	工作模式	RS 引脚电流
$R < 3.8\text{k}\Omega$	$0 < V_{RS} < 0.3\ V_{DD}$	高速模式	$I_{DD} < 15\text{mA}$
$10\text{k}\Omega < R < 200\text{k}\Omega$	$0.4\ V_{DD} < V_{RS} < 0.3\ V_{DD}$	斜率模式	$8\text{mA} < I_{DD} < 15\text{mA}$
$R > 250\text{k}\Omega$	$V_{RS} > 0.75\ V_{DD}$	待机模式	$I_{DD} > 465\mu\text{A}$

MCP2551 需要工作在高速模式下，因此选择 R_{37} 为 10Ω。

根据 ISO 11898 规范，为增强 CAN 总线通信的可靠性，吸收信号的反射和回波，在 CANL 和 CANH 两个端点之间需要添加 120Ω 的终端电阻，因此添加 $R_{39} = 120\Omega$。

MCP2551 芯片选用 SOIC8 封装，具有小巧方便的特点。CANL、CAN 采用 2.54mm 排针引出，方便接入各种 CAN 总线设备。

5.5.3　数据采集单元的供电设计

数据采集单元应用在工业现场，工业现场一般提供 380V/220V 交流电或 48V/24V 直流电，而数据采集单元各类芯片和接口的供电一般为 5V/3.3V 直流电，因此需要设计相应的稳压电路和电源保护电路，以确保数据采集单元正常运行。

5.5.3.1　电源输入及保护设计

电源输入电路见图 5-16，由左至右为电源输入接口、可恢复熔丝、电源开关。确保在有大电流大电压输入的情况下，后面电路不会损坏。

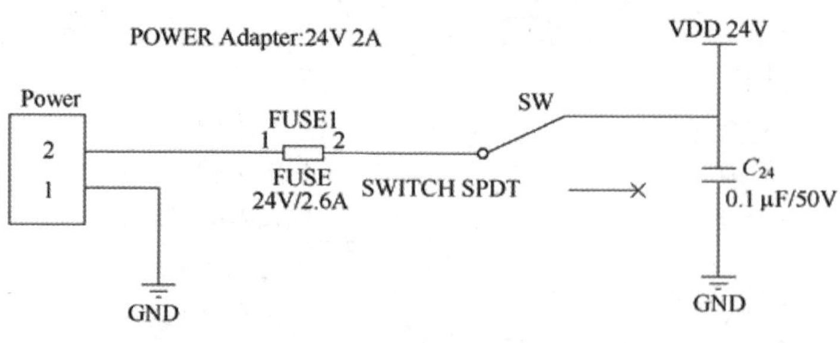

图 5-16　电源输入电路原理图

电源输入接口采用 5.08mm 间距的压线式接头，额定电压为 300V，额定电流为 10A，支持温度范围为 -40 ～ 105℃，压线直径范围为 0.4 ～ 1.63mm，满足工作要求，并完全符合工业级指标。

采用自恢复熔丝可有效防止过电流现象发生，在正常工作时它的阻值很小，当大电流通过电路出现温升时，它的电阻会急剧增加几个数量级，使电路中电流减小到安全值以下，从而使电路得到保护，当大电流消失后电阻自动恢复到低阻值状态，不需要更换元件。自恢复熔丝的选择要遵循一定的步骤：

1）确定电路工作状态。确定电路最大环境温度为 50℃，工作电流为 2A，最大工作电压为 24V，保护电流为 3A，动作时间为 2s。

2）选择自恢复熔丝类型。根据电路板布线要求选择贴片自恢复熔丝。

3）选择自恢复熔丝材料。选择材料为 PPTC 的符合 UL 标准的自恢复熔丝。

4）确定耐压值。根据最大工作电压为 24V，确定自恢复熔丝的耐压值为 32V。

5）确定自恢复熔丝规格。根据公式，额定电流 $I_n = I_r$ /（$f_0 \times f_1$），其中 I_r 为工作电流；对于符合 UL 标准的保险丝 $f_0 = 0.75$；该保险丝长期工作在 40℃环境下。从保险丝温度折线图，可得 $f_1 = 0.82$；代入公式可得 $I_n = 2$ /（0.75 × 0.82）A ～ 3.25A；因此我们选择 3A 的熔丝。

6）选定自恢复熔丝。最终选择额定电压为 32V，额定电流为 3A 的 PPTC 自恢复熔丝。

根据电路设计要求，需防触摸静电，选择中国台湾德利威 Q15 拨动开关，最大承受电压为 125V，最大承受电流为 5A，结构结实，外观大气。

5.5.3.2 降压电路设计

在工业设备现场，一般常用电源的输出为 220V 交流电或 24V 直流电，而系统核心板和大部分芯片 IC 需要的电压是 5V、3.3V，因此需要设计合适的电源模块进行 24V 直流降压。降压电路测试了两种方案，分别为两片 MP1584 芯片、一片 LM2596 与一片 LM1117。通过两套方案的对比，我们发现采用第二种方案时系统长时间稳定工作温度由 45℃下降到 40℃，占用电路板面积由 1 071mm^2 减少到 656mm^2，因此选择第二套方案。系统电源模块采用 24V 转 5V 及 5V 转 3.3V 双级稳压。

1. 24V 转 5V 电路设计

24V 转 5V 部分采用美国国家半导体公司生产的第二代开关型集成稳压芯片 LM2596。LM2596 的输入电压最高可达 40V，输出电压最高可达 37V，输出电流最高可达 3A，完全满足电路负载要求。LM2596 具有固定输出和可调输出两种版本，固定输出有 3.3V、5V 和 12V 三种版本，可调输出可用电阻匹配的输出电压范围为 1.2 ～ 37V。本系统采用 LM2596-5V 版本，芯片功耗小、效率高、振荡误差在 15% 之内，并且只需外接 4 个元件，可以使用通用标准电感，更加优化了本系统的电源部分设计。

24V 转 5V 部分采用 LM2596-5V 芯片，主要外接元器件有电感、二极管和输入输出端的电容。LM2596 电路图见图 5-17。

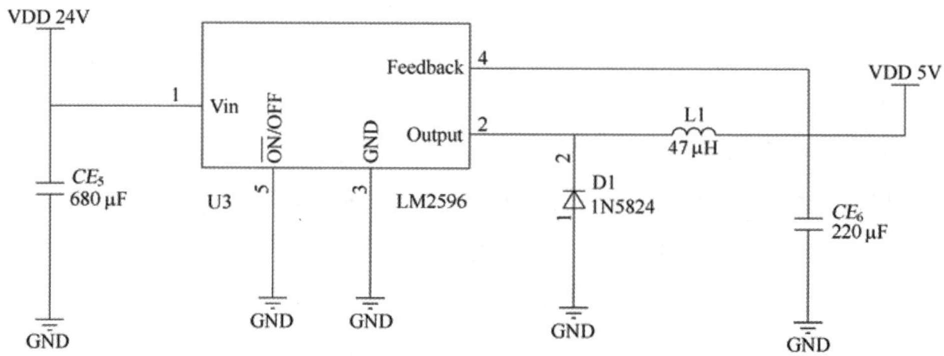

图 5-17　LM2596-5V 电路原理图

2. 5V 转 3.3V 电路设计

5V 转 3.3V 部分采用美国国家半导体公司生产的低压差电压调节器 LM1117，LM1117 的输入电压范围在 4.75 ～ 5.25V 之间，输出电压在 1.8 ～ 5V 之间，输出电流最高可达 800mA，可以满足 3.3V 部分供电需求。LM1117 有固定输出和可调输出两种版本，固定输出有 1.8V、2.5V 和 3.3V 三种版本，可调输出可用电阻匹配的输出电压范围在 1.8 ～ 5V 之间。本系统采用 LM1117-3.3V 版本，芯片具有电流限制和热保护功能，采用 SOT223 封装，体积小巧，具有较高的精度和稳定性。

5V 转 3.3V 部分采用 LM1117-3.3V 芯片，这款芯片外围电路十分简单，只需要在输入端、调节端和输出端接入电容。LM1117-3.3V 电路图见图 5-18。

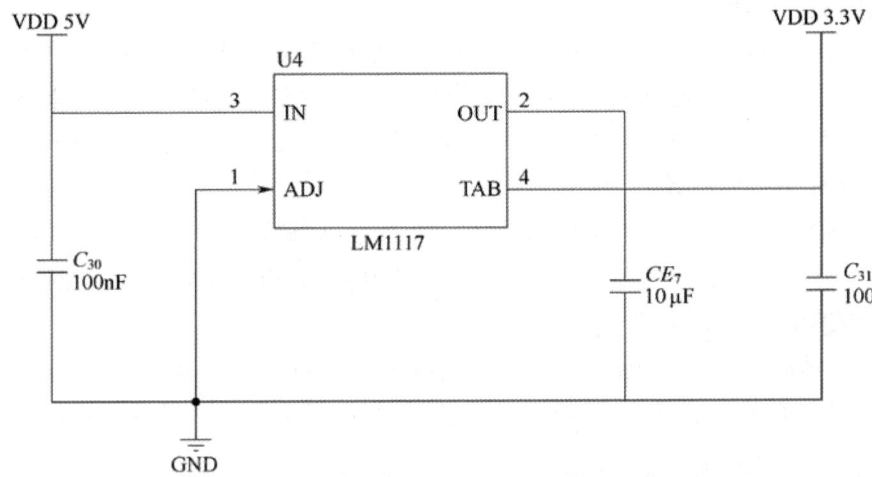

图 5-18 LM1117-3.3V 电路原理图

5.6 数据采集单元的 PCB 设计

在完成电路原理图的设计后，需要将原理图转化为 PCB 图来进行印制电路板的打样以及最终的实物制作。PCB（Printed Circuit Board，PCB）也叫印制电路板，它是由几层绝缘基板及其上面的连接导线和装配焊接电子元件用的焊盘组成的，既具有导通各层线路又具有相互间绝缘的作用。自 1991 年 IBM 公司首先成功开发出高密度多层板以来，该板已广泛应用于电子产品的生产制造中。本书中 PCB 的设计使用 Altium Designer 软件。Altium 公司前身为 Protel 国际有限公司，由 Nick Martin 在 1985 年创办于澳大利亚塔斯马尼亚州，致力于开发 PC 端印制电路板辅助设计软件。1997 年，发布了 Windows NT Protel98 软件，风靡全球。2001 年，公司更名为 Altium 公司，并开发出 Altium Designer、P-CAD、TASKING 等一系列交互式电路设计软件。使用 Altium Designer 设计电路，在设计者熟练使用的前提下可以使电路设计的质量和效率大大提高。PCB 的一般设计步骤是：定义板参数、布局设计、电源层规划、PCB 布线、覆铜和电气规则检查。

1. PCB 设计参数

根据数据采集单元外壳尺寸，确定 PCB 的大小为 137mm×90mm。根据尺寸要求，如果采用双层板会带来布线困难的问题，因此采用四层板设计。四层板包含两个信号层、一个电源层和一个地层，根据 PCB 设计规范，由上至下分别为信号层 1、地层、电源层、信号层 2。

2. 元器件布局

在 PCB 的设计中，元器件摆放的位置、方向尤其重要，它影响着整体性能以及后续的设计。在进行元器件布局设计时，应考虑到电路的走向，将来布线的路径等。本设计中，应将电源、开关、网络接口和 USB 接口等放到板边缘。

3. PCB 电源层设计

电源输入为 24V，经过降压模块转压后得到 5V 和 3.3V。根据各个模块的供电要求，将电源层划分为 24V、5V、3.3V、USB_3.3V 和 SATA_5V 几个部分。

4. PCB 设计注意事项

1）布线时，先规划电源线，再规划信号线，走线折弯角度为 45°。

2）相邻布线层之间为了减少层间的串扰，布线走向应该尽量相互垂直，避免出现过长的平行线。

3）PCB 线宽规则的设计遵循电源线、地线大于信号线的原则，在空间允许的情况下，线宽越大，电阻越小，载流能力越大。因此确定线宽如下：24V 电源线取 60mil（约 1.5mm），5V、3.3V 电源线取 40mil（约 1mm），地线取 40mil（约 1mm），一般信号线取 8mil（约 0.2mm）。

4）对于 USB、SATA、PCIE 等串行信号，并没有并行总线的时钟概念，其时钟是隐含在串行数据中的。数据发送方将时钟包含在数据中发出，数据接收方通过接收到的数据恢复出时钟信号。因此为了保证信号质量，这些串行信号都采用差分信号。差分信号对的布线一般会要求等长且按总线规范的要求进行阻抗匹配的控制。PCB 中多个模块涉及差分等长布线规则，分别是以太网接口（RJ45）、SD 卡接口、SATA 接口以及 USB 接口。

5）静电会损坏电子元器件，因此各类开关和接口采用带接地引脚的封装，连接并联的电容电阻以泄放静电。电路板上绘有防静电标识，提醒维修人员注意静电防护。

6）在完成了布线后，需要放置一定数目的电源、地过孔。电源部分的过孔可以增加 PCB 的散热能力及导电性，提高电源完整性，有阻隔电源噪声的作用。接地部分的过孔可以为信号提供最近的回路。在实际设计中，电源、接地部分的过孔直径大小设置为 0.8mm。

5.7 数据采集单元的外壳设计

数据采集单元外壳分为前后两部分，由工业塑料注射成型，符合工业标准 IP4X，可用 DIN35 标准导轨进行固定，安装尺寸为 116mm×50mm×143mm。

1. 外壳接口说明

图 5-19 所示为电路板左侧接口布置，从下至上为直流 24V 电源接口、电源开关、千兆 RJ45 网口、四盏指示灯及 SD 卡接口。

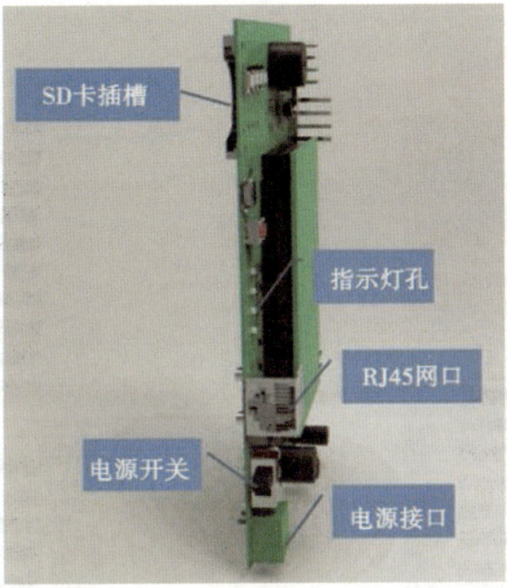

图 5-19　电路板左侧接口

外壳需要根据电路板接口设置相应的开口，开口应略大于接口实际大小 1mm 左右，并设置 0.2mm 倒角。电源开关处设置盖板，防止非操作人员误触。外壳左上方处设置一个凸台，用于安放产品铭牌。外壳正面接口示意图见图 5-20。

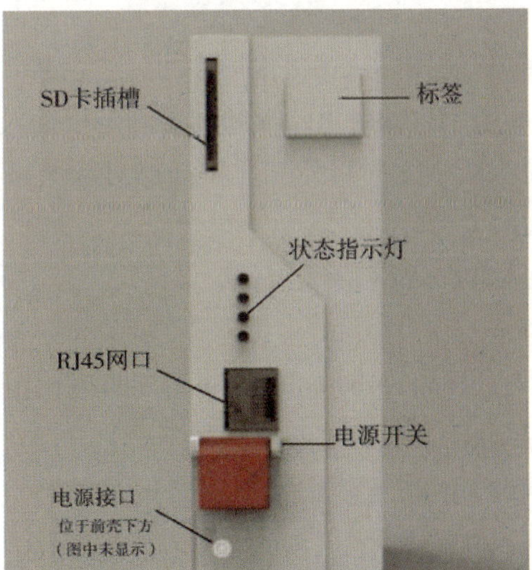

图 5-20　外壳正面接口示意图

2. 外壳散热说明

安装机柜的左右侧均有其他设备，根据机柜整体气流由下至上流动的特点，外壳的散热孔分布在上下两面，以保证电路板散热良好。外壳散热孔布置见图 5-21。

图 5-21　外壳散热孔布置图

3. 外壳装配过程

1）将固态硬盘用螺钉固定在提供的固定板上。

2）按图 5-22b 箭头所示方向将电路板和硬盘固定板插入到外壳后盖插槽中。

3）按图 5-22c 箭头所示方向将外壳前盖插槽对准电路板和硬盘固定板，合上前盖并将锁扣锁紧。

4）锁紧后的外形见图 5-22d。

4. 外壳安装示意

根据外壳安装尺寸 116mm×50mm×143mm，四周预留 20mm 空间，外壳即可安装在标准 DIN35 导轨上，具体安装步骤如下：

1）将外壳卡槽卡进 DIN35 导轨。

2）将卡扣向上推入固定。

完成后的外形见图 5-23。

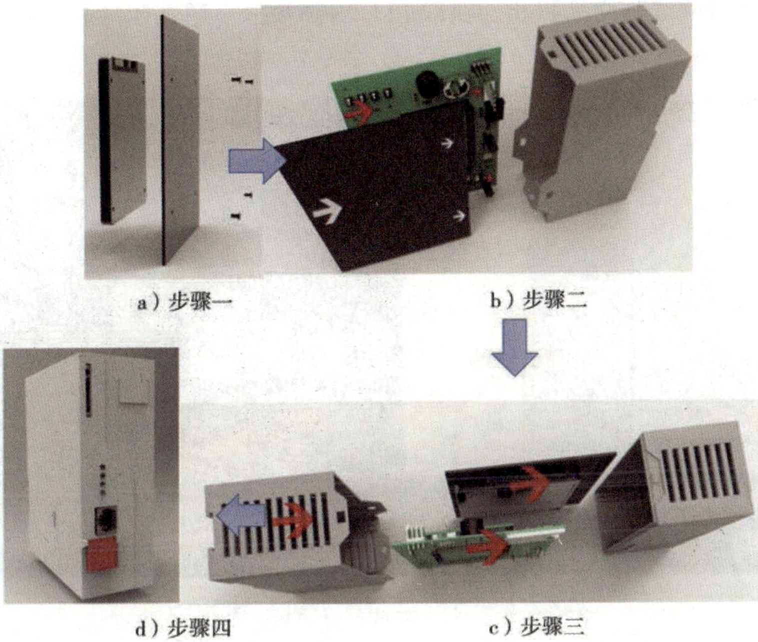

图 5-22　数据采集单元安装

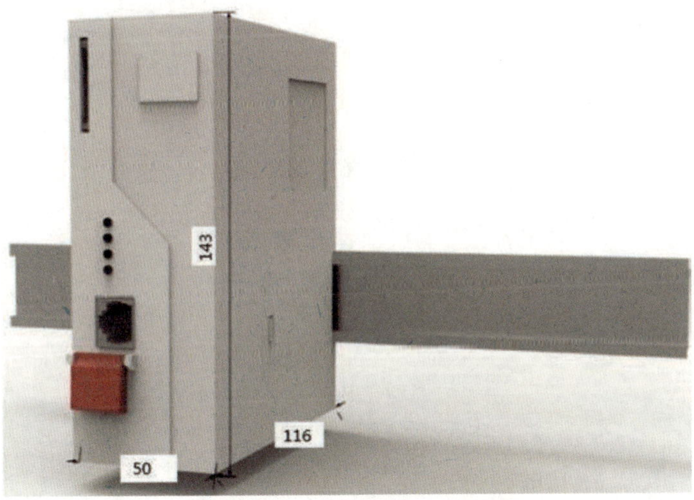

图 5-23　外壳安装完成图

5. 数据采集单元的现场实物图

数据采集单元现场安装实物见图 5-24。由左至右分别是现场 24V 直流电源、3G 路由器、数据采集单元、现场 PLC 接线端子和现场工业以太网交换机。数据采集单元通过网线与交换机相连获取 PLC 内部数据，通过 3G 路由器发往远程监控中心。

图 5-24 数据采集单元现场实物图

第 6 章

数据采集单元的软件设计

数据采集单元的软件部分是整个数据采集单元的核心部分。本章将从软件角度介绍从 PLC 到数据采集单元之间的数据获取、存储和转发等工作过程。通常数据采集单元处于无人值守的地方，因此在整个设计过程中除了保证程序本身的可靠性之外，还需要考虑用更多的手段来保证设备的正常运行。本章将围绕数据采集单元获取、存储和转发数据功能的实现和可靠性设计，介绍其软件的具体开发过程。

6.1 数据采集单元的功能概述

在一般意义上，数据采集单元可能具有以下一些功能：数据采集、数据存储、数据转发、数据解析、状态显示和预警等。其中有些功能是基本功能，也是核心功能，如数据的采集和转发功能，而另外一些功能则是根据实际需求添加的，如采集数据的存储或采集信息的解析等。数据采集单元的功能见图 6-1。

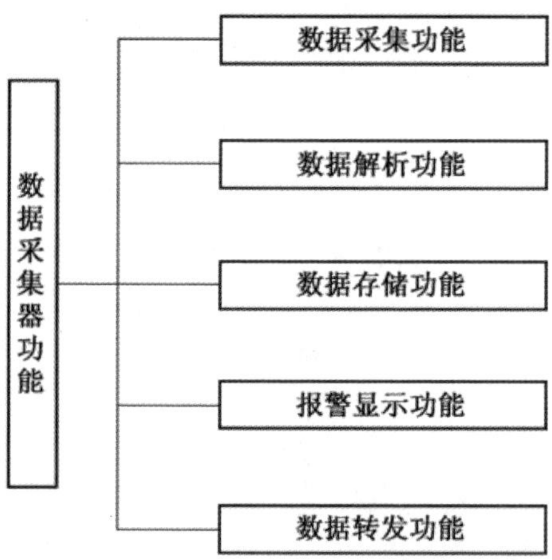

图 6-1 数据采集单元的功能

1. 数据采集

对于数据采集单元而言，数据采集是最为核心的功能。数据采集的主要难点是实现从不同硬件和不同协议的设备中采集数据。这些采集方式可能具有完全不同的特性，而为了扩展性的需求，就需要将这些不同的硬件抽象出来，形成统一的采集层。在本系统中，由于主要的数据来源是PLC，因此，主要的硬件接口就是网口，但是不同的PLC设备采用的通信协议是不同的，需要支持不同的通信协议来实现从不同PLC中采集数据。

2. 数据存储

简单数据采集单元是不会实现数据存储的。而在某些数据可靠性需求较高的场合，就可能需要将数据保存相对长的时间，于是采集单元需要在较长的一段时间中保存采集到的数据，保证数据不会丢失。为了实现这个功能，首先在硬件上必须支持该功能，也就是数据采集单元必须配有一个较大容量的存储设备供存储。其次在软件上也需要支持大容量的数据存储、读取，而最好的支持数据大量存储的软件系统就是数据库。因此，在本系统中采用了一种嵌入式数据库来管理所采集的数据。

3. 数据转发

数据的转发功能是整个系统的主要功能。在硬件上，通过使用3G、4G的通信方式使数据的远程传输成为可能；在软件上，采用TCP/IP来实现数据的传输是一个比较好的选择。但是TCP/IP并不能提供完全的安全可靠通信，因此通信过程中的安全可靠就需要其他方式来保证，也就是需要设计一套符合工业要求的通信协议来实现数据的安全传输。

4. 数据解析

数据解析就是将采集到的数据（大多数是二进制数据）进行相应的处理，获取其内容，供后续模块使用。在大多数情况下，数据采集单元主要完成数据传输工作，并且数据采集单元是作为一个通用的传输设备，难以对不同的数据进行有针对性的解析。但是在某些场合可能需要在采集到数据后就立刻对数据进行处理，这时可能会进行数据解析。此外，对于进行大量数据传输的设备而言，对数据进行解析可能会对传输效率产生一定的影响，这对于很多对实时性要求高的设备而言是不可取的。因此，在绝大多数情况下，需要尽量避免对数据进行解析。

5. 状态显示和预警

大多数情况下，数据采集单元都是作为一个中间设备来使用的，对于两端设备而言是透明的，但是在有些情况下，上位系统是无法对现场状况做出及时响应的，此时就需要将问题及时反映出来，即通过采集单元实现显示和报警。通过这种方式，让用户及时发现问题，及时处理问题，做到快速发现快速处理。

6.2 数据采集单元软件系统的组成

采集器的软件系统根据不同的功能和需求主要可以分为两大类：不带有操作系统的简单采集器和基于操作系统的数据采集单元。不带有操作系统的采集器功能单一，只能实现从数据源采集数据然后直接转发出去，但是这种采集器成本低廉、运行可靠，并且可以满足一部分数据采集的需求，因此也有很大的市场需求。然而，这种采集器对于需要大量存储数据的场合就显得力不从心。而本章的重点就是针对除了需要数据采集转发功能以外还需要实现额外功能的应用场合，这种需求就需要操作系统的支持来实现。

对于简单数据采集单元而言，软件系统的作用主要就是进行初始化，然后顺序执行数据采集和转发功能。而在操作系统的支持下，数据采集单元可以完成更多复杂的任务，但同时也带来了系统更难以维护的问题，稳定性也是一个重要的课题。对于基于操作系统的数据采集单元而言，可以把软件所要实现的功能分为以下几点：①和简单采集器一样，需要有数据的采集和转发功能，除此以外，还能实现一些额外的功能，如前文所述的存储、报警等功能。②各功能块的组织，这种组织与简单采集器的不同点在于它可能需要系统所实现的进程或线程层面的支持，通过进程或线程的调度来实现其功能。③整个系统的初始化、配置和维护功能，这些功能对于保证数据采集单元运行的稳定性起到了关键作用。

6.2.1 操作系统介绍

操作系统是一种特殊的软件，所有开发的应用软件程序都是基于操作系统之上的，因此在具体介绍数据采集单元软件结构之前，首先需要介绍操作系统，只有在选择了合适的操作系统以后，才能进行应用程序的开发。

下面介绍几种当前主流的嵌入式操作系统，包括 VxWorks，μC/OS，嵌入式 Linux 等。这些系统各有优缺点和各自的应用场合，需要在使用的时候谨慎选择。

1. VxWorks

VxWorks 是美国 WindRiver 公司的产品，是目前嵌入式系统领域中应用很广泛、市场占有率比较高的嵌入式操作系统。VxWorks 实时操作系统由 400 多个相对独立、短小精悍的目标模块组成，用户可根据需要选择适当的模块来裁剪和配置系统。以提供基于优先级的任务调度、任务间同步与通信、中断处理、定时器和内存管理等功能，内建符合 POSIX（可移植操作系统接口）规范的内存管理以及多处理器控制程序，具有简明易懂的用户接口，在核心方面甚至可以微缩到 8KB，其广泛用于通信、国防、工业控制和医疗设备等嵌入式实施应用领域。VxWorks 的显著特点是可靠、实时和可裁剪。

2. μ C/OS

目前市场上的大型商用嵌入式实时系统已经十分成熟，并为用户提供了强有力的开发和调试工具。但是商用嵌入式系统价格昂贵，并且都针对特定的硬件平台。对于中小型系统的开发而言，购买商用嵌入式实时系统并不划算，而采用免费开源软件不失为一种选择，μ C/OS 正是其中一种。μ C/OS 简单易学，提供了嵌入系统的基本功能，内核代码短小精悍，但是不足之处在于该系统相对于其他商用嵌入式实时操作系统显得过于简单，并且存在难以调试的问题。

3. 嵌入式 Linux

嵌入式 Linux 是以 Linux 为基础的嵌入式作业系统，它被广泛应用于移动电话、个人数据助理、媒体播放器、消费性电子产品以及航空航天等领域中。嵌入式 Linux 是在流行的 Linux 操作系统基础上进行裁剪修改，并能够在嵌入式计算机系统上运行的一种操作系统。嵌入式 Linux 既继承了 Internet 上无限的开发源代码资源又具有嵌入式操作系统的特点。嵌入式 Linux 的特点是安全免费并且性能优异，软件移植简单、代码开放，有许多引用软件支持，应用产品开发周期短，新产品上市迅速，同时稳定性、安全性也较好。

4. TinyOS

TinyOS 是 UC Berkeley 开发的开放源代码操作系统，专为嵌入式无线传感网络设计，操作系统基于构件的架构使得迅速更新成为可能，而这又减小了受传感网络存储器限制的代码长度。TinyOS 的构件包括网络协议、分布式服务器、传感器驱动及数据识别工具。其良好的电源管理源于事件驱动执行模型，该模型也允许时序安排具有灵活性。TinyOS 操作系统已被应用于多个平台和感应板中。

5. Windows CE

Windows CE 是微软公司嵌入式移动计算平台的基础，是一个开放的、可升级的 32 位嵌入式操作系统，是基于掌上计算机的电子设备操作系统，图形用户界面相当出色。这样的作业系统可使完整的便携式工作环境与现有的 Windows 桌面技术进行整合工作。Windows CE 被设计成针对小型设备的通用操作系统，可以通过设计一层位于内核和硬件之间的代码来设定硬件平台，这就是众所周知的硬件抽象层。Windows CE 不仅继承了传统的 Windows 图形界面，并且在 Windows CE 平台上可以使用 Windows 95/98 上的编程工具、使用相同的函数、使用相同的界面风格，使绝大多数的应用软件只需简单的修改和移植就可以在 Windows CE 上继续使用。

以上几种都是当前市场上常用的操作系统。仅就开发数据采集单元而言，这些系统都能够基本胜任，但是对小规模小范围开发而言，使用商用嵌入式操作系统会极大地提高产品的成本，因此商用嵌入式系统 VxWorks 和 Windows CE 往往不会成为首选。而在开源的系统中，从功能上而言，嵌入 Linux 的功能是最为强大的，同时使用该系统开发的人员数量也是最多的，这对于开发而言是极为有利的。当然，Linux 操作系统的学习成本也是开源系统中最高的，如果要快速开发一套软件，那么 Linux 也不是很好的选择。在本书所介绍的实例中，采用 Linux 系统作为开发系统，并将其直接在系统板上进行编译，对此系统的开发环境需要进行一系列的组件设置，诸如系统的烧写、初始化配置和程序配置等。

6.2.2 应用程序的组织与维护

应用程序是基于操作系统之上的程序，通过调用操作系统提供的接口来实现所需要的功能。对于小型应用，可能直接使用一个大的模块就能实现所有的功能，但是对于中大型的应用，其功能的实现通常需要分成很多个模块来进行，因此就需要组织这些模块共同来实现一个应用程序。

所谓功能模块，即是指使用数据采集功能时所需要的具体软件模块，这种模块往往是根据系统的需求进行划分的，如采集器需要实现数据采集和数据转发，那么软件系统的模块就可以划分成采集模块和转发模块，而在这些模块内部还可以进行进一步细分。如果采集器是基于 Linux 这样的系统，那么通常会将不同的模块通过不同的进程实现，这样不同的模块之间就不会产生过多的相互干扰，同时也能够更好地管理这些模块。

不同的模块如果通过进程来分别管理，虽然在很大程度上能够使整个软件系统显得更为清晰，但是也带来了新的问题。模块与模块之间是需要相互传递数据的，进程划分对于数据的传输有很大的影响，这是因为进程间的通信需要使用系统所提供的通信手段来实现。这些手段一方面降低了各个模块之间的耦合性，提高了稳定性，但也在一定程度上增加了系统的复杂程度。此外，这些功能模块是无法独立运行的，需要额外的管理模块来启动它们并以此维持这些功能模块的正确运行。

应用程序的维护不是一个独立的模块，而是分散在不同模块、不同环节中的。它主要包括系统的可靠性保障、系统的初始化配置、系统的错误日志等内容，其中系统的可靠性保障是最为复杂的。如何在系统运行的各个环节中都保持系统的正常运行；当模块运行出现问题时，如何找到这个出现异常的模块，又如何保证该模块能够重新启动；而当整个软件系统出现异常时，又如何保证能够通过某种途径来重新启动整个软件系统，这些问题都是系统的可靠性保障所面临的，它们必须在开发的过程中被考虑到，并加以保证。

6.3 数据采集单元的数据库设计

从本节开始，本书会用实例具体介绍数据采集单元在软件方面的实现细节，本节主要介绍软件系统的存储部分。采集系统需要对数据进行缓存，这些数据的总量会非常巨大，那么采用数据库管理是一种比较好的方式。因为，如果采用比较原始的文件存储方式，对于数据的分类存储会是一个比较大的挑战。当然在嵌入式系统中的数据库，要求数据库的资源消耗非常小，像传统的基于 c/s 模型的大型数据库是难以运用在这种场合的，因此就需要找到合适的数据库。对于任何应用系统而言，数据永远都是核心，考虑到系统的通用性和未来可能的改进和扩展问题，在进行数据库设计时也需要考虑数据库要有很好的通用性。事实上，对于嵌入式数据库而言，表的设计不需要过于复杂，因为，数据库的作用只是原始数据的暂存而已，而不是对数据的挖掘应用。从这种角度而言，数据库设计主要是为了满足基本的数据存储需求。

本实例系统为了更加有效地保存从 PLC 采集到的数据，在机载系统和监控中心都设置了数据库。位于机载系统的数据库是采用更为适合嵌入式系统的 SQLite 数据库，本节将主要介绍该数据库的内容以及数据库的设计与使用。

6.3.1 SQLite 介绍

SQLite 是一个开源的嵌入式关系数据库，在 2000 年由 D.Richard Hipp 发布第一个版本，2015 年发布第三个版本 SQLite3。SQLite 可移植性很好，很容易使用，很小，高效且可靠。SQLite 嵌入到使用它的程序中，它们共用相同的进程空间，而不是单独的一个进程。从外部看，它并不像是一个 RDBMS，但从进程角度看，却是完整的，它包含数据库引擎。其主要有以下一些特性，这些特性、功能促使该数据库系统成为最为热门的嵌入式数据库软件。

1）稳定性好。事务操作具有原子性、一致性、孤立性、持久性，即使在系统崩溃和电源产生故障时。

2）零配置。不需要配置，不需要安装，也不需要管理员。SQLite 的数据库权限只依赖于文件系统，没有用户账户的概念。

3）跨平台。整个数据库存储在一个单一的文件中，同一个数据库文件可以在不同机器上使用。此外，数据库文件还可以在不同字节序的机器之间自由地共享。

4）数据库支持容量大。支持最大可达 2TB 的数据库。字符串和 BLOB 类型的大小可达 2GB。

5）高性能。少于 250kB 的内存占用，但是却在大多数常见操作上比流行的客户 / 服务器数据库引擎更快。

许多人喜欢 SQLite，是因为它的小巧和快速，但这些只是部分优点，使用者还会发现 SQLite 是非常稳定的，出色的稳定性源于简单，越简单越不容易出错。

简单化在一个数据库引擎中可以说是一个优点，但可能也是一个缺点，主要取决于你想要做什么。为了达到简单化，SQLite 省略了一些人们认为比较有用的特性，例如并发性、严格的存取控制、丰富的内置功能、存储过程、复杂的 SQL 语言特性、XML 以及 Java 的扩展，超大的万亿级别的数据测量等，如果需要使用一些上述特性并且不介意他们的复杂性，那么 SQLite 也许就不适合了。SQLite 没有打算作为一个企业级的数据库引擎，也并不打算和 Oracle 或者 PostgreSQL 竞争。

仅凭经验来说，如果更加看重简单的管理、使用和维护数据库，而不是那些需要数据库提供复杂功能的时候，使用 SQLite 是一个比较明智的选择。实际使用情况也证明，人们在许多情况下已经清楚地认识到简单就是最好的选择。

6.3.2 数据库的设计

本应用系统在机载端设置数据库主要是为了暂存采集到的数据，保证在监控中心数据出现问题的情况下，数据不会丢失。机载端的数据库设计使用 64GB 的工业级固态硬盘，按照当前的数据存储需求，可以确保 1 年以上的数据存储。

由于主要是为了暂存数据，在机载端只需要保存原始数据不丢失，而不用去对数据进行解析，此外，该数据库还能够保存一些报警数据和系统运行时的错误信息，供使用人员分析错误原因时使用。

根据前面讲的内容，首先需要设计一张表用来存储采集数据，这是整个数据库的核心。见表 6-1。

表 6-1　采集数据存储表字段设计（device_second_level_data）

字段名称	字段类型
ID	Integer
Date	Text
Length	Integer
Data	Blob

在表中，ID 字段是一个自增字段，也就是每插入一条数据，其字段值会自动加上 1，这样就能确保每条记录的唯一性。Date 字段是时间字段，用来表明数据采集的时间，采用本系统的时钟时间。为了保证该字段的准确性，需要对系统时间不断进行同步。该字段值的精度会精确到毫秒级，这是因为，虽然本系统数据的采集频率为 0.5s 一次，但是报警数据的采集频率却为 20ms 一次。Length 字段是表示数据的长度，虽然在大多数情况下，该字段值是保持不变的，但是考虑到通用性问题，设置该字段是十分必要的。最后一个字段是 Data，也就是数据字段，采用的数据类型为 Blob，是用来存储二进制数据的类型。

表 6-1 用来存储数据，也是数据库中最重要的表。随后是一个用来存储报警数据的表，该表的各字段见表 6-2。

表 6-2　报警数据存储表字段设计（device_alarm）

字段名称	字段类型
ID	Integer
Date	Text
Length	Integer
Data	Blob

从表中可以看出，这四个字段和表 6-1 的字段表示基本一致，可以参考表 6-1。与表 6-1 不同的是，Data 字段是用来存储报警数据的。通常情况下，表 6-2 只会记录设备的报警信息，因此，表 6-2 的数据量会相对较小。

最后表 6-3 是用来存储系统出错信息的。其中 ID 和 Date 字段含义同表 6-1，而 Statement 字段是表示系统的运行状态，主要包括 PLC 连接异常、监控中心连接异常、系统正常运行、设备关闭运行等。

表 6-3 系统出错信息存储表字段设计（device_running_statement）

字段名称	字段类型
ID	Integer
Date	Text
Statement	Text

6.3.3 数据库的维护

随着时间的推移，数据库所占用的容量会越来越大，这就需要对数据库进行必要的维护，主要包括：人工维护和自动维护。

6.3.3.1 人工维护

人工维护是当数据库出现异常情况时进行的维护，比如当数据库正在存储数据的时候忽然断电就有可能出现数据库记录的损坏。在这种情况下，自动维护往往难以完成，必须依靠人工来完成数据库的修复。

1. 数据库的重建

当整个数据库出现损坏时，最为简单有效的修复方式是直接将损坏的数据库删除，然后直接重新建立一个数据库。可以通过导入数据库文件来直接建立一个新的数据库。在这种情况下，所有数据库内的数据就会丢失，这对于需要保存重要数据的应用而言是极为不利的。

2. 数据库的转移

当出现数据库内容错误时，如果数据库中的数据非常重要，那就必须尽可能保存数据库的内容，可以将数据库的内容重新导入新的数据库。

6.3.3.2 自动维护

人工维护是在数据库出现较为致命的错误，无法用程序进行维护时所采用的方法，而自动维护是在数据库运行过程中对其进行的例行维护监测工作。

自动维护主要包括两个方面：数据库自检测和数据库自维护。

数据库自检测就是在程序运行前，先对数据库的内容进行检查，如果无法检测到数据库文件，就重建一个数据库。如果数据库的表或者记录出现问题了就将数据库表项进行重建。这项工作在每次开机时都会自动运行，以保证后续程序的可靠运行。

另一种自动维护与前一种不太一样的一点是：它是周期性运行的，能够保证在运行中出现任何错误时能够马上发现。另外，这项检查还有一个用途是用于检测数据库容量是否超过了硬件容量。虽然，在本设备中这种情况基本不会发生，但是如果将程序运行在其他设备上时就必须考虑这一点。

6.3.4 数据库接口实现

数据库接口指的是通过调用相应的函数来实现数据的存储或者数据的获取。通过这种方式，在存取数据的时候，就不需要考虑所存储的数据表的具体字段，只需要调用对应函数就可以了，这样也可以使得当需要修改数据库时只需要修改数据库接口就可以了。

本系统中所涉及的数据库接口函数主要包括以下几个函数，见表 6-4。

表 6-4 数据库接口函数

函数名	功能
db_init（ ）	初始化数据库连接
insert_alarm（ ）	存储 UDP 数据
insert_second（ ）	存储 TCP 数据
query（ ）	查询 TCP 数据
query_alarm（ ）	查询 UDP 数据
dbrecord_v2（ ）	设备状态更新

本节着重介绍这几个函数。

1. db_init ( )

该函数实现数据库的初始化，并返回数据库的连接供其他程序调用。该函数在内部调用了 SQLite 数据库在 C/C++ 的标准接口：SQLite3_open( )。该函数能够通过输入数据库的名字来实现打开数据库的操作，当数据库不存在时就可以直接创建该数据库。函数的第二个参数是连接句柄，在完成连接时就会返回这个句柄，然后其他程序就可以通过调用这个句柄来操作数据库。

db_init( ) 函数的返回值表示初始化数据库操作是否成功，根据 SQLite 数据库定义，SQLITE_OK 表示操作成功，而 SQLITE_ERROR 表示操作错误。另外还有很多定义的宏表示不同的含义，这些定义可以在 SQLite3.h 的头文件中看到。

2. insert_alarm( )

该函数实现了将报警数据存入数据库的功能。该函数在内部调用了 SQLite 数据库的标准接口，SQLite3_prepare_v2、SQLite3_bind_×××( )、SQLite3_step( )，这三个函数可以实现数据库的大多数操作，同时本系统主要存储的是二进制数据，这也是使用这三个函数进行数据库操作的原因。而如果使用 SQLite3_exec( ) 函数来实现操作，会在存储二进制数据的时候出现错误。insert_alarm( ) 适用于存储少量高频率的数据，如报警类型的数据。

3. insert_second( )

此函数与 insert_alarm( ) 在实现上较为相似，不同的是该函数主要是将数据存入 device_second_level_data 表中。因为该接口适用于存储大量数据，重点是一些模拟量的数据。

4. query( )

这个函数主要实现根据所设置的数据包序号从数据库中获取相应序号的数据。这个函数在内部同样使用了 SQLite3_prepare_v2、SQLite3_bind_xxx( )、SQLite3_step( ) 的标准接口。

在本函数中使用了结构体 remote_data，使用该结构体是为了便于数据存放。可以将数据表的字段对应到结构体的成员中。

该结构体见代码 6-1。

代码 6-1 remote_data 结构体

Linux C

```
struct remote_data
{
long long int number;          // 所要查询的记录 ID 号
char time[32];                 // 返回该 ID 记录的时间
int length;                    // 返回该 ID 记录的数据长度
unsigned char data[2*1024];    // 返回记录数据
};
```

5. query_alarm( )

这个函数的实现方式与 query( ) 一致。该函数是用于从数据库获取报警类型的数据。

6. dbrecord_v2( )

这个函数适用于存储设备的状态。只需要将状态作为输入，就可将该状态存入系统的状态表中。

6.4 数据采集单元的程序设计

本节主要从程序设计的角度介绍如何实现从 PLC 采集到所想要的数据，又如何将数据进行存储然后发送到监控中心的过程，并且会详细介绍整个程序的运行机制和如何保证程序运行的稳定、可靠。整个数据采集单元的程序模块分为三部分：应用管理模块、数据采集模块和远程通信模块。应用管理模块是为管理其他程序的正常运行而存在的。数据采集模块实现了数据的采集工作和存储工作。远程通信模块实现了和服务器的通信和数据的转发工作。为了便于开发，同时保证程序的稳定，将这三个模块分别以多进程编程的方式来实现。

6.4.1 数据采集单元的管理程序

数据采集单元的管理程序主要包含两个部分：进程模块的运行管理及应用软件的初始化。这两部分的内容基本可以囊括软件的各个方面。进程模块的运行管理包括了进程的启动、异常检测和恢复。而初始化用于管理软件所需要涉及的各个部分，如数据库、配置文件等方面。在确定这两个部分不出现异常后，软件系统就能正常开始运行。

首先介绍进程模块的运行管理程序。该程序本身也是一个独立进程，同时还是其他进程模块的父进程。通过这个父进程来启动各个子进程，在启动完所有子进程后，检测各个子进程的运行状态，一旦某个进程出现异常，管理进程就能够立刻获取到该信息，并关闭该子进程，然后重启进程模块。因此，这个程序是其他程序正常运行的保障。代码 6-2 就是为了实现这个功能的程序。

代码 6-2 模块启动程序

LINUX C

```
while（1）{
if（localprocess==-1）{                    // 采集进程是否启动
    temp=fork（）；
    local=temp;
    if（temp<0）
      printf（"error in remote\n"）
    else if（temp==0）
      if（（rc=execl（rmt_path，"client_pipe"，null））<0）   // 启动采集进程
        printf（"main rmt err\n"）；
}
temp=waitpid（-1，&status，0）；            // 等待进程退出
if（temp==localprocess）{                   // 如果是采集进程出现异常
    localprocess=-1;                        // 设置采集进程未启动
    kill（temp，SIGKILL）；                  // 关闭该进程
    printf（"main com error\n"）；
}
}
```

在 Linux 系统中，启动一个进程的方法就是使用 fork 函数。该函数如果正常运行，那么执行完该函数后，将启动一个新的子进程，然后接下来的代码会共同运行。不过不同的是该函数的返回值会根据是父进程还是子进程而有所不同。父进程获取的是子进程的 PID 号，这个 PID 号也是管理子进程模块的关键；而子进程则得到的是 0。通过返回值的不同，可以让父进程和子进程运行不同的程序。而对于程序模块而言，由于其内容较多，如果将其功能代码和父进程的管理代码放在一起，就不利于管理，因此可以使用 execl 函数。该函数能够使用其他程序来替代该程序，也就是说进程的 ID 号不会变，但是会从新的程序的 main 函数重新开始运行。

而 waitpid 函数是用于检测进程运行状态的函数，在正常情况下该函数会阻塞，如果是函数某个进程的 ID，那么就意味着该进程异常退出，然后要做的就是重启该进程，从而完成该进程的重启工作。

软件系统的初始化所要做的工作就是：

1）检测数据库的表是否正常，方法是检测数据库中的各个表是否能读写正常，如果出现异常情况，就删除该表，并重新生成一张新的表。

2）检测配置文件是否正常，方法是逐个检测配置文件的读写以及文件内容是否正常。如果出现异常，就删除该文件，并重新生成一个新的配置文件。

6.4.2 远程通信程序的实现

远程通信进程与远程监控中心的通信主要是依赖通信协议来实现的，不过通信协议主要是为了解决通信连接的初始化过程和通信的格式问题，而在实际数据交互过程中，通信双方数据的交换不是同步进行的，因此，数据的收发不能够在同一个程序中实现，需要把数据的收和发分开，这样才能做到数据并行通信，而分开的最为简单方法就是将收和发放在不同的线程中，而且这两个线程共享一个通信连接。

通过上面的分析，可以知道在远程通信进程中，需要分为三个部分：通信消息的等待处理过程、数据的接收和数据的发送。而数据的接收和发送是建立在通信连接正常的前提下，因此在启动数据收发之前必须处理好通信的连接问题。

在整个远程通信进程之外还需要实现的一个重要功能是这个进程的退出重启，这也是远程进程不会因为出现异常而退出的保证。

整个远程通信进程的主要组成函数有以下几个：① main 函数：用于初始化和启动其他线程。② signal_wait：主要用于接收来自底层采集程序的信号，确定设备的运行状态。③ conn：程序初始化并建立与监控中心的连接（包括底层的连接和应用层的连接），然后启动远程收发线程。④ remote_send：远程发送线程，向监控中心发送数据和自身的运行状态。⑤ remote_recv：远程接收线程，用于从监控中心获取命令，并进行相应处理。见图 6-2。

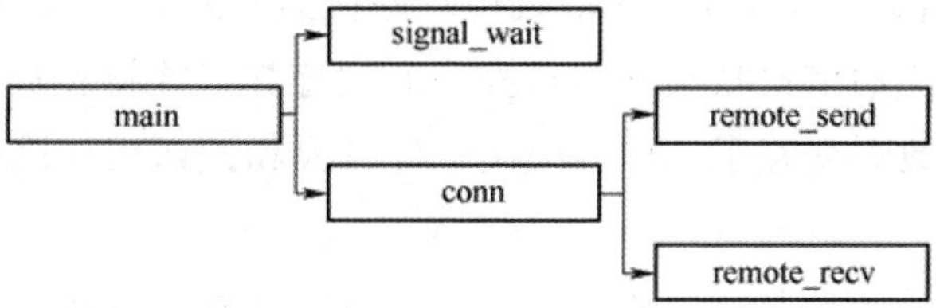

图 6-2　主要函数

接下来详细介绍这些函数的运行流程。

首先是 main 函数，这个函数是整个模块的主要函数，用于初始化并启动整个程序。图 6-3 是函数的流程图。

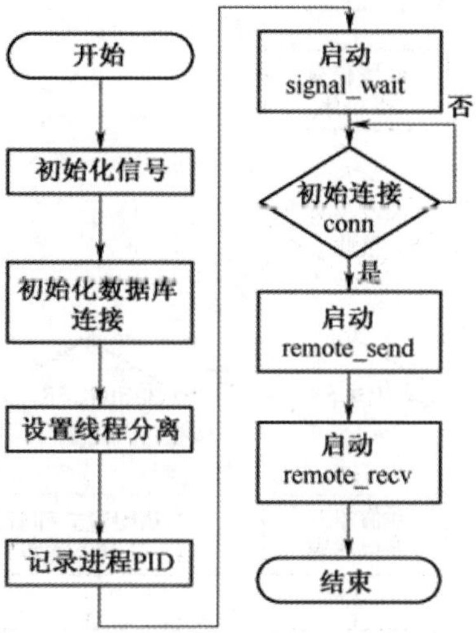

图 6-3　main 函数的流程图

程序首先会初始化信号，也就是进行信号屏蔽，屏蔽程序中用到的信号，让这些信号能够由信号处理线程进行处理。在本程序中用到的信号主要是两个：SIGUSR1 和 SIGUSR2。其中 SIGUSR1 是用于通知黑匣子与 PLC 的网络连接状态；而 SIGUSR2 是用于告知采集对象，也就是斗轮机的运行状态。然后初始化数据库连接，数据库是整个系统的核心，只有在完成数据库连接以后才能从数据库中获取所需要的数据进行转发。设置线程分离是为了让主线程可以不用考虑其他线程的运行状态，当执行完所有 main 函数的流程以后，这个主线程就可以直接退出而不会影响整个进程的运行。记录进程 PID，适用于本地采集进程，在使用信号进行进程间通信时能够知道远程通信进程的进程 PID。完成以上的初始化任务后，程序就会启动 signal_wait 线程，这个线程执行信号的处理工作。随后，程序根据所执行的通信协议实现与监控中心的连接，连接完成后，就可与监控中心进行正常的数据交互了。在启动完远程接收和发送线程以后，main 线程就会退出。

第二个主要的函数是 signal_wait。这个函数是整个进程的信号处理函数，在启动这个线程以后，程序首先设置所要接收的信号，然后等待接收信号。一旦接收到信号，首先判断这个信号是什么。如果是 SIGUSR1 就设置 PLC 的连接状态；如果是 SIGUSR2 就设置设备的运行状态。signal_wait 函数的主要的流程见图 6-4。

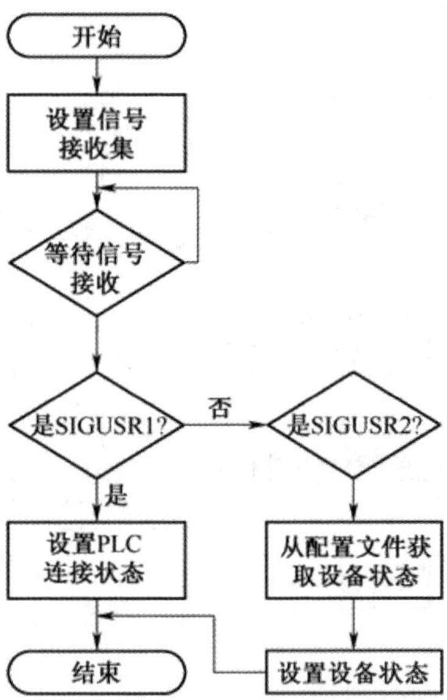

图 6-4　signal_wait 函数的主要流程

然后是 connect 程序，这个程序是用于实现应用层通信协议指定的内容。程序首先从配置文件中获取监控中心的 IP 地址，建立一个 TCP 套接字。然后尝试连接监控中心。在这个过程中，如果无法连接上监控中心，那么就会等待一段时间，然后重新连接监控中心。等待的时间会逐次增加 1s 直到连接上监控中心或者是达到了连接上限（20 次），达到上限后，程序会认为到监控中心的连接异常，并将这个状态记录到数据库中，以备维护人员进行查看。然后继续尝试连接监控中心，但是时间间隔不会再变长。

如果连接上了监控中心，接下来就会执行通信协议所指定的内容。首先设备会向监控中心发送 RCON 表示请求连接。如果得到的应答不是 1010，程序就会退出，并重新进行连接。如果得到的应答是 1010，程序会从配置文件中获取设备序列号，将这个序列号与监控中心在上一个应答中返回的加密信息进行组合，再进行 MD5 加密（这样做是为了保证加密的可靠性），并且将设备信息发送给监控中心。监控中心会对设备信息进行验证，如果验证通过，就返回 2000，并且返回设备上次连接时发送的最后一个数据包的序号，这样设备就可以继续发送后面的数据，保证数据连续不丢失。整个通信连接的流程就完成了。connect 函数的主要流程见图 6-5。

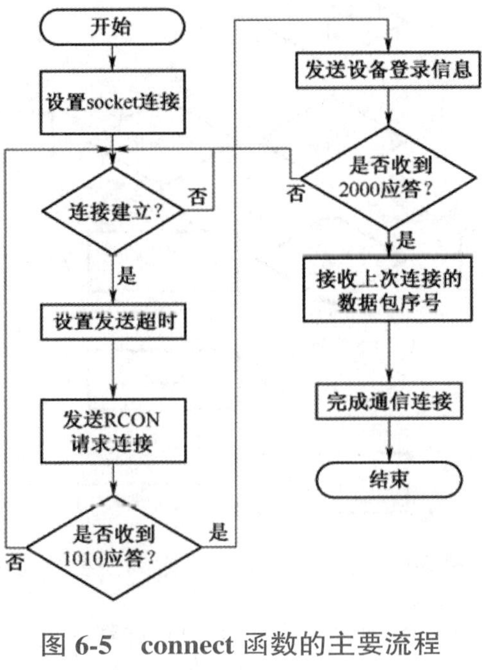

图 6-5　connect 函数的主要流程

接下来是 remote_recv 函数，其主要流程见图 6-6。这个函数会阻塞等待来自监控中心的命令。其主要处理以下几个命令：①心跳包，不作处理。② VPN 连接请求包，执行 VPN 连接。③传输异常包，默认退出程序，重新建立连接。④数据包失序，重新设置新的序号。

所谓心跳包，是针对长连接而言的。如果处于长连接的双方没有数据需要传输，那么在这段时间内如果发生通信异常，连接双方是无法获取到这个异常信息的，因此就可以通过发送心跳包来确定对端的存活情况。一般而言心跳包是由服务端发起的，因此如果大量连接虽然处于挂起的状态但是却没有断开连接，就会占用大量服务器的资源。而对于客户端而言，对于这种数据包只需要丢弃就可以了。

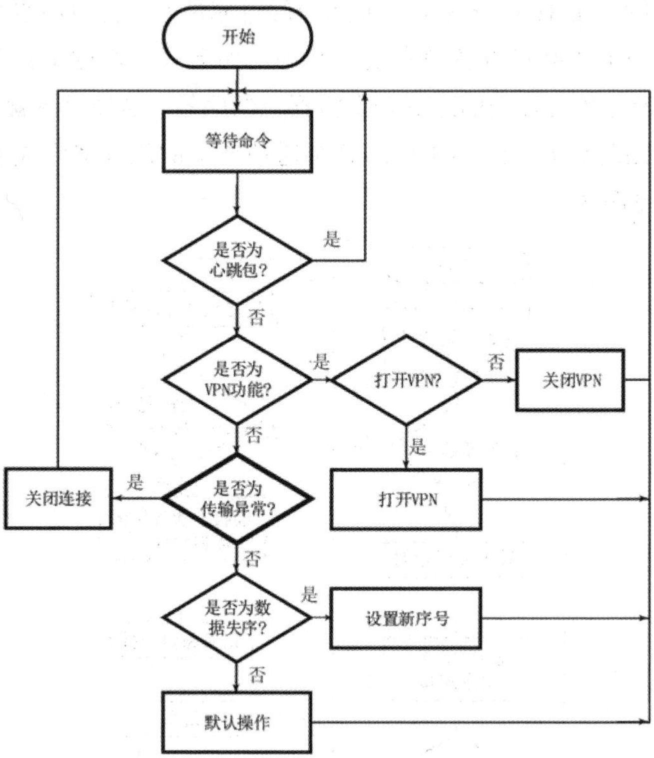

图 6-6　remote_recv 函数的主要流程

VPN 请求包是用于当有远程用户需要 PLC 在线的时候，服务端请求机载系统建立与监控中心的 VPN 连接。设备在接收到这个包的时候，会调用一个基于 python 的程序，该程序利用路由器的 Web 接口请求启动路由器到监控中心的 VPN 连接。同样，在 PLC 在线功能结束后，会发送相应的包告知结束，然后程序会再调用这个 python 程序告知路由器关闭 VPN 功能。

接收到监控中心的传输异常包，一般是在发送或者接收过程中数据包不完整造成的。对于这种问题，通常是直接断开连接，然后重启连接整个程序。

接收到监控中心的数据包序号异常时，就会根据监控中心所给的数据包序号重新设置发送数据包序号，从而使数据包序号正确。当然这种情况是比较少的。

最后一个函数是 remote_send。这个函数的流程比较简单，见图 6-7，只是循环发送数据和设备状态到监控中心。首先检查设备运行的状态信息，这个信息是由 signal_wait 线程所设置的，如果设备状态发生变化，就把这个变化发送到监控中心，然后从数据库中提取下一个序号的数据，将这段数据组帧，并且发送到监控中心。如果没有数据，就进行下一步。下一步是从数据库中提取下一个序号的报警量数据包，然后组帧发送，如果没有报警数据则执行下一个循环。

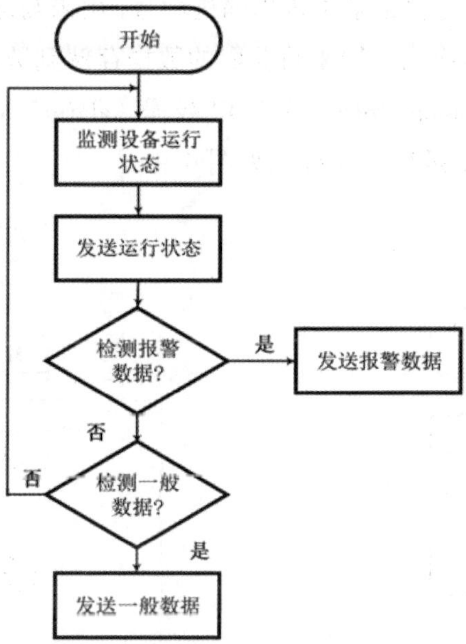

图 6-7　remote_send 函数的流程图

6.4.3　本地采集程序的实现

6.4.3.1　PLC 端通信设置

下层采集程序的作用主要是通过与 PLC 设备的交互，从而获取想要的数据。因此，在介绍如何实现采集程序之前，先介绍一下在 PLC 端所需要进行的操作和设置。

本系统主要是通过与西门子 PLC——S7 300 进行通信从而获取数据，采用的通信协议是西门子的 FETCH/WRITE 协议。整个设置过程需要使用西门子的

STEP 7 软件。在设置之前需要先将 PLC 连接到 PC 上，从而使 STEP 7 软件能够连接上 PLC。后续的工作就根据 FETCH/WRITE 协议中所介绍的方法进行相应的设置即可。

6.4.3.2 通信程序分析

本节主要介绍黑匣子软件模块 —— 本地通信进程的设计过程，并且会详细介绍整个模块的实现过程。

整个采集进程是由 TCP 采集线程和 UDP 采集线程组成。在程序启动的时候，首先由 main 函数进行初始化设置，然后启动两个采集线程：alarm_recv 和 remote_recv。

对于 main 函数，首先要记录本进程的进程号，用来与远程通信进程进行通信。然后会初始化数据库的连接，用来将获取的数据存储到数据库中。完成这个工作后就启动 TCP 线程（remote_recv）和 UDP 线程（alarm_recv）。main 函数的流程图见图 6-8，alarm_recv 函数的流程图见图 6-9。

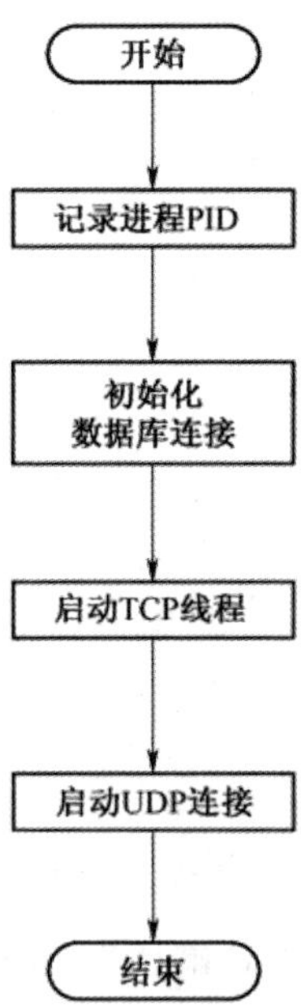

图 6-8 main 函数的流程图

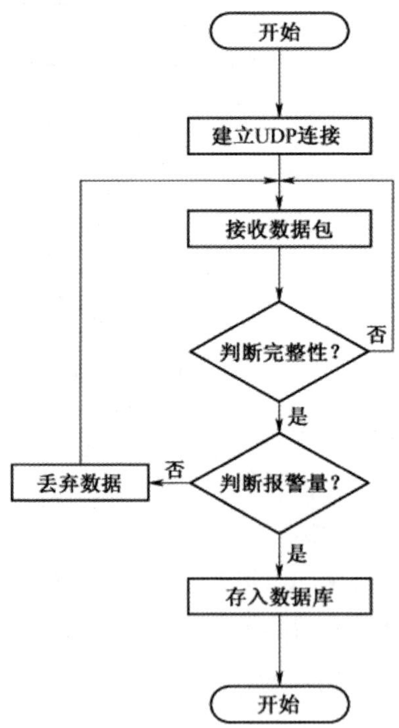

图 6-9 alarm_recv 函数的流程图

对于UDP采集线程，其首先要建立一个UDP套接字，然后等待PLC发送数据。如果接收到数据，程序就把所接收到的数据与上次采集到的数据进行对比，如果数据没有变化就会丢弃这个数据包。而如果数据包有变化，就将这个数据包存入数据库，然后由远程通信进程发送该数据。通过UDP采集的数据都是报警数据，我们只需要知道报警是什么时候发生和什么时候结束的，因此通过只存储报警数据的相对变化就可以知道所有的信息。通过这种方式也可以在一定程度上减少所采集的数据。

TCP的数据请求是根据西门子的以太网通信协议进行设计的，通过请求/应答的方式得到数据。数据的请求是根据所需要的数据在PLC中的存储位置来确定的，在得到数据后还需要判断数据的正确性和完整性，然后再存入数据库中。

最后一个函数是local_recv。这个函数用来通过TCP向PLC请求数据，从而实现前文所说的FETCH/WRITE协议。程序首先与PLC建立一个TCP连接，这个连接的过程与远程通信进程所建立的连接类似，如果无法连接上就会持续向PLC发起连接请求，并且达到一定次数后，就会向数据库存储连接异常的信息。在连接完成后，程序会调用read_plcfile函数，这个函数实现从配置文件中读取向PLC发起请求所需要的请求信息。然后用所得到的信息根据FETCH/WRITE协议进行组帧，并发送该请求包。随后得到PLC响应的头部，一共是16个字节，检查启动的ErrorField。如果没问题，就开始接收数据。由于本系统采用TCP进行连接，TCP一个包的最大长度是1 460个字节，而本系统所要采集的数据长度为1 670个字节，超过了TCP包的最大长度。因此，在很多情况下，程序无法一次性接收完整的数据包。这就需要不断等待接收数据直到数据接收完整。

当数据接收完整后，还需要对数据进行判断，这里主要的判断是如果设备设置了关机量，那么当检测到设备关机了，就需要降低采集频率或者不再采集数据。这个功能是用detection函数来实现的。确定设备没有关机以后，程序会将数据存入数据库，等待发送。local_recv函数的完整流程图见图6-10。

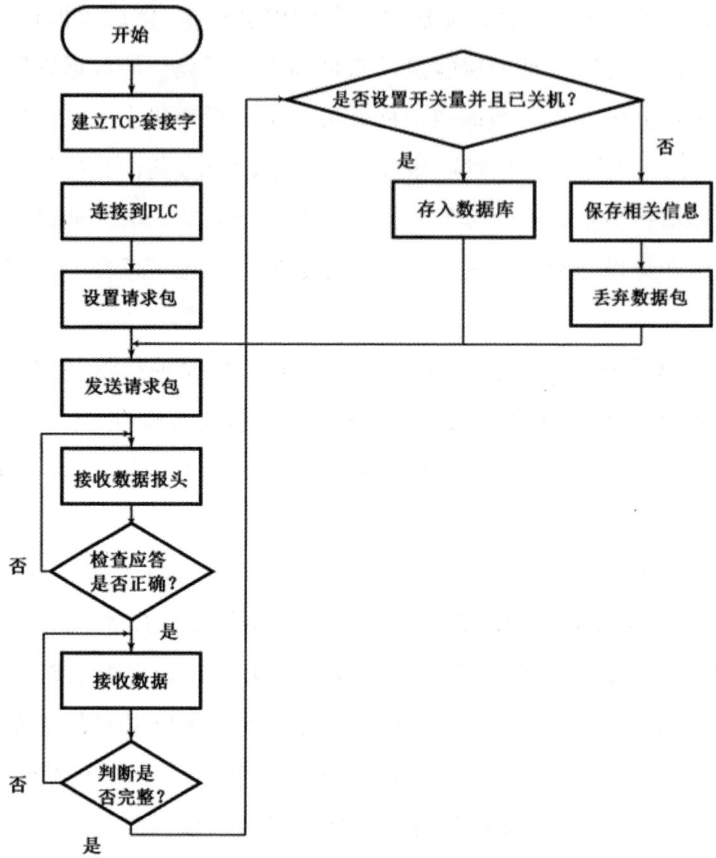

图 6-10　local_recv 函数的流程图

6.5　数据采集单元软件系统的维护

软件系统的维护包含从软件安装、编译、运行到日志管理等多个方面的内容，旨在保证软件系统的正常运行。

6.5.1　软件配置方案

由于本文所设计的数据采集单元是一个通用性的设计方案，因此，在实际使用过程中，需要针对不同的采集对象进行相应的设置。

通常的设置方法，有以下几种：

1）最为通用的方法是采用网页的方式进行设计，即可以通过嵌入一个 Web 服务器进行设置。这种方式最大的好处就是网页的 UI 是非常友好的，可以让非专业用户进行配置，同时，可以对用户填写的内容进行判断，保证配置内容不会产生错误。但是这种方式对于比较小的系统或者项目，可能是一个比较大的负担。

2）修改配置文件，即用户根据自己的需要修改系统的配置文件。这种方式对于小项目是最为友好的，不需要去担心如何生成配置文件，当然对于配置文件内容的检查依然是必不可少的。然而这其中也有一些问题。首先，修改配置文件需要用户有相当的专业知识，配置文件中的注释也需要尽可能的详尽，从而能够让用户能够自行修改文件。其次，如何将文件导入系统中也是一个需要考虑的问题。

对于分为上位机和下位机的系统而言，可以从上位机获取所需要的配置信息，这样，用户只需要在上位机系统中设置好相应的配置内容即可。这种方式可以完全免去配置文件的设置和生成步骤。当然，有一些配置信息需要在程序刚开始运行的时候就进行加载，而这个时候与上位机的通信还未建立，因此，这些信息就需要通过其他的途径获取。

3）配置程序。这个方式主要是针对具有像 Linux 操作系统的设备。通过提供一个 shell 程序供用户进行设置，shell 程序会根据需要将整个过程分成不同步骤，用户根据程序提示内容进行填写设置，程序同样会对用户填写的内容进行检查，并立刻向用户反馈结果。同时，该程序不仅仅可以供用户使用，还可以供开发者使用。因为在程序刚下载好的时候，还需要对系统进行一定的配置，这些配置内容可能比较多，如果用户自行设置可能出现误操作，并且耗时也会比较长。

在本书实例中采用了以下的方式：

首先系统会提供配置文件的默认值，当用户没有进行设置的时候就使用该默认值。其次，整个软件包会向用户提供配置功能，这个配置程序需要在目标环境中运行，用户根据提示内容进行相应的填写。最后，部分配置信息还可以通过上位机获取。这里所指的配置信息，就是那些可能在需要时进行修改的配置信息。通过这几种方式的结合，可以比较好地对系统进行配置，并保证系统的配置信息在不同的情况下能够正确地设置。

以下主要介绍整个配置过程：

1）默认配置。首先整个软件系统在运行之前已经设置了一个默认的配置方案，设置好了默认的配置参数，用户只需要进行部分参数的设置即可让系统运行起来。另外，这样的设置可以保证在系统原有的配置文件出现问题时，能够使用默认的配置方案运行起来，而不至于系统因此而无法运行。

2）初始配置脚本。在系统正式运行之前，需要对系统进行初始化设置，这些设置是针对采集对象所进行的特定设置，主要通过配置脚本来实现。

3）参数配置。参数配置主要分为两类：一种是较为固定的参数，这些参数通过默认参数或者初始化配置的时候进行配置；另外一种是可能在运行过程中更改的参数。

6.5.2 软件升级方案

软件的升级也是整个系统维护中重要的一部分。软件的升级需要考虑多种因素，首先是升级的便利性，不能让软件的升级比软件的安装更复杂。其次是升级过程的安全性，如果升级过程中包含不安全的因素，就有可能导致软件更新失败，更为严重的是如果软件更新有漏洞而被恶意攻击，就会危及 PLC 和设备的安全。因此根据不同的需要，可以有以下几种升级方案：

1）远程在线升级：通过 VPN 远程接入系统中并完成软件的升级，这种方式是最为便捷的升级方案，但是如果在升级过程中出现异常情况，导致采集器无法启动，就需要进行现场升级。

2）本地人工升级：在设备现场，直接使用便携机接入系统中，然后实现升级，这样可以保证升级工作的完成，如果出现异常情况，也能够及时修复。但是如果需要大量的升级设备，可能会花费大量的时间来完成。

3）本地自动升级：在设备现场，通过插入 U 盘、SD 卡等方式介入系统中，后面的工作就交由系统内部的升级程序来完成。这种方式安全性和效率介于方案 1）和方案 2）之间，是一种比较折中的方案。

6.5.3 软件维护方案

软件的设计、编写及调试所做的工作就是完成系统的功能，并尽可能保证软件不出现异常。软件的维护就是在软件运行出现异常时能够尽快将其恢复。软件异常恢复的方法主要包括软件的自动维护和人工维护。

软件的自动维护可以包括系统的定时检测重启或者是使用看门狗之类的方法，这些方法都不依赖于软件能够自行运行，这样就可以在软件系统无法正常运行的时候，能够自动让其恢复运行。

软件的定时检测重启在 Linux 环境中可以通过以下方法来实现：首先编写 shell 脚本，用来检测软件系统的各个进程是否正常，如果不正常就重启系统。然后再使用 Linux 下的定时任务配置文件 /etc/crontab，在该文件中可以设计定时任务，并且根据需要设置响应的时间间隔。

而看门狗的使用更为简单，因为Linux系统中已经为用户设计了可供使用的看门狗。它是通过文件的形式来实现的，当打开看门狗文件后，必须每隔1min向文件中写入内容，如果在时间间隔内没有收到写入内容的信息，就会执行系统重启进程。

采用这两种方式就可以保证在软件系统出现异常而不能够运行时，操作系统仍然能够将其重新启动起来。但是剩下的问题就是如果整个系统都出现异常而无法运行时如何恢复。在这种情况下，采用自动的方式已经无法再让系统重新运行，只能通过人工的方式来实现。但是维护人员要想能够检测和维护软件，仅仅重启硬件系统是无法达到要求的。此时就需要让维护人员能够了解到足够的信息来维护系统。因此，软件设计中要加入log系统，让软件在运行过程中出现问题时能够将错误的信息记录下来，供维护人员参考。

在软件设计的过程中，可以将软件系统的调试日志也记录下来。当程序运行出现异常的时候，就把异常的代码位置、时间和信息都记录下来，保存到相应的日志文件中。这样维护人员就可以通过查看日志来判断，并快速定位到错误处。

除了需要在软件中添加部分日志信息来帮助维护外，维护人员也需要采用一定的流程来维护系统，这种维护不仅应该在系统出现问题时，而且应该定期执行，并做好相应的记录。

第 7 章

监控与数据采集系统的数据库设计

由黑匣子（下位机）、通信系统与远程监控中心（上位机）组成的设备远程监控系统，所要实现的功能紧紧围绕着数据的流向，即要实现数据采集、数据传输、数据解析与存储、数据处理与显示等一整套数据流程。作为数据最终归宿与存储的场所，系统数据库犹如整个设备远程监控系统这座大厦的基石，在整个监控系统中起着至关重要的作用。因此，系统数据库设计得好坏，直接关系着整个监控系统能否成功搭建。本章节主要对系统数据库的设计与运维等内容进行详细介绍。

7.1 概述

设备远程监控系统的核心，就是与设备相关的各种信息数据。整套系统的搭建目标，就是要紧紧围绕数据这一核心，实现数据采集、数据传输、数据解析与预处理、数据存取和数据挖掘与展示等一整套流程（见图 7-1）。作为数据的最终归宿，系统数据库承担了数据存储、数据组织与数据管理等职责。

图 7-1 系统数据流图

7.1.1 系统数据库的功能及目标

在数据库设计伊始，需要对其有清晰的定位。系统数据库要实现的是某公司位于太仓港的斗轮机等设备在运行过程中产生的各种信息参数的有效存储功能，为实现斗轮机等设备的远程监控、诊断、维护及安全管理提供数据来源与数据支撑。在需要的时候，可以便捷地将这些数据从数据库中提取出来，直接进行展示或进一步处理后再展示，并将处理过程中产生的结果信息存储在数据库中。

系统数据库最基本的目标就是要满足项目的实际需求。这主要包括：①数据的存储量要尽可能大，并能有效存储与组织管理数据。②数据的存取速度要快，查询性能要好。③操作简单、灵活方便。此外，为了整个系统的后续扩充与发展，并尽量摆脱系统的局限性，使其可以轻易地移植到其他具有类似功能的系统中，所设计的数据库还必须具有一定的可扩展性、通用性和可移植性。

7.1.2 系统数据库的开发环境

系统数据库采用 Microsoft SQL Server 2008 数据库管理系统进行开发。它的访问操作是通过使用 DevExpress 公司开发的一款基于 .NET 平台的对象关系映射（Object Relational Mapping，ORM）工具 XPO（eXpress Persistent Object）来实现的，而与它进行交互的上位软件是在 Microsoft Visual Studio 开发环境下使用 C# 语言编制而成的。它们之间的关系见图 7-2。在 Microsoft SQL Server 2008 的身份验证中，用户名为 sa，密码是 123。它所开放的服务端口号为 1433。

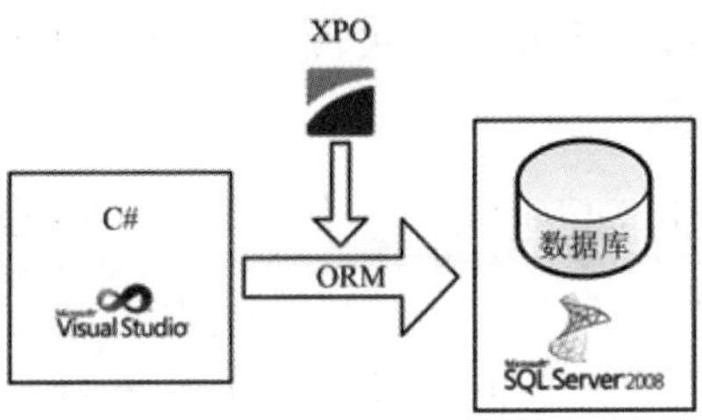

图 7-2 数据库访问操作示意

7.2 数据库的设计方法

数据库的设计是构建数据库及其应用系统的核心和基础。它要求针对指定的应用环境构造出较优的数据库模式，建立起相应的数据库应用系统，并使系统能有效地存取数据，以满足用户的各种应用需求。换而言之，数据库设计就是把现实世界中的数据，根据各种应用处理的要求，加以合理的组织，在满足硬件和操作系统特性的前提下，利用已有的数据库管理系统（DataBase Management System，DBMS）来建立能够实现系统目标的数据库。

7.2.1 数据库设计方法概述

现代数据库的设计，强调与注重的是结构设计与行为设计相结合，是一种“反复探寻、逐步求精”的过程。首先从数据模型开始设计，以数据模型为核心展开，数据库设计和应用系统设计相结合，建立一个完整、独立、共享、冗余小、安全有效的数据库系统。就数据库的设计方法而言，目前主要有直观设计法和规范设计法两种。

直观设计法又名手工试凑法，是最早使用的数据库设计方法。这种方法依赖于设计者的经验和技巧，缺乏科学理论和工程原则的支持，设计的质量很难保证，常常在数据库运行一段时间后出现各种各样的问题，然后需要进行反复修改直至一切正常，而这增加了系统运行与维护的代价。因此，这种方法越来越不适应信息发展的需要。

为了改变这种情况，1978 年 10 月，来自三十多个国家的数据库专家在美国新奥尔良市就数据库的设计问题进行了专门讨论。他们运用软件工程的思想和方法，提出了数据库设计规范，即著名的新奥尔良法。它是目前公认的比较完整和权威的一种规范设计法。

目前，常用的规范设计方法大多起源于新奥尔良法，它们都是通过在设计的每一阶段采用一些辅助方法来具体实现其功能。以下是几种常用的规范设计方法。

1. 基于 E-R（Entity-Relationship，实体 - 联系）**模型的数据库设计方法**

基于 E-R 模型的数据库设计方法是由陈品山于 1976 年提出的数据库设计方法。其基本思想是：在需求分析的基础上，用 E-R 图构造一个反映现实世界实体之间联系的企业模式，然后再将此企业模式转变成某一特定的数据库管理系统（DBMS）的概念模式。

2. 基于 3NF 的数据库设计方法

基于 3NF 的数据库设计方法是由 S.Atre 提出的结构化设计方法。其基本思想是：在需求分析的基础上，确定数据库模式中的全部属性和属性间的依赖关系，将他们组织在一个单一的关系模式中，然后再分析模式中不符合 3NF 的约束条件，对其进行投影分解，规范成若干个 3NF 关系模式的集合。

3. 基于视图的数据库设计方法

基于视图的数据库设计方法先从分析各个应用的数据着手，其基本思想是为每个应用建立自己的视图，然后把这些视图汇总起来合并成整个数据库的概念模式。合并过程中需要解决以下问题：

1）消除命名冲突。

2）消除冗余的实体和联系。

3）进行模式重构，在消除了命名冲突和冗余后，需要对整个汇总模式进行调整，使其满足全部完整性约束条件。

综上所述，规范设计法是一种工程化的设计方法，是在目前技术条件下设计数据库的最实用的方法。因此，在本系统数据库设计的过程中采用了规范设计的方法。

7.2.2 数据库设计步骤

在软件设计的过程中，往往会使用“软件生产周期”的概念，将整个软件的生存时间看作一个整体，以时间的推移和软件开发的工作重心作为划分点，把软件开发和维护的工作细分为若干个相对独立的阶段，从而更好地控制软件的开发进度和难度，同时也有利于降低软件的出错频率，协调各部门间的工作配合，落实责任分配，以便更好地管理、维护和升级软件。同样，数据库的设计也可以使用类似的理念进行说明，即数据库设计的生存周期，它包括从数据库构思到不再使用的整个过程。

根据生命周期与规范设计法，将数据库设计分为六个阶段，见图 7-3。

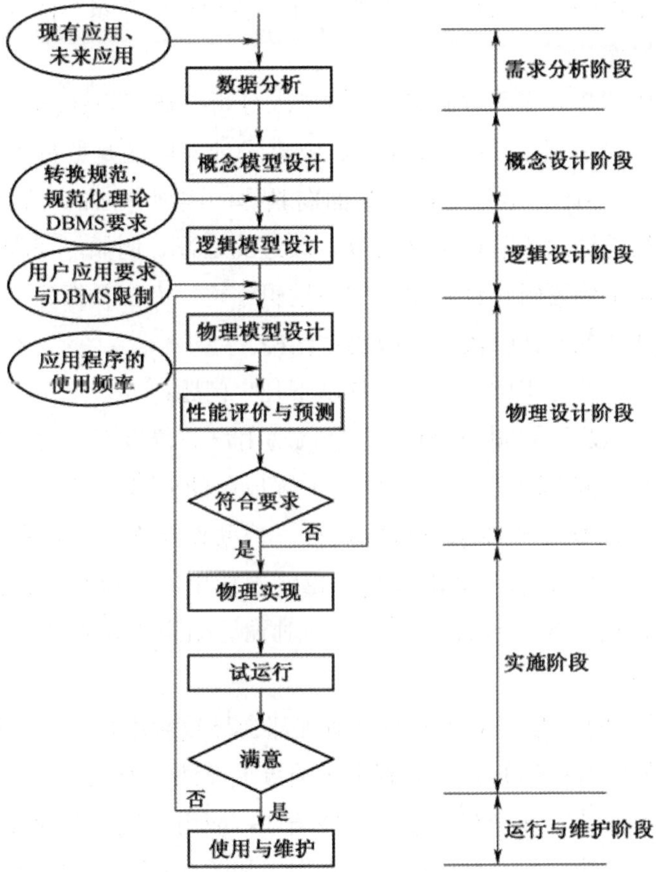

图 7-3 数据库设计步骤

1）系统需求分析阶段：在开始设计与实现之前，必须了解各用户的需求，这是整个设计过程的基础。在分析用户需求时，要确保用户目标的一致性。

2）概念结构设计阶段：通过对用户需求进行综合、归纳与抽象，形成一个独立于具体 DBMS 的概念模型。

3）逻辑结构设计阶段：将概念数据模型转换为具体的数据库产品支持的数据模型，并对其模型进行优化，形成数据库逻辑模式。

4）物理设计阶段：为逻辑数据模型建立一个完整的能实现的数据库结构，包括存储结构和存取方法。

5）数据库实施阶段：根据物理设计的结果把原始数据装入数据库，建立一个具体的数据库，并编写和调试相应的应用程序。

6）数据库运行与维护阶段：收集与记录实际系统运行的数据。数据库运行的记录可以用来提高用户要求信息的有效性，评价数据库系统的性能，并进一步调整和修改数据库。

在这六个阶段中，前两个阶段——需求分析、概念设计面向的是用户的应用要求，中间两个阶段——逻辑设计、物理设计面向的是数据库管理系统，最后两个阶段——实施、运行与维护是面向具体的实现方法的。设计一个完善的数据库系统往往是这六个阶段不断反复、改进的过程，例如，在物理设计阶段的不满意可能会反馈到逻辑设计阶段去修改逻辑结构，而在数据库实施阶段的不满意可能会反馈到物理设计阶段去修改物理结构。

在数据库设计的过程中，还须注意以下几个问题：

1）在数据库设计过程中要注意充分调动用户的积极性。用户积极参与是数据库设计成功的关键因素之一。用户最了解自己的业务，最了解自己的需求，用户的积极配合能够缩短需求分析的进程，帮助设计人员尽快熟悉业务，更加准确地提取出用户的需求，减少反复，也使设计出的系统与用户的最初设想更为契合。同时，用户参与设计，双方共同对设计结果承担责任，也可以减少数据库设计的风险。

2）应用环境的改变、新技术的出现等都会导致应用需求的变化，因此设计人员在设计数据库时必须充分考虑到系统的可扩充性，使设计易于变动。一个设计优良的数据库系统应该具有一定的可伸缩性。应用环境的改变和新需求的出现一般不会推翻原设计，不会对现有的应用程序和数据造成大的影响，而只是在原设计基础上做一些扩充即可满足新的需求。

3）系统的可扩充性最终都是有一定限度的。当应用环境或应用需求发生巨大变化时，原设计方案可能无法再进行扩充，必须推倒重来，这时就会开始一个新的数据库设计的生命周期，但在设计新数据库应用系统的过程中，必须充分考虑已有应用系统，尽量使用户能够平稳地从旧系统迁移到新系统。比如，新系统应该能够自动把旧系统中的数据转移到新系统中来。

7.2.3 数据库管理系统介绍

随着互联网的日益普及与迅猛发展，人类已步入了信息化时代。无论是在日常生活中，还是在工作或学习过程中，我们都无时无刻不在感受着信息时代带来的便捷。近几年来，“大数据”等新概念的提出，掀起了海量数据处理的新浪潮。在全球数据库产品市场中，数据库管理系统的种类繁多，如 Microsoft Access、Micorsoft SQL Server、Informix、Oracle、Sybase、DB2 与 Visual FoxPro 等。他们凭借着各自的优势，在竞争激烈的市场中占有自己的一席之地。

如果以数据库产品的销售量作为衡量准则的话，那么可以看到主流的数据库管理系统的数量正在逐步减少。目前，激烈的市场竞争主要在 Oracle、Microsoft SQL Server 与 DB2 三者之间展开。下面对这三种主流的数据库管理系统进行简要介绍与比较。

1. Oracle

Oracle 公司即为现在举世闻名的甲骨文股份有限公司，其前身是 SDL（Software Development Laboratories，软件开发实验室）计算机公司，由 Bob Miner 与 Ed Oates 于 1977 年在美国加利福尼亚州的硅谷产业区共同创办。公司创办的初衷便是致力于数据库的开发。为了将公司的核心产品凸显出来，公司于 1983 年将所开发的数据库正式更名为 Oracle。在数据库领域，Oracle 公司一直处于遥遥领先的地位，其开发的典型产品——Oracle 数据库已成为世界上目前使用最为广泛的关系型数据库之一。

目前，Oracle 数据库产品已十分成熟，具有如下一些优良的特性：①多进程、多线索的体系结构。②兼容性好。由于采用了标准的 SQL（Structured Query Language，结构化查询语言），因而能够与 IBM 的 IDMS/R、INGRES、DB2 和 SQL/DS 等产品兼容。③可移植性强，能够运行的硬件与操作系统平台范围很广，覆盖了小、中、大共 70 多种机型，可以工作在 DOS、UNIX、Windows 和 VMS 各种操作系统上。④可连结性好，能够与多种通信网络相连，并支持 TCP/IP、LU6.2 与 DECnet 等多种通信协议。⑤安全性好。⑥性能高。⑦可扩展性好。

2. Microsoft SQL Server

顾名思义，Microsoft SQL Server 是 Microsoft 旗下的数据库产品，属于关系型数据库管理系统。事实上，它最初是由 Microsoft、Sybase 和 Ashton-Tate 三家公司共同开发，并在 1988 年推出了 OS/2 版本。但在 Windows NT 推出以后，几家公司在 SQL Server 的开发上分道扬镳：Microsoft 致力于打造 Windows NT 平台上的 SQL Server，而 Sybase 则专注于其在 UNIX 上的应用。

Microsoft SQL Server 2000 在继承 SQL Server 7.0 版本优点的同时，还具有使用方便、与相关软件集成度高、可伸缩性好等优点，可运行于从 Windows 98 到 Windows 2000 的系统上。Microsoft SQL Server 2005 使用集成的商业智能（BI）工具以提供企业级的数据管理，具有企业版、标准版、工作组版、开发版和学习版五个版本。Microsoft SQL Server 2008 具有可信度高、高效与智能等特点。在 PASS（Professional Association for SQL Server）会议上，Microsoft 宣布与 Hadoop 提供商 Cloudera 合作，把自己定位为可用性与大数据领域的领头羊，并在发布的 Microsoft SQL Server 2012 中增添了大数据支持等十几项新功能。这标志着 SQL Server 从此跨入了 NoSQL 领域。Microsoft SQL Server 2014 定位于混合云平台，并在内存技术方面进行了相应的改进。

一直以来，Microsoft SQL Server 依托于 Windows 操作系统的稳定性，拥有可视化的交互界面，并能处理大量数据，具有响应速度快、性价比高等优点，因而备受青睐，在激烈的数据库产品市场竞争中立住了脚跟。然而，Microsoft SQL Server 在多用户处理的问题上具有一定的局限性，并对大数据的处理能力显得稍有不足，故在发展过程中也受到了一定的影响。

3. DB2

与其他数据库产品相比，DB2 可谓是具有十分悠久的历史，并被不少人认为是最早使用 SQL 的数据库产品。它是由美国知名公司 IBM 开发的一套关系型数据库管理系统，可以运行于 Linux、UNIX 与 Windows 等系统的服务器上。DB2 起源于 System R 和 System R*，具有如下一些特性：①支持数据复制。②支持多媒体应用程序。③支持存储过程与触发器。④集成 XML 文档。⑤支持面向对象的编程。⑥支持异构分布式数据库访问。⑦增强的备份和恢复能力。此外，对 wchar_t 数据类型的支持，使用户在英语等单字节环境下开发的应用可以在汉语等多字节环境下正常运行而不会出现乱码等问题。而对 UCS-2 和 UTF-8 格式的支持，使用户可以自由选择各种主要语言来创建数据库并实现数据的存储功能。

上述三种主流数据库在安全性、性能与使用风险等各方面的对比分析见表 7-1。通过采用正确的安全策略以及遵循数据库开发厂商建议的最佳实践方法，

Microsoft SQL Server 2008 足以保证数据的安全性。此外，Microsoft SQL Server 拥有图形化界面，使用户可以很方便地在 Windows 操作系统上像安装其他软件一样安装 Microsoft SQL Server，并直接利用 SQL Server Management Studio 来实现一切与数据库有关操作的可视化，包括数据库的创建与删除、数据库中表格及其字段的设计与删除，数据库表格中数据的插入、更新、查询与删除等，因而非常简便。而且，出于各种考虑，该项目拟采用由 Microsoft 公司发布的一种面向对象的基于 .NET Framework 的高级程序设计语言——C#，来作为上位程序的设计语言。因此，为了与 C# 更好地配合，同时全面权衡了其他各种因素，最终决定选用 Microsoft 公司经典的 RDBMS——Microsoft SQL Server 2008 来设计开发系统数据库。

表 7-1　主流数据库对比分析表

对比项目	Oracle 数据库	Microsoft SQL Server	DB2
公司	Oracle	Micorsoft	IBM
数据模型	RDBMS 商品化	RDBMS 分布式	RDBMS 商品化
规模	数据库系统	中型数据库系统	数据库系统
安全性	获得最高认证级别的 ISO 标准认证	没有获得任何安全证书	获得最高认证级别的 ISO 标准认证
性能	性能最高，保持 Windows NT 等开放平台下的 TPC D 和 TPC-C 世界记录	多用户时性能不佳	适用于数据仓库，并在在线处理事务时性能较高
客户端支持及应用模式	多层次网络计算，支持多种工业标准，可以用 ODBC、JDBC 与 OCI 等网络客户连接	采用 C/S 结构，只支持 Windows 用户，可以用 ADO、DAO、OLEDB 与 JDBC 等连接	跨平台，多层结构，支持 ODBC 与 JDBC 等客户
可操作性	较为复杂，同时提供 GUI 与命令行，在 Windows NT 和 UNIX 下操作相同	操作简便，但只有图形界面	操作简单，同时提供 GUI 与命令行，在 Windows NT 和 UNIX 下操作相同
使用风险	具有长时间的开发经验，完全向下兼容，因而得到了广泛应用，完全没有风险	完全重写的代码，经历了长期测试，并不断延迟发布，许多功能需要时间来证明。并不完全兼容以前的产品，因而使用其需要冒一定的风险	在企业得到了广泛的应用，经过了无数次的验证，向下兼容性好，且风险小
操作员要求	高	较高	高
价格	昂贵	贵	昂贵
面向对象	一个对象对应一个 RDBMS	支持	支持

7.3 系统需求分析

为系统数据库制定功能与目标，即对系统数据库的需求进行分析。它是系统数据库设计的第一步，也是最为关键的一步。其重点是与系统用户不断地进行沟通交流，收集与分析用户对系统数据库的各种实际需求。通过需求分析，便可以站在全局的角度去规划系统数据库，为后续的开发提供清晰的指导。

7.3.1 需求分析的主要内容

数据库需求分析的主要内容有：功能需求、信息需求和信息关系三个方面。

1. 功能需求

功能需求是数据库所要完成的任务目标。通过功能需求分析，可以明确数据库所需要实现的功能，进而对数据库进行一系列的规划，为开发出一个简洁高效的数据库应用程序提供更清晰的途径。针对系统内容并考虑到未来的可扩展性，对数据库需要实现的功能做了以下总结，见图 7-4。

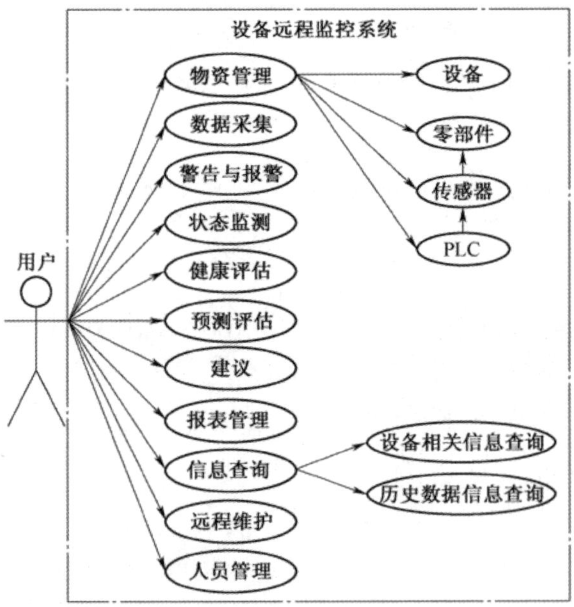

图 7-4 用户功能

1）物资管理：对设备整机、零部件、传感器、地址等设备本身的相关信息进行查询、添加、修改与删除。

2）数据采集：接收 UDP 数据包或者 TCP 数据包，对其进行拆分，并按时间和地址顺序存入数据库中。

3）警告及报警：当实时采集到的数据超过阈值时，即时进行报警、产生相应记录，并统计报警数。

4）状态监测：通过对实时接收到的数据与对应监测点的阈值进行比较以实现状态的实时监测。

5）健康评估：对设备整机或其零部件按不同的分析方法进行诊断，并据此判断出设备的健康程度。

6）预测评估：对设备整机或其零部件使用分析方法进行未来状态预测，预测出设备的剩余使用寿命。

7）建议：根据健康评估及预测的内容，给予设备整机或其零部件的维护建议。

8）报表管理：对设备或其零部件的每一个分析数据结构都可以产生一个相应的报表进行输出。

9）设备相关信息查询：对设备其他信息，如设备联系人信息、供应商相关信息等进行查询。

10）历史查询：实现对设备整机或其零部件历史状态、历史报警信息、历史监测信息、历史诊断记录、历史预测信息、历史维修建议等信息的查询。

11）远程维护：通过位于远程监控中心的服务器可以查看与充分挖掘现场设备的相关数据，从而实现远程维护的功能。

12）人员管理：不同的操作人员对系统软件具有不同的使用与操作权限，可以操作的内容会有所不同。其中，管理员的权限最高，可以对人员信息及权限信息进行添加、修改和删除。另外，对每个人员登录或退出系统的时间也需要进行记录，以便维修查询。

2. 信息需求

了解数据库所需满足的功能后，可以进一步明确用户需要从数据库中获得的数据信息。本数据库系统需存储的数据信息为：

1）设备信息：设备编号、设备名称、设备型号、设备类型、设备地理位置与设备图片等。

2）零部件信息：零部件编号、零部件名称、零部件型号、零部件品牌、零部件参数、零部件位置、零部件启用时间、零部件重要性与零部件图片等。

3）传感器信息：除了传感器编号、传感器名称、传感器型号、传感器品牌、传感器参数、传感器位置、传感器图片等属于传感器本身的信息之外，还包括数据地址、在数据块中的位置、比特位、数据长度、节点类型、数据类型、上下限值、数据单位等传感器采集数据的信息。

4)设备联系人信息：设备联系人编号、设备联系人姓名、设备联系人联系电话、设备联系人联系邮箱、设备联系人地址。

5）供应商信息：供应商编号、供应商名称、供应商联系人姓名、供应商联系人联系电话、供应商联系人联系邮箱、供应商地址。

6）数据采集信息：数据信息编号、数据地址、时间、采集的数据、服务器传输标志。

7）警告报警信息：警告报警编号、警告报警位置点、警告报警内容。

8）状态监测信息：状态监测编号、状态监测时间、状态监测结果。

9）健康评估信息：健康评估编号、健康评估时间段、诊断结果、健康评分。

10）预测评估信息：预测编号、预测时间段、预测结果。

11）建议信息：建议编号、建议时间段、建议内容。

12）人员信息：人员编号、人员姓名、性别、职位、联系方式。

13）权限信息：权限编号、权限名称、权限内容。

3. 信息关系

在数据库系统中，信息间的关系也是至关重要的。只有正确地利用信息间的关系才能有效地使用数据库。以下是对本系统信息关系的总结：

1）一台设备拥有多个零部件，而一个零部件只能从属于一台设备。

2）一台设备或其一个零部件拥有多个传感器，而一个传感器只能从属于一台设备或其一个零部件。

3）一台设备或其一个零部件可能会发生多次警告报警。

4）一台设备或其一个零部件可以进行多次状态监测。

5）一台设备或其一个零部件可以进行多次健康评估。

6）一台设备或其一个零部件可以进行多次预测。

7）一台设备或其一个零部件可以进行多次建议。

8）一个供应商可以供应多台设备或其多个零部件，而一台确定的设备或其一个确定的零部件只能来自一个供应商。

9）一个供应商可以供应多个传感器，而一个确定传感器只能来自于一个供应商。

10）一个人员针对某台特定的设备只能使用一种权限，而一个权限可以适用于多个人员。

11）一个人员可能不止一次登录系统，因而存在多个登录日志信息。

7.3.2 需求分析的主要方法

在对系统功能需求、信息需求与信息关系进行分析之后，通常采用结构化分析方法进一步实现对需求的研究。结构化分析（Structured Analysis，SA）方法采用自顶向下、逐层分解的方式分析系统，从最上层的系统组织结构入手，逐步向下分解。它主要采用数据流图对用户需求进行分析，用数据字典和加工说明对数据流图进行补充和解释。

1. 数据流图

数据流图是描述数据在系统中流动和变换过程的，表达了数据与处理过程之间的关系。从数据传递和加工的角度来看，以图形的方式刻画出数据流从输入到输出的移动变换过程，是系统分析人员与用户进行交流的手段和系统设计的主要依据之一。数据流中各图形的描述见图 7-5。

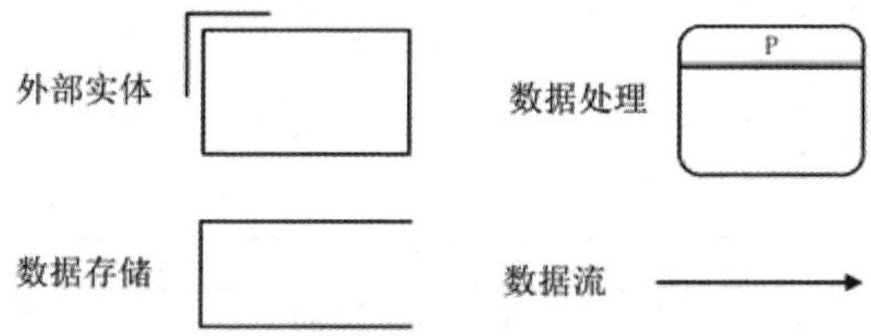

图 7-5　数据流图图形说明

其中，外部实体是指在系统以外与系统有关联的人或事物。它表达了系统数据的外部来源和去处。数据处理是指对数据进行逻辑处理，也就是实现数据变换的功能。数据存储是对数据保存的逻辑统称。数据流是指处理功能的输入或输出（箭头表示数据的流向）。流入数据存储的数据流将处理后的数据写入或修改到数据存储中；流出数据存储的数据流从数据存储中查询获取数据，不改变原来的数据。

本数据库采用自上而下分层次的数据流对系统的主要数据变换过程进行了描述。图 7-6 表示最顶层数据流图，从设备 PLC 获取数据经过系统的一系列处理到达用户端。

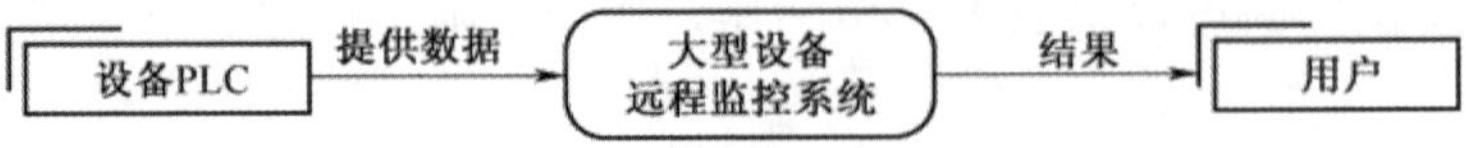

图 7-6　最顶层数据流图

图 7-7 是对系统主要的数据处理流程的展开，属于第一层数据流图。

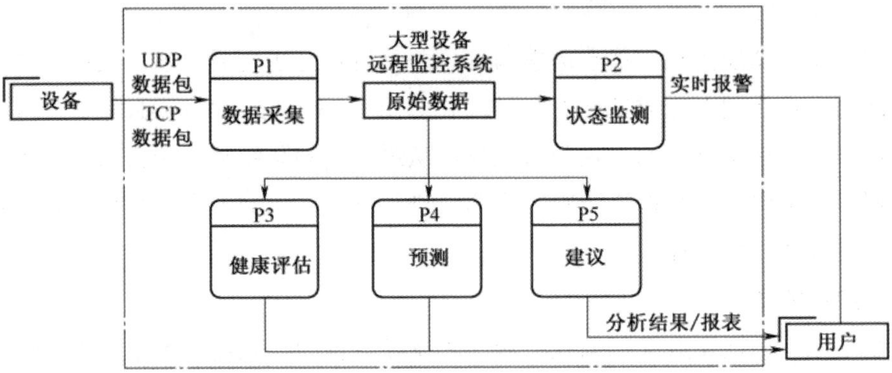

图 7-7　第一层数据流图

图 7-8 是数据过程 P1——数据采集的数据流图，表示从设备获取数据到数据存储的具体数据处理过程。

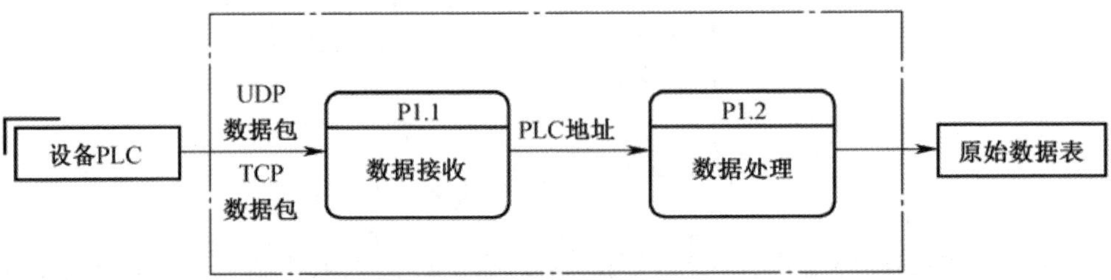

图 7-8　数据采集 P1 的数据流图

数据处理 P2——状态监测的过程在数据处理时只需要将数据与阈值进行比较，当超过阈值时产生报警信息。因为这个过程比较简单，所以在此不进行进一步的细化。

P3——健康评估、P4——预测、P5——建议 3 个分析阶段的数据处理过程十分类似，因此，对它们使用同一个数据流图进行说明，见图 7-9。

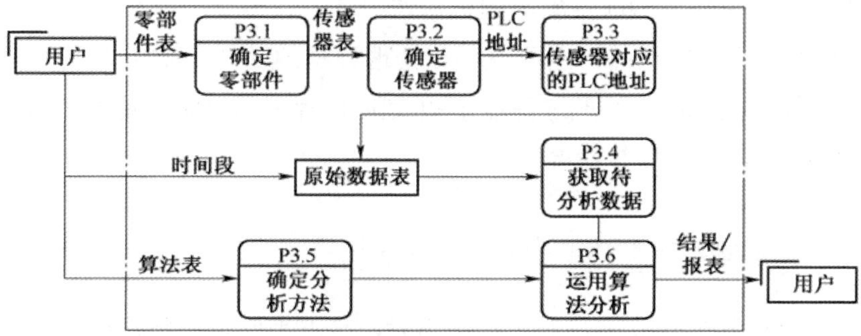

图 7-9　分析数据流图

2. 数据字典

数据字典（Data Dictionary，DD）是进行详细的数据收集和数据分析后所获得的成果，是对数据库中数据的详细描述，是数据流图的补充。它定义了所有与系统相关的数据项、数据结构、外部实体、数据流、数据存储、处理逻辑等数据字典元素，并按字典顺序组织编写，以方便用户和开发人员理解系统的输入、输出、存储和处理逻辑。

1）数据项。数据项是不可再分的数据单位。一般而言，数据项的描述 ={ 数据项名，数据项含义说明，别名，数据类型，长度，取值范围，取值含义，与其他数据项的逻辑关系 }。其中，取值范围、与其他数据项的逻辑关系定义了数据的完整性约束条件。

2）数据结构。数据结构反映了数据之间的组合关系。一个数据结构可以由若干个数据项组成，也可由若干个数据结构组成，或由若干个数据项和数据结构混合组成。数据结构描述 ={ 数据结构名，含义说明，组成：{ 数据项或数据结构 }}。

3）数据流。数据流是数据结构在系统内传输的路径。数据流描述 ={ 数据流名，说明，数据流来源，数据流去向，组成：{ 数据结构 }，平均流量，高峰期流量 }。其中，数据流来源是说明该数据流来自哪个过程；数据流去向是说明数据流将到哪个过程去；平均流量是指在单位时间（每天、每周、每月等）里的传输次数；高峰期流量则是指在高峰时期的数据流量。

4）数据存储。数据存储是数据结构停留或保存的地方，也是数据流的来源和去向之一。数据存储描述 ={ 数据存储名，说明，编号，流入的数据流，流出的数据流，组成：{ 数据结构 }，数据量，存取方式 }。其中，数据量指每次存取多少数据，每天（或每小时，每周等）存取几次等信息；存取方法有批处理 / 联机处理、检索 / 更新、顺序检索 / 随机检索等。

5）处理过程。处理过程主要说明该处理过程的功能及要求，是物理设计的输入级性能评价的标准。处理过程描述 ={ 处理过程名，说明，输入：{ 数据流 }，输出：{ 数据流 }，处理：{ 简要说明 }}。

7.4 系统数据库的概念模型设计

在通过需求分析获取用户的实际需求后，接下来便需要将这些需求进行抽象化，以得到相应的信息结构。这个过程便是数据库设计的第二阶段——概念设计，而所得出的信息结构即概念模型。作为反映现实世界的一个真实模型，概念模型具有以下一些优点：①表达语义的能力很强，能真实描绘出现实世界中物物之间的联系，进而满足用户对数据的各种处理需求。②简单易懂，即使是普通用户也能一目了然，因此能作为数据库设计类的专业人员与各类用户沟通的有效工具。③当用户需求发生改变时，可以随时便捷地做出相应的调整与改进。④由于它在设计过程中并不依赖具体的 DBMS（DataBase Management System，数据库管理系统），如 Microsoft SQL Server 、Oracle 或 DB2 等，故而在后续的设计过程中可以方便地向任何 DBMS 所需的数据模型转换。

7.4.1 数据库概念模型的设计方法

一般而言，在概念设计的过程中，所采用的策略可以归纳为如下四种：①自顶向下，即先站在全局的角度考虑整个结构的框架，再逐步将其具体化。②自底向上，即先实现各个部分的结构，再将他们连接为一个统一的整体。③逐步扩张，即由内到外不断扩充，像滚雪球一样越滚越大，直至实现整体结构。④混合策略，即自顶向下的策略与自底向上的策略相结合。对于本系统数据库的设计，由于在需求分析时是站在全局的角度考虑的，因此在概念设计时采用了自底向上的策略。

为了便于沟通与直观理解，概念设计的数据模型往往会以图形化的形式来展现，其方式主要有 E-R（Entity-Relationship Model，实体联系模型）图与 UML（Unified Modeling Language，统一建模语言）类图。E-R 图通过描述实体与实体之间的联系来展现数据库的实际需求，适用于不复杂的数据库设计。虽然 UML 类图与 E-R 图在建模方式上有诸多的相似之处，但相比之下，UML 类图更具活力与表现力。UML 类图是 UML 的子集，主要用于描述系统的静态结构。当然，这也包括类与类之间的关系。它将数据库开发人员、软件开发人员与系统用户紧紧地联系在一起，可以使他们之间的沟通畅通无阻。因此，UML 类图的绘制对于复杂的数据库设计乃至整个系统的开发而言都是卓有成效的。

在对系统数据库进行概念设计的过程中，采用了 E-R 图与 UML 类图相结合的方式，先用 Microsoft Visio 2010 绘制出相应的 E-R 图以清晰地展现实体之间的联系，再据此进行扩展细化，用 Microsoft Visual Studio 2012 实现 UML 类图以将实体自身属性及实体与实体间关系同时描述出来。这样的设计策略虽然使设计过程变得繁杂，但起到了步步深入的效果。而且，所得到的 UML 类图中的类与属性在后续设计过程中便可以方便地直接映射到关系型数据库中的表与字段上。

E-R 图与 UML 类图的绘制与实现都有其自己的一套规则。在 E-R 图中，各符号所表示的含义见图 7-10，而在 UML 类图中用到的各种箭头所表示的含义见表 7-2。

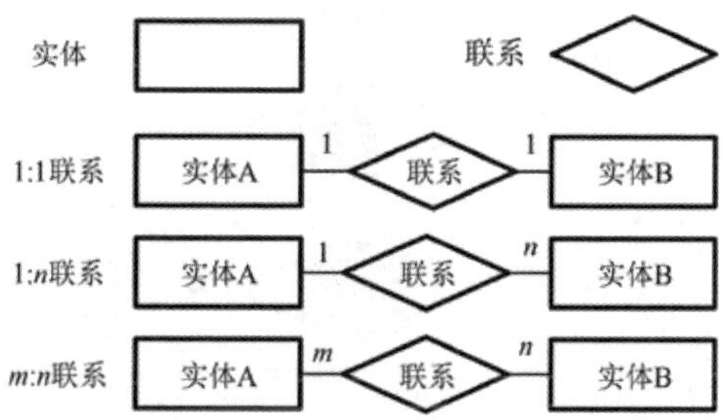

图 7-10 E-R 图各符号及其含义

表 7-2 UML 类图箭头及其含义

箭头形状	所表示类间关系	关系说明	箭头指向说明
——▷	泛化关系	子类继承父类	指向父类
- - -▷	实现关系	类实现接口	指向接口
——>	关联关系	拥有关系	指向被拥有者
◇——>	聚合关系	关联关系的一种，但有整体与部分关系	指向部分
◆——>	组合关系	整体与部分关系，且没整体就没部分	指向部分
- - ->	依赖关系	使用关系	指向被使用者

7.4.2 系统数据库概念设计的实现

系统数据库在设计概念模型时按照由分到总的设计步骤进行，即先进行局部概念模型设计，再进行汇总并组成整体概念模型。每个局部概念模型均参考 CBM 的数据模型结构，以节 7.3.2 所述的第一层数据流中的模块划分方法进行分类与局部设计。本小节以其中的设备信息管理模块、状态监测模块与人员管理模块为例对局部概念设计进行详细介绍，然后再给出整个系统数据库的全局概念模型。

1. 设备信息管理模块

在此处，所指的设备信息仅仅是设备层面的信息而不涉及其零部件信息。这样做的好处是可以站在全局的角度考虑设备所拥有的信息。其 E-R 图见图 7-11。对于一台设备而言，它既有供应商，也有联系人，还有所处的地理位置。由 E-R 图进一步细化后得到的设备管理 UML 类图见图 7-12。针对设备，可以从中抽象出设备类型、设备库与设备图片等信息。对于零部件信息管理模块与传感器信息管理模块，可以按照同样的方法得出，因此这里不再赘述。

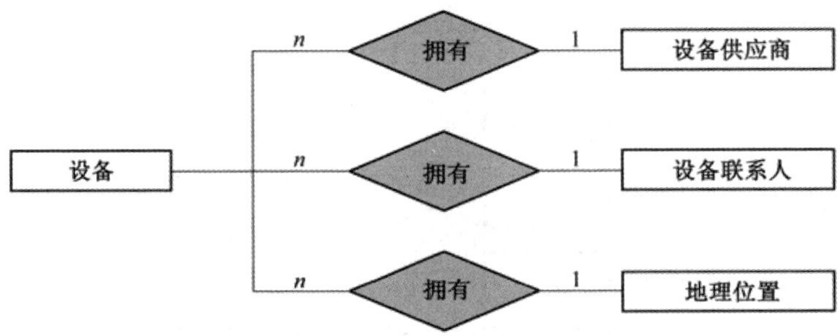

图 7-11　设备信息管理模块 E-R 图

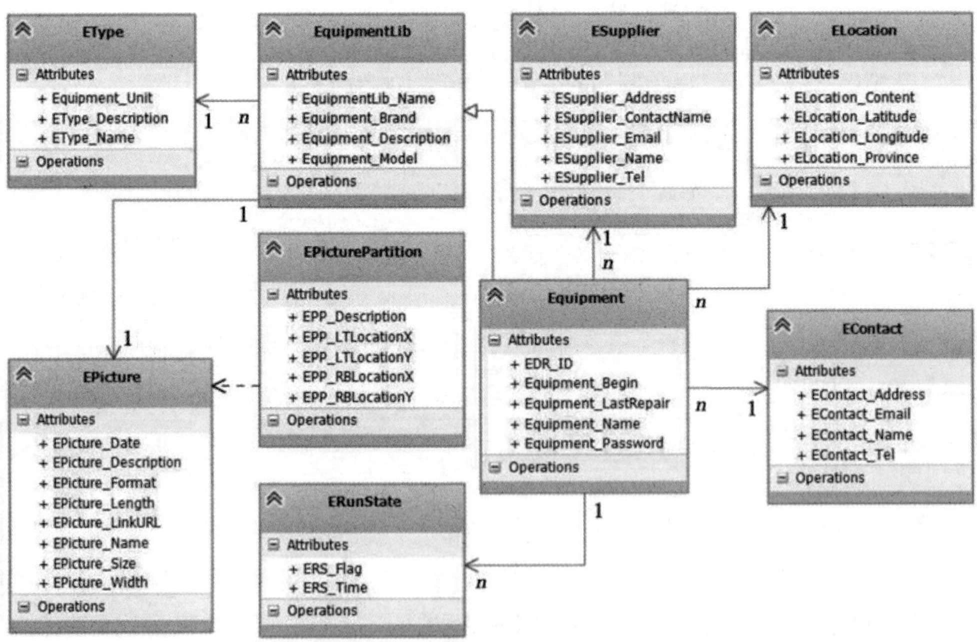

图 7-12　设备信息管理模块 UML 类图

2. 状态监测模块

其E-R图见图7-13。针对特定零部件使用相应的算法来实现状态监测。由E-R图进行细化后得到的UML类图见图7-14。对于健康评估模块、预测评估模块等其他功能模块，可以按照同样的方法得出，因此这里不再赘述。

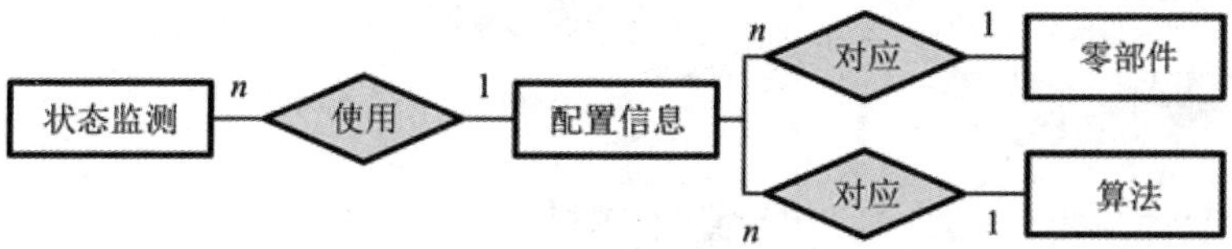

图 7-13　状态监测模块 E-R 图

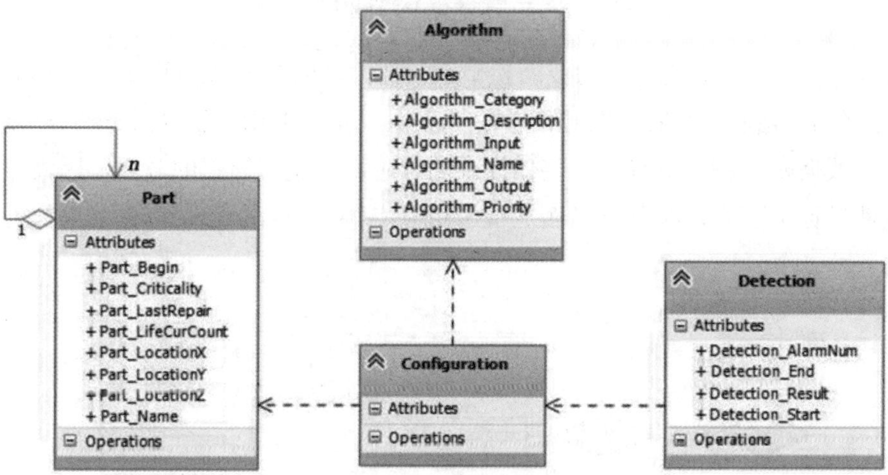

图 7-14　状态监测模块 UML 类图

3. 人员管理模块

人员管理模块包含了用户信息、权限信息及用户登录信息等。其E-R图见图7-15。由E-R图进行细化后得到的UML类图见图7-16。

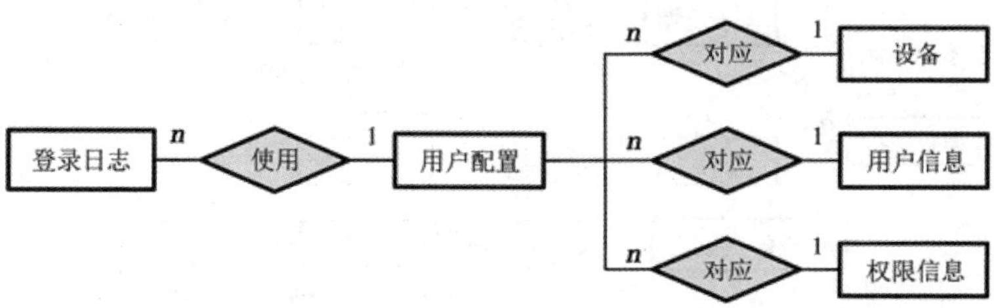

图 7-15　人员管理模块 E-R 图

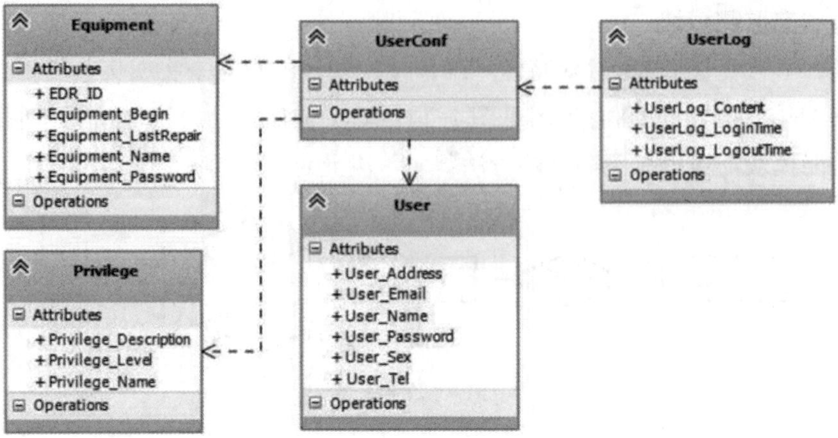

图 7-16　人员管理模块 UML 类图

将各个子模块整合起来，构成的整个系统数据库的 E-R 图见图 7-17。由 E-R 图进行细化后得到的 UML 类图见图 7-18。此处，由于 UML 类图比较庞大复杂，为了展现数据库涉及的所有实体整体关系的同时，又起到简化的效果，因而将各实体属性进行了隐藏，在监控界面上单击相应实体上的双折线便可以将其属性展现出来。

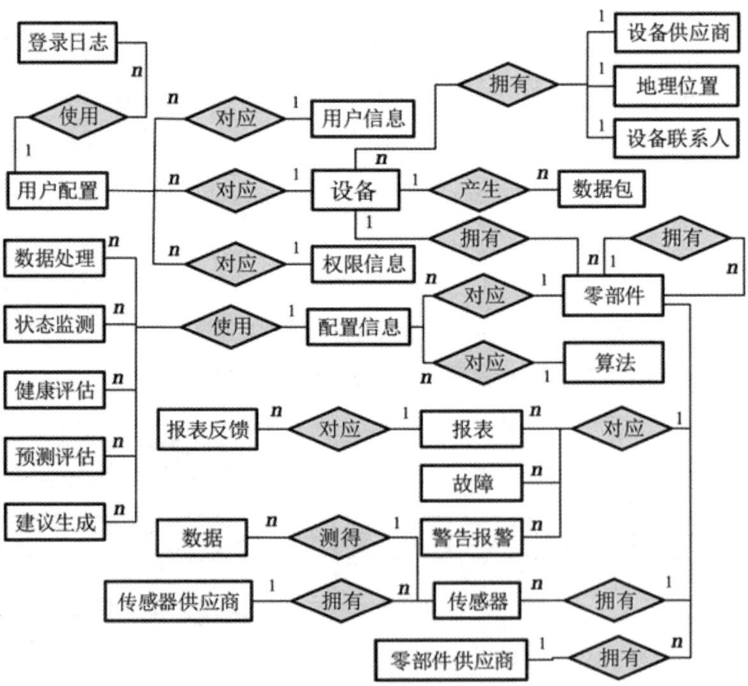

图 7-17　系统数据库整体 E-R 图

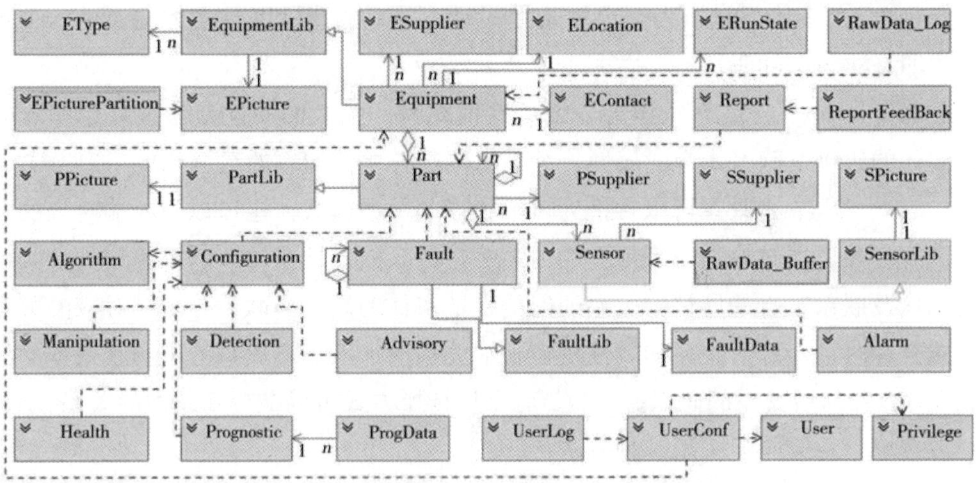

图 7-18 系统数据库整体 UML 类图

7.5 系统数据库的逻辑模型设计

数据库的逻辑模型设计是将概念设计的结果转换成与选用的数据模型相符合的逻辑结构。数据模型是用于描述数据或信息的标记，主要由数据结构、数据操作和数据上的约束构成。早期的 DBMS 中用到了层次模型和网状模型，但是现在这两种数据模型在 DBMS 中已鲜有使用。目前 DBMS 中主流的数据模型主要是关系模型和半结构化数据模型。前者在现行的大多数商业 DBMS 中都有出现；而后者主要是 XML 文件，它是大多数关系 DBMS 的一个附加特征。系统数据库的数据模型将采用最为常用的关系模型，综合各方面因素选择当前主流的关系型数据库系统，由 Microsoft 公司开发的 SQL Server 来作为系统数据库的数据库管理系统。

系统数据库的概念设计采用 E-R 图与 UML 类图相结合的设计方式，而数据模型已选用了关系模型，那么，系统数据库的逻辑设计过程简单来说就是将 E-R 模型与 UML 模型转化为关系模型的设计过程。在转化过程中，要遵循一定的转化规则，以便符合关系模型的规范化理论和 DBMS 的特点与限制等。

7.5.1 概念模型到逻辑模型的转换策略

本小节主要讲述 E-R 模型与 UML 模型到关系模型的转换。

1.E-R 模型转换为关系模型

E-R 模型转换为关系模型的方法如下：

1）一个实体型转换为一个关系模式时，关系的属性即是实体的属性，关系的码即是实体型的码。

2）一个 m：n 联系转换为一个关系模式时，关系的属性是与该联系相连的各实体的码以及联系本身的属性，关系的码是各实体的码的组合。

3）一个 1：n 联系可以转换为一个独立的关系模式，也可以与 n 端对应的关系模式合并。当转换为一个独立的关系时，关系的属性是与该联系相连的各实体的码以及联系本身的属性，关系的码是 n 端实体的码。当联系与 n 端对应的关系模式合并时，合并后关系的属性是在 n 端关系中加入 1 端关系的码和联系本身的属性，合并前后关系的码保持一致。后一种转换方式可以减少系统中的关系个数，一般情况下更倾向于采用这种方法。

4）一个 1：1 联系可以转换为一个独立的关系模式，也可以与任意一端对应的关系模式合并。

5）3 个或 3 个以上实体间的一个多元联系转换为一个关系模式。

6）同一实体集的实体间的联系，即自联系，也可按上述 1：1、1：n 和 m：n 三种情况分别处理 .

7）具有相同码的关系模式可合并。

2.UML 模型转换为关系模型

1）一个 UML 的类可转换成一个关系，类的属性即关系的属性。

2）对于每个关联，创建一个名字为关联名的关系。关系的属性是两个连接类的键属性。

3）从 UML 子类到关系：

①如果层次的每一层都是分离的，那么建议采用面向对象的方法（每个实体在一个子类的关系中）。

②如果层次在每一层既是完整的又是分离的，使用面向对象的方法时，只要为层次中叶子节点的类构建关系。

③如果层次很大而且在某些或者所有的层上是重叠的，那么使用 E-R 方法（每个子类的关系仅有键属性和该子类属性）比较合适。

4）从聚合与组合到关系：聚合与组合都是多对一类型的关联，因此在关系模型中可以同一般关联那样表示，只是需要为相关的关系构造一个名字。

7.5.2 规范化处理

数据库设计范式是符合某一种级别的关系模式的集合，在关系数据库的构建中必须遵循这种规则，关系数据库中的关系必须满足不同的范式要求。

目前，关系数据库有六种范式：第一范式（1NF）、第二范式（2NF）、第三范式（3NF）、第四范式（4NF）、第五范式（5NF）和第六范式（6NF）。满足最低要求的范式是第一范式（1NF）。在第一范式的基础上进一步满足更多要求的称为第二范式（2NF），其余范式以此类推。一般说来，数据库只需满足第三范式（3NF）就行了。下面，对第一范式（1NF）、第二范式（2NF）和第三范式（3NF）进行一个简单的介绍。

1. 第一范式（1NF）

所谓第一范式（1NF）就是指数据库表的每一列都是不可分割的基本数据项，同一列中不能有多个值，即实体中的某个属性不能有多个值或不能有重复的属性。如果出现重复的属性，就可能需要定义一个新的实体，新的实体由重复的属性构成，新实体与原实体之间为一对多关系。在第一范式（1NF）中表的每一行只包含一个实例的信息。简而言之，第一范式就是无重复的列。

在任何一个关系数据库中，第一范式（1NF）是对关系模式的基本要求，不满足第一范式（1NF）的数据库就不是关系数据库。

2. 第二范式（2NF）

第二范式（2NF）是在第一范式（1NF）的基础上建立起来的，满足第二范式（2NF）前必须先满足第一范式（1NF）。第二范式（2NF）要求数据库表中的每个实例或行必须可以唯一地被区分。为实现区分通常需要为表加上一个列，以存储各个实例的唯一标识。唯一属性列被称为主关键字或主键、主码。

第二范式（2NF）要求实体的属性完全依赖于主键。所谓完全依赖是指不能存在仅依赖主键一部分的属性，如果存在，那么这个属性和主键的这一部分应该分离出来形成一个新的实体，新实体与原实体之间是一对多的关系。简而言之，第二范式就是非主属性完全依赖于主键。

3. 第三范式（3NF）

满足第三范式（3NF）必须先满足第二范式（2NF）。在第二范式的基础上，数据表中如果不存在非关键字段对任一候选关键字段的传递函数依赖则符合第三范式。简而言之，第三范式就是属性不依赖于其他非主属性。

7.5.3 系统数据库逻辑设计的实现

在概念设计的过程中，先采用 E-R 图简化出了实体与实体之间的联系，然后在 E-R 图的基础上，利用 UML 类图进行全面考虑与细化。因此，在逻辑设计的过程中只需要将 UML 类图转化为相应的关系模型。由于已经有很成熟的转换规则，因此在转换过程中只需要按照规则转换即可。按照转换规则，结合自身实际情形，转换过程主要有：将类转换成关系型数据库中的表格，表名与类名相同；将类的属性映射成相应表中的字段，表字段名与类属性名相同；为了唯一标识表中的每条记录，添加一个 ID 字段作为表主键，它也作为关系型数据库中表与表之间记录相关联的依据，即外键；对于泛化关系、实现关系与依赖关系，在不是箭头所指的一端类所对应的表格中添加一个字段作为外键，用以关联箭头所指端对应的表格，且字段名与该表主键名相同。

经过相应的转换后得到的系统数据库设计结果详见 7.7 小节。其中所设计的表格均满足第三范式的要求，且其关系模式能够满足需求分析阶段得到的各种应用对数据处理的要求，因而不需再对表格进行合并或分解等操作。

7.6 系统数据库的物理模型设计

经过逻辑设计后，系统数据库的理论设计已基本完成。然而，要实现系统数据库的落地与应用，使数据库的事务能够高效运行，需要给它提供一个合适的生存环境，这就是将数据库进行物理化的过程。在这个过程中，要考虑使用的数据库管理系统类型及其运行环境，并针对实际应用选择合适的数据库物理存储结构，包括数据存储结构与存放位置等。数据库的物理设计通常分为两步：第一，确定数据库的物理结构；第二，对物理结构进行评价，评价的重点是时间和空间效率。

7.6.1 设计准备工作

在设计数据库的物理结构之前，设计人员必须充分了解所用 DBMS 的内部特征，数据库系统的实际应用环境，特别是数据应用处理的频率和响应时间的要求，外存设备的特征。

在进行数据库物理设计时，需要对数据库查询事务、更新事务进行一些设计。当系统正常运行时，每隔一段时间（5s 左右）便会将整个数据包和原始数据均存储在系统数据库中。其中，原始数据是根据从系统数据库中调用的数据配置信息将数据包进行拆分处理后获取的。设备、零部件、传感器及其数据配置、供应商、位置等信息在存储到数据库后一般不会轻易进行改变更新。而其他的数据，只有在进行分析时才进行更新。

在物理数据库设计阶段，通常并不知道全部的数据库事务，上述信息可能不完全，所设计的物理结构可能会随着新事务的提出做适当的修改。

7.6.2 物理结构确定

确定数据库的物理结构包含下面四方面的内容：确定数据的存储结构，设计数据的存取路径，确定数据的存放位置，确定系统的配置。在数据库物理设计过程中需要对时间效率、空间效率、维护代价和各种用户要求进行权衡，选择一个优化方案作为数据库物理结构的设计方案。在数据库物理结构设计中，最有效的方式是集中地存储和检索对象。

1. 数据存储结构

确定数据存储结构的过程就是一个选择数据库管理系统（DBMS）的过程。一旦 DBMS 确定之后，数据库的存储结构就确定了。在确定数据库存储结构时要综合考虑存取时间、存储空间利用率和维护代价三方面的因素。这三个方面常常是相互矛盾的，例如消除一切冗余数据虽然能够节约存储空间，但往往会导致检索代价的增加，因此必须进行权衡，选择一个折中方案。综合本系统的各种要求，选择 MS SQL Server2008 作为数据库管理系统。

2. 数据存取路径

存取路径是为存储在物理设备上的数据提供快速存储和检索能力的。数据库系统是多用户共享的系统，对同一个关系要建立多条存取路径才能满足多用户的多种应用要求。

存取路径的实现方法有多种，如索引法、簇集方法、HASH 法，以下分别对这 3 种方法进行介绍。

（1）索引方法　索引设计是数据库物理设计的基本设计内容。数据库的索引类似于书的目录。在书中，目录允许用户不必浏览全书就能迅速地找到所需要的位置。在数据库中，索引也允许应用程序迅速找到表中的数据，而不必扫描整个数据库。在书中，目录就是内容和相应页号的清单。在数据库中，索引就是表中数据和相应存储位置的列表。有效的索引选择将提高数据库的存取效率。索引建立在关系的属性上，用于常用的查询中。索引虽然能加速查询的速度，但是为数据库中的每张表都设置大量的索引并不是一个明智的做法。这是因为增加索引也有其不利的一面：首先，每个索引都将占用一定的存储空间，如果建立聚簇索引（会改变数据物理存储位置的一种索引），占用的空间就会更大；其次，当对表中的数据进行增加、删除和修改的时候，索引也要进行动态维护，这样就降低了数据的更新速度。因此，索引的建立也需权衡进行。

在本数据库中，主要对以下关系建立索引：①对主键建立索引：主键上的索引通常会被频繁地引用，且此键值是唯一的，故与给定键值匹配的元组最多只有一个，因此索引返回的要么是这个元组的位置，要么什么也不返回。也就是说，为了取得这个元组，最多只有一个磁盘页需要被读入主存（尽管有时为了使用索引本身，需要读入存储索引的其他磁盘页）。如为设备表的主键建立索引：CREATE INDEX KeyIndex ON Equipment（Equipment_ID），其他表的主键索引建立方法类似。②本系统中经常通过选择时间段来选取数据，进而进一步进行分析工作，因此，需要对原始数据表中的时间属性建立索引：CREATE INDEX TimeIndex ON RawData_Buffer（RDB_Time）。③在经常需要搜索的列上一般也需建立索引。在本系统中，经常会搜索某一零部件或传感器的状态，因此，需要对零部件名称和传感器名称建立索引：CREATE INDEX PartNameIndex ON Part（Part_Name）； CREATE INDEX SensorNameIndex ON Sensor（Sensor_Name）。④经常用于连接的列需要建立索引，故对外键连接建立索引。最常使用的连接就是设备—零部件—传感器—数据存储。

（2）簇集方法　簇集是把属性上相同值的元组进行集中存放的物理块，它的使用可提高这些属性的查询速度。在 SQL 语句中，包含与聚簇码有关的语句有 ORDER BY、GROUP BY、UNION、DISTINCT。

对于本数据库而言，建立簇集之处主要有：对数据进行查询分析时按时间与零部件名称进行，为提高查询速度使用簇集：SELECT RDC_ID、RDC_Time、RDC_Data From RawData_Buffer ORDER BY RDC_ID、RDC_Time。

（3）哈希方法（HASH）　哈希方法的查询原理是根据数据记录中某些属性（称为哈希域）的值用某种算法算出数据记录的存放地址。

当数据库表大到一定程度的时候，比如大到上亿或几百亿条的记录时，查询性能就会骤降，即使正确地使用索引也无济于事。这种大容量记录的表及其多表之间的关联查询需要采用哈希联接，来提高数据库多表查询的效率。微软的 SQL Server 数据库，在默认情况下是采用哈希联接的。

在本数据库中，原始数据缓存表 RawData_Buffer 正常状态下大约每 5s 存储 1 700B 数据而不进行删除，因此，此表中的数据量会越来越大，使用哈希法能提高对其数据的查询能力。多表关联中可以使用哈希联接，是否使用哈希联接一般是由数据库系统自行决定的，当然也可以自己手工指定。

下面对如何使用手工指定方法进行举例，如：当数据表很大时，通过原始数据缓存表 RawData_Buffer 与传感器表 Sensor 的关联关系获得原始数据缓存表中相关的数据信息。

```
SELECT a.RDB_ID，a.RDB_Time，a.RDB_Data
FROM RawData_Buffer a JOIN Sensor b
ON a.Sensor_ID=b.Sensor_ID OPTION（HASH JOIN）；
```

3. 数据存储位置

为了提高系统性能，根据应用情况将数据按照易变部分与稳定部分、经常存取部分与存取频率较低部分的类别分开存放。

本系统数据库安装并运行于远程监控中心单独的数据库服务器上，目前只有一个硬盘，因此，数据库的相关内容都存放在同一个硬盘上。但是，数据库的数据备份和日志文件备份等只在故障恢复时才使用。

4. 系统配置

DBMS 产品一般都提供了一些存储分配参数，供设计人员和 DBA（数据库管理员）对数据库进行物理优化。初始情况下，系统都为这些变量赋予了合理的默认值，但是这些值不一定适合每一种应用环境。在进行物理设计时，需要重新对这些变量赋值以改善系统的性能。

SQL Server 可以进行物理优化的参数有：同时使用数据库的用户、同时打开数据库对象数，使用缓冲区长度、个数，数据库的大小，索引文件的大小，封装因子，锁的数量等。本数据库创建时，对分配参数采用默认值：同时使用用户数为 4。

7.6.3 物理结构评估

数据库物理设计过程中需要对时间效率、空间效率、维护代价和各种用户要求进行权衡，其结果可以产生多种方案，设计人员必须对这些方案进行细致的评价，从中选择一个较优的方案作为数据库的物理结构，若不符合用户需求，则需要修改设计。

SQL Server 的物理评价可以使用其自身提供的数据库引擎优化顾问，这是用于分析工作负荷（对要优化的数据库执行的一组 Transact-SQL 语句）对一个或多个数据库性能的影响的工具。分析数据库的工作负荷效果后，数据库引擎优化顾问会提供在 Microsoft SQL Server 数据库中添加、删除或修改物理设计结构的建议。这些物理性能结构包括聚集索引、非聚集索引、索引视图和分区。实现这些结构之后，数据库引擎优化顾问使查询处理器能够用最短的时间执行工作负荷任务。

7.7 系统数据库的实现

在数据库设计理论的基础上，为适应项目实际需求，系统数据库经过反复修改后，最终能很好地被实现出来。当然，这并不意味着设计好的系统数据库在后面会一成不变。事实上，在后续测试与使用过程中，仍极有可能会根据实际需求对系统数据库做相应的修改。然而，由于整个系统数据库的框架已定，系统数据库的改动幅度不会很大，如添加表格、添加字段与修改字段属性等。

7.7.1 系统数据库的命名规范

为了给数据库的设计及日后维护、管理与使用带来方便，数据库中各种对象的命名规则需要统一化与规范化。在本系统数据库中，针对各种对象制定的命名规范如下：

（1）实体（即表）的命名　表以名词或名词短语命名，每个单词的首字母大写，其他字母小写。例如：零部件表命名为 Part 表。

（2）属性（即列）的命名　属性的命名规则为尽量用下划线连接表名全称或英文缩写与属性名称短语，大小写规则也是单词的首字母大写，其他小写。如零部件表中的零部件序号字段命名为 Part_ID。当表名过长时，可以通过缩减表名或自编序号进行命名，如配置表的序号字段命名为 RDC_ID。当然，有时候为了将属性的意思表达清楚也可以按照属性的意义来灵活命名。

为了避免一些不必要的错误发生，不允许使用关键字作为列名。

每张表都必须有一个主键列（包括单个主键与复合主键）。

（3）键的命名　主键的命名：PK_ 表名。外键的命名：FK_ 表名 1_ 表名 2。

（4）视图的命名

1）视图以 V_ 作为前缀，其他命名规则和表的命名类似。

2）命名应尽量体现各实体的功能。

（5）索引的命名　索引的命名以 Index 为前缀，其他命名规则和表的命名类似。

（6）触发器的命名（在数据库中禁止使用触发器）　触发器以 TR_ 作为前缀，触发器名为相应的表名加上后缀，Insert 触发器加“_I”，Delete 触发器加“_D”，Update 触发器加“_U”，如 TR_Part_I、TR_Part_D、TR_Part_U。

（7）存储过程命名　存储过程应以“SP_”开头，应注意和系统的存储过程区分开。

（8）变量名　变量名的命名与表名、列名等类似，每个单词首字母大写，如 @Part_Name。

（9）命名过程中其他应注意的事项

1）以上命名都不得超过 30 个字符的系统限制，变量名的长度限制为 29 个字符（不包括标识字符 @）。

2）各个对象、变量的命名都采用英文字符，禁止使用中文命名，绝对不要在对象名的字符之前留空格。

3）小心保留词，要保证你的字段名不会与保留词、数据库系统或者常用访问方法冲突。

4）保持字段名和类型的一致性，在命名字段并为其指定数据类型的时候一定要保证一致性。假如数据类型在一个表中是整数，那在另一个表里就不能变成字符型。

5）所有的表、字段、存储过程等都必须有注释，注释的语法随系统而定。

6）避免使用与常用关键词 [Keywords] 有冲突的标识符 [Identifier]。

7）在数据库中，所有外键、约束、索引、函数、触发器、存储过程的名字不允许重复。

7.7.2　设备信息数据库的表示与存储

要实现对设备的远程监控，就必须将这些设备本身的信息通通存入数据库中。在设备层面，需要存储整台设备的信息，包括型号、生产厂商等固定信息及所处地理位置、上次维护时间等动态信息。这些信息的存储在数据库中很容易实现。与此同时，还需要存储设备各零部件的信息。由于设备，尤其是设备机构，往往拥有众多的子零部件（见图 7-19），如何将设备零部件自身信息以及零部件之间的关联信息（即子父部件关系信息）在数据库中进行表示与存储成为了关键点与难点，而这也是在此处把设备信息数据库存储单独拿出来作为一个独立章节的原因。我们所采取的策略是：按设备零部件的层次关系，将整台设备从最顶层的部件或最顶层的机构向下划分至最底层的零件，并将设备的零部件信息以倒置树的形式进行表示与存储。这就是所谓的零部件树，其中树根就是设备本身；树的各个分支就是各大机构或各层中间部件，它们还可以向下划分为子零部件；而零件就相当于树的叶子，已到最底部而不能再向下划分。

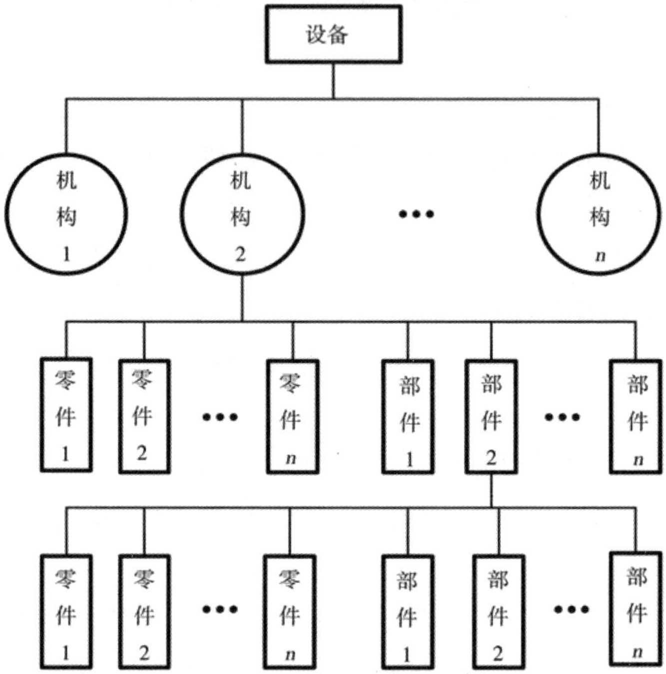

图 7-19　设备构成图

以某公司的 SR3600/1800·48 型斗轮机为例，它主要由大车行走机构、回转机构、悬臂机构、俯仰机构、斗轮机构、尾车机构、料斗、电缆卷筒机构、电气室和司机室等机构或部件组成，见图 7-20。斗轮机的各部件又可以进一步划分为子零部件。例如，斗轮机构主要由斗轮体、斗子、带有轴承组件的斗轮轴、带有扭力臂的液压马达斗轮驱动装置、圆弧挡料板与斗轮溜槽等组成，而斗轮驱动装置等也可以再往下继续细分，见图 7-21。

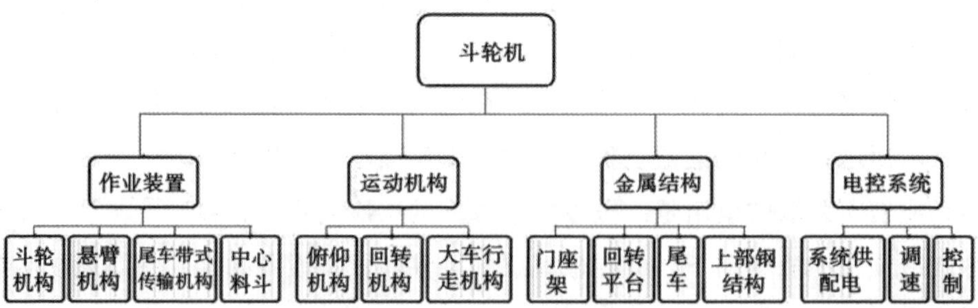

图 7-20　斗轮机组成机构

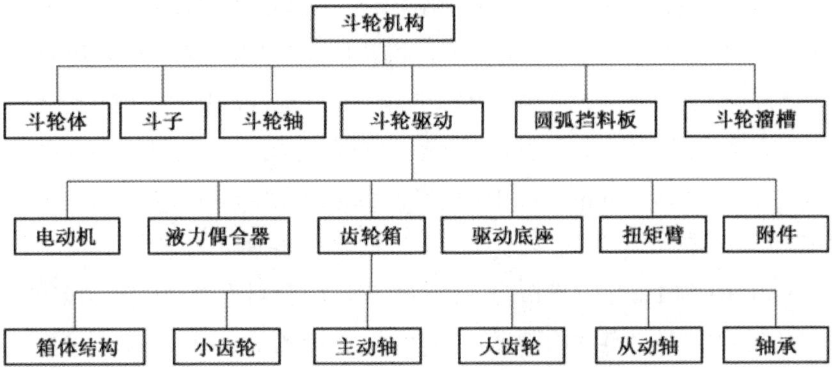

图 7-21　斗轮机构子零部件

为了将设备及其零部件树信息进行存储，系统数据库的初步构思见图 7-22。设备层面的信息存储在设备信息表中，而其零部件信息存储在另一张名为零部件信息的表中。在零部件信息表中，设计一个设备 ID 字段跟设备信息表的设备 ID 字段外键关联，以表明该零部件属于该设备，并在零部件信息表中设计父部件 ID 字段跟本表自身的零部件 ID 字段外键关联，以表明该零部件属于哪个父部件。针对顶层部件无父部件的问题，规定设备最顶层部件的零部件 ID 与其父部件 ID 相等，以表明它的上面已经没有父部件。

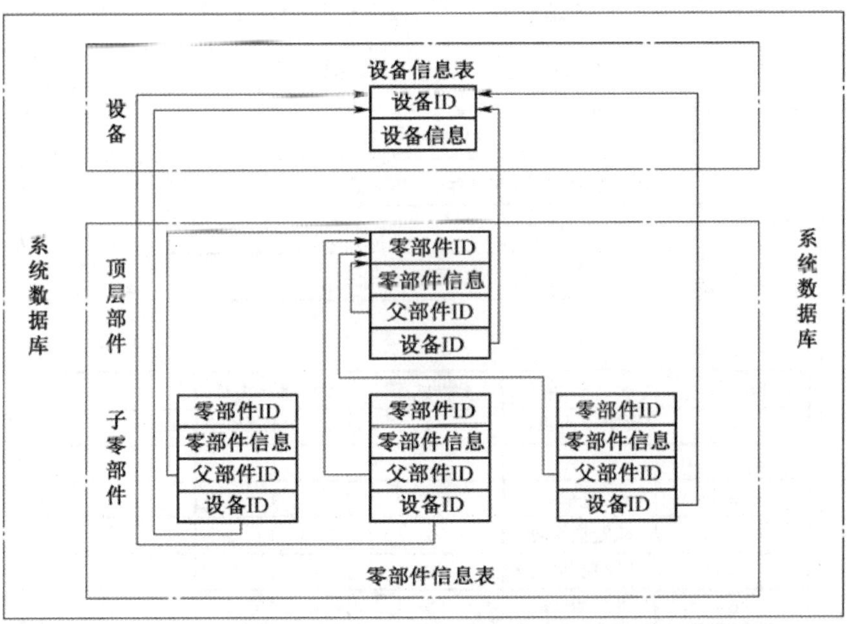

图 7-22　设备及其零部件树数据库存储初步构思

在此简要举个例子说明在实际操作过程中，如何将零部件树信息组织入库。斗轮机的三层零部件树如图 7-23 所示。将其信息分别组织进设备表（Equipment 表）与零部件表（Part 表），见图 7-24。其中，Equipment 表中目前存储了名为“斗轮机”与“卸船机”的设备信息，Part 表中目前存储了斗轮机的零部件信息，因为 Part 表中有个字段 Equipment_ID 与 Equipment 表字段 Equipment_ID 关联。名为“大车行走机构”“斗轮”与“尾车”的零部件属于斗轮机的顶层部件，因为它们的 Part_ID 与 Parent_ID 相同。名为“斗轮耦合器”“斗轮控制电源”与“斗轮电机”的零部件是斗轮的子零部件，因为它们的 Parent_ID 都为 2，与斗轮的 Part_ID 相同。

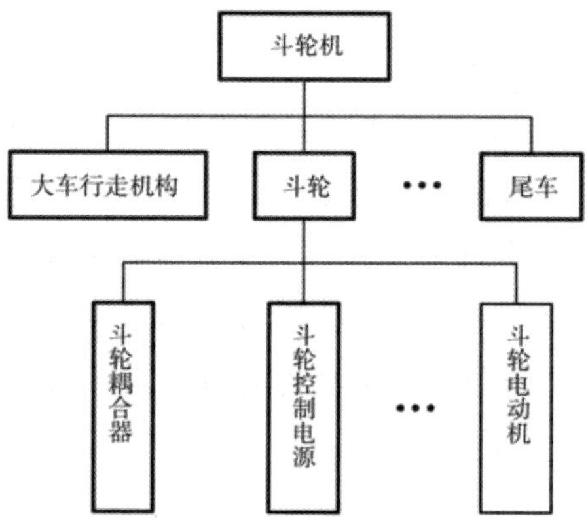

图 7-23　斗轮机零部件树

数据库

Equipment 表

Equipment_ID	Equipment_Name	…
1	斗轮机	…
2	卸船机	…

Part 表

Part_ID	Part_Name	Parent_ID	Equipment_ID	…
1	大车行走机构	1	1	…
2	斗轮	2	1	…
3	尾车	3	1	…
4	斗轮耦合器	2	1	…
5	斗轮控制电源	2	1	…
6	斗轮电动机	2	1	…

数据库

图 7-24　Equipment_ID 为 1 的斗轮机零部件树数据库存储

7.7.3 系统数据库的模块划分及表间关系

对数据模型进行优化后，所设计的系统数据库共由 38 个数据表组成。它对需要存储的设备没有类型限制，即每种类型的设备都可以按照相同的策略进行存储。本小节对系统数据库进行了模块划分并对表间关系进行了梳理。有关数据库表与字段的详细设计见 7.7.4 小节。

1. 系统数据库整体表关系

系统数据库整体表关系示意图及关系图分别见图 7-25 与图 7-26。

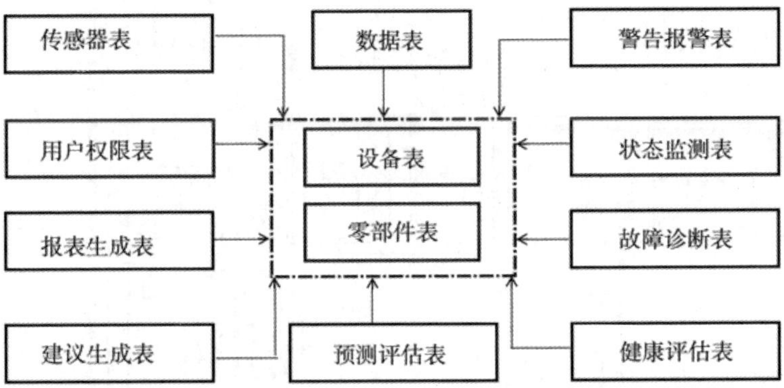

图 7-25 系统数据库整体表关系示意图

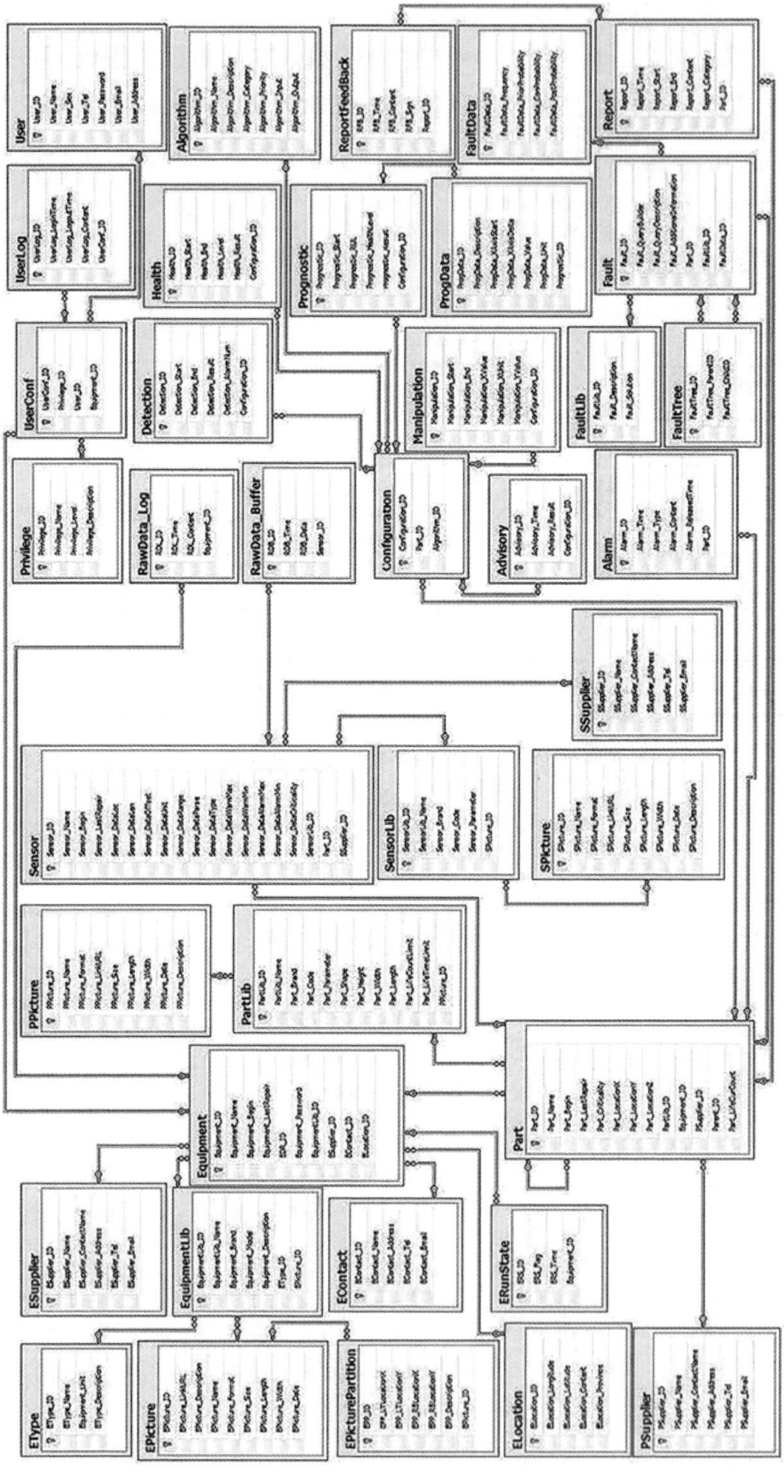

图 7-26 系统数据库关系图

2. 系统数据库表的模块划分

由于系统数据库中数据表多达 38 个，并且表与表之间存在着外键约束的关系，因而其整体结构较为复杂。为了帮助用户对系统数据库有一个清晰的了解，以便能够很好地使用、维护与管理系统数据库，特对系统数据库表进行了模块划分。

系统数据库组织结构见图 7-27。由于系统架构是基于 CBM 的，因此，CBM 的七层体系架构（见图 7-28）在本系统数据库设计中也有所体现。其中功能实现数据库中的各个子模块正是 CBM 七层体系架构在系统数据库中的具体表现。整个系统数据库的模块划分情况见图 7-29。

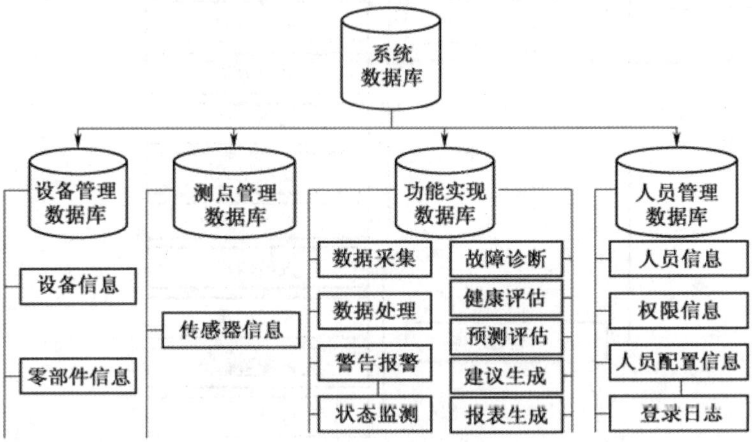

图 7-27　系统数据库组织结构

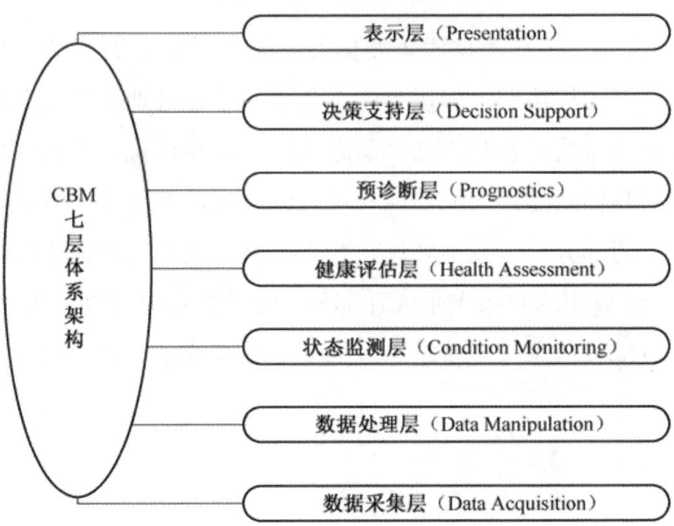

图 7-28　CBM 七层体系架构

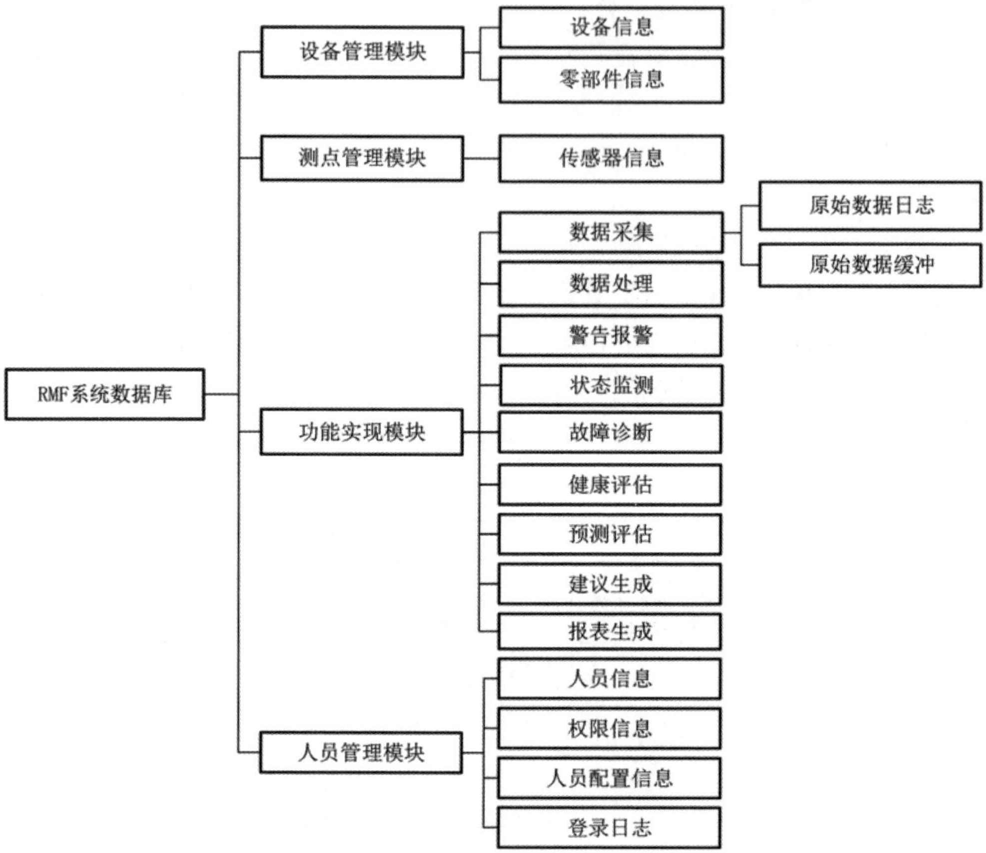

图 7-29　系统数据库模块划分

由图 7-29 可知，系统数据库主要由设备管理模块、测点管理模块、功能实现模块以及人员管理模块四大模块组成。其中，设备管理模块根据信息类型的不同又可以划分为设备信息及其零部件信息两部分；测点管理模块即传感器信息；针对设备实现的具体功能，功能实现模块可以分为数据采集（包括原始数据日志与原始数据缓冲两部分）、数据处理、警告报警、状态监测、故障诊断、健康评估、预测评估、建议生成与报表生成九部分；而人员管理模块主要包括人员信息、权限信息、人员配置信息与登录日志等部分。系统数据库进行模块划分后的情形见图 7-30。

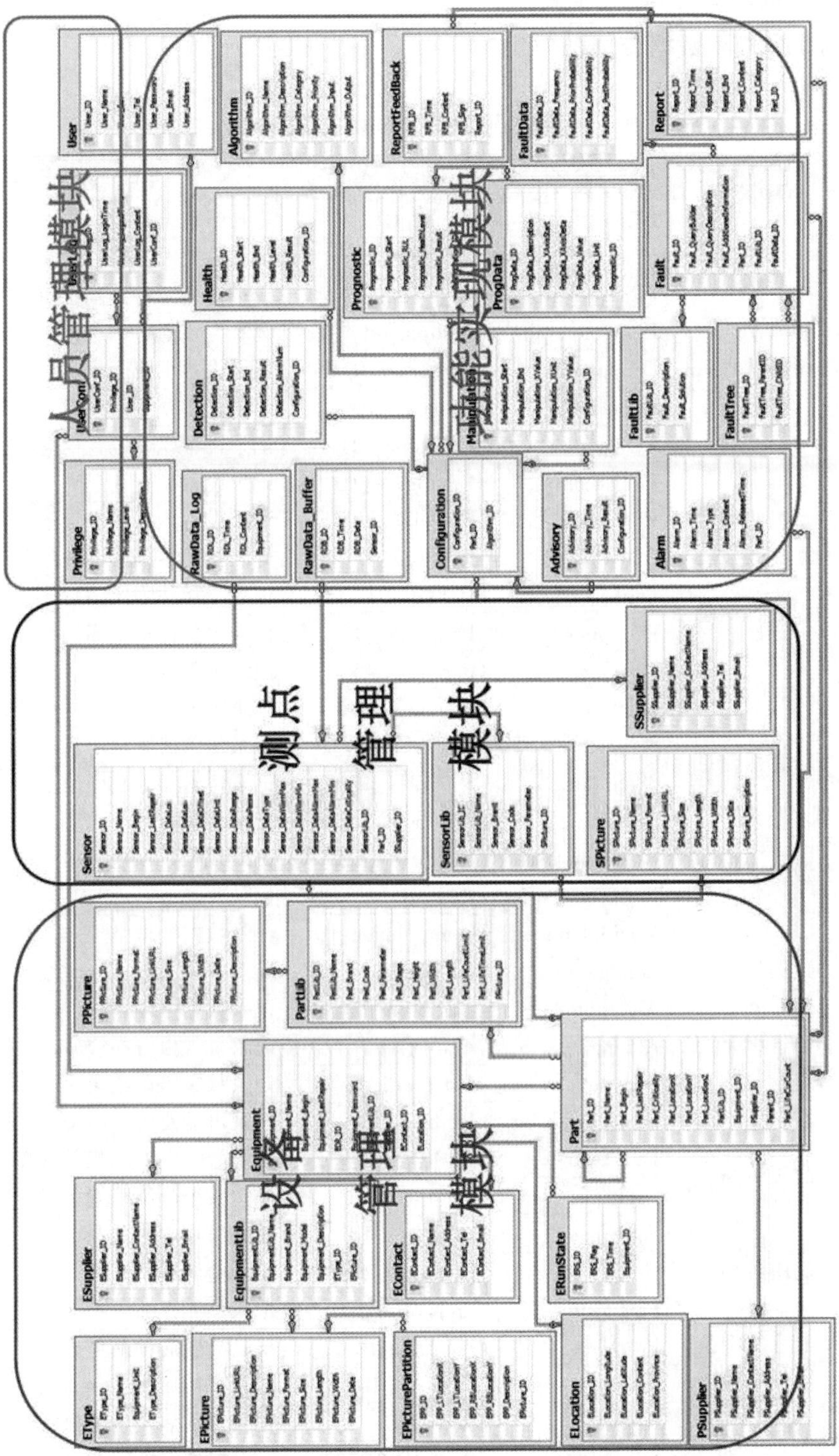

图 7-30 系统数据库模块划分情况

3. 系统数据库各模块数据表概览

系统数据库各模块数据表见表 7-3。

表 7-3　系统数据库各模块数据表

数据库模块	信息类型	表名	主键	备注
设备管理模块	设备信息	EType	EType_ID	记录所有设备类型
		EPicture	EPicture_ID	记录各类设备图片信息
		EPicturePartition	EPP_ID	记录设备图片分割位置
		EquipmentLib	EquipmentLib_ID	记录设备固定信息
		ESupplier	ESupplier_ID	记录设备供应商信息
		EContact	EContact_ID	记录设备联系人信息
		ELocation	ELocation_ID	记录设备地理位置信息
		Equipment	Equipment_ID	记录设备可变信息
		ERunState	ERS_ID	记录设备运行状态信息
	零部件信息	PPicture	PPicture_ID	记录各类零部件图片信息
		PartLib	PartLib_ID	记录零部件固定信息
		PSupplier	PSupplier_ID	记录零部件供应商信息
		Part	Part_ID	记录零部件可变信息
测点管理模块	传感器信息	SPicture	SPicture_ID	记录各类传感器图片信息
		SensorLib	SensorLib_ID	记录传感器固定信息
		SSupplier	SSupplier_ID	记录传感器供应商信息
		Sensor	Sensor_ID	记录传感器可变信息
功能实现模块	数据采集	RawData_Log	RDL_ID	记录整个数据包
		RawData_Buffer	RDB_ID	记录各条数据
	数据处理	Manipulation	Manipulation_ID	记录数据处理结果
		Configuration	Configuration_ID	连接算法与数据处理结果
		Algorithm	Algorithm_ID	记录数据处理算法
	警告报警	Alarm	Alarm_ID	记录警告报警内容
	状态监测	Detection	Detection_ID	记录状态监测结果
	故障诊断	FaultLib	FaultLib_ID	记录可能发生的故障
		FaultData	FaultData_ID	记录故障发生的相关数据
		Fault	Fault_ID	确定某个故障查询条件
		FaultTree	FaultTree_ID	建立故障层次关系
	健康评估	Health	Health_ID	记录健康评估结果
	预测评估	Prognostic	Prognostic_ID	记录预测评估结果
		ProgData	ProgData_ID	记录产生的预测数据
	建议生成	Advisory	Advisory_ID	记录评估后的综合建议
	报表生成	Report	Report_ID	记录评估后产生的报告
		ReportFeedBack	RFB_ID	记录报告实施后的反馈

（续）

数据库模块	信息类型	表名	主键	备注
人员管理模块	用户信息	User	User_ID	记录用户信息
	权限信息	Privilege	Privilege_ID	记录权限信息
	用户配置	UserConf	UserConf_ID	记录用户配置信息
	登录日志	UserLog	UserLog_ID	记录登录日志信息

7.7.4 系统数据库表与字段的详细设计

在下列各表中，类型表示该字段数据在数据库中的存储类型。长度主要针对字符型字段，表示单个该字段数据的固定字符数（char 与 nchar 类型）或可以达到的最大字符数（varchar 与 nvarchar 类型）。对于字段数据中都是英文字符的采用 char 或 varchar 类型，此时一个字符占一个字节；如果存在汉字则采用 nchar 或 nvarchar 类型以防止乱码，此时一个字符占两个字节。如果字段数据长度固定则采用 char 或 nchar 类型，否则一律采用长度可变的 varchar 或 nvarchar 类型以节省存储空间。备注即为对该字段的用途及使用方法等进行介绍。在相应表格下方的文字，即为对该表的整体说明。此外，为了说明字段类型如何选取的问题，在对表 7-4 与表 7-5 的整体说明下面分别添加了相应表字段类型设计说明。对于其他数据表的字段类型设计，可以依此类推。EType 表（设备类型表）见表 7-4，EPicture 表（设备图片表）见表 7-5，系统数据库的其他表见表 7-6 ～表 7-41。

表 7-4 EType 表（设备类型表）

名称	中文名称	类型	长度	备注
EType_ID	设备类型序号	char	7	每种设备类型的序号，根据 GB/T 14885—2010 规范进行编号，PK
EType_Name	设备类型名称	nvarchar	50	设备类型名称，根据 GB/T 14885—2010 规范命名
Equipment_Unit	设备单位	nchar	1	设备单位，根据 GB/T 14885—2010 规范记录
EType_Description	设备类型描述	nvarchar	500	对该设备类型简要描述

说明：

EType 表（设备类型表）主要用于记录本系统可诊断的所有设备的类型，表的内容根据 GB/T 14885—2010《固定资产分类与代码》直接导入。该标准采用 7 位代码来标识设备类别，第 1 位表示门类，第 2、3 位表示大类，第 4、5 位表示中类，第 6、7 位表示小类，可以认为设备类型最多为四层的树结构。查询某种类型的设备时可以使用正则表达式实现字符的模糊匹配，通过 EType_ID 字段进行查找。

表字段类型设计说明：

由于在 GB/T 14885—2010《固定资产分类与代码》中，采用 7 位代码来标识设备类型，因此，可以将其导入 EType_ID 字段作为标识列，而 EType_ID 的字段类型设计为 7 位固定字符长度，即 char（7）。此外，在该标准中，由于设备类型名称不超过 50 个中文字符，因此选取 EType_Name 的字段类型为最大长度为 50 的可变中文字符，即 nvarchar（50）。对于设备单位，在该国标中有座、台、套、吨与辆等，因此 Equipment_Unit 字段类型设计为单个长度的固定中文字符，即 nchar（1）。在对设备类型信息进行简要描述时，设计中文字符最大长度为 500，已足够使用，因而 EType_Description 字段类型设计为 nvarchar（500）。

表 7-5　EPicture 表（设备图片表）

名称	中文名称	类型	长度	备注
EPicture_ID	设备图片序号	int		每条设备图片表记录的编号，PK
EPicture_Name	设备图片名称	nvarchar	50	记录每张设备图片的备注名称
EPicture_Format	设备图片格式	varchar	10	记录设备图片的具体格式，包括 JPEG、GIF 与 PNG 等
EPicture_LinkURL	设备图片 URL 链接	nvarchar	200	记录设备图片的存储路径信息
EPicture_Size	设备图片大小	float		记录设备图片大小的信息，按 KB 计算占用存储空间
EPicture_Length	设备图片长度	int		记录设备图片的长度，基本单位为像素
EPicture_Width	设备图片宽度	int		记录设备图片的宽度，基本单位为像素
EPicture_Date	设备图片上传时间	datetime		记录设备图片上传的时间
EPicture_Description	设备图片描述	nvarchar	500	记录设备图片的描述信息

说明：

EPicture 表（设备图片表）主要用于存放设备的图片及其具体描述信息。经过应用程序处理后，就可以获取所需设备的图片并将其展示在 Web 界面上。

表字段类型设计说明：

由于所存储设备图片的数量不可能超过 4 字节的 int 类型所能表示的最大

值，因此对于设备图片的标识列 EPicture_ID 字段类型设计为 int。此外，设备图片的名称一般不可能超过 50 个中文字符，因此 EPicture_Name 字段类型设计为 nvarchar（50）。设备图片格式有 JPEG、GIF 与 PNG 等，其最大字符长度不会超过 10，因此 EPicture_Format 字段类型设计为 varchar（10）。一般而言，设备图片的存储链接路径不会超过 200 个中文字符，因而 EPicture_LinkURL 字段设计为 nvarchar（200）。对于按 KB 计算的设备图片存储空间大小，数值一般包含小数部分，因而用常规的 float 类型作为 EPicture_Size 字段类型。设备图片的长度与宽度以像素为基本单位进行度量，数值为整型，选用常规的 int 类型便可满足字段 EPicture_Length 与 EPicture_Width 的存储数值要求。字段 EPicture_Date 用于记录设备图片的上传时间，选用常规的时间类型 datetime 可以满足需求。在对设备图片信息进行简要描述时，设计中文字符最大长度为 500 已足够，因而 EPicture_Description 字段类型设计为 nvarchar（500）。

表 7-6 EPicturePartition 表（设备图片分割表）

名称	中文名称	类型	长度	备注
EPP_ID	设备图片分割序号	int		每条设备图片分割表记录的编号，PK
EPP_LTLocationX	设备图片分割矩形区域左上角 *X* 坐标	int		以设备图片左下角为原点计算，基本单位为像素
EPP_LTLocationY	设备图片分割矩形区域左上角 *Y* 坐标	int		以设备图片左下角为原点计算，基本单位为像素
EPP_RBLocationX	设备图片分割矩形区域右下角 *X* 坐标	int		以设备图片左下角为原点计算，基本单位为像素
EPP_RBLocationY	设备图片分割矩形区域右下角 *Y* 坐标	int		以设备图片左下角为原点计算，基本单位为像素
EPP_Description	设备图片分割描述	nvarchar	500	对分割区域信息的具体描述，如属于设备哪个顶层部件等
EPicture_ID	设备图片序号	int		与 EPicture 表（设备图片表）外键约束，FK

说明：

EPicturePartition 表（设备图片分割表）主要用于存储设备各个部件在设备图片上所对应矩形区域的位置，以实现在监控界面上单击设备图片相应区域便跳转到对应部件显示界面的功能。矩形区域的位置可以通过其在设备图片上左上角与右下角点的位置来唯一确定。

表 7-7 EquipmentLib 表（设备库表）

名称	中文名称	类型	长度	备注
EquipmentLib_ID	设备库序号	int		每条设备库表记录的编号，PK
EquipmentLib_Name	设备库名称	nvarchar	50	设备库的具体名称
Equipment_Brand	设备品牌	nvarchar	50	记录设备的品牌或生产厂家
Equipment_Model	设备型号	nvarchar	50	记录设备的具体型号，是唯一确定设备的标识，通常可从设备的铭牌处获得
Equipment_Description	设备描述	nvarchar	500	对此条记录的设备进行简单介绍
EType_ID	设备类型序号	int		与 EType 表（设备类型表）外键约束，FK
EPicture_ID	设备图片序号	int		与 EPicture 表（设备图片表）外键约束，FK

说明：

EquipmentLib 表（设备库表）主要用于记录监测设备的固定信息，从服务器端对其进行配置。其中，EType_ID（设备类型序号）字段为外键，与 EType 表（设备类型表）为多对一的关系，目的是将每种可监测的设备按照其特征进行分类。

表 7-8 ESupplier 表（设备供应商表）

名称	中文名称	类型	长度	备注
ESupplier_ID	供应商序号	int		每条设备供应商表记录的编号，PK
ESupplier_Name	供应商名称	nvarchar	50	记录设备供应商的具体名称
ESupplier_ContactName	联系人姓名	nvarchar	20	记录设备供应商的联系人姓名
ESupplier_Address	供应商地址	nvarchar	70	记录设备供应商的联系地址
ESupplier_Tel	供应商电话	varchar	20	记录设备供应商的联系电话号码
ESupplier_Email	供应商邮箱	varchar	50	记录设备供应商的电子邮箱地址

说明：

ESupplier 表（设备供应商表）主要用于记录提供设备的供应商信息。在后面，还有 PSupplier 表（零部件供应商表）与 SSupplier 表（传感器供应商表）。之所以将设备、零部件和传感器的供应商信息分别用一个数据表单独地存储，是因为如果将它们合并成一个数据表的话，势必会使该表自身的关系形成闭环，而这种闭环结构在 XPO 中非常容易导致程序崩溃。因此，为了保证系统的稳定性，采用了用不同表格分开存储供应商信息这种表格设计方法。

表 7-9　EContact 表（设备联系人表）

名称	中文名称	类型	长度	备注
EContact_ID	设备联系人序号	int		每条设备联系人表记录的编号，PK
EContact_Name	设备联系人姓名	nvarchar	20	记录设备联系人的姓名
EContact_Address	设备联系人地址	nvarchar	70	记录设备联系人的联系地址
EContact_Tel	设备联系人电话	varchar	20	记录设备联系人的联系电话号码
EContact_Email	设备联系人邮箱	varchar	50	记录设备联系人的电子邮箱名

说明：

EContact 表（设备联系人表）主要用于记录设备联系人的信息，包括联系人的姓名、联系地址、联系电话号码与电子邮箱名等。

表 7-10　ELocation 表（设备位置表）

名称	中文名称	类型	长度	备注
ELocation_ID	设备位置序号	int		每条设备位置表记录的编号，PK
ELocation_Longitude	设备经度	float		记录监测设备的经度，由设备上的 GPS 模块提供。为便于区分，东经用正数表示，西经用负数表示
ELocation_Latitude	设备纬度	float		记录监测设备的纬度，由设备上的 GPS 模块提供。为便于区分，北纬用正数表示，南纬用负数表示
ELocation_Content	设备所处地理位置	nvarchar	50	记录监测设备所处的地理位置
ELocation_Province	设备所处省份	nvarchar	20	记录监测设备所处的省份

说明：

ELocation 表（设备位置表）主要用于记录设备所处的地理位置信息，包括经纬度、所处省份、所处具体地理位置等。

表 7-11　Equipment 表（设备表）

名称	中文名称	类型	长度	备注
Equipment_ID	设备序号	int		每条设备表记录的编号，PK
Equipment_Begin	设备启用时间	date		记录设备启用时间，从而可以计算出设备的使用寿命
Equipment_LastRepair	上一次大修时间	date		记录监测设备上一次大修的时间，在每次大修后设备需要重新更新该字段的值

（续）

名称	中文名称	类型	长度	备注
Equipment_Name	具体设备名称	nvarchar	50	记录具体某台设备的名称
EDR_ID	黑匣子 ID	nvarchar	50	记录每台设备上安装黑匣子 EDR（Equipment Data Recorder）的编号
Equipment_Password	设备密码	nvarchar	20	记录下位与上位通信前，建立连接时的密码验证信息
EquipmentLib_ID	设备库序号	int		与 EquipmentLib 表（设备库表）外键约束，FK
ESupplier_ID	设备供应商序号	int		与 ESupplier 表（设备供应商表）外键约束，FK
EContact_ID	设备联系人序号	int		与 EContact 表（设备联系人表）外键约束，FK
ELocation_ID	设备位置序号	int		与 ELocation 表（设备位置表）外键约束，FK

说明：

Equipment 表（设备表）主要用于记录每台具体监测设备的可变信息。设备属于监测对象的最大单位，若将监测对象视为树形结构，则设备处于树根的位置。

其中，EquipmentLib_ID（设备库序号）字段为外键，与 EquipmentLib 表（设备库表）为多对一的关系，目的是确定待测设备的基础信息。

表 7-12 PPicture 表（零部件图片表）

名称	中文名称	类型	长度	备注
PPicture_ID	零部件图片序号	int		每条零部件图片表记录的编号，PK
PPicture_Name	零部件图片名称	nvarchar	50	记录每张零部件图片的备注名称
PPicture_Format	零部件图片格式	varchar	10	记录零部件图片的具体格式，包括 JPEG、GIF 与 PNG 等
PPicture_LinkURL	零部件图片 URL 链接	nvarchar	200	记录零部件图片的存储路径信息
PPicture_Size	零部件图片大小	float		记录零部件图片大小的信息，按 KB 计算占用存储空间
PPicture_Length	零部件图片长度	int		记录零部件图片的长度，基本单位为像素
PPicture_Width	零部件图片宽度	int		记录零部件图片的宽度，基本单位为像素

（续）

名称	中文名称	类型	长度	备注
PPicture_Date	零部件图片上传时间	datetime		记录零部件图片上传的时间
PPicture_Description	零部件图片描述	nvarchar	500	记录零部件图片的描述信息

说明：

PPicture 表用于存放设备各种零部件的图片相关信息。经过应用程序处理后，就可以获取所需设备零部件的图片并将其展示在 Web 界面上。

表 7-13　PartLib 表（零部件库表）

名称	中文名称	类型	长度	备注
PartLib_ID	零部件库序号	int		每条零部件库表记录的编号，PK
PartLib_Name	零部件库名称	nvarchar	50	零部件库的具体名称
Part_Brand	零部件品牌	nvarchar	50	记录零部件的品牌或生产厂家
Part_Code	零部件代码	nvarchar	50	记录零部件的产品代号，主要为零部件的型号，例如 Y132S1-Z 表示某一三相异步电动机的型号
Part_Parameter	零部件参数	nvarchar	500	记录零部件的主要参数，例如发动机的输出功率、额定电压、额定电流等任何与该零部件相关的参数都可以在该字段记录
Part_Shape	零部件形状	varchar	20	该字段可以有 centercycle、topleftfront 与 centercube 3 种选择，表示安装该零部件所占用区域的形状 centercycle 表示为球体，位置点在区域中心 topleftfront 表示为长方体，位置点在区域的左上角 centercube 表示为长方体，位置点在零部件的中心
Part_Height	零部件高度	int		安装时所占用区域的高度，尺寸取整数，单位为 mm，若为圆形则为 Null
Part_Width	零部件宽度	int		安装时所占用区域的宽度，尺寸取整数，单位为 mm，若为圆形则为 Null
Part_Length	零部件长度	int		安装时所占用区域的长度，尺寸取整数，单位为 mm。当零部件形状为 topleftfront 和 centercube 时，表示区域位置的长；当位置类型为 centercycle 时，表示区域的半径

（续）

名称	中文名称	类型	长度	备注
Part_LifeCountLimit	零部件使用寿命（按使用次数计算）	int		记录零部件的使用寿命（按使用次数计算）
Part_LifeTimeLimit	零部件使用寿命（按使用时间计算）	int		记录零部件的使用寿命（按使用时间计算，时间的单位为秒）
PPicture_ID	零部件图片序号	int		与 PPicture 表（零部件图片表）外键约束，FK

说明：

PartLib 表（零部件库表）主要用于记录组成设备的主要零部件的固定信息，通过服务器端配置文件进行配置。其中 Part_Shape（零部件形状）、Part_Height（高度）、Part_Width（宽度）和 Part_Length（长度）等几个字段主要用于确定该零部件在安装时所占用的位置，结合 Part 表（零部件表）中的具体地理位置信息可以确定零部件在安装时的具体位置。Part_LifeCountLimit 与 Part_LifeTimeLimit 分别从零部件使用次数与使用时间的角度记录了零部件的使用寿命。

表 7-14　PSupplier 表（零部件供应商表）

名称	中文名称	类型	长度	备注
PSupplier_ID	供应商序号	int		每条零部件供应商表记录的编号，PK
PSupplier_Name	供应商名称	nvarchar	50	记录零部件供应商的具体名称
PSupplier_ContactName	联系人姓名	nvarchar	20	记录零部件供应商的联系人姓名
PSupplier_Address	供应商地址	nvarchar	70	记录零部件供应商的联系地址
PSupplier_Tel	供应商电话	varchar	20	记录零部件供应商的联系电话
PSupplier_Email	供应商邮箱	varchar	50	记录零部件供应商的电子邮箱地址

说明：

PSupplier 表（零部件供应商表）主要用于记录提供零部件的供应商的具体信息。表中的字段意义与 ESupplier 表（设备供应商表）完全相同。

表 7-15　Part 表（零部件表）

名称	中文名称	类型	长度	备注
Part_ID	零部件序号	int		每条零部件表记录的编号，PK
Part_Name	具体零部件名称	nvarchar	50	记录具体零部件名称
Part_Begin	零部件启用时间	date		记录监测零部件启用时间，从而计算零部件的使用寿命

（续）

名称	中文名称	类型	长度	备注
Part_LastRepair	上一次维修时间	date		记录监测零部件上一次维修时间，每次维修设备的零部件需要重新更新该字段值
Part_Criticality	零部件重要性	smallint		对设备关键零部件进行监测时，记录所检测的零部件的重要性级别
Part_LocationX	零部件位置点 X 坐标	int		以设备的左下角为原点计算，取整数，记录零部件安装位置点的 X 坐标
Part_LocationY	零部件位置点 Y 坐标	int		以设备的左下角为原点计算，取整数，记录零部件安装位置点的 Y 坐标
Part_LocationZ	零部件位置点 Z 坐标	int		以设备的左下角为原点计算，取整数，记录零部件安装位置点的 Z 坐标
Part_LifeCurCount	零部件当前已使用次数	int		记录零部件当前已使用次数
PartLib_ID	零部件库序号	int		与 PartLib 表（零部件库表）外键约束，FK
Equipment_ID	设备序号	int		与 Equipment 表（设备表）外键约束，FK
PSupplier_ID	零部件供应商序号	int		与 Psupplier 表（零部件供应商表）外键约束，FK
Parent_ID	父级零部件序号	int		与 Part 表（零部件表）外键约束，FK，即与自己为自相关关系

说明：

Part 表（零部件表）主要用于记录每个零部件的可变信息。由于在对设备运行状况监测的过程中是以该设备的零部件为单位进行监测的，因此，此处的零部件是指可以作为监测单位的设备的一部分。例如，当对某一台具体设备进行监测时，这台设备便可以作为零部件表中的一条记录。这时 Part_Begin（零部件启用时间）和 Part_LastRepair（上一次维修时间）均与 Equipment 表（设备表）中对应的记录相同，它的位置点的坐标均为 0。此时该零部件即为组件，因为它可以继续划分成更小的零部件。同样，也可以对设备上的某个轴承进行监测。此时，这个轴承便可以作为零部件表中的一条记录。由于不能再对轴承进行拆分监测，所以该零部件不为组件。将 Part 表（零部件表）和 PartLib 表（零部件库表）拆分的原因同 Equipment 表（设备表）与 EquipmentLib 表（设备库表）的拆分。

该表中的 Part_LocationX、Part_LocationY 和 Part_LocationZ 三个字段可以确定零部件在设备上的具体位置，可以与同 PartLib 表（零部件库表）中确定零部件尺寸和形状的字段一起确定出零部件的具体地理位置。Part_LifeCurCount 记录了零部件当前已使用次数，当该字段所存储的值达到了 PartLib 表中相应的 Part_LifeCountLimit 字段值时，表明该零部件已经达到寿命期，需要及时更换。

其中，PartLib_ID（零部件库序号）字段为外键，与 PartLib 表（零部件库表）为多对一关系，目的是获取监测零部件的固定信息。Equipment_ID（设备序号）字段为外键，与 Equipment 表（设备表）为多对一关系，表示这个零部件属于某台设备，一台设备由多个零部件组成。PSupplier_ID（零部件供应商序号）字段为外键，与 PSupplier 表（零部件供应商表）为多对一关系，表示该零部件由哪家供应商提供，一个零部件供应商可提供多种零部件。

Parent_ID（父级零部件序号）与 Part 表（零部件表）为一对多关系，一个父级零部件可能包含多个子级零部件，处于根节点的零部件关联到自己本身。

表 7-16 SPicture 表（传感器图片表）

名称	中文名称	类型	长度	备注
SPicture_ID	传感器图片序号	int		每条传感器图片表记录的编号，PK
SPicture_Name	传感器图片名称	nvarchar	50	记录每张传感器图片的备注名称
SPicture_Format	传感器图片格式	varchar	10	记录传感器图片具体格式，包括 JPEG、GIF 与 PNG 等
SPicture_LinkURL	传感器图片 URL 链接	nvarchar	200	记录传感器图片的存储路径信息
SPicture_Size	传感器图片大小	float		记录传感器图片大小信息，按 KB 计算占用存储空间
SPicture_Length	传感器图片长度	int		记录传感器图片的长度，基本单位为像素
SPicture_Width	传感器图片宽度	int		记录传感器图片的宽度，基本单位为像素
SPicture_Date	传感器图片上传时间	datetime		记录传感器图片上传的时间
SPicture_Description	传感器图片描述	nvarchar	500	记录传感器图片的描述信息

说明：

SPicture 表用于存放设备零部件上安装的各种传感器的图片相关信息。经过应用程序处理后，就可以获取所需传感器的图片并将其展示在 Web 界面上。

表 7-17 SensorLib 表（传感器库表）

名称	中文名称	类型	长度	备注
SensorLib_ID	传感器库序号	int		每条传感器库表记录的编号，PK
SensorLib_Name	传感器库名称	nvarchar	50	记录传感器库的具体名称
Sensor_Brand	传感器品牌	nvarchar	50	记录传感器的品牌或生产厂家
Sensor_Code	传感器代码	nvarchar	50	记录传感器的产品代号，通常为传感器型号
Sensor_Parameter	传感器参数	nvarchar	500	记录传感器的主要参数
SPicture_ID	传感器图片序号	int		与 SPicture 表（传感器图片表）外键约束，FK

说明：

SensorLib 表（传感器库表）主要用于记录安装在设备上的传感器的固定信息，该表通过服务器端配置文件进行配置。

表 7-18 SSupplier 表（传感器供应商表）

名称	中文名称	类型	长度	备注
SSupplier_ID	供应商序号	int		每条传感器供应商表记录的编号，PK
SSupplier_Name	供应商名称	nvarchar	50	记录传感器供应商的具体名称
SSupplier_ContactName	联系人姓名	nvarchar	20	记录传感器供应商的联系人姓名
SSupplier_Address	供应商地址	nvarchar	70	记录传感器供应商的联系地址
SSupplier_Tel	供应商电话	varchar	20	记录传感器供应商的联系电话
SSupplier_Email	供应商邮箱	varchar	50	记录传感器供应商的电子邮箱地址

说明：

SSupplier 表（传感器供应商表）主要用于记录提供传感器的供应商的具体信息。表中的字段意义与 ESupplier 表（设备供应商表）和 PSupplier 表（零部件供应商表）完全相同。

表 7-19 Sensor 表（传感器表）

名称	中文名称	类型	长度	备注
Sensor_ID	传感器序号	int		每条传感器表记录的编号，PK
Sensor_Name	具体传感器名称	nvarchar	50	记录某个具体传感器的名称
Sensor_Begin	传感器启用时间	date		记录传感器的启用时间，从而计算传感器的使用寿命

（续）

名称	中文名称	类型	长度	备注
Sensor_LastRepair	上一次维修时间	date		记录传感器上一次维修时间，每次维修传感器需要重新更新该字段
Sensor_DataLoc	数据起始位置	int		记录该传感器采集的数据在数据包中的起始位置
Sensor_DataLen	数据长度	smallint		每个数据量的长度，以位为单位
Sensor_Offset	偏移量	smallint		若传感器采集的数据为状态量或者报警量，那么该字段记录该传感器采集信息位于某一个字节中的偏移地址
Sensor_DataUnit	数据单位	nvarchar	10	记录原始数据测量值的单位，如V（伏特）、A（安培）、kN（千牛）等
Sensor_DataRange	量程	tinyint		为了解决某些浮点数解析的问题而增加的字段。0表示解析得到的数据/1，1表示解析得到的数据/10，2表示数据/100，其余的以此类推
Sensor_Parse	解析方式	smallint		针对超过一字节的数据，有几种解析方法
Sensor_ValueType	值类型	varchar	10	对应PLC字位表中数据类型，如bool、int、dint、real等，以供数据解析之用
Sensor_Data WarningMax	警告上限值	float		若对应原始数据超过该值将产生警告
Sensor_DataWarningMin	警告下限值	float		若对应原始数据低于该值将产生警告
Sensor_DataAlarmMax	报警上限值	float		若对应原始数据超过该值将产生报警
Sensor_DataAlarmMin	报警下限值	float		若对应原始数据低于该值将产生报警
Sensor_DataCriticality	数据关键性等级	tinyint		划分为1、2、3共三个等级，数字越小等级越高
SensorLib_ID	传感器库序号	int		与SensorLib（传感器库）外键约束，FK

（续）

名称	中文名称	类型	长度	备注
Part_ID	零部件序号	int		与 Part（零部件表）外键约束，FK
SSupplier_ID	传感器供应商序号	int		与 SSupplier（传感器供应商表）外键约束，FK

说明：

Sensor 表（传感器表）主要用于记录每个传感器的可变信息。利用传感器所采集的设备运行数据不仅可以用于控制设备的运行与相关动作，而且同时可以在监测系统中作为评判设备运行状态的重要依据。因此，传感器是否出现故障在监测系统中也是一个重要的衡量标准。在设备的监测系统中需要记录传感器的名称、型号、主要参数等基本信息，这些信息存放于 SensorLib 表（传感器库表）中。除了传感器的启用和维修信息之外，传感器表中还记录了传感器采集的信息在数据包中的位置等信息，用于解析数据。

在 Sensor 表中，SensorLib_ID（传感器库序号）字段为外键，与 SensorLib 表（传感器库表）为多对一关系，目的是确定传感器的固定信息。Part_ID（零部件序号）字段为外键，与 Part 表（零部件表）为多对一关系，表示这个传感器属于某个零部件，一个零部件上可安装多个传感器。SSupplier_ID（传感器供应商序号）字段为外键，与 SSupplier 表（传感器供应商表）为多对一关系，表示该传感器由哪家供应商提供，一个供应商可提供多种传感器。

表 7-20　FaultLib 表（故障库表）

名称	中文名称	类型	长度	备注
FaultLib_ID	故障库序号	int		每条故障库表记录的编号，PK
Fault_Description	故障描述	nvarchar	MAX	描述故障发生的现象，发生部位
Fault_Solution	解决方法	nvarchar	MAX	记录该故障对应的维修或解决方案

说明：

FaultLib 表（故障库表）主要用于记录设备或者零部件中所有可能出现的故障和相应的解决方法。故障库表中记录的故障描述和解决方法是通用的。例如，如果轴出现了磨损，可以在表中查找其通用的解决方法如修复、更换等。特殊的维护方案则要视具体设备和零部件而定。

表 7-21　**FaultData 表**（故障数据表）

名称	中文名称	类型	长度	备注
FaultData_ID	故障数据序号	int		每条故障数据表记录的编号，PK
FaultData_Frequency	频率	int		此故障共发生的次数，发生一次后加 1
FaultData_PriorProbablity	先验概率	float		根据贝叶斯的主观概率方法判断此故障发生的概率
FaultData_ConProbability	条件概率	float		此故障导致上一级故障发生的概率。引发同一个上一级故障的下一级所有故障的概率和为 1。当计数发生改变时，相同级的条件概率都会发生相应变化
FaultData_PostProbability	后验概率	float		上一级故障的发生是由此下一级故障引起的概率，即最终所需的概率

说明：

FaultData 表（故障数据表）主要用于记录与健康评估有关的故障数据，此表记录的先验概率、条件概率和后验概率主要用于基于概率的故障评估方法，如果使用其他方法进行健康评估，所需要用到的其他参数也可以记录在这个表中。

表 7-22　**Fault 表**（故障表）

名称	中文名称	类型	长度	备注
Fault_ID	故障序号	int		每条故障表记录的编号，PK
Fault_QueryBuilder	查询条件	nvarchar	MAX	用于记录故障查询条件，例如与原始数据配置表的序号、上下限字段相关联，如：[QueryConfigrations] [[RDC_ID.RawData_Buffers] [[RDC_ID.RDC_ID] = {4} And [RDB_Data] > [RDC_ID.RDC_DataAlarmMax]]] 表示当原始数据配置表中序号为 4 的数据内容超过其报警上限字段的内容时，此故障发生
Fault_QueryDescription	查询条件描述	nvarchar	MAX	对查询条件的文字描述
Fault_AdditionalInformation	补充信息	nvarchar	MAX	用于记录对应特定零部件故障的专用信息

（续）

名称	中文名称	类型	长度	备注
Part_ID	零部件序号	int		与Part（零部件表）外键约束，FK
FaultLib_ID	故障库序号	int		与FaultLib（故障库表）外键约束，FK
FaultData_ID	故障数据序号	int		与FaultData（故障数据表）外键约束，FK

说明：

Fault表（故障表）主要用于记录确定一个故障的查询条件，查询条件中使用的数据主要从原始数据和经过处理后的数据中获得。Fault表（故障表）的另外一个作用是用于连接具体故障的详细信息，FaultLib表（故障库表）描述了通用故障的信息，而Fault表（故障表）记录了某个设备上的某个零部件所对应故障的信息。通过表之间的关系可以确定该故障的故障现象、故障的查询条件、发生故障的概率和解决方案等。表中的AdditionalInformation（补充信息）字段用于补充说明对应某个设备的具体零部件的专用故障现象，对其进行描述和提供解决方法。

其中，Part_ID（零部件序号）字段为外键，与Part表（零部件表）为多对一关系，FaultLib_ID（故障库序号）字段为外键，与FaultLib表（故障库表）为多对一关系。这两个字段主要用于将零部件与故障描述的多对多关系转化为两个多对一关系，从而满足数据库的物理实现。FaultData_ID（故障数据序号）字段为外键，与FaultData表（故障数据表）为一对一关系，即一条故障信息只能对应一条故障数据信息，而一条故障数据信息也只能对应一条故障信息。将这些信息分开的目的主要是为了将故障描述信息与故障数据信息分离，因为这些数据信息并不是在所有的故障诊断中都需要同时被使用。

表7-23　FaultTree表（故障树表）

名称	中文名称	类型	长度	备注
FaultTree_ID	故障树序号	int		每条故障树表记录的编号，PK
FaultTree_ParentID	父级故障序号	int		与Fault（故障表）外键约束，FK
FaultTree_ChildID	子级故障序号	int		与Fault（故障表）外键约束，FK

说明：

FaultTree表（故障树表）主要用于记录某一设备上零部件发生故障的层级关系结构。它主要用于基于故障树的故障诊断方法中。该表表示树形结构的方法与

Component 表（组件表）表示零部件树形结构的方法相同。

其中，Fault_ParentID（父级故障序号）字段为外键，与 Fault 表（故障表）为多对一关系，表示一个父级故障可能由多个子级故障引发。因此，一条父级故障记录可以对应多条以该故障作为父级故障的故障树记录。Fault_ChildrenID（子级故障序号）字段为外键，与 Fault 表（故障表）为多对一关系，表示一个子级故障可能引发多个父级故障，故一条子级故障记录可以对应多条以该故障作为子级故障的故障树记录。

表 7-24　RawData_Buffer 表（原始数据缓冲表）

名称	中文名称	类型	长度	备注
RDB_ID	原始数据缓冲序号	bigint		每条原始数据缓冲表记录的编号，PK
RDB_Time	数据时间	datetime		记录获得每条原始数据的时间
RDB_Data	数据内容	float		采集的实时数据内容
Sensor_ID	传感器序号	int		与 Sensor（传感器表）外键约束，FK

说明：

RawData_Buffer 表（原始数据缓冲表）主要用于记录解析以后的传感器实测数据。当接收到一个数据包后，根据 Sensor 表（传感器表）的相关字段对数据包进行拆分，按原始数据在数据包中的位置将原始数据解析后存入此表，一个数据对应一条记录。如果接收到的一条数据与上一条相同，那么解析出的数据不重复存储在数据库中。此表中存储的数据是对设备或零部件进行状态监测、健康评估、预测评估、建议生成的数据来源。

其中，Sensor_ID（传感器序号）字段为外键，与 Sensor 表（传感器表）为多对一关系，每个传感器的配置信息记录对应有多条实际数据记录。

表 7-25　RawData_Log 表（原始数据日志表）

名称	中文名称	类型	长度	备注
RDL_ID	原始数据日志序号	bigint		每条原始数据日志表记录的编号，PK
RDL_Time	数据包发送时间	datetime		记录每个数据包发送时间，从接收到数据包中的时间戳上获得
RDL_Content	数据包内容	varbinary	MAX	每次从黑匣子获取的整个数据包的数据以一条记录的形式存储
Equipment_ID	设备序号	int		与 Equipment 表（设备表）外键约束，FK

说明：

每当 RawData_Log 表（原始数据日志表）接收到一个数据包以后，便将整个数据包的内容以一条记录的形式存入此表，从而实现对原始数据的备份。可以通过每台设备序号对原始数据日志表进行索引查找，Equipment_ID（设备序号）字段为外键，与 Equipment 表（设备表）为多对一关系。

表 7-26 Manipulation 表（数据处理表）

名称	中文名称	类型	长度	备注
Manipulation_ID	数据处理序号	int		每条数据处理表记录的编号，PK
Manipulation_Start	开始时间	datetime		选择在该时间之后发生的原始数据进行处理
Manipulation_End	结束时间	datetime		选择在该时间之前发生的原始数据进行处理
Manipulation_XValue	X 坐标值	float		数据处理后形成的二维曲线中某一点的 X 坐标值
Manipulation_XUnit	X 坐标单位	nvarchar	10	数据处理通常分为频域分析和时域分析，通过 X 坐标的单位进行区分
Manipulation_YValue	数据处理值	float		数据处理后对应于 X 坐标的 Y 坐标值
Configuration_ID	配置序号	int		与 Configuration（配置表）外键约束，FK

说明：

Manipulation 表（数据处理表）用于记录对某一时间段的原始数据进行处理后的数据结果。当对设备进行状态监测、故障诊断、健康评估、预测评估与建议生成时，在很多情况下并不是直接对原始的传感器数据进行分析，而是需要经过滤波、频域分析或对原始数据模糊化等方法对原始数据进行处理，这些处理后的数据结果均存储在这个表中。如果数据经过处理后的结果为单值，如均值、峰值、方差等，那么此条记录的 Manipulation_XValue（X 坐标值）和 Manipulation_XUnit（X 坐标单位）为 Null 值。如果此次数据处理的结果为一条曲线，那么将该结果的每个数据点作为一条记录，所在的 X 坐标值存入 Manipulation_XValue（X 坐标值）字段中，所在坐标系的 Y 坐标值存入 Manipulation_YValue（数据处理值）字段中。如果通过比较得知记录之间的开始时间和结束时间分别相同，且对应的配置也相同，那么可以根据 X 坐标值的顺序将这些记录恢复成一条曲线。

其中，Configuration_ID（配置序号）字段为外键，与 Configuration 表（配置表）为多对一关系，通过该关系可以获得产生该条数据处理结果的基本配置信息。

表 7-27 Configuration 表（配置表）

名称	中文名称	类型	长度	备注
Configuration_ID	配置序号	int		每条配置表记录的编号，PK
Part_ID	零部件序号	int		与 Part（零部件表）外键约束，FK
Algorithm_ID	算法序号	int		与 Algorithm（算法表）外键约束，FK

说明：

Configuration 表（配置表）用于连接数据处理、状态监测、健康评估、预测评估与建议生成的结果和产生这些结果的配置信息。此处配置信息主要指零部件信息和算法信息，算法信息可以通过与 Algorithm 表（算法表）连接查询获取，零部件信息通过与 Part 表（零部件表）连接查询得到，进而还能查询出传感器信息和分析阶段所用到的原始数据。

其中，Part_ID（零部件序号）字段为外键，与 Part 表（零部件表）为多对一关系，一个零部件可以对应多条配置信息，每条配置信息只能对应于一个零部件。Algorithm_ID（算法序号）字段为外键，与 Algorithm 表（算法表）为多对一关系，一种算法可以应用于针对不同零部件的配置信息中，而一条配置信息只能使用一种算法。

表 7-28 Alarm 表（警告报警表）

名称	中文名称	类型	长度	备注
Alarm_ID	警告报警序号	int		每条警告报警表记录的编号，PK
Alarm_Time	警告报警时间	datetime		记录发出该警告或报警的时间
Alarm_Type	类型	tinyint		1 为报警，2 为警告
Alarm_Content	警告报警内容	nvarchar	500	报警或警告的内容说明
Alarm_ReleasedTime	警告报警解除时间	datetime		记录该警告或报警解除的时间
Part_ID	零部件序号	int		与 Part（零部件表）外键约束，FK

说明：

Alarm 表（警告报警表）用于记录对应零部件已经发生警告或报警的情况，对设备发生警告及报警的情况进行统计，记录警告或报警的时间、零部件号、报警程度及详细内容。警告或报警来源有两部分：一部分是后台程序对所有解析后的数据按传感器表中记录的警告报警上下限进行分析，若超出限值，将记录写入此表，并通过原始数据缓冲表—传感器表—零部件表获得零部件信息；另一部分是采用各种分析方法对数据进行分析处理后所产生的警告报警信息。将警告或报警解除的时间存储在 Alarm_ReleasedTime 字段中，若该字段为空，可以判断该警告或报警并未解除。

其中，Part_ID（零部件序号）字段为外键，与 Part 表（零部件表）为多对一关系，即一个零部件可以有多条警告报警记录，每条警告报警记录只属于一个零部件。

表 7-29 Algorithm 表（算法表）

名称	中文名称	类型	长度	备注
Algorithm_ID	算法序号	int		每条算法表记录的编号，PK
Algorithm_Name	算法名称	nvarchar	50	记录该算法的具体名称
Algorithm_Descriptiom	算法描述	nvarchar	500	简单对该算法的适用性、输入输出参数等进行介绍
Algorithm_Category	算法分类	tinyint		对算法适用的监测过程进行选择：1—数据处理，2—状态监测，3—健康评估，4—预测评估
Algorithm_Priority	算法优先级	tinyint		数字越小优先级越高。当没有选择算法时，使用优先级高的算法自动评估
Algorithm_Input	算法输入值	xml		完成该算法所需的输入量及其含义
Algorithm_Output	算法输出值	xml		该算法完成后的输出量及其含义

说明：

Algorithm 表（算法表）用于记录设备监测、诊断与预测等各个阶段所使用算法的基本信息。在对设备各个阶段进行评估时，除了需要选择所评估的对象（即零部件）、参考数据的时间段、评估的类别之外，还需要根据评估的种类选择合适的分析算法。若此时没有选择算法，则系统自动选择优先级较高的方法进行评估。除此之外，算法表中还记录了各个算法的详细信息，包括算法的分类、算法的适用性及优势与劣势、算法需要哪些输入量和算法的输出形式等，这些信息的提供便于指导系统使用者选择合适的算法进行分析评估。

表 7-30 Detection 表（状态监测表）

名称	中文名称	类型	长度	备注
Detection_ID	状态监测序号	int		每条状态监测表记录的编号，PK
Detection_Start	开始时间	datetime		此次状态监测开始时间
Detection_End	结束时间	datetime		此次状态监测结束时间

（续）

名称	中文名称	类型	长度	备注
Detection_Result	监测结果	xml		记录状态监测的结果，用 XML 语言来表示
Detection_AlarmNum	警告报警总数	int		统计在这段状态监测时间内，该零部件总共发生的警告报警数量
Configuration_ID	配置序号	int		与 Configuration（配置表）外键约束，FK

说明：

Detection 表（状态监测表）用于记录每次状态监测后的结果。状态监测需要用户选择监测的对象，即零部件。然后，需要选择监测的时间区间，这里是指状态监测所选用数据的时间区间。最后，需要选择状态监测的方法，这些信息通过与配置表和算法表连接获取。状态监测的结果存放在 Detection_Result（监测结果）字段中，由于使用不同监测方法或者不同零部件所得到的监测结果的形式不同，故此处用 XML 语言进行记录，即 Detection_Result（监测结果）字段的属性，这种方式相对灵活，同时也便于查询字段的各个属性。

其中，Configuration_ID（配置序号）字段为外键，与 Configuration 表（配置表）为多对一关系，通过该关系可以获得产生该条状态监测结果的基本配置信息。

表 7-31 **Health 表**（健康评估表）

名称	中文名称	类型	长度	备注
Health_ID	健康评估序号	int		每条健康评估表记录的编号，PK
Health_Start	开始时间	datetime		此次健康评估开始时间
Health_End	结束时间	datetime		此次健康评估结束时间
Health_Level	健康评估等级	tinyint		记录此次健康评估等级，评估对象的健康状况越好，等级越高
Health_Result	健康评估结果	xml		记录此次健康评估结果，包括发生故障的零部件、发生故障的原因和发生故障的可能性等
Configuration_ID	配置序号	int		与 Configuration（配置表）外键约束，FK

说明：

Health 表（健康评估表）用于记录每次健康评估后的结果。每次进行健康评估，根据所选用的健康评估算法，使用在开始和结束时间段内的原始数据进行分析，根据已发生故障的数量和即将发生故障的可能性对本次健康评估进行评分，并将该评分所处的等级存入健康评估等级字段。健康评估结果字段主要存放健康评估的详细信息，包括发生故障的具体部位、故障发生的原因、每个造成故障发生的具体原因的可能性、维修方法等，以XML语言进行描述，可以对该字段的每个属性进行查询。在进行健康评估时，选择需要评估的对象，即零部件，在评估过程中除了要对选定零部件进行评估外，还要对其子零部件进行评估，从而得出综合的评估结果。

其中，Configuration_ID（配置序号）字段为外键，与Configuration表（配置表）为多对一关系，通过该关系可以获得产生该条健康评估结果的基本配置信息。

表 7-32 **Prognostic 表**（预测评估表）

名称	中文名称	类型	长度	备注
Prognostic_ID	预测评估序号	int		每条预测评估表记录的编号，PK
Prognostic_Start	预测开始时间	datetime		记录此条预测记录开始的时间
Prognostic_RUL	剩余使用寿命	datetime		所预测的零部件首次发生故障的时间
Prognostic_HealthLevel	健康等级	tinyint		预测所选零部件未来的健康等级
Prognostic_Result	预测评估结果	xml		详细记录所选零部件未来的健康状况和所要发生的故障，包括未来发生故障的类型、时间、可能性等
Configuration_ID	配置序号	int		与Configuration（配置表）外键约束，FK

说明：

Prognostic表（预测评估表）用于记录每次预测评估后的结果。预测评估需要用户选择需要预测的零部件，从Algorithm表的Algorithm_Category（算法类别）字段中选择属于预测的算法。这些信息通过Configuration表（配置表）与Algorithm表（算法表）和Part表（零部件表）的多对一关联获取。预测评估主要使用所选择的预测算法分析出所选择的零部件的剩余使用寿命，即RUL，该信息存储在Prognostic_RUL（剩余使用寿命）字段。并且分析出未来可能发生的故障，这个信息通过XML语言存储在Prognostic_Result（预测评估结果）字段，XML语言可以将具体的评估结果，包括发生故障的类型、将发生故障的时间、故障原因、发生故障的概率等以字段属性的形式灵活描述出来。Prognostic_RUL（剩余使用寿命）本应该记录的是设备或零部件从现在到发生故障的剩余时间，但是由于剩余时间的长度是未知的，有可能只有几十秒，也有可能是几个月、几年甚至几十年，因而它的时间跨度比较大，用任何单位对其进行计量都可能出现字段值过小或者过大的情况，这会增加记录的复杂程度，所以这里只记录即将发生故障的具体时间。如果希望得到真实的剩余使用寿命，那么只需要将预测 Prognostic_RUL（剩余使用寿命）字段值与现在时间相减即可获得。

其中，Configuration_ID（配置序号）字段为外键，与 Configuration 表（配置表）为多对一关系，通过该关系可以获得产生该条预测评估结果记录的基本配置信息。

表 7-33 ProgData 表（预测数据表）

名称	中文名称	类型	长度	备注
ProgData_ID	预测数据序号	int		每条预测数据表记录的编号，PK
ProgData_Description	预测数据描述	nvarchar	500	描述此条预测数据记录，主要是预测的传感器数据
ProgData_XAxisStart	X 坐标起始值	datetime		预测数据 X 坐标的起始值，即预测开始时间
ProgData_XAxisDelta	X 坐标增量	tinyint		相邻两个预测数据点之间的 X 坐标增量值
ProgData_Value	预测数据值	nvarchar	MAX	记录预测数据从预测起始时间到结束时间所有的预测值，每个预测值之间用“,”分隔
ProgData_Unit	预测数据单位	nvarchar	10	记录预测数据值的单位，如 V（伏特）、A（安培）、kN（千牛）等
Prognostic_ID	预测序号	int		与 Prognostic（预测评估表）外键约束，FK

说明：

ProgData 表（预测数据表）用于记录每次预测评估过程中产生的预测数据。预测评估首先根据历史原始数据的规律或统计结果，预测今后一段时间内该原始数据的走势，并且对预测得到的数据进行健康评估，最终获得零部件的剩余使用寿命和未来的健康状况，所以需要使用 ProgData 表（预测数据表）记录预测得到的未来数据。由于预测数据均是以时间为自变量，实际传感器数据的预测值会随时间的变化而变化，故以时间为横坐标，每条记录用于存储一个传感器数据预测值的整条曲线。存储方式如下：首先记录下预测的开始时间，即 ProgData_XAxisStart，通常这个字段值是预测进行的初始时间；随后根据预测时原始数据的采样频率确定预测值的采样频率，如果在原始数据缓冲表中的原始数据每 3s 记录一次，那么此处的 ProgData_XAxisDelta（X 坐标增量）字段也为 3，这个字段的单位是 s（秒）；预测值全部记录在 ProgData_Value（预测数据值）字段中，每个值之间用“,”分隔开，预测结束时间通过“预测开始时间 + X 坐标增量 ×（“,”总量）”计算得到。另外在原始数据缓冲表中，如果在一定的时间内原始数据都没有变化的话，那么原始数据只会在第一次出现时存储，而在接下来出现的相同原始数据都不会重复存储，因此，并不是在每个采样时间点都记录了原始数据。而在此处，每个对应坐标增量倍数的时间点上都需要有值。如果有一个时间点因为特殊原因没有产生数值，那么也必须用两个连续的“,”隔出一个空值。

ProgData 表（预测数据表）的作用除了用于对设备或零部件未来健康状况进行评估外，还可以将预测数据与到达相应时间点后采集的实际原始数据进行比较，用以调整预测方法。为了节约存储空间，当实际时间到达了预测结束时间，由于此时预测结束时间所对应的原始数据真实值已经获得，没有必要再将这些预测结果数据存储在预测数据表中，因此在一定时间里对预测算法的参数调整之后，就可以删除该条预测数据表记录。删除的规则可以有两种：一种是利用系统自动调整预测参数，可以设定一个时间，在超过预测结束时间后的某个时间自动删除这条预测数据表记录；另一种为手动调整预测参数，那么当操作者在手动触发调整预测参数之后，可以手动删除所有已经到达预测结束时间的预测数据表记录。

该表中，Prognostic_ID（预测评估序号）字段为外键，与 Prognostic 表（预测评估表）为多对一关系，表示一条预测评估表记录可以对应多条预测数据表记录，而每条预测数据表记录只能属于一条预测评估表记录。

表 7-34　Advisory 表（建议表）

名称	中文名称	类型	长度	备注
Advisory_ID	建议序号	int		每条建议表记录的编号，PK
Advisory_Time	建议时间	datetime		记录生成建议的时间
Advisory_Result	建议结果	nvarchar	MAX	记录所选零部件综合的建议结果
Configuration_ID	配置序号	int		与 Configuration（配置表）外键约束，FK

说明：

Advisory 表（建议表）用于记录对所选择零部件进行状态监测、健康评估或预测评估后的综合建议。虽然在状态监测、健康评估和预测评估中，对于零部件的每一个故障或者警告报警都有相对应的建议，但是 Advisory 表（建议表）中的建议是根据所选择零部件目前所有的状态监测、健康评估或预测评估之后的结果给出的整体评价和建议，所以在对所选零部件进行建议分析之前，需要有该零部件的其他分析记录。

其中，Configuration_ID（配置序号）字段为外键，与 Configuration 表（配置表）为多对一关系，通过该关系可以获得产生该条建议结果的基本配置信息。

表 7-35 Report 表（报告表）

名称	中文名称	类型	长度	备注
Report_ID	报告序号	int		每条报告表记录的编号，PK
Report_Time	报告时间	datetime		记录此次生成报告的时间
Report_Start	报告开始时间	datetime		记录产生报告所选用数据的开始时间
Report_End	报告结束时间	datetime		记录产生报告所选用数据的结束时间
Report_Content	报告内容	xml		记录报告内容和格式，不同类型的报告内容和格式有所区别
Report_Category	报告类型	tinyint		1～4 分别表示状态监测、健康评估、预测评估和建议生成
Part_ID	零部件序号	int		与 Part 表（零部件表）外键约束，FK

说明：

Report 表（报告表）是在对设备零部件进行状态监测、健康评估、预测评估和建议之后产生的一个规范的具有表格形式的文件，对报告的收集和整理可以为设计、施工和维修人员等提供一整套与设备相关的有价值的资料。由于报告的格式随着报告类型的不同而有所区别，故在系统设计的过程中，针对不同类型报告的格式和内容，用 XML 语言分别写出对应的模板，在记录的过程中可以自动套用。由于产生报告的所有信息都完全存储在数据库的其他表格中，因此并不需要根据报告表中的某些信息对其他表中的信息进行查询，所以该表不与其他表进行关联。如果要查询报表中某个数据的配置或者数据信息，可以从所对应的状态监测表、健康评估表、预测评估表和建议表中查询得到。

该表中，Part_ID（零部件序号）字段为外键，与 Part 表（零部件表）为多对多的关系，表示一条报告记录可以对应多个零部件，而每个零部件也可以对应多个报告记录。

表 7-36 ReportFeedBack 表（报告反馈表）

名称	中文名称	类型	长度	备注
RFB_ID	报告反馈序号	int		每条报告反馈表记录的编号，PK

（续）

名称	中文名称	类型	长度	备注
RFB_Time	报告反馈时间	datetime		记录此次报告反馈的时间
RFB_Content	报告反馈内容	nvarchar	MAX	记录产生反馈的具体内容，人工对报告结果评价，该零部件根据报告内容对应的维护状况等
RFB_Sign	报告反馈表负责人签名	varbinary	MAX	记录报告反馈表负责人签名的扫描件
Report_ID	报告序号	int		与 Report（报告表）外键约束，FK

说明：

ReportFeedBack 表（报告反馈表）主要用于记录报告产生之后，对于此次报告实施阶段的反馈记录。报告反馈表除了作为设备或者零部件维护过程中的资料之外，同时还用于生成根据自动生成的报告对设备或零部件进行维护的信息以及记录人工对自动生成报告的评价等反馈信息。RFB_Sign（报告反馈表负责人签名）字段记录维护实施人员或给出评价的负责人的签名。

该表中，Report_ID（报告序号）字段为外键，与 Report 表（报告表）为多对一关系，表示一条报告表记录可以对应多条报告反馈表记录，而每条报告反馈表记录只能属于一条报告表记录。

表 7-37　User 表（用户表）

名称	中文名称	类型	长度	备注
User_ID	用户序号	int		记录每个用户信息的编号，PK
User_Name	用户姓名	nvarchar	20	记录注册用户的姓名
User_Sex	用户性别	tinyint		记录注册用户的性别，1 表示男，2 表示女
User_Tel	用户电话	varchar	20	记录注册用户的电话联系方式
User_Password	密码	varchar	20	记录注册用户登录系统的密码
User_Email	邮箱	varchar	30	记录注册用户联系的电子邮箱
User_Address	地址	nvarchar	70	记录注册用户的联系地址

说明：

User 表（用户表）主要用于记录已经注册的系统用户的基本信息。

表 7-38 Privilege 表（权限表）

名称	中文名称	类型	长度	备注
Privilege_ID	权限序号	int		每个权限信息的编号，PK
Privilege_Name	权限名称	nvarchar	20	普通操作者、操作工程师、分析工程师及管理员等
Privilege_Level	权限等级	tinyint		此字段记录每个权限的级别，例如：管理员级别为 1，操作工程师级别为 2，分析工程师级别为 3，游客级别为 4。权限等级越低表明权限越高
Privilege_Description	权限描述	nvarchar	500	对每一个权限的责任进行说明

说明：

Privilege 表（权限表）主要用于权限分配。表中 Privilege_Description（权限描述）字段对每个权限的责任进行说明，例如：对于一个普通操作者，只需显示关键、最迫切的警告信息；操作工程师要对机器状态监测数据进行审查并与实时过程数据库信息进行集成；可靠性分析师需要能够访问各种详细的技术分析情况与显示结果；管理员需要知道设备状态的异常情况以及设备的整体状态，可进行所有操作。

表 7-39 UserConf 表（用户配置表）

名称	中文名称	类型	长度	备注
UserConf_ID	用户配置序号	int		每条用户配置表记录的编号，PK
Privilege_ID	权限序号	int		与 Privilege（权限表）外键约束，FK
User_ID	用户序号	int		与 User（用户表）外键约束，FK
Equipment_ID	设备序号	int		与 Equipment（设备表）外键约束，FK

说明：

UserConf 表（用户配置表）主要用于连接用户信息、权限信息和设备信息。该系统可以用于不同的设备，而同一用户对不同设备的权限不同。通常一个用户只能对一个设备组的设备具有相关权限，只有少数用户对所有设备组成的系统具有相关权限。

其中，Privilege_ID（权限序号）字段为外键，与 Privilege 表（权限表）为多对一关系，一条权限信息可以对应多条用户配置信息，而一条用户配置信息只能属于一条权限信息。User_ID（用户序号）字段为外键，与 User 表（用户表）为多对一关系，表示一个用户可以对应多条用户配置信息，而一条用户配置信息只能属于一个用户。这两个字段组合起来是为了将用户信息和权限信息的多对多关系转换成两个一对多关系。因为每个用户对每台设备的权限有所区别，所以Equipment_ID（设备序号）字段为外键，与Equipment表（设备表）为多对一关系，表示某个用户可以以不同的权限作用于多台设备，而某个用户对于一台设备而言只能有一个权限。

表7-40 UserLog表（用户日志表）

名称	中文名称	类型	长度	备注
UserLog_ID	登录日志表记录序号	int		每条登录日志表记录的编号，PK
UserLog_LoginTime	登录时间	datetime		记录用户登录系统的登录时间
UserLog_LogoutTime	注销时间	datetime		记录用户登录系统的注销时间
UserLog_Content	日志内容	nvarchar	MAX	记录用户登录的日志内容
UserConf_ID	用户配置序号	int		与UserConf（用户配置表）外键约束，FK

说明：

LoginLog表（登录日志表）用于记录每个登录此系统的用户编号以获得用户信息，记录其登录与注销时间以及用户操作的内容。其中，UserConf_ID（用户配置序号）字段为外键，与UserConf表（用户配置表）为多对一关系，表示具有某种权限的某个用户针对某一台设备进行维护操作或者查看可以对应有多次记录。

表7-41 ERunState表（设备运行状态表）

名称	中文名称	类型	长度	备注
ERS_ID	设备运行状态表记录序号	int		每条设备运行状态表记录的编号，PK
ERS_Flag	设备运行状态标识	tinyint		记录设备运行状态标识，如0表示设备正常运行，1表示设备正常停机，2表示设备因故障停机等
ERS_Time	设备运行状态改变的时间	datetime		记录设备运行状态改变时的时间
Equipment_ID	设备序号	int		与Equipment（设备表）外键约束，FK

说明：

ERunState表（设备运行状态表）用于记录设备运行状态的信息，如正常运行、正常停机或因故障停机等。由于设备的各种运行状态都必然会维持一段时间，因此只在设备运行状态改变时才存储相应的记录，以在节约数据库存储空间的同时简化相应的程序设计。

7.7.5 组织数据入库

数据库结构建立好后，就可以向数据库中装载数据了。组织数据入库是数据库实施阶段最主要的工作。数据装载方法主要有人工方法和计算机辅助入库两种。

1. 人工方法

人工方法比较适用于小型系统。其装载的步骤如下：

1）筛选数据：需要装入数据库中的数据通常分散在不同的数据文件中，所以需要先进行筛选。

2）转换数据格式：所筛选出的需要入库的数据，其格式往往不符合数据库的要求，因此还需要对其进行格式转换。这种转换有时候很复杂。

3）输入数据：将转换好的数据输入数据库中。

4）校验数据：检查输入的数据是否有误。

2. 计算机辅助数据入库

此种方法适用于中型系统。步骤为：

1）筛选数据。

2）输入数据：由录入人员将原始数据直接输入到计算机中，数据输入子系统应提供输入界面。

3）校验数据：数据输入子系统采用多种校验技术检查输入数据的正确性。

4）转换数据：根据数据库系统的具体要求，从录入的数据中抽取有用成分对其进行分类，然后转换数据格式。抽取、分类和转换数据格式是数据输入子系统的主要工作，也是数据输入子系统的复杂性所在。

5）综合数据：数据输入子系统对转换好的数据根据系统的要求进一步综合成最终数据。

SQL Server 提供数据导入导出工具进行数据导入，例如可将 Excel 文件的数据导入数据表中，以节约工作。

为了保证数据能及时入库，应在数据库物理设计的同时编制数据输入子系统。本系统需要进行数据装载的数据表为：设备类型表 EType，设备图片表 EPicture，设备图片分割表 EPicturePartition，设备库表 EquipmentLib，设备供应商表 ESupplier，设备联系人表 EContact，设备位置表 ELocation，设备表 Equipment，零部件库表 PartLib，零部件供应商表 PSupplier，零部件表 Part，传感器库表 SensorLib，传感器供应商表 SSupplier，传感器表 Sensor，故障库表 FaultLib，故障树表 FaultTree，用户表 User，权限表 Privilege 等。

7.7.6 系统数据库访问

数据库可以看成是数据的一种有组织的存储集合，外部用户可以对其进行数据访问或修改等操作。目前，对数据库的访问主要有如下几种方法：固有调用、ODBC、OLE-DB、ADO.NET、ORM 等。

每个数据库引擎都带有包含用于访问数据库的 API 函数的动态链接库（DDL），应用程序可以利用它存取和操纵数据库中的数据，这种方法即为固有调用。使用固有调用速度快、编程简单，对于自身的 DBMS 来说应该是最优的方法，但是其致命缺陷是不具有通用性。

ODBC 是第一个被广泛接受的数据库中间件标准，并可在 Windows 中应用，但随着编程语言的发展，ODBC 不具有可以超越执行 SQL 来操纵关系型数据库的能力，而且 ODBC 技术老化，目前使用得并不算太多。OLE DB 是为访问关系型和非关系型数据增加的面向对象功能的数据库中间件。与 ODBC 相比，OLE DB 的速度更快，应用于与更低层次的数据库连接，但是过于复杂。

ADO.NET 是微软公司的 .NET 应用开发框架的数据库访问构件。为了封装 OLE DB 的功能，简化数据存储工作，微软公司使用 COM 技术将 OLE DB 封装成 ADO 对象。.NET 框架扩展了 ADO 提供的功能，引入两种新的特性：数据集和 XML 支持，所以目前 ADO.NET 被越来越多程序员所接受。使用 ADO.NET 访问数据库的流程见图 7-31。

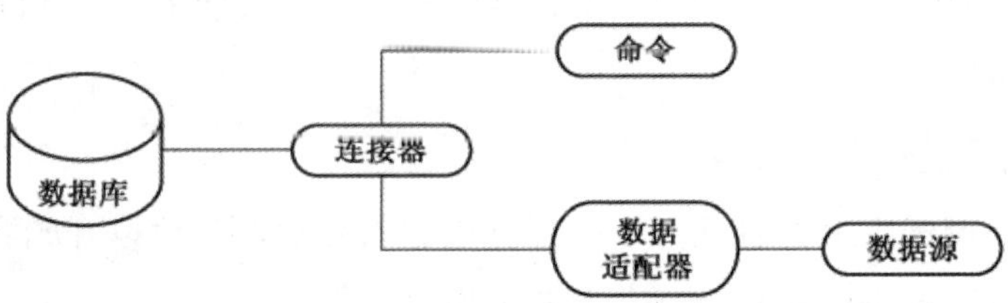

图 7-31　ADO.NET 访问数据库流程图

对于程序开发而言，目前大部分使用的是面向对象的开发方法，而本数据库设计所使用的主流数据存储系统 —— 关系型数据库则是非面向对象，这两个系统之间是不能耦合的。为了解决它们之间的阻抗匹配问题，对象—关系映射（Object Relation Mapping，ORM）应运而生，故本系统使用 ORM 的方法对数据库进行访问。

对象和关系数据是业务实体的两种表现方式，业务实体在内存中表现为对象，在数据库中则表现为关系数据。内存中的对象之间存在关联和继承的关系，而在关系数据库中却无法直接表达多对多关联和继承关系。因此，对象—关系映射（ORM）系统一般以中间件的形式存在，主要实现程序对象到关系数据库数据的映射。

在开发应用程序时若不使用 ORM，编程人员可能需要写很多数据访问层的代码才可以实现从数据库中保存、删除、读取对象信息等操作，并且这些代码具有高度的重复性。以保存对象的方法为例：如果要想数据库传入一个对象，则首先需要为 SQLCommand 对象添加 SQLParameter，将所有属性和对象一一对应，再设置 SQLCommand 的 CommandText 属性为存储过程。最后运行 SQLCommand。如果之后还需要对其他每个对象操作，就需要重复地写这些代码。

若使用 ORM 进行操作，开发效率则会大大提升。ORM 会自动生成数据访问层（Data Access Layer，DAL）将对象与数据库的相应表进行字段与属性映射，类的每个实例对应数据表中的一条记录，类的每个属性对应表的每个字段，而不需要再编写以上的重复性 SQL 代码，编程人员只需要关心对象即可。

XPO（eXpress Persistent Objects）是 ORM 的一个典型应用。它在对象和关系数据库之间构建了一个强有力的桥梁。使用 XPO 也可以使用各种复杂的数据库系统，如 MS Access、MS SQL Server、MySQL、Oracle、VistaDB 等，来创建应用，而不需要在代码中进行任何转换。本数据库的访问方式便采用了 XPO，其具体的应用在此不再赘述。

7.7.7 系统数据库运维

应用程序调试完成并且已有一小部分数据入库后，就可以开始数据库的试运行。数据库试运行也称联合调试，主要工作包括：

1）功能测试：实际运行应用程序，执行对数据库的各种操作，测试应用程序的各种功能。

2）性能测试：测量系统的性能指标，分析是否符合设计目标。

数据在使用过程中可能因为重新设计物理结构甚至逻辑结构或由于数据库工作量实在太大，从而导致数据的分期输入。对于本数据库，先输入基本调试所需数据，待运行合格后再输入全部数据，即采用分期输入的方法。

另外，在数据库试运行阶段，系统还不稳定，硬件、软件故障随时都可能发生，而且系统的操作人员对新系统还不熟悉，误操作也不可避免，因此必须做好数据库的转储和恢复工作，尽量减少对数据库的破坏。

在数据库试运行结果符合设计目标后，数据库就可以真正投入运行与使用了。数据库正式投入运行，标志着开发任务的基本完成和维护工作的开始。数据库在运行阶段应用环境和物理存储等不断发生变化，所以对数据库的设计进行评价、调整、修改等维护工作是一个长期的任务，也是设计工作继续和提高的漫长过程。

在数据库运行阶段，对数据库经常性的维护工作主要由 DBA 完成，包括：

（1）数据库的转储和恢复　转储和恢复是系统正式运行后最重要的维护工作之一。DBA 要针对不同的应用要求制订不同的转储计划，定期对数据库和日志文件进行备份。一旦发生故障，立即利用数据库备份及日志文件备份尽快将数据库恢复成某种一致性状态。针对系统数据库，所采取的备份策略是利用 SQL Server 2008 R2 自带的维护计划功能来进行自定义的备份。具体的备份计划是：每周周日凌晨对系统数据库进行完全备份，每周周一到周六的凌晨对系统数据库进行差异备份，同时为了防止生成的备份文件过多，以合理有效地利用磁盘空间，自动对两周前生成的备份文件进行删除。由于数据库的恢复同时需要完全备份及此次完全备份之后的所有差异备份，因此，最先应进行一次完全备份，然后才进行差异备份。

（2）数据库的安全性与完整性控制　DBA 必须根据用户的实际需要授予不同的操作权限。在数据库运行过程中，随着应用环境的变化，对安全性的要求也会发生变化，DBA 需要根据实际情况修改原有的安全性机制；由于数据库的完整性约束也会发生变化，这也需要 DBA 不断修正，以满足用户要求。

（3）数据库性能的监督、分析和改进　在数据库运行过程中，DBA 必须监督系统运行，对监测数据进行分析，找出改进系统性能的方法。

（4）数据库的重组织和重构造　数据库运行一段时间后，由于记录的不断增、删、改，会使数据库的物理存储发生变化，从而降低数据库存储空间的利用率和数据的存取效率，使数据库的性能下降，故需对数据库进行重组织，但这并不会改变原设计的数据逻辑结构和物理结构。

而数据库应用环境发生变化，会导致实体及实体间的联系也发生相应的变化，使原有的数据库设计不能很好地满足新的要求，因此需要进行重构造。重构造根据新环境调整数据库的模式和内模式，如增加新的数据项、改变数据项的类型、改变数据库的容量、增加或删除索引、修改完整性约束条件等。然而，重构造的程度是有限的，若应用变化太大，已无法通过重构数据库来满足新的需求，或重构数据库的代价太大，则表明现有数据库应用系统的生命周期已经结束，应该重新设计新的数据库系统，开始新数据库应用系统的生命周期。

第 8 章

监控与数据采集系统软件

监控与数据采集系统是整个监测系统的核心，它将整个监控系统的数据汇总处理，并最终呈现给用户。随着现代工业智能化的发展，监控中心在功能维度与深度上也逐步拓展，并决定着设备监控系统的发展上限。

本章首先介绍了监控中心的发展历程，并通过国内外几个典型设备监控系统中监控中心的架构及功能组成分析出一套完善的监控中心所应具备的基本软硬件架构与功能组成。8.2 节与 8.3 节分别从监控中心的基本功能与拓展功能角度，结合实际案例进行了分析，并给出了简要的模块功能实现方法。最后对监控中心的下一步发展给出了方向性的展望。

8.1 概述

监控中心是监控系统的数据中心，用于在网络基础设施上传递、加速、展示、计算、存储监控数据信息。

监控中心是伴随远程监控系统而来的概念，在远程监控出现之前，设备监控多为现场监控、实地监控，受地理位置和人力资源的影响，局限性很大。远程监控技术出现后，机载监控系统与监控中心逐渐分离，监控中心不受地理条件的限制，能将监控网络下所有设备的信息集中存储处理并统一发布给用户，便于管理维护，因此越来越受到大型工业设备厂商青睐。

8.1.1 国内外现状

目前国内外已经有许多的监控中心系统应用于设备的监测管理。国内的有某公司开发的大型港口起重机监控系统（Crane Monitoring System，CMS）。该系统以光缆或无线传输的方式，将大型起重机设备在运行过程中的各种实时数据通过以太网通信采集到本地 CMS（Local CMS，LCMS）和远程 CMS（Remote CMS，RCMS）管理系统中。在 LCMS 和 RCMS 侧同时将采集到的业务数据、故障连锁信息、工作状态等信息进行处理、存贮；通过一些动态直观的界面，来反映大型机械的运行状态及联锁状态，并提供故障发生时的再现故障辅助功能，实现数据库的二级备份。其系统架构见图 8-1。

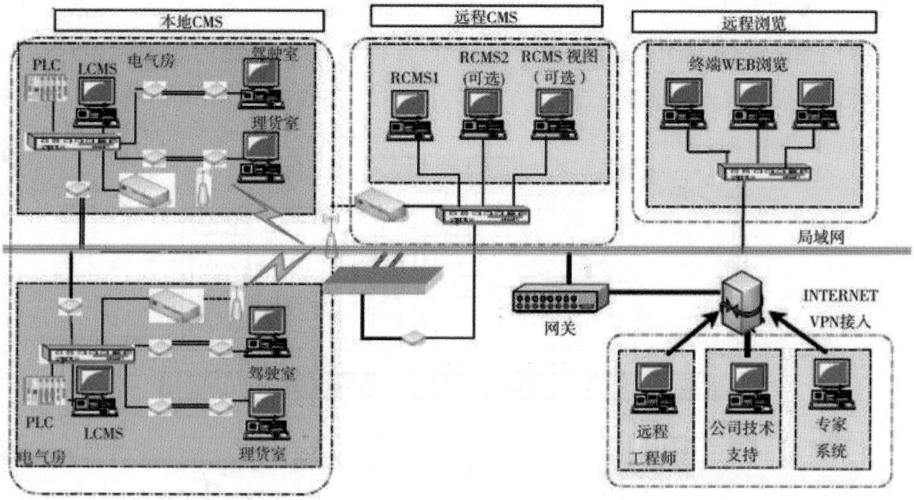

图 8-1　大型港口起重机管理系统架构

系统软件界面大致可分为警报区、参数区、状态区、仿真区和导航区。最上方为警报区，显示当前设备的故障报警信息；警报区下方为参数区，显示当前部件的基本模拟量参数信息；参数区下方为仿真区，展示当前部件的仿真模型，便于直观感受；仿真区右侧为状态区，展示当前部件的详细状态信息；软件最下方为导航区，用于设备主要部件和系统功能模块的切换。根据系统软件界面的结构布局可以分析出，系统软件的功能大致包括实时显示当前起重机的各机构的状态信息、对设备过去一段时间的状态进行回放查看、对设备故障进行监测管理等。

上海振华重工电气也基于其自主研发的组态软件（Visual CMS）二次开发了一套起重机远程监控与数据采集系统（RCMS），其连接方案见图 8-2。RCMS 具有灵活多样的组网方式、高集成性和可扩展性，并能实现客户端浏览。

国外 ABB 公司开发的 Crane & Harbour CMS System，是对起重机进行监控维护的工作站系统，其系统架构见图 8-3。左侧为机载 CMS，由控制器 AC800M 对设备进行统一控制，右侧为远程 CMS，机载端与远程端通过无线或光纤连接，其软件界面见图 8-4。

软件界面可分为报警区、导航区、基本信息区和状态监测区。软件最上方为报警区，用于显示当前设备的故障警报信息；报警区下方为导航区，用于切换系统各功能模块和设备各主要部件；报警区右侧为基本信息区，展示当前设备的基本信息；软件系统主界面为状态监测区，展示当前设备部件的详细状态信息。根据软件界面分析可知该系统的主要功能包括：监测实时系统的状态、故障、报警、允许事件信息；信号维护监测；维护事件的各种查询、检索功能；回顾历史数据日志信号曲线；统计各项营运数据。

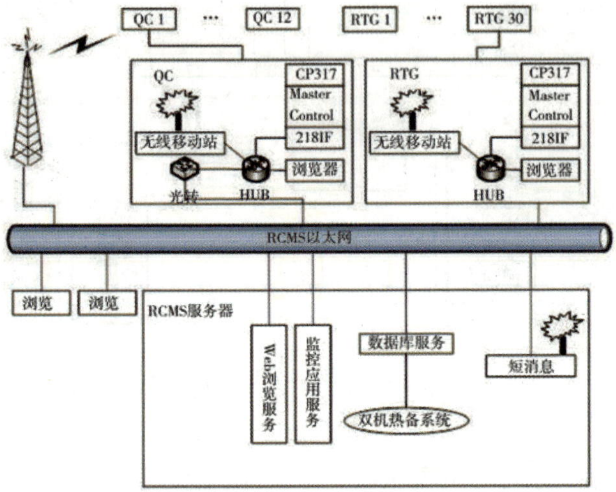

图 8-2　振华重工电气 RCMS 连接方案图

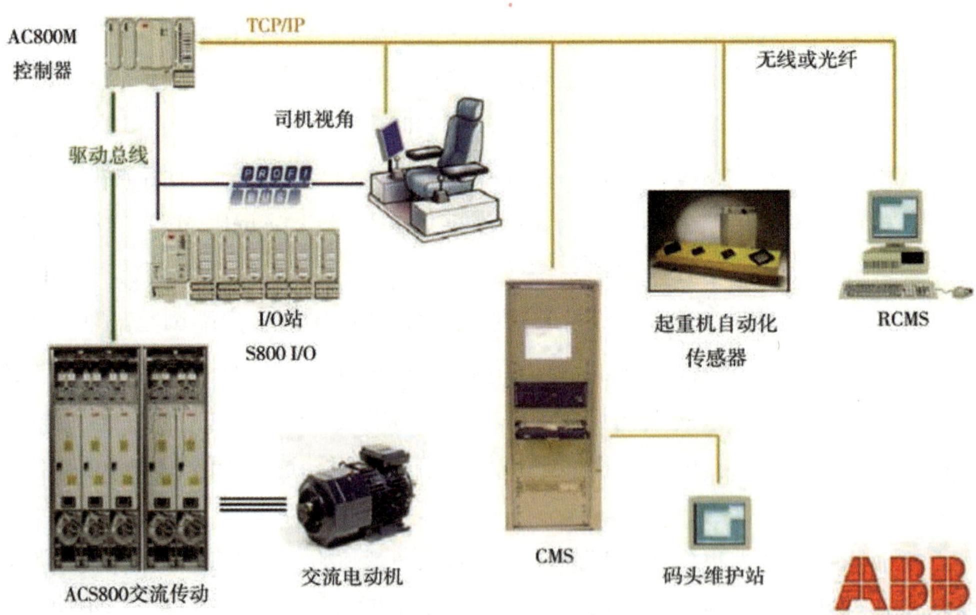

图 8-3　Crane&Harbour CMS System 系统架构

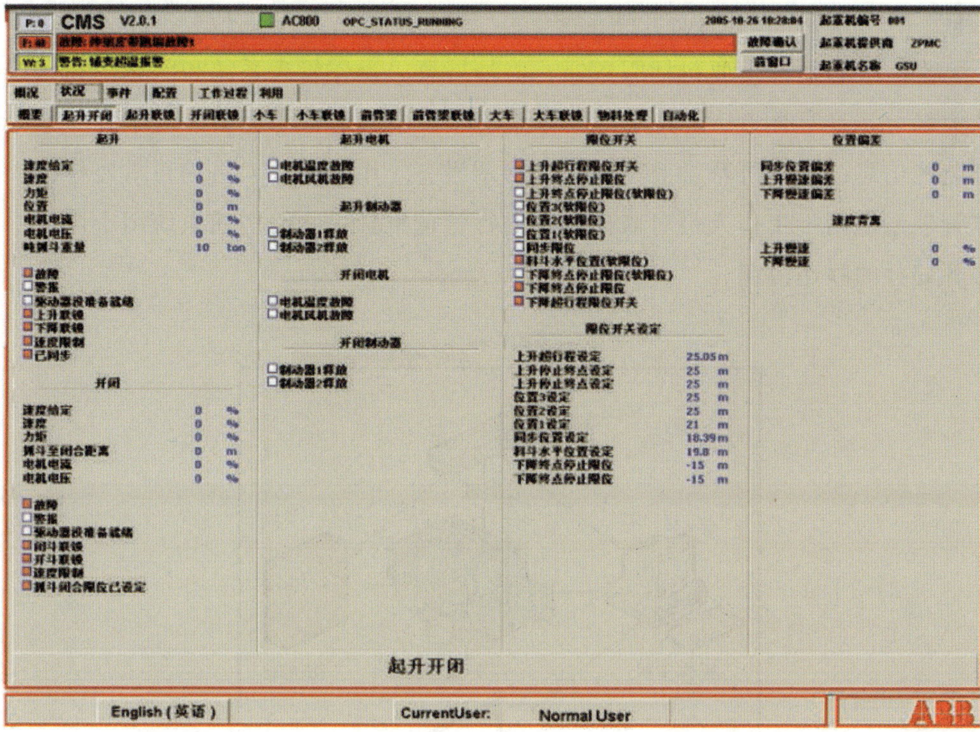

图 8-4　Crane&Harbour CMS System 软件界面

除了这些企业级的典型应用外，不少专家学者也对监控系统进行了研究。如沈阳工业大学的侯君以风力发电机组为对象，基于 B/S 体系架构设计开发了一套远程监控系统，实现了状态展示、故障报警、数据交互等功能；四川大学曲广龙针对主动配电网的电能质量监测设计了一套实时监测系统，结合 Silverlight 技术对主动配电网主接线进行了同步建模和绘制，并展示给用户。

8.1.2　系统架构

整个远程监控系统是将信息存储在一个数据库中，并为各地的远程用户提供监测平台服务。因此，远程监控中心主要可分为三部分：用于接收并预处理数据的数据通信预处理模块、用于存储数据的系统数据库以及用于展示数据的远程监测平台。

根据目前国内外的监控系统可知，监控中心应分为硬件和软件两大部分，硬件主要是监控中心服务器，是监控系统的基础；而软件是设备监控功能的集中体现，是监控系统的核心。

8.1.2.1 监控系统的硬件架构

监控中心硬件主要包括服务器、监控屏幕、操作管理系统和网络沟通系统几大部分，详见图 8-5。其中，服务器是监控中心的核心设备，用于存储、处理监控信息；监控屏幕是监控中心的展示设备，用于工作人员的日常监控；操作管理系统用于工作人员对监控中心进行管理维护；网络沟通系统用于监控中心各部分的联通协调。

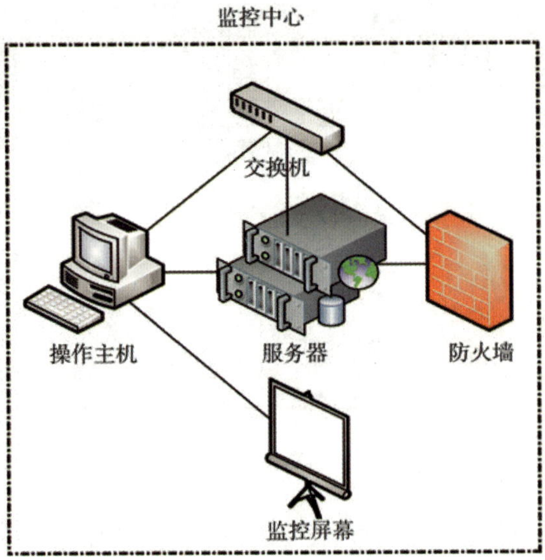

图 8-5 监控中心硬件组成

除了对这些硬件的需求外，整个监控室的屏幕分布、服务器具体的硬件参数等都需要详细的设计。根据系统的性能需求并综合考虑硬件的性价比等问题，得到表 8-1 的硬件需求。

表 8-1 监控系统硬件选型需求

序号	设备名称	型号	数量	单位	参数
1	主机	戴尔 Inspiron 灵越 3847-D5AN8	3	台	处理器：Intel 酷睿 i7 4790 内存：16GB 硬盘容量：1TB 显卡芯片：NVIDIA GeForce GT 720（入门级独立显卡）

（续）

序号	设备名称	型号	数量	单位	参数
2	显示器	三星 S27D590C	3	台	27 in（1in=25.4mm）屏幕 最佳分辨率：1 920×1 080 亮度：300cd/m^2 可视角度：178° /178° 显示颜色：16.7M 视频接口 :D-Sub（VGA），HDMI，Displayport
3	服务器	IBM System x3650 M4(7915I51)	2	台	处理器：志强 Xeon E5-2650/ 八核 内存 : 8GB 硬盘容量 / 最大硬盘容量：600GB/9TB 产品结构：机架式 2U 87.3mm×444mm×684mm 网络控制器：四端口千兆网卡
4	交换机	华为 S5700-52C-SI	1	台	256Gbit/s 背板带宽，48 个 10/100/1000Base-T 端口，4 个 1000Base-X SFP 端口，支持 4K 个 VLAN
5	UPS	山特 C6KS 标准版	2	台	在线视在功率 / 有用功率：6kV・A/4.8kW 输入电压为 120 ～ 275V 输入频率 46 ～ 54Hz 输出电压为 AC 220 (1±1%)V 输出频率 46 ～ 54Hz(市电模式)，50×(1±0.1%) Hz（电池模式） 后备时间取决于外接电池容量 充电时间取决于外接电池容量
6	彩色打印机	惠普 Deskjet 4518	1	台	电源 :100 ～ 240 V，误差为 ±10%；50Hz/60Hz，误差为 ±3Hz 尺寸：445mm×334mm×120mm 重量：5.56kg 支持纸张尺寸：A4、A5、B5、DL、C6、A6 耗电量：13.95W（打印）、3.60W（就绪）、0.93W（睡眠）、0.20W（关机）

8.1.2.2 监控系统的软件架构

监控中心软件系统主要由系统数据库与监控系统软件构成。系统数据库是监控系统的数据中心，存储所有的设备基本数据、设备运行数据与处理后数据，为监控系统软件提供数据支持；监控系统软件可以采用 B/S（浏览器 / 服务器）模式与 C/S（客户端 / 服务器）模式，考虑到 B/S 模式具有优良的跨平台特性，并且可以进行统一的维护更新，客户使用方便、无须安装，所以监控系统软件选择 B/S 模式。

监控中心软件系统的基本功能是对设备运行状态的实时监测、对历史运行状态的查看回放以及对故障信息的警告报警。由于工业设备的大规模应用，传统的在设备出现状况后通知用户的被动维护方式已无法满足用户需求，因此，监控中心除了实现状态监测的基本功能外，还需要根据设备的历史运行状态特点对设备的故障发展趋势进行预测评估，根据设备各部件的剩余运行寿命分析出设备的薄弱环节，及时通知用户提前进行维护更换，以避免设备发生故障后对生产工作带来损失。监控中心软件系统架构见图 8-6。

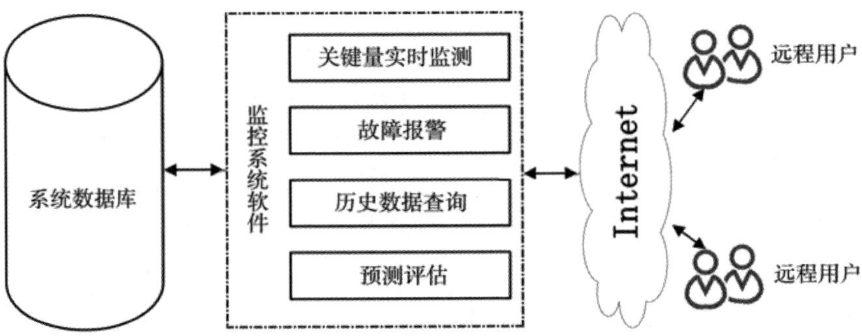

图 8-6　监控中心软件系统架构

因此，一个完善的监控中心系统应包含设备监测的基本功能以及寿命评估的扩展功能，下面将就这两大部分功能的具体实现展开论述。

8.2　基本功能

监控中心软件系统最基本、最核心的功能是设备监测。设备监控系统的基本原理就是将设备采集到的数据信息统一传输到远程监控中心进行管理，系统用户和操作人员可以在任何地方通过访问监控中心网站获取设备相关监测量的最新数据，及时了解设备各部分的运行状态，对设备进行远程监测。

8.2.1　功能需求

设备监测是针对具体的单台设备进行的直观、详尽的监测。首先设备作为整体运行体，任何部分出现异常都可能对设备运行造成影响，因此需要及时获取设备各部分的监测信息，避免设备出现重大故障；其次不同设备在不同工作环境、执行不同工作任务时，其高危运行部件、关键运行参数均不相同，因此需要对设备的监测参数进行灵活调整；最后除了对设备进行同步实时监测外，也需要记录历史监测数据，以供专家或工作人员用来做对比分析。所以根据设备监测的功能需求，我们可以将设备监测分为实时监测和历史查询两部分。

根据设备监测的信息流动过程，监测平台先通过机载系统将数据采集到监控中心，然后再通过监测平台发布数据，但是在展示前需要先将数据存储并做展示前的准备工作，这将涉及数据的预处理。

8.2.2 数据预处理

通信协议主要可以分为两类：基于文本的通信协议（如 HTTP、FTP）和基于字节的通信协议（如 TCP），而 HTTP 本质上是基于 TCP 的一种无状态通信协议，无状态协议是指协议对于事务处理没有记忆能力，每次通信都需要一个重新建立连接的过程，这对于监控系统这样频繁的通信交互需求来说是不利的，会大大浪费传输网络流量。因此，机载系统与远程监控中心间的通信选择基于 TCP 的方式。机载系统通过设备上安装的 PLC 传感器采集数据并通过黑匣子将数据收集整理打包发送，因此对于整个监控系统而言，机载系统扮演了数据采集的角色。远程监测平台是对数据的最终展示，系统数据库是数据的存储中心，而从数据采集到数据存储需要经过数据接收与预处理，这就是数据通信预处理在监控系统中所处的位置。数据流动过程见图 8 7。

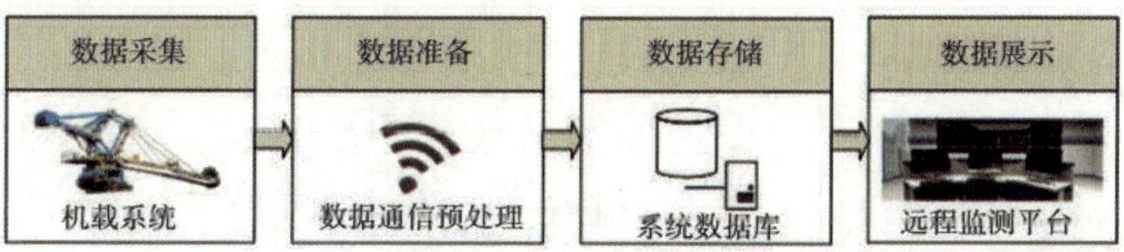

图 8-7 数据流动过程

数据通信预处理分为数据通信接收和数据解析预处理两部分。数据通信接收部分主要是与机载系统黑匣子进行基于 TCP 的通信，接收黑匣子打包发送的原始数据包并存储在系统数据库的相关数据表中；数据解析预处理部分主要是将原始数据包依据设备字位表将数据包中的数据位置与实际测点进行匹配解析，并对解析后的数据进行报警上下限判断预处理。设备字位表见表 8-2，字位表会配置存储在系统数据库中，读取数据库即可找到数据位置所对应的实际测点。

需要注意的是，之所以采取数据通信接收与数据解析预处理分离并行运行，是因为若将数据通信接收与数据解析预处理串行置于同一进程中，解析预处理速率无法跟上通信接收数据包的速率，会造成数据包大量积压最终导致程序崩溃。以系统数据库作为中转，两部分均与系统数据库进行交互，并行运行互不干扰，可以避免速率不同步造成的堆积问题。更加详细的数据预处理的内容查看第 9 章。

表 8-2　设备字位表

起升 1 机构				
机构名称		地址	数据类型	描述
逆变器	DB90.DBW40	DBX40.0	bool	起升 1 逆变器风机电源
		DBX40.1	bool	起升 1 逆变器风机控制电源
		DBX40.2	bool	起升 1 逆变器 RDCU 板电源
		DBX40.3	bool	起升 1 逆变器 RDCU 板 DI 电源
		DBX40.4	bool	起升 1 逆变器 RDCU 板 DO 电源
		DBX40.5	bool	
		DBX40.6	bool	
		DBX40.7	bool	
		DBX41.0	bool	
		DBX41.1	bool	起升 1 逆变器制动器控制
		DBX41.2	bool	起升 1 逆变器准备
		DBX41.3	bool	起升 1 逆变器故障
		DBX41.4	bool	
		DBX41.5	bool	
		DBX41.6	bool	
		DBX41.7	bool	
	DB90.DBW42		int	起升 1 逆变器温度
	DB90.DBW44		int	起升 1 逆变器故障字 1
	DB90.DBW46		int	起升 1 逆变器故障字 2
	…		…	…

8.2.3　实时监测

设备的实时监测是对设备现场工作环境、工作任务、工作状态的同步模拟，用户通过实时监测可以对现场设备的状态进行推测想象，以达到身临其境之感。

8.2.3.1 实时监测的特点

根据功能需求分析，用户需要及时地获取不同设备的关键信息，对于不同类型的设备，监测系统还需要能动态地调整关键监测点，因此，设备实时监测模块主要具有通用性和实时性两大特点。

1. 通用性

大型港口设备远程监测系统针对的监测对象是各类大型港口设备，包括斗轮机、卸船机等，不同类型港口设备的结构和功能划分不同，所需监测的数据信息也不相同，甚至同类型的几台设备由于状态的不同所需关注的运行数据也可能不同。随着航运的发展，港口设备种类必将不断增加，新类型的设备零部件和监测量也将不同于原有设备，因此实时监测模块需要充分考虑通用性、灵活性和可扩展性。

不同类型的设备之间的区别主要体现在设备及其以下层面，如零部件划分、传感器监测量类型、需要被监测的关键零部件等，这些信息都存储在数据库中，因此从理论上来说，可以根据设备的 ID 查询数据库来获取设备的所有信息。当有新设备加入时，只要在配置模块中将设备的信息预填充进数据库，实时监测模块就可以通过读取数据库对不同的设备进行监测。但在实际应用中，由于单个设备的实际传感器可能有上千只，并且大部分传感器监测的都是状态量，对设备的所有传感器监测量进行高频率实时展示显然是不合理并且无法实现的。因此，实时监测模块需要有足够的灵活性来让用户自由定制所需展示的监测量。

为此，我们在数据库中新建了一张数据表 Label 用于存储实时监测模块展示的具体监测量。Label 表主要包括 Label_ID、Label_Name、Page_Name、Equipment_ID、Sensor_ID 五个字段，Label_ID 是 Label 表的主键并且是唯一标识量，Label_Name 用于记录实时监测模块展示的监测量，Page_Name 用于记录实时监测模块各监测量所属的页面［对应于设备的一级部件，设备被抽象成了一棵树，设备与零件之间存在父与子的关系，一级零部件是设备节点下的顶层子节点（添加）］，Equipment_ID 用于区分不同设备，Sensor_ID 作为 Sensor 表的外键，与 Label_ID 一一对应，用于保证实时监测模块展示的监测量都有实际传感器在实时监测。Label 表是可扩展的，还可以添加字段存储标签在页面的位置坐标、标签的颜色及尺寸等方面以满足用户更高的灵活性要求。

这样，实时监测模块针对每一台设备都可以通过查询 Label 表来确定展示哪些监测量，而 Label 表中的数据由用户通过配置模块进行输入，以达到用户自定义实时监测模块监测量的目的。通用性的实现原理见图 8-8。

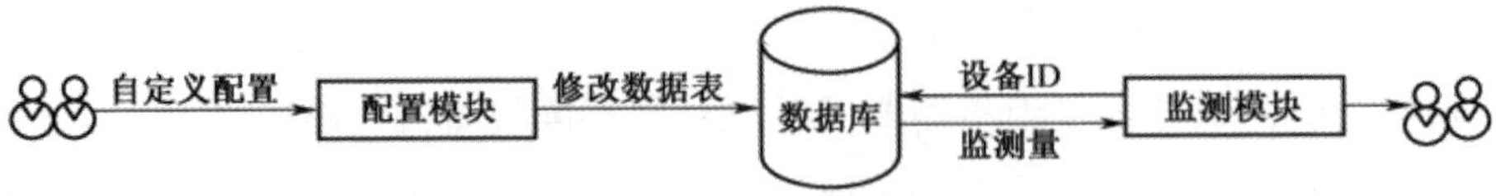

图 8-8　实时监测模块通用性实现原理

2. 实时性

设备实时监测模块涉及浏览器与服务器的 Web 通信，一次典型的 Web 通信过程包括用户在浏览器发出请求，浏览器将请求发送给 Web 服务器，服务器根据请求做出响应，再将响应返回给浏览器。一次典型的 Web 通信过程见图 8-9。

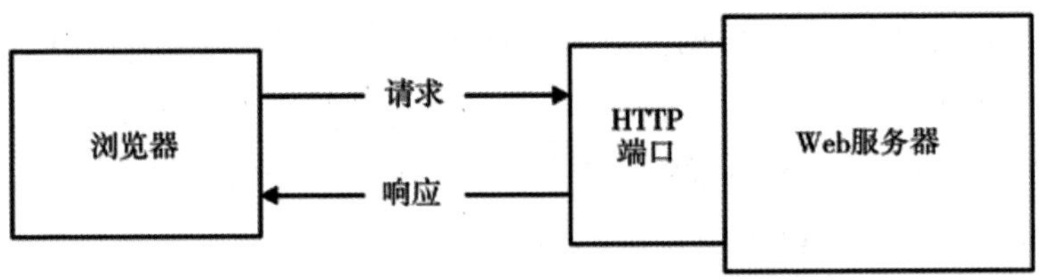

图 8-9　一次典型的 Web 通信过程

Web 通信主要包括轮询、长轮询、长连接几种。

1）轮询：客户端定时向服务器发送 AJAX 请求，服务器接到请求后马上返回响应信息并关闭连接。

优点：后端程序编写比较容易，兼容性好。

缺点：请求中有大半是无用的，浪费带宽和服务器资源。

实例：适于小型应用。

2）长轮询：客户端向服务器发送 AJAX 请求，服务器接到请求后 hold 住连接，直到有新消息才返回响应信息并关闭连接，客户端处理完响应信息后再向服务器发送新的请求。

优点：在无消息的情况下不会频繁地发送请求，耗费资源小。

缺点：服务器 hold 连接会消耗资源，返回数据顺序无保证，难于管理维护。

实例：WebQQ、Hi 网页版、Facebook IM。

3）长连接：在页面里嵌入一个隐藏的 iframe，将其 src 属性设为对一个长连接的请求或是采用 xhr 请求，服务器端就能源源不断地往客户端输入数据。

优点：消息即时到达，不发无用请求；管理起来也相对方便。

缺点：服务器维护一个长连接会增加开销，兼容性差。

实例：Gmail 聊天

以上三种实时通信方式均基于 HTTP，而 HTML5 最新的 WebSocket 协议则是区别于 HTTP 的一种持久化协议。它只有在最初浏览器与服务器通信握手的过程借助 HTTP 请求完成，之后不同于 HTTP 需要请求才能有响应的被动性，WebSocket 协议建立连接后不关闭连接，并且服务器可以主动推送信息给浏览器。它的优点是大大降低了服务器资源的消耗，并且提高了浏览器获得信息的实时性，节省了带宽资源；缺点是由于是比较新的技术，各个浏览器对它的支持程度不一样。

通过上面的比较，考虑到项目对于监测信息实时性的要求，选择 WebSocket 协议作为浏览器与服务器实时交互的协议，并且由于华电重工设备用户均为专业化用户，可以对其客户端浏览器的选用提出要求。

WebSocket 协议服务端对应的是远程监控中心的远程监测平台网站服务端。对于单条 WebSocket 连接而言，用户进入具体设备实时监测模块后，会经历下面的流程：浏览器请求建立 WebSocket 连接，连接建立完成后，浏览器向服务器发送该设备的 ID，服务器确认后，通过该设备 ID 查询数据库，一旦获得该设备的相关新消息，立即推送给该条连接对应的浏览器，浏览器获得最新数据后进行处理，之后展示给用户。具体设备实时监测模块基本通信流程图见图 8-10。

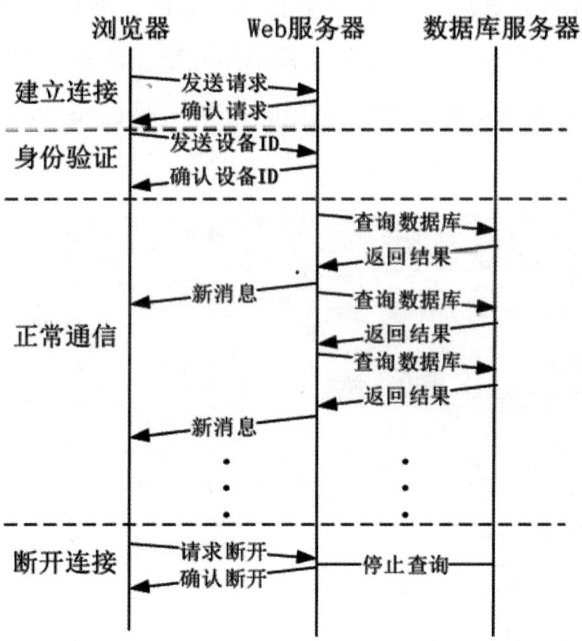

图 8-10　具体设备实时监测模块基本通信流程

从流程图可以看出，WebSocket 连接省去了普通 HTTP 轮询多次请求所带来的带宽浪费和浏览器压力，同时也减少了每次请求建立连接的时间，提高了系统的实时性。

需要注意的是，可能存在多个用户同时监测同一台设备的情况，因此，为避免服务器资源浪费，将身份验证时请求同一台设备的 WebSocket 客户端放在同一个 List 中，不同 List 通过其对应设备的 ID 作为标识。新建立一个连接时，根据其身份验证的设备 ID 将该连接添加进对应 List（若不存在则新建）；根据所有接收到的设备 ID 多线程进行数据查询，若有新消息则将该消息分发给该设备 ID 对应 List 中的所有连接；断开连接时将该连接从对应 List 中剔除，若 List 为空，则删去该 List 对应项并停止该设备 ID 的查询。

该方法可以减少 Web 服务器对数据库服务器的请求数量，降低服务端的压力，提高服务器的处理效率，进而提高系统的实时性。

8.2.3.2 功能实现

实时监测模块用于对用户关心的设备的某些数据进行尽可能高频率的实时察看，数据的来源依然是系统数据库，即通过轮询的方式获取数据库中的最新监测数据，并在实时监测模块中以多种方式展示。实时监测模块基于 asp.net 实现，主要包括设备基本信息部分、设备仿真模型部分和设备关键数据监测部分，体现在母版页分别为 leftcontainer 区域、midcontainer 区域和 rightcontainer 区域。见图 8-11。

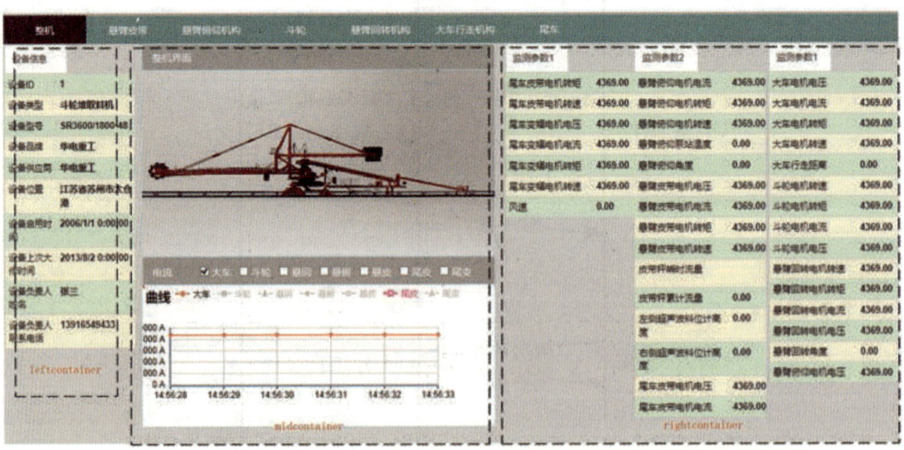

图 8-11 实时监测界面区域划分

（1）设备基本信息部分　实时监测模块是嵌入了具体设备监测模块的独立网页，它是通过在具体设备监测模块中嵌入 iframe（HTML 标签，表示页面内部的框架、文档）并通过链接指向实时监测模块网页来实现的。根据系统架构可知实时监测模块的唯一接口是设备 ID，因此在具体设备监测模块的 iframe 指定链接时需要将当前监测设备的 ID 通过 session 传入实时监测模块，实时监测模块通过在链接中获取 Session 的设备 ID 来实现监测。

设备基本信息部分根据 Equipment_ID 查询数据库，并获取当前监测设备的一些基本信息。这里的查询数据库使用了 SQLHelper 组件。

SQLHelper 是一个基于 .NET Framework 的数据库操作组件，组件中包含数据库操作方法。SQLHelper 用于简化重复写 SQLConnection、SQLCommand、SQL-DataReader 等的操作。SQLHelper 封装过后通常只需要给方法传入一些参数如数据库连接字符串、SQL 参数等，就可以访问数据库。

在使用 SQLHelper 组件时需先建立数据库连接，然后根据需要传入参数执行 CRUD 操作。通常的执行步骤如下：

1）建立连接：在开发过程中，对于数据库的连接通常都是以配置文件的方式存储起来，然后根据需要选择不同的连接字符串。在该系统中数据库的连接配置为 <add name="ConnectionOne" connectionString="DataSource=DBLocation；Ini-tialCatalog=DBName；UserID=DBUser；Password=DBPwd"；providerName="System.Data.SQLClient" />。

2）数据库操作：对数据库的操作主要包括 CRUD，在使用 SQLHelper 组件时，可以用直接拼接字符串的方式，但是这可能发生 SQL 注入攻击。所以在使用时一般采用预编译的方式，这可以有效地防止 SQL 注入，同时还能提高性能。

SQLHelper 组件通过一组静态方法封装数据库访问功能，该类不能被继承或实例化，因此将其声明为包含专用构造函数的不可继承类。SQLHelper 的一个重要特点是几乎每种方法都提供了一组一致的重载机制，提供了一种很好地使用 SQLHelper 类来执行命令的模式，同时为开发人员选择访问数据的方式提供了必要的灵活性。每种方法的重载都支持不同的方法参数，开发人员可以自行确定传递连接、事务和参数信息的方式。

本文主要用到以下几种方法：

ExecuteNonQuery（）：用于执行不返回任何行或值，返回的是语句执行时受影响的行数。

ExecuteReader（）：用于返回 SQLDataReader 对象，该对象包含由某一命令返回的结果集。

ExecuteDataset（）：返回 DataSet 对象，该对象包含由某一命令返回的结果集。

ExecuteScalar（）：返回一个值，该值始终是该命令返回的第一行的第一列。

注意，使用 SQLHelper 组件需要先将 SQLHelper.cs 文件添加到 App_Code 文件夹中，然后在 SQLHelper.cs 文件中获取数据库连接字符串。

从数据库中查询了目标数据后，需要及时地返回到客户端。对于有格式的数据，一般采用 XML 和 JSON 的方式，其中 JSON 相对于 XML 来说，属更加轻量级，以 K/V 的格式存储数据，在组装和解析时都比较方便。所以在本系统中也采用了 JSON 的方式传输数据。在服务器端从数据库中查询的数据是以集合的方式存储，所以需要将其先序列化成 JSON 字符串再进行传输。其方式为代码 8-1。

代码 8-1　服务器端解析 JSON 数据

编程语言：C#

```
public string GetData（string id）
{
    String sql=“…… ”；
    DataTable data=SQLHelper.ExecuteDataSet（SqlHepler.ConnectionString，CommandType.Text，
sql）；
    String res=JsonConvert.Seralizeobject（data，new DataTableConverter（））；
    Return res;
}
```

注：在使用 JsonConvert 进行数据序列化时，需要引入 Newtonsoft.Json 和 Newtonsoft.Json.Converters 两个文件。除了需要在服务器端序列化数据外，还需要在浏览器端对接收到的 JSON 数据进行反序列化，转化为 JSON 对象，并抽取有用的部分进行实时显示。

（2）设备仿真模型部分　由图 8-13 可以看出，设备仿真模拟部分包括设备仿真图片展示和关键数据图表展示两部分。设备仿真图片展示部分直接将存储在服务器中的该类型设备的仿真图片进行链接展示。而关键数据图表展示部分使用了开源的第三方图表前端控件 ECharts。

ECharts 是一个完全用 Javascript 编写的图表库，它可以满足用户高度个性化定制需求，并且兼容所有主流浏览器（IE8/9/10/11、Chrome、Firefox、Safari 等），是一款直观、生动、可交互的数据可视化图表插件，它具有以下特点：

1）丰富的图表类型。ECharts 提供了常规的折线图、柱状图、散点图、饼图、K 线图，以及用于统计的盒形图，用于地理数据可视化的地图、热力图、线图，用于关系数据可视化的关系图 TreeMap，多维数据可视化的平行坐标，还有用于 BI 的漏斗图、仪表盘，并且支持图与图之间的混搭。

可以在下载界面下载包含所有图表的构建文件，如果只是需要其中一两个图表，也可以在在线构建中选择需要的图表类型后自定义构建。

2）多个坐标系的支持。ECharts 3 开始独立出了“坐标系”的概念，支持了直角坐标系（Catesian，同 Grid）、极坐标系（Polar）、地理坐标系（Geo）。图表可以跨坐标系存在，例如折线图、柱状图、散点图等图既可以放在直角坐标系上，也可以放在极坐标系上，甚至可以放在地理坐标系中。

3）深度的交互式数据探索。交互是从数据中发掘信息的重要手段。总览为先，缩放过滤， 按需查看细节是数据可视化交互的基本需求。

ECharts 一直向“交互”的方向发展，legend、visualMap、dataZoom、tooltip 等组件以及图表附带的漫游、选取等操作，提供了数据筛取、视图缩放、展示细节等能力。

4）动态数据。ECharts 由数据驱动，数据的改变驱动图表展现的改变，因此动态数据的展现也变得异常简单，只需要获取数据、填入数据，ECharts 会找到两组数据之间的差异，然后通过合适的动画去展现数据的变化。配合 timeline 组件能够在更高的时间维度上展现数据的信息。

ECharts 的使用方法也比较简单：

1）引入 ECharts 的 js 文件。

2）页面加载时通过 echarts.init（）方法初始化 ECharts 控件。

3）通过 ECharts 提供的 option 属性对需要展示的 ECharts 图表进行配置。由于关键数据图表展示部分需要展示某些关键数据的变化趋势，因此选择折线图进行展示，配置代码见代码 8-2。

代码 8-2　ECharts 折线图配置代码

编程语言：Javascript

```
option2 = {
 title：{text：'曲线'},
  grid：{x：40},
  tooltip：{trigger：'axis'},
 legend：{data：['大车'，'斗轮'，'悬回'，'悬俯'，'悬皮'，'尾皮'，'尾变'],
  selected：{'大车'：true，'斗轮'：false，'悬回'：false，'悬俯'：false，'悬皮'：false，'尾皮'：false，'尾变'：false}},
  toolbox：{show：false,
  feature：{
      mark：{ show：true },
      dataView：{ show：true，readOnly：false },
      magicType：{ show：true，type：['line'，'bar'] },
      restore：{ show：true },
      saveAsImage：{ show：true }}},
 calculable：true,
  xAxis：[{type：'category'，boundaryGap：false，data：["0"，"0"，"0"，"0"，"0"，"0"]}],
 yAxis：[{type：'value'，axisLabel：{formatter：'{value} A'}}],
 series：[{name：'大车'，type：'line'，data：[]，markLine：{data：[{ type：'average'，name：'平均值'}]}},
         {name：'斗轮'，type：'line'，data：[]，markLine：{data：[{ type：'average'，name：'平均值'}]}},
         {name：'悬回'，type：'line'，data：[]，markLine：{data：[{ type：'average'，name：'平均值'}]}},
         {name：'悬俯'，type：'line'，data：[]，markLine：{data：[{ type：'average'，name：'平均值'}]}},
             {name：'悬皮'，type：'line'，data：[]，markLine：{data：[{ type：'average'，name：'平均值'}]}},
         …
```

关键数据图表展示部分中通过前端勾选框控件配合 Echarts 来指定图表中显示的监测量，图表的数据来源与实时监测数据来源相同，实现方式将在下一部分详细说明。

最终关键数据图表展示部分效果见图 8-12。

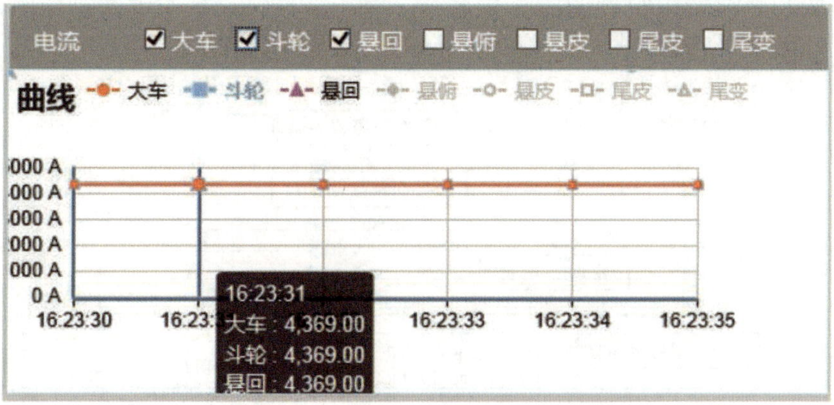

图 8-12　关键数据图表展示部分

（3）设备实时监测部分　设备实时监测部分是具体设备实时监测模块的核心部分，它通过读取数据库中的 Label 表来生成监测量，以实现用户自定义监测量的目的。它的基本原理是通过 WebSocket 协议实时获取服务端信息，这点在前面已有详细介绍。

首先，系统数据库需要添加一张表 Equipment_Realtime，用于存储每台设备对应数据的最新时间。数据包发送到远程监控中心后，数据通信预处理模块解析数据包并将数据存储至 RawData_Buffer 表中，同时将数据的实时时间存储到 Equipment_Realtime 表中。

服务器与浏览器建立 WebSocket 连接并获取了设备 ID 后，首先通过设备 ID 查询系统数据库的 Label 表，获取该设备需要实时监测的关键量信息以及对应的 Sensor_ID，将监测量返回给浏览器用于页面显示标签，并通过 Sensor_ID 查询数据库的 RawData_Buffer 表获取对应监测量的最新数据并返回给浏览器作为该标签的对应数据，同时通过设备 ID 查询 Equipment_Realtime 表获取该设备最新数据包的时间并加以存储。之后服务器持续轮询数据库的 Equipment_Realtime 表并将轮询的时间与存储的时间进行比对，若发生变化说明有新的解析数据出现，则立即从 RawData_Buffer 表中获取对应的最新数据并返回给浏览器，如此循环下去。从用户访问实时监测界面到实时监测部分获取数据的流程见图 8-13。

监测量包括数字量和模拟量。对于模拟量，直接显示返回的结果即可；而对于数字量，由于数据库中只以 0 和 1 表示，必须将 0 和 1 转换成对应的工作状态。得到的实时数据需要根据数据类型进行判断后再显示，并且查询得到的数据需要和之前请求得到的监测量名一一对应。最终设备关键数据监测部分实现效果见图 8-14。

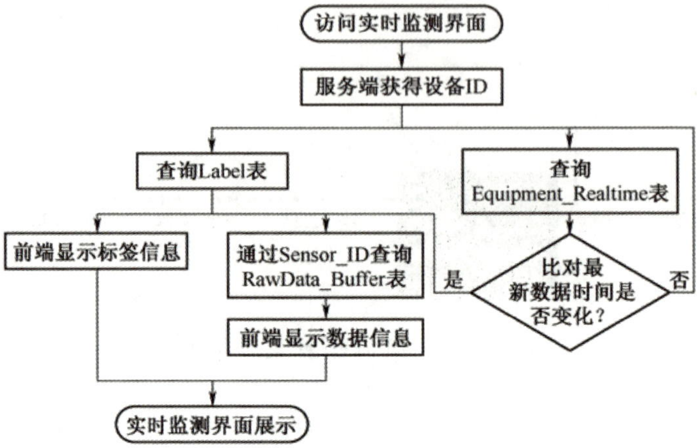

图 8-13 实时监测部分获取数据的流程

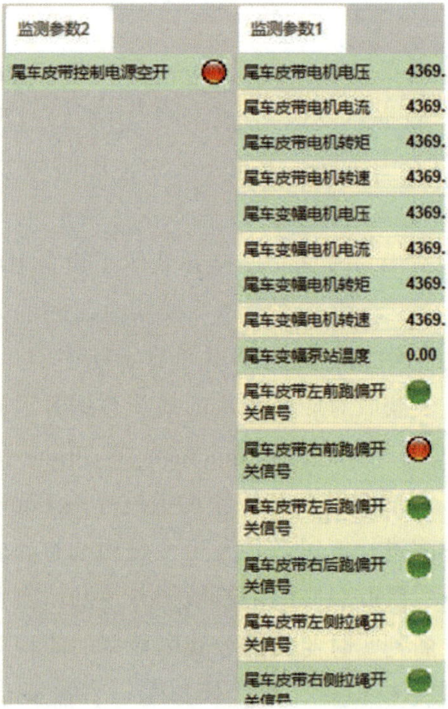

图 8-14 设备关键数据监测部分

设备的监测数据通过黑匣子传输到监控中心解析后会经过数据处理，数据处理就包括对故障报警的判断。经过处理后，报警数据存入 Alarm 表中，所以可以通过与实时监测类似的手段得到最新的报警数据，每次得到的报警数据会与上次的报警数据进行对比，若数据量增加，则通过弹窗的形式进行提醒，并将最新报警内容展示在弹窗中。Alarm 表中的 Resolve_Time 字段用于存储故障报警解决的时间，若该字段不为空，则代表该字段对应的报警记录已被解决，出现新的解决记录时也会通过弹窗提示。

此外，具体设备监控的标题栏处还实时显示了当前设备的报警总数，并且通过 Bootstrap 框架的 modal 技术结合 table 前端控件，实现了单击后可查看历史故障报警记录的功能。

Bootstrap 是由 Twitter 的设计师 Mark Otto 和 Jacob Thornton 合作开发的基于 HTML5 和 CSS3 的一款前端框架。它在 jQuery 的基础上进行了更为个性化和人性化的完善，形成独有的网站风格，并兼容了大部分 jQuery 插件。

8.2.4 历史查询

在设备监测中，实时监测只能满足用户对于部分实时数据的同步监测需求，无法获取过往监测数据进行对比分析。历史查询模块通过查询系统数据库中的监测数据，可以满足用户对不同部件、不同时间的不同监测数据的多样化需求，并且以表格和图表等方式直观呈现。

单台设备的监测数据不计其数，并且数据库中存储的内容没有直观的联系，为了让用户更精确方便地查询到所需要的监测数据，首先需要将数据进行区分。

根据数据表之间的关系可知，各传感器以及所监测数据类型可能相同，但对应的零部件并不相同，且零部件对于用户也是比较直观易懂的概念。因此首先建立设备零部件导航树，以便于用户精确查询。

1. 零部件导航树节点的建立

根据数据库 Part 表的设计可知，Part 表通过 Parent_ID 字段绑定了零部件间的父子关系，所以可以根据这些父子关系创建零部件树，实现流程见图 8-15。

零部件导航树节点的建立主要涉及三个类：NavigationObject、NavigationItem 和 NavigationItemGenerator，它们间的关系见图 8-16。

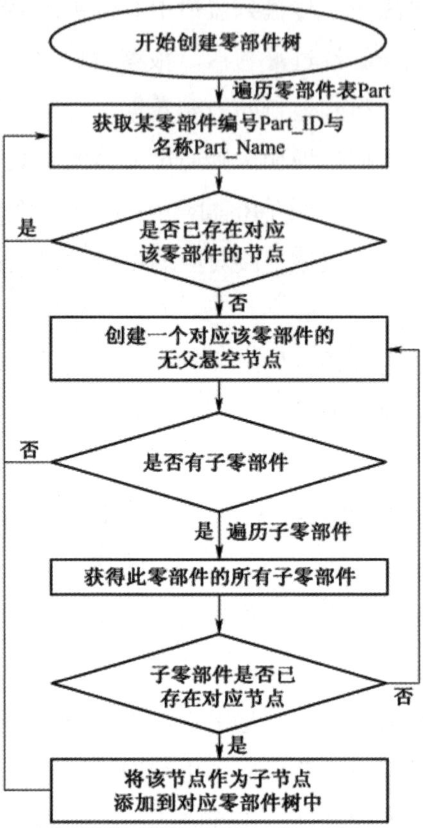

图 8-15　创建零部件树流程

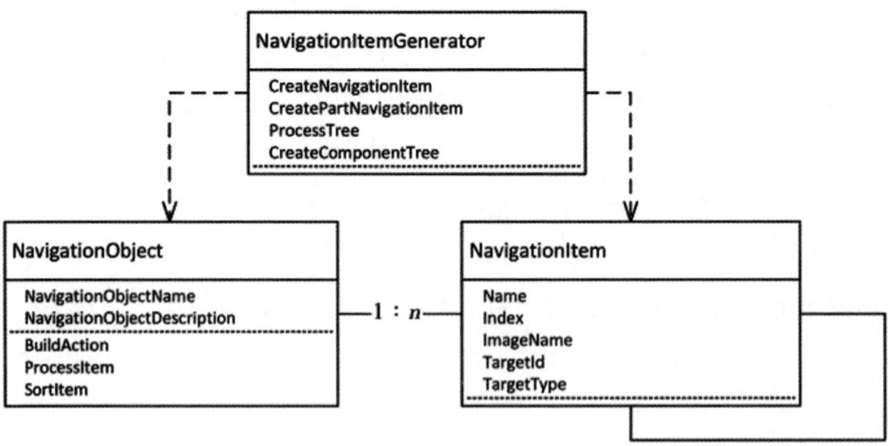

图 8-16　零部件树节点建立的相关类图

根据数据库中的 Part 表可知，零部件之间已经建立好完整的父子关系。这里我们通过 XPO 的映射原理新建两个类作为零部件导航树的独立数据表用于存储零部件导航树的节点关系。NavigationObject 类用于存储不同设备所对应的零部件导航树，NavigationItem 类用于存储零部件导航树的各级导航节点。NavigationObject 类中主要包含根节点的 Name、Description 属性以及对应于 NavigationItem 类的 NavigationItems 集合。此外 NavigationObject 类中包含了通过 NavigationObject 和 NavigationItem 构建零部件导航树的几个方法：BuildAction、ProcessItem 和 SortItems，具体作用在后面进行介绍。NavigationItem 类中包含了一些导航节点的 Name、Index、ImageName 等基本属性，以及代表当前节点的父节点的 Parent 属性和子节点 Items 集合，并且包括对应于 Navigation Object 的外键。

建立好导航节点存储表后，就可将 Part 表中的零部件关系进行整理并填充进两个导航节点表中。整理填充过程是通过 NavigationItemGenerator 类的几个方法来实现的，其中 CreateNavigationItem 方法与 CreatePartNavigationItem 方法用于将单个零部件作为节点存入 NavigationItem 表中；ProcessTree 是一个递归方法，用于将零部件间的父子关系移植到导航节点中；CreateComponentTree 方法是对前面几个方法的调用，以建立一棵完整的零部件导航树。

在数据库内的设备相关数据发生变化时调用 NavigationItemGenerator 类并实现 CreateComponentTree 方法，即可根据设备零部件的关系建立或更新零部件导航树。

2. 导航栏建立及填充

由于 XAF 框架默认模板并不包括页面内的子导航栏，因此首先修改模板前端代码插入一个 Panel 容器用于放置导航栏。

然后根据具体设备的 ID 找到 NavigationObject 表中对应的已建好的零部件导航树名，再根据树名找出 NavigationItem 表中对应的导航节点，然后通过 NavigationObject 类中的几个方法将导航节点作为可单击触点 Action 建立起 Action Tree，其中 ProcessAction 方法用于递归构建 Action 节点，SortAction 用于将节点排序，BuildAction 方法调用前面几种方法构建导航树。

最后将填充好的 Action Tree 置于 Panel 容器中，即可得到零部件树导航栏。

3. 功能实现

历史查询主要针对用户对真实历史数据的自定义查询。由于设备层采集数据的频率是毫秒级，并且数据量非常大，而实时监测界面所显示的监测量只是其中的一小部分，并且只是最新的监测数据，所以当用户需要对过去的数据进行查询整理时，就可以使用历史查询功能。

历史查询的数据源是数据库中的解析数据表（RawData_Buffer），用户通过不同的选择操作实现对数据源的零部件筛选、传感器筛选、时间筛选、故障筛选等以及筛选后数据的表格展示和图形展示，基本操作逻辑流程见图 8-17。

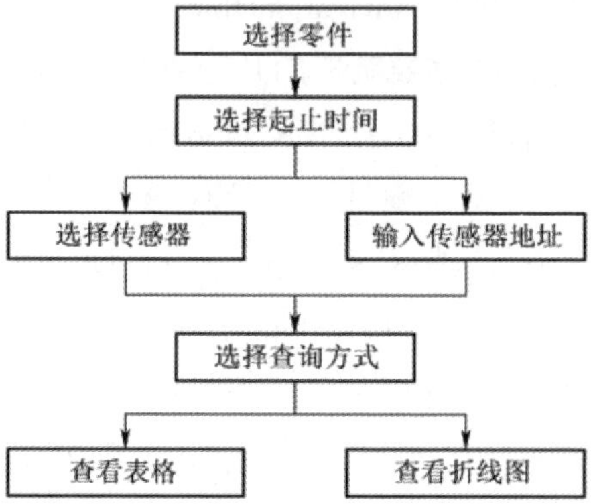

图 8-17　状态查询基本操作逻辑流程

由图 8-19 可以看出，选择零件是进行零部件筛选，选择起止时间是进行时间筛选，可以通过下拉列表框选择传感器或者直接输入传感器地址进行传感器筛选，最后的查看表格和查看图表是数据展示方式的选择。XAF 框架中默认以表格方式展示数据，可以通过更改 View 视图的 EditorType 来更改数据的展示方式。

状态查询界面包括一系列控件，如选择起止时间的下拉列表框、选择传感器的下拉列表框、输入传感器地址的文本框，以及分别用于以表格方式查看和以折线图方式查看的两个按钮。可以看出，前面的一系列选择框包括子导航栏都是用于筛选条件的预设定，选择好筛选条件后，再通过选择单击按钮来决定加载哪个视图，最后将筛选条件应用于该视图，得到用户所需的查询结果。

根据前几章的数据解析策略可知，为减少数据的存储量，对于变化不太敏感的数字量采用“不变不存”的解析策略，因此数据库中存储的数字量监测数据是间隔不规律的，记录的是数字量发生变化的时间节点，两个节点间的时间段数据应与前一个节点数据相同，根据查询得到的节点可以推测出目标时间段内监测数据的实际变化状况。但这又带来一个问题，如果用户选择的监测时间段内目标监测量没有发生变化，这时查询数据库得到的该段时间的监测数据为空，同时由于我们有完备的数据补发机制，数据为空显然是不合理的，因此增加了一个策略：

若查询得到的数据为空，则查询目标监测量该时间段前最近的监测数据，并将结果返回，这说明目标监测量在该时间段内一直是该状态，未发生变化。

最终状态查询界面见图 8-18。

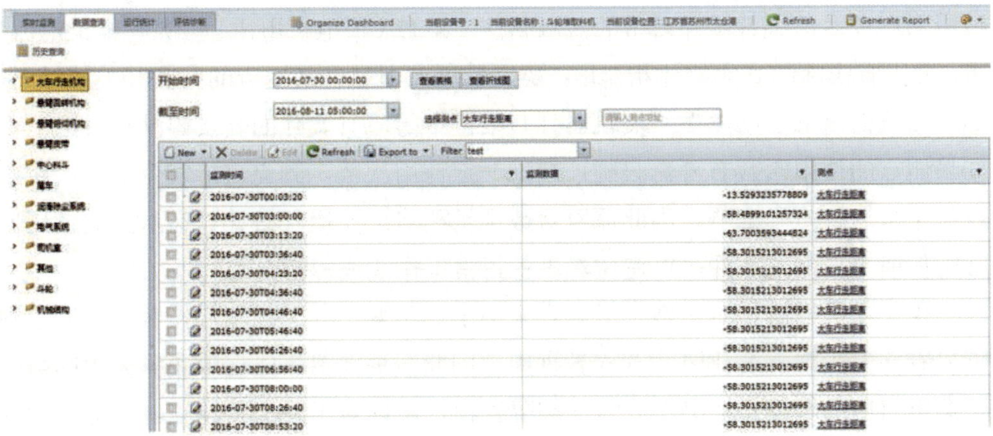

图 8-18　状态查询界面

8.3　扩展功能

上一节介绍了设备监测，它是监控中心软件系统的基本也是核心功能，它的主要目标是让用户能在任何位置及时获得设备的运行状态信息。但对设备的运营维护仅仅做到事后及时维护是远远不够的，在对设备进行同步监测的同时，还需要根据设备已有监测参数对设备关键零部件的剩余寿命进行评估，做到事前维护，及时更换保养高危零部件，这样会大大减少零部件故障对设备、工程的影响。因此，寿命评估作为监控中心软件系统的扩展功能是十分必要的。

设备的监测对象可以分为两类。一类是各种触点开关，它们的运行状态是非开即关，这些触点开关的寿命限值是开关的使用次数，所以只需要统计这些触点开关的使用次数就可以推测出它们的剩余使用寿命。另一类是电流、电压等监测量，它们的运行状态是一个连续的过程，在运行过程中，性能或状态随着时间的推移而逐渐发生变化，而变化超过一定的限值就会发生故障。即使发生了某些故障，这些故障绝对不是瞬间状态的转化结果，而是一个时间积累的过程，也是一个过程的变化，并且具有一定的变化轨迹，因此，可以根据这些监测量的变化趋势预测其达到限值的时间，从而得到它们的剩余使用寿命。所以，可以将寿命评估分为统计模块和预测模块两部分。

8.3.1 统计模块

为便于统一管理，设备监测系统在对设备的监测中采用了测点的概念，测点的相关信息存储在数据库的 Sensor 表中。测点包括模拟量测点和数字量测点，模拟量测点大多是设备零件自带的监测属性，如“大车电机电压”“大车电机电流”等，并没有实际的真实物体相对应；数字量测点则是设备本身的一些开关接触器，如“夹轨器电机启动器”“夹轨器打开限位”等，有实际的真实零件相对应。数字量测点的使用次数有寿命限制，超过一定使用次数，测点可能发生故障，将对设备正常运行产生影响，因此需要对数字量测点进行运行统计，在达到其使用次数限值前更新测点零件，以避免对设备正常工作造成影响。

由于在数据解析时对数字量测点采用了“不变不存”的策略，数字量测点数据只有在发生状态变化时才存入数据库，因此数据库 RawData_Buffer 表中的数字量测点对应的数据是“0”与“1”间隔存在，所以对于数字量测点，只需要统计其在 RawData_Buffer 表中对应的数据量，然后除以 2，即是其使用次数。

8.3.2 预测模块

预测模块主要是根据模拟量已有的监测数据，采用一些预测算法，对监测量未来的数据变化趋势进行预测，同时通过监测量的上下限值进行比对，得到监测量超过限值的大致时间点，进而得到监测量的剩余寿命。

8.3.2.1 预测算法

预测算法是进行模拟量剩余寿命预测的核心，但不同的预测算法有各自的优势也有各自的缺陷，下面介绍几种被广泛使用的预测算法。

1. 回归预测

回归预测是根据历史数据的变化规律，寻找自变量与因变量之间的回归方程式，确定模型参数，据此做出预测。它将预测对象的影响因素分解，考察各因素的变化情况，从而估计预测对象未来的状态。回归预测的优点是原理、结构简单，预测速度快，外推特性好；缺点是要求的历史数据样本大且要有较好的分布规律，当预测长度大于已有原始数据长度时，不能保证预测结果的精度。

2. 灰色预测

灰色预测建立在灰色系统理论的基础上，它提供了在贫信息情况下求解系统问题的新途径。部分信息已知、部分信息未知的系统称为灰色系统。

灰色预测是一种对含有不确定因素的系统进行预测的方法，是利用较少的或不确切的表示灰色系统行为特征的原始数据序列作生成数列变换后建立的，用以描述灰色系统内部事物连续变化过程的模型，从而确定系统未来发展变化的趋势，为规划、决策提供依据。影响设备工作状况的因素很多，由于这些因素复杂、多变，存在不确定因素，很难获得设备的完整信息，所以设备实际上就是一个灰色系统。况且灰色系统理论不过多地涉及系统的输入序列，对原始数据序列长度的要求不高。灰色预测在处理小样本、贫信息和不确定问题上具有独特的优势，但在预测精度和预测稳定性方面有待提高。灰色预测可用于故障的短期、中期和长期预测，但长期预测的精度不高。

3. 时间序列预测

时间序列预测方法是把预测对象的历史数据按一定的时间间隔进行排列，构成一个随时间变化的统计序列，建立相应的数据随时间变化的模型，并将该模型外推到未来进行预测。也可以根据已知的历史数据拟合一条曲线，使得这条曲线能反映预测对象随时间变化的趋势。按照变化趋势曲线，从曲线上可以估计出未来某一时刻的预测值。

时间序列预测方法所需的历史数据少、工作量少，此方法有效的前提是过去的发展模式会延续到未来，所以要求影响预测对象的各个因素不发生突变，因而这种方法对短期预测效果比较好，不适合做中长期预测。

一般来说，若影响预测对象变化的各个因素不发生突变，利用时间序列方法能得到较好的预测结果。若这些因素发生突变，时间序列法的预测结果将受到一定的影响。对于实际运行设备的状态参数，一般得不到线性平稳的时间序列，尤其是在故障发生时。因而，时间序列预测方法的应用范围受到了限制。

4. 神经网络模型

人工神经网络预测法就是利用人工神经网络（Artificial Neural Network，ANN）模型进行预测的方法。首先选取若干历史数据序列作为训练样本，然后构造合适的网络结构，再用某种训练算法对网络进行训练，当满足精度要求后进行预测。常见的神经网络预测主要有以下几种模型：BP神经网络模型、混沌神经网络、小波神经网络、自反馈神经网络和激励函数可调的神经网络模型等。

人工神经网络具有模仿连续非线性函数的能力，并且能够从样本中进行学习，因而在故障预测中得到了广泛的应用。人工神经网络通过对样本的学习可以掌握系统规律，无需对测量信号作模型假设。由于神经网络具有很强的自适应性学习能力和非线性映射能力，因此适合进行预测器的设计。但是神经网络训练时需要大量数据样本，且存在收敛速度慢、网络结构难以确定、难以对所得结果做出合理解释、网络训练时间较长、输入变量和隐含层数及节点数选取困难、极易陷入局部最小值等缺点。

综合上述几种预测算法的特点，考虑到监控网站及时响应的要求和设备监测数据未完整的特点，选择预测速度快的回归预测算法和适用于灰色模型的灰色预测算法作为本系统剩余寿命预测的算法，并且为使预测简单快速，选择一元线性回归算法和 GM（1，1）灰色模型。

8.3.2.2　预测算法数据的预处理

1. 线性回归

回归预测的预测过程、原理和结构简单，它将预测对象的影响因素分解后，考察各因素的变化情况，从而估计预测对象未来的状态。该方法预测速度快，外推特性好。

一元线性回归预测方法的步骤也和上述的步骤大致相同，其预测算法的步骤如下：

（1）进行相关分析　相关分析是确定预测参数的相关方向和相关密切程度，从而利用回归分析从一个已知参数时间来推测另一个未知的预测参数的研究方法。回归分析必须以相关分析为基础，而相关分析需要回归分析来表明预测参数与已知参数之间关系的具体形式。计算时间 t、预测参数 y 之间的相关系数公式如下：

$$r=\frac{\sum(t_i-\bar{t})(y_i-\bar{y})}{\sqrt{\sum(t_i-\bar{t})^2\sum(y_i-\bar{y})^2}} \tag{8-1}$$

根据 r 值的不同范围可以进行相关性判断。当 $r>0$ 时，正线性相关；当 $r<0$ 时，负线性相关。

对于 $0\leqslant|r|\leqslant1$，存在如下的关系：

①当 $|r|=1$ 时，完全相关。

②当 $0.7<|r|<1$ 时，高度线性相关。

③当 $0.3<|r|<0.7$ 时，中度线性相关。

④当 $|r|<0.3$ 时，低度线性相关。

⑤当 $|r|=0$ 时，线性无关。

（2）建立回归预测模型

一元线性回归分析法的预测模型为

$$y = a + bt \tag{8-2}$$

式中，t 是时间；y 是预测参数值。

（3）求解模型参数 a 、b

根据式（8-3）和式（8-4）就能计算出预测模型的参数 a 、b。

$$b = \frac{n\sum t_i y_i - \sum t_i \sum y_i}{n\sum t_i^2 - (\sum t_i)^2} \tag{8-3}$$

$$a = \overline{y} - b\overline{t} \tag{8-4}$$

式中 y_i、t_i 分别是预测参数的历史数据以及相对应的时间；$\overline{y}$ 与 $\overline{t}$ 分别是参数和时间的平均值。

（4）对回归预测模型进行检验

①回归标准差 S_y。

$$S_y = \sqrt{\frac{\sum (y_i - y_c)^2}{n-m}} \tag{8-5}$$

式中，y_i 是预测参数的实际值；y_c 是根据回归方程推算出来的预测参数的估计值；n 是历史数据的数量；m 是模型参数的个数（这里为 2）。

②回归标准差系数 $S_y/\overline{y}$ 。

$$S_y/\overline{y} = \sqrt{\frac{\sum (y_i - y_c)^2}{n-m}}/\overline{y} \tag{8-6}$$

当 $S_y/\overline{y} < 15\%$ 时，说明模型的拟合程度较好。用此来判断该预测方法的拟合程度，从而可以了解预测的准确性。

（5）利用回归模型进行预测　把需要预测参数的时间点代入预测模型，就能估算出预测参数的预测值。

要完成线性回归算法，首先要建立回归模型方程 $y = a + bx$ 。而建立回归模型方程的关键就是根据已知的数据求出回归模型方程的 a 、b 值，而根据式（8-3）和式（8-4）就可得出 a 、b 值。

在 RMF 程序中，线性回归算法由线性回归预测类（LinearRegressPrediction）实现，该类仅仅包含一个静态方法 LinearRegression，用于实现线性回归预测算法。

2. 灰色模型

灰色系统的建模采用的是以微分拟合法为核心的建模方法。最常见的灰色预测是用灰色模型 GM（1，1）来进行定量分析的。它把离散数据视为连续变量在其变化过程中所取的离散值，从而可利用微分方程式处理数据，不直接使用原始数据而是由它产生累加生成数，对生成数列使用微分方程模型进行分析预测。这样，就可以抵消大部分随机误差，显示出规律性。

灰色模型算法的基本思路和线性回归模型方法是类似的，即根据灰色模型的公式写出代码，得出需要的输出，并且为算法输入编写合适的转换接口。然而和线性回归方法不同的是，灰色模型的数据标本只有数据值序列，并且必须保证数据值的采集时间是等距离获取的。而根据数据采集与解析策略可知，虽然对于模拟量而言，数据解析策略是定频率解析，但监测数据对应的监测时间是数据采集并存进机载数据库的时间，而存储时间可能会受到数据库存储过程中的“排队”现象影响，因此监测时间并非等间隔，所以需要对监测时间进行调整，以达到算法的采集时间等距离要求。首先获取选定时间段内目标监测量的所有监测数据和采集时间，然后按照固定间隔对采集时间进行分割，若某个时间间隔内没有数据，则将下一条数据添加到该间隔节点位置；若某个间隔时间内有数据，则将该数据删除，最后将所有数据置于间隔节点位置，得到等间隔的监测数据。

此外，灰色模型中不再是线性模型中的大量简单运算，同时涉及了矩阵运算，而在 C# 这种面向对象的高级语言中进行矩阵运算时，性能是必须考虑的问题。本系统选用了一个开源数据库 ILNumberics 来处理灰色模型中的矩阵运算。众所周知，C# 语言使用了自动垃圾回收机制来管理内存，当创建大量对象时，垃圾回收的效率就会变低，进而使内存无法及时回收，影响了运算处理的效率。而 ILNumberics 的特点就是可以严格控制内存使用，提升运算速度，并且它的语法与 MATLAB 十分类似，代码编写非常灵活，可以快速入门使用。

不过，ILNumberics 的高性能是有原因的。为了得到 ILNumberics 在 .net 上的高性能，它在以下几方面进行了优化：①函数参数使用了值类型。②一旦退出函数，马上开始垃圾回收。③循环利用内存来分配数组。④数组延迟复制 —— 只对内存进行写操作。⑤无论何时对数组操作都在原地完成。

得到这些优化也不是无偿的，因此在使用 ILNumberics 时也比使用普通数据库有更多的限制。比如在 C# 中，不允许对任何 ILNumberics 中定义的类型使用 var 关键字。不允许对任何 ILNumberics 中定义的类型使用复合操作符，如“+=”“-=”“/=”“*=”等。严格地讲，是不允许对 ILNumberics 数组索引使用这些操作符，如 A[0]+=1 是错误的，而 A+=1 是支持的。官方建议是：为了避免错误，对 ILNumberics 所有的类型都不使用复合操作符。

在系统中，灰色模型算法由灰色模型预测类（GreyModelPrediction）来实现，而该类执行的最核心的计算就是灰色模型中 a 、b 值的计算，它位于灰色模型构建（GreyModelConstruct）方法内。

用灰色模型建立方法计算出模型的 a 、b 值后，就能利用建立的模型计算其他参数。

综上所述，灰色模型算法的使用方法是，先用数据缓冲样本工具处理用来进行灰色模型预测的数据，将数据从数据缓冲对象转换成数组形式，并且调整其间隔时间，最后将数据转交给灰色模型预测类，用来构建灰色模型，灰色模型预测类计算出必要的参数后，就能够进行预测了。

3. 功能实现

预测评估模块主要是为了对设备的关键零部件的寿命进行预测，判断各个零部件是否在一段时间内还能够健康地工作，以便操作人员或维护人员能够根据预测结果进行相应的处理，提前检查以预防故障发生。在系统的预测评估中，可以使用线性回归预测、灰色模型预测两种方法对设备零部件进行预测分析，所以，在预测界面上必须提供这两种预测方式的用户接口。另外，用户还要能够详细地查看预测结果并对预测的结果给出说明，以便于理解预测的详细情况，真正帮助用户了解设备的健康状况，图 8-19 所示是预测评估的主界面。

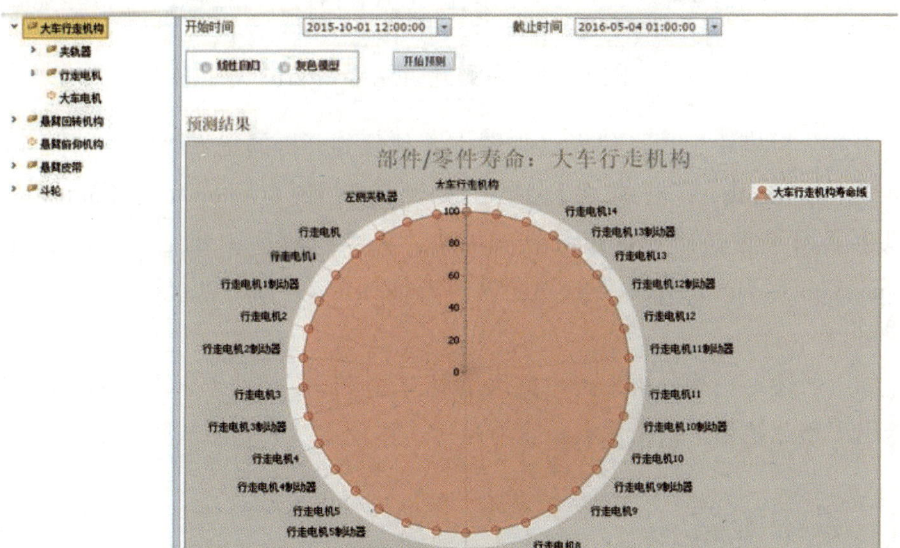

图 8-19　预测评估主界面

从预测分析主界面上可以看出，它主要包括子导航栏和主显示区。子导航栏用于导航设备的各个关键零部件。主显示区包括两部分，上面的按钮区包含两个下拉式时间选择按钮，用于选择预测的历史数据时间段；下面的按钮区主要用于选择线性回归或者灰色模型进行预测。主显示区的下方是一个大的雷达图表（见图8-20），雷达图表中每个点表示选择的预测部件包含的每个子部件的预测结果，而所有子部件包围起来的红色区域就是零部件的生命域，雷达图的径向是生命长度，由内向外寿命逐渐增大。

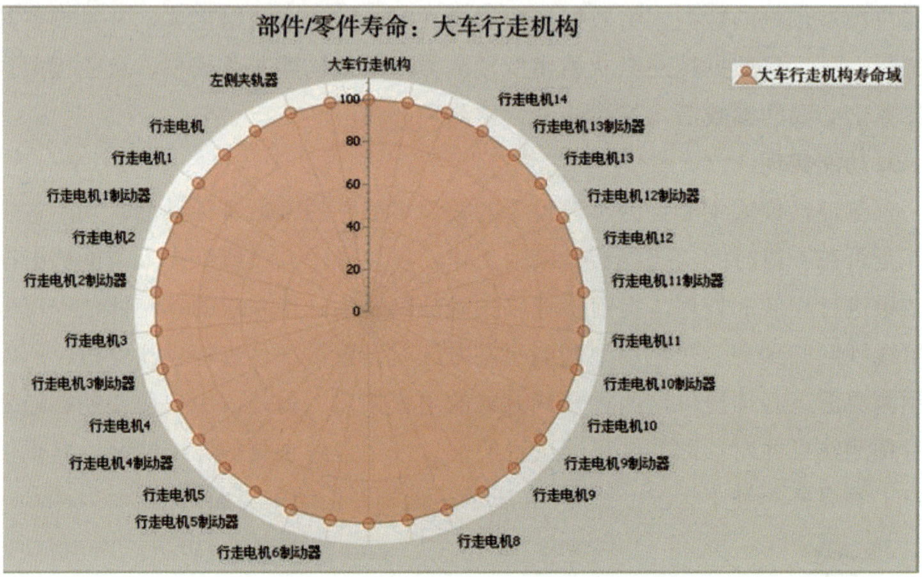

图 8-20 预测分析结果雷达图

预测分析模块使用了仪表盘视图，并且预测分析的主界面的控制器（PrognosisMainController）也继承自通用仪表控制器（GeneralDashController），所以也获得了它访问子导航数据的能力。在系统程序中还定义了图表视图项（ChartViewItem），在需要的视图中能方便地嵌入，嵌入后只需要做基本的配置即可。

综上所述，预测分析为用户提供了对设备关键零部件未来寿命的预测方法，并给出了预测结果，供操作人员查看使用，以便于及时预防故障发生。

8.4 系统配置

为了实现系统的通用性和功能的可配置性，在数据库中保存了该系统运行时的配置信息，通过修改配置信息，该系统就可以针对不同类型的设备实施监控。在一般监控系统中，需要修改数据库信息时，都不会直接和数据库交互进行修改，而是通过一个中间的功能接口进行系统配置，这样就保证了数据库的安全，实现了配置系统的人机交互友好性。

在本系统中，配置功能模块主要包括被监测设备的结构信息、访问权限和人员信息管理等。为了人机交互的友好性，将设备、零件、被监测点之间的关系结构用一个树形图来表示，即一个设备包含了若干零件，一个零件同时可能包含若干个子零件，零件也可能包含了若干个被监测点，这样一级又一级的结构很适合用一多叉的树形图来表示。所以在对设备进行可视化表达时，采用了一个前端插件 zTree，该插件以数据来驱动节点的变化，根据每个节点类型、节点 ID、节点父 ID 等信息就可以将每个节点之间的父子关系表达出来。其可视化表达见图8-21。

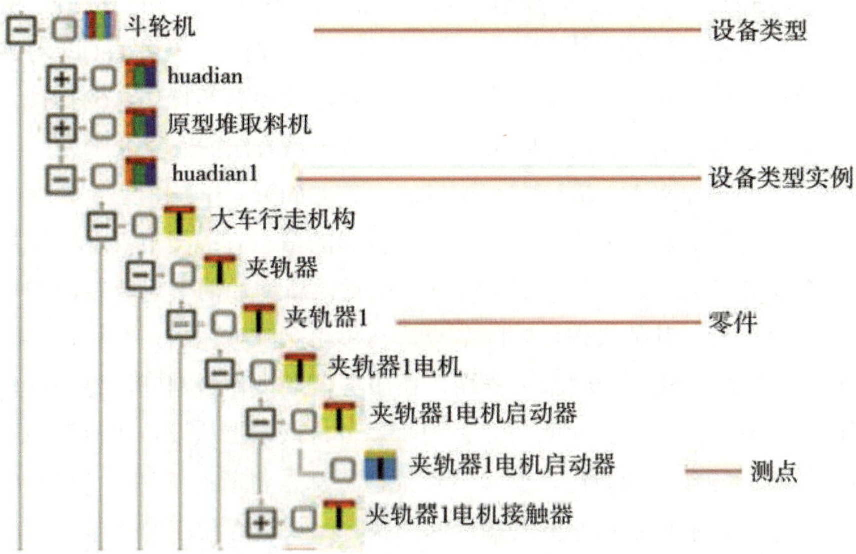

图 8-21　设备可视化表达

8.4.1　设备树生成

“树”这种数据结构在计算机系统中十分常见，如文件系统、系统菜单等，具体表现为节点之间存在父子关系，父节点包含多个子节点，该子节点又可以作为父节点包含孙节点。而这样的逻辑关系通过数据结构来存储时，需要有一定的标识。本系统采用的 zTree 控件具有灵活的数据结构，可以自定义标识来表示节点的类型，同时还包含了节点 ID 和父节点 ID，以及其他一些利于可视化的属性 icon、nodeType 等。其结构表现见代码 8-3。

代码 8-3　treeNode 的数据结构

编程语言：Javascript

```
treeNode {
… …
tId，  parentTId，   name，   icon，   nodeType
… …
}
```

从以上可以看出每个节点都有唯一的标识 tId，同时还有一个 parentTId，它是当前节点的父节点的唯一标识。根据节点的 nodeType 类型可以定位当前节点是设备、零件还是测点，这样的信息在添加新节点、删除新节点时可以为后台程序提供信息。

zTree 控件为添加节点、删除节点和更新节点操作提供了编程接口，所以可以根据用户的需求重写接口中的方法。整个 zTree 控件用一个 zTreeObj 对象来表示，针对该对象的操作表现为对节点的增加、删除及更新等操作。例如，当需要添加一个新节点时只需要调用 addNode（ ）方法，该方法的完整表示为：

addNode（parentNode，index，newNodes，isSlient）

从参数中可以看出，添加一个节点需要传递的信息有：父节点，新添加的节点处于该父节点所包含的子节点的第 index 位置，新增加的节点数组，增加节点后父节点是否展开。其他操作如删除节点，在单击删除按钮后，会将被删除节点的标识以 AJAX 的方式发送到服务器端，在服务器端操作数据库，将操作后的结果返回浏览器端，然后根据返回的信息判断是否将该节点从设备“树”中删除。更新节点信息的操作也和新增、删除节点类似，都是将节点信息以 AJAX 的方式发送到服务器端，然后根据服务器端返回的执行结果进行相应的操作。

8.4.2　设备信息配置

整个监控系统不只针对一种类型的设备进行监控，还可以针对不同类型的设备进行实时监测。但是不同类型设备的被监测的量、设备的结构、零件之间的关系都是不一样的，这就需要针对不同的类型进行配置，即针对节点的操作主要体现为数据库中常见的 CRUD 操作。

8.4.2.1　新增节点

在客户端界面上增加新节点后，新节点的信息需要及时地更新到服务器端的数据库中，以保证信息的同步。如果在服务器端的数据库操作不成功，则需返回失败的信息，同时客户端的可视化“树”不能将这个失败的节点加入到设备“树”中，需要从中删除掉。整个操作通过 AJAX 的方式进行，这样可以保证局部被刷新，而不需要刷新整个页面，使得页面浏览更加流畅。整个新增节点的过程见图 8-22。

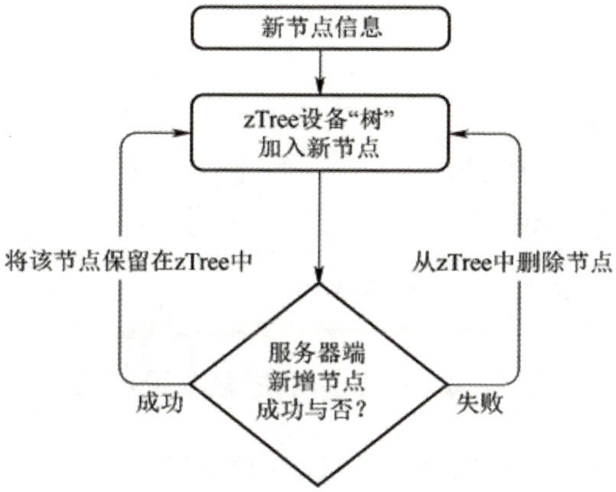

图 8-22　新增节点流程

根据节点类型的不同，在服务器端的操作也就不同。例如，新增加的节点是设备，则在服务器端向设备表插入一条新记录；如果新增的是零件，则在零件表中增加一条记录；如果新增加的是测点，则在测点表中增加一条记录。总之，根据节点类型的不同，在服务器端的操作也就不同。但是不同类型节点的新增操作有很大的相似性，所以这里以设备类型节点为例介绍如何进行新增操作。

图 8-23 中黑色图标节点代表了新增加的节点，这时候该节点还没有详细的属性，需要在详细信息界面进行配置，见图 8-24。

图 8-23　新增零件节点

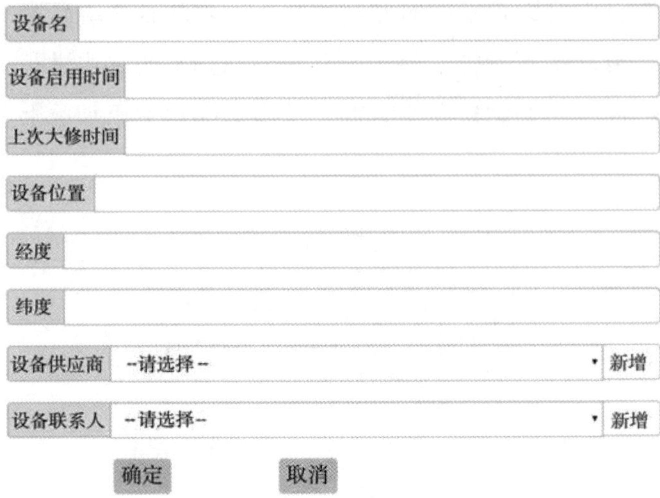

图 8-24　设备详细信息配置界面

配置完详细的设备节点信息后，将这些数据发送到服务器端进行处理。这里采用的还是 AJAX 的方式，将数据以异步的方式传输到服务器，然后返回服务器的执行结果，客户端以回调函数的方式检查浏览器返回的信息并执行相应的方法。整个执行代码的过程如代码 8-4 所示。

代码 8-4　客户端传输数据的方式

编程语言：Javascript

```
$.ajax（{
    type： 'POST'，                    //POST 方式传输
    contentType： 'application/json'，          // 传输数据的方式
   url： 'WebService1.asmx/InsertNewEquipment'，  // 服务器端向数据库插入先记录的操作
   traditional： true，
   dataType： 'json'，
   data： JSON.stringify（insertInfo），        // 将从设备详细信息页面收集到的信息序列化传输
   error： function （req， err）{alert（err）； }，      // 如果服务器端执行结果出现错误，则回调后执行该方法
   success： function （results）{          // 如果服务器端执行成功，则执行该回调函数
   //1. 更新新增节点的 ID，使其和服务器端的信息保持一致
   //2. 刷新 zTree 的节点信息
   }）；
```

如果服务器端新增操作成功，则会执行 succss（）回调函数，同时新增加的设备会在地图界面上显示。

其他类型的节点如零件、测点等，新增操作和设备节点的新增操作类似，都是在设备树的某一级位置单击新增按钮，然后配置节点的详细信息，再通过 AJAX 的方式将数据传输到服务器端进行处理，最后执行回调函数。

8.4.2.2 更新、删除节点

相同的设备在不同的工作环境中需要监测的信息可能是不一样的，所以针对不同的工作环境，节点的信息要可配置，即要能更新节点的信息。当单击了节点的更新按钮后，设备的详细信息界面变成可编辑状态，这时候对节点的信息进行编辑，确认编辑完成后，将节点最新的信息以 AJAX 的方式传输到服务器端，服务器端执行数据库的 update 操作，并将执行后的结果返回给客户端，最后，在客户端根据返回的信息执行相应的回调函数。

同理，删除节点只需要将要被删除的节点的 ID 传输到服务器端，然后服务器端执行数据库的 delete 操作，并将最终执行结果返回给客户端，客户端根据返回的结果执行回调函数，即如果在服务器端执行删除操作成功，则在客户端将该节点从 zTree 中删除。

8.4.2.3 复制设备

在配置设备的过程中，常常存在这样的情况，即两个设备之间的信息相似度很大，设备“树”上每个节点之间的信息基本一致，在这种情况下，如果再重新配置一棵设备“树”，则十分麻烦也没必要。这种情况下，如果能从一棵已经配置好的设备“树”直接复制全部信息，然后修改有区别的部分，将会大大地减少工作量。为此 zTree 控件添加了自定义的复制功能，在需要复制的设备节点上单击右键，将会出现复制设备“树”的提示，单击“确定”，将会把当前设备的信息传递到后台服务器上，服务器程序根据测点的信息在数据库上查询，并将当前设备节点代表的信息全部插入数据库中，从而产生一个新的设备节点。但是这样的操作不能简单地通过在数据库插入一条记录来完成，因为节点之间存在父与子的关系，即子节点需要引用父节点的标识符，所以需要先插入父节点然后再插入子节点，这样逐层地插入，就满足了“树”的按层操作的要求，即分层遍历插入，关系见图 8-25。

设备、零件、测点三者之间的关系满足图 8-25 所示的数据格式，即第 k 层是属 k-1 层的子节点，且每层节点的个数是不定的，而在操作 k 层时，需要 k-1 层的信息。所以在设计算法时，考虑将每层的节点从左向右压入一个数组，并用一个 Current 记录当前访问的节点，另外一个游标 Tail 指示当前层的最后一个节点的下一个位置，如果 Current==Tail 则表示当前层访问结束。在访问某一层的同时将该层的所有节点的子节点都压入数组，在访问完某一层后，检查是否有新的层可以访问，直到访问完所有的层。

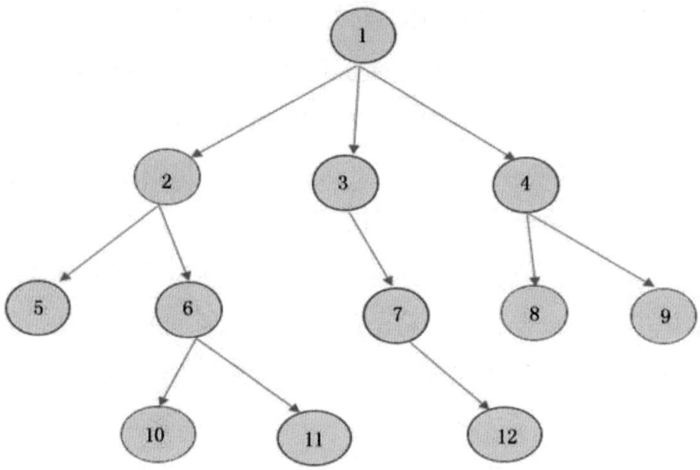

图 8-25　树形结构

在服务器端执行了复制操作后，即在数据库中生成了信息和被复制设备完全一样的设备节点，它们仅自增长的 ID 不同。在客户端将根据被复制节点的信息在 zTree 中添加一个设备节点，同时还包含了与被复制设备节点完全一样的零件信息。这样的复制操作可以大大地减少手动添加数百个零件节点的繁琐重复工作，只需根据需要编辑少数几个需要适应不同工作环境的零件信息即可，这大大提高了效率。

8.4.3　人员信息配置

整个管理系统不仅需要管理被监测的设备，同时还需要管理使用该系统的操作人员，不同的人员使用系统的权限和功能是不一样的，这有利于管理，同时对数据库的信息安全也有重要的意义。根据操作功能的不同设置了 5 种权限，即超级管理员、一般管理员、客户管理员、客户运行员、一般调试员，其中超级管理员具有最高权限，可以对所有人员进行增删改，对所有设备进行增删改；一般管理员可以对所有设备信息进行管理；客户管理员是针对使用该系统的用户设置的管理员，该管理员可以查看自己公司的设备信息，对设备进行管理；客户运行员只能读取设备的信息，查看实时运行状况等，不能对设备信息进行“写”操作；一般调试员则仅具有针对设备测点、网络通信等设置的权限。在对人员信息进行管理时，除了管理人员的基本信息外，主要是管理人员对于设备的权限。新增人员的详细信息见图 8-26。

图 8-26　新增人员信息

对系统进行止确的配置保证了系统的通用性以及系统的信息安全，高可扩展性使得该系统可以针对不同类型的设备进行监测和管理，对系统使用人员细粒度的权限控制保证了系统信息的安全性。

8.5　功能展望

随着监控系统功能的不断扩充与拓展，监控系统对于数据广度和深度的要求也越来越高，监控中心开始与大数据云计算相结合，向数据中心方向发展。通过多样化的数据采集手段与丰富的数据存储使用技术，监控中心逐渐成为企业产品变革创新与服务换代升级的依托。

本监控中心系统已具备基本的硬件设施和软件功能，但随着监控系统的扩张，对于监控中心承受能力和具备功能的要求也不断提高。对于监控中心硬件而言，单台服务器的简单扩容已不能满足大数据、大计算量的要求，需要搭建服务器组或服务器集群以提高硬件上限；对于监控中心软件系统而言，通过纯数学算法对设备状态进行预测评估也逐渐无法满足预测评估精确性的要求，需要以设备海量历史故障数据为基础，搭建故障诊断专家知识库，分析推导出对设备实际运行故障针对性强的诊断预测算法并投入使用，并且能在实际使用中不断进行修正优化，最终实现完善的设备故障诊断评估预测系统。

第 9 章

上位通信及数据预处理

9.1 概述

设备状态监测技术是一门多学科交叉的综合技术。设备状态监测的主要任务是存储设备运行的有效信息并对设备运行状态进行监视、记录、分析与评估，具体内容包括数据采集、信号分析处理、参数管理输出等。设备状态监测已从过去的眼看、耳听、鼻闻、手摸等人工手段发展到现代的智能分布式状态监测。目前，设备状态监测的网络化、智能化是状态监测的发展趋势。

我们将从以下几个不同行业监控系统的例子展开叙述，简要了解目前国内远程监控系统的主流设计思想。

高速铁路轨道状态的及时监控关系到高铁的安全运行，实际工作中不可能保证在每个轨道段都安排人来进行监控，所以必须有一个监控中心可以根据通过网络传输过来的铁道状态监测数据做出判断。某大学基于光纤光栅传感器技术设计了一款远程监控数传系统，他们针对大流量监控数据实时无线传输的瓶颈问题，提出了光纤光栅解调系统的数据处理和无线传输方案。该系统的硬件系统包括传感器、数据采集与调理设备、主控计算机，硬件系统有单独的供电设备。该系统的下位监控数据通过 GPRS 的通信方式发送到远端数据中心，数据中心包括数据处理软件及数据库，整个软件系统采用的是典型的 C/S 架构。该系统在将数据发送给数据中心之前，对数据进行预处理，即进行数据压缩及数据加密。该系统传输的网络数据包的数据段是 1016Byte 长度的十进制数据段，按照固定位置组织采集时间、传感器通道、序号及波长信息。该系统的主要目的是提供数据支撑，显然无法满足未来互联网的发展，以及大数据的分析及人性化的展示要求，而且该系统的使用范围局限于监控中心，对外不开放也成为限制其发展的关键因素。

随着汽车机电一体化的发展，电控技术在汽车上的应用越来越广泛，汽车控制系统已经高度电子化，这也意味着汽车行驶的相关信息也越来越容易获取。例如汽车上的 ETU（电子控制单元）可以将车辆的运行数据、故障位置准确及时地存储，在成熟的技术背景下，可以搭建一个远程监控系统将这些信息通过互联网利用起来，如美国通用公司的 OnStar 系统、福特公司的 SYNC 系统、BMW 的

iDrive 系统等都是较为成熟的系统。南京大学设计开发了基于车载 OBD（车载诊断系统）的实时监控系统。该系统通过 GPRS 与基于 J2EE 架构的网站服务端建立通信。服务端对数据进行分析，从而对车辆的故障状态进行诊断，统计归纳驾驶员的驾驶习惯和行车状况，最终将车辆统计及分析的结果展现在网页上，并通过移动设备进行信息推送。该系统高度依赖车载 OBD 系统，在 OBD 系统之上搭建了一个终端数据采集系统。该系统的通信模块利用 Socket（通信接口）的连接与 OBD 终端实现信息通信，它的编码和译码模块对接收到的信息进行解析，将结果存储到数据库中，解析后的数据供网页或移动端使用。吉林大学开发了电动汽车远程监控、标定及诊断系统，该系统利用了无线传输技术以及 CCP 的远程标定技术，它的技术路线是：车载信息终端开发、终端软件开发、远程信息中心平台开发。终端软件采用图像化配置软件对 XC2236N 微处理器进行寄存器配置，再使用代码编辑软件进行 C 代码编程，实现协议转换功能，信息中心平台采用 Visual C++。该系统的远程信息中心平台的功能就是解析数据及存储数据，采用 Access 数据库，上位软件的界面采用 MFC 框架搭建，网络通信继承 CSocket 类的 CClientSocket 类，通信协议基于 TCP/IP。该系统为了实现大规模的示范车辆数据采集分析，后台数据库为每一辆示范车辆建立了数据表，保存的数据信息包括基本参数信息、故障现象以及标定信息。要实现 Access 数据库中数据的存储与调用功能，必须在默认地址下建立数据库，该地址即远程监控默认地址，也就是本地连接方式下的地址。该系统为了解决由于上一次数据尚未显示完整、下一次数据就到来导致的绘图冲突而产生的数据实时显示闪烁、蠕动问题，采用了双缓冲数据结构。首先将采集到的数据在内存中绘制出来，然后不断地将内存中的图复制到屏幕中。该系统是于 2014 年左右由校企项目合作所设计的系统，在信息发布方面功能单一，基本还停留在 C/S 架构，随着互联网的发展，愈发无法满足客户的需求。

2010 年以前，国内针对大型设备的远程监控系统的有武汉理工大学开发的一套基于虚拟仪器、无线网络和 Web 技术的挖泥船机械设备监控系统。该系统的通信系统主要用于传输数据文件，所以采用的是 FTP，硬件包括数据采集卡和工业计算机，两者组合成数据采集器，系统软件基于 LabView 软件平台开发，数据库采用的是 SQLserver2000。监控系统包括采集器和服务端，该系统的采集器端功能包括数据采集分析、故障诊断、数据存储和数据传输，服务端主要完成数据和报警显示、数据管理和 Web 发布功能，服务端的数据转换功能是将客户端采集器基于 FTP 应用层协议发过来的数据库文件导入到本地数据库，这个功能可以通过数据库本身带有的功能完成，它的 Web 信息展示是通过 LabView 的 Web Publishing Too 实现的。这个系统和同济大学的赵炯等人研发的盾构机的监控系统相似，不过后者是通过高级语言 C# 及 XAF 界面框架来设计采集器端及服务端，因而界面更加友好，易于操作；后者的数据采集、解析及存储任务是放在服务端进行的，采用的是 UDP 网络协议。

经研究发现，整个监控系统都是围绕数据包展开的，开展的一切工作都是为了解决如何采集相关数据、如何存储传感器零散数据、如何组装原始数据包、如何存储原始数据包、如何解析原始数据包、如何展示及存储解析后的数据包及如何应用存储的数据等。这里的每一项工作往后延伸都具有极大的教学及科研意义，将其抽象出来都可以作为一种设计模式。

针对大型设备应用场景通用的解决方案可以分为两大部分，即数据采集及数据应用。

首先是数据采集部分，见图 9-1。利用大型设备本身机载的 PLC 数据采集器，机载系统将 PLC 采集到的传感器数据组装成原始数据包，然后将本地原始数据包进行存储，此时可以选择在机载端将原始数据包进行存储及预解析，然后将预解析后的数据组装后，基于某种通信协议，再设计一套基于该通信协议的应用层协议或者采用成熟的应用层协议将解析后的数据进行网络传输，如采用基于 TCP 的 FTP 文件传输协议或者基于 UDP 的 TFTP 简单文件传输协议。

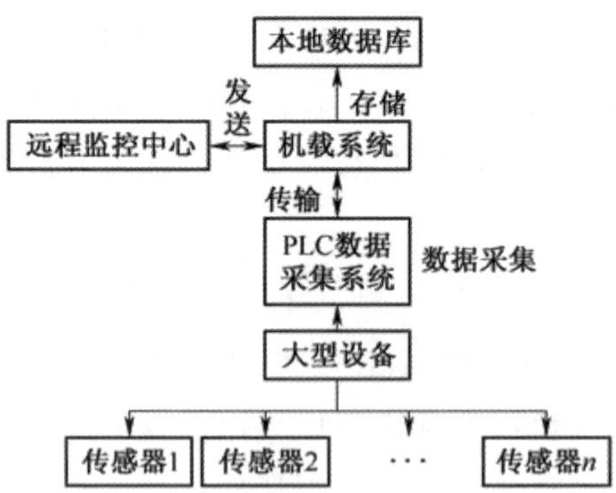

图 9-1 数据采集系统简图

其次是数据应用部分，见图 9-2。在监控中心将接收到的数据按照既定的通信协议采集并进行预解析之后，将数据按功能存储为管理数据、实时显示数据、应用数据及故障诊断数据等。

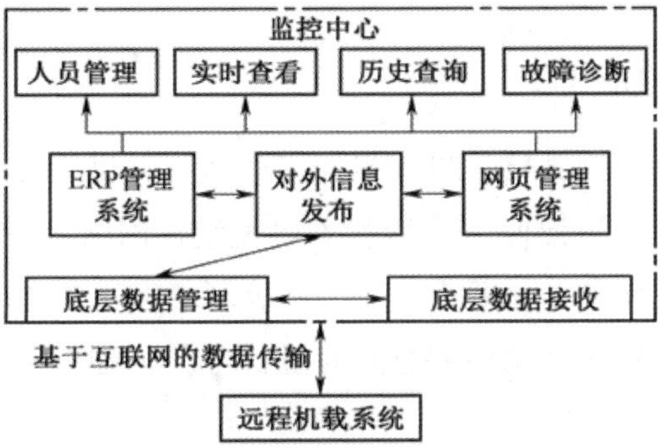

图 9-2　监控中心简图

考虑到大型设备斗轮机的特点、现场条件的限制、状态监测的实时性等要求以及对未来多台设备的支持需求，上位数据通信和数据预处理采用了下述方案。

机载黑匣子系统运行的软件基于 Linux 系统，考虑到现场的特殊性，硬件系统不宜采用同样是基于 NetFramework 的 WindowsCE 的数据采集系统，同理，机载黑匣子不宜进行数据解析和存储，采集器的功能只负责数据采集及传输。为了保证数据传输的可靠性，机载黑匣子和远程监控中心采用的是基于 TCP/IP 的通信协议，而在 B/S 模式下，可以支持长时间连接的只有 WebSocket 协议。不过如果采用 WebSocket 协议则需要同时实现服务端的数据预解析及存储，在高频的数据传输场景下，服务端的负载会随着设备数目的增加而成倍增加，随着时间的推移，整个系统愈发臃肿，显然这种方案也是不适合的。综合考虑后，最终选定的方案是：监控系统的上位数据通信子系统完成接收机载黑匣子的监控数据并进行存储的任务，它是上位监控系统能够正常运行的第一步；数据预解析子系统完成将对应设备的 16 进制原始数据包解析成可读性数据记录并进行存储的任务，它是整个上位系统能够正常运行的第二步，是未来数据挖掘及分析的有力保障；客户端应用软件为公司内部人员提供简单的数据监控以及历史数据查询，日志系统为程序员以及管理员提供系统故障的排查参考数据，为整个系统的健康运行提供有力的保障。

通信子系统包括通信协议的应用、程序设计及具体的程序片段的解读，数据预处理子系统包括程序设计、程序运行性能解读及具体的程序片段的解读、数据库系统的软件体系搭建以及硬件体系搭建、日志系统设计与应用、客户端应用软件的应用，本章涵盖通信子系统、数据预处理子系统、数据库系统的体系设计设置以及日志系统的具体细节等。

9.2 通信子系统

通信子系统的功能就是接收机载黑匣子的数据并进行存储，它的附属功能包括记录通信的日志、监控黑匣子连接状态以及统计网络流量，见图 9-3。现场机载系统的黑匣子需要将原始数据包通过 3G 等网络发送到远程监控中心，远程监控中心校验原始数据包的合法性并进行存储。显然，原始数据包的完整性及安全性决定了整个系统的正常运行。

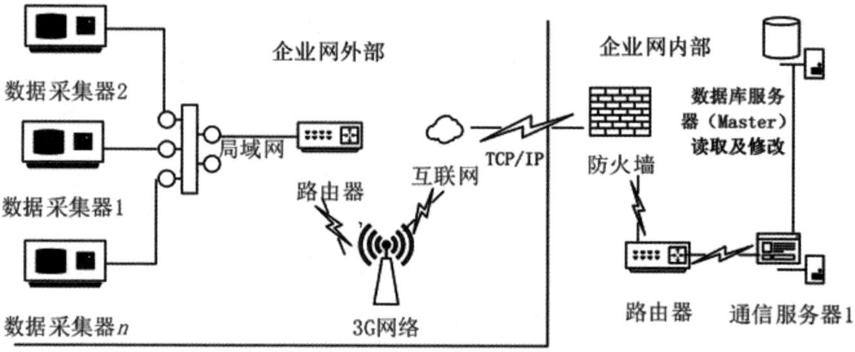

图 9-3　通信子系统架构图

远程监控系统是搭建在 .NET 平台上的，微软系列产品的专业性和集成性在很大程度上决定了整个监控系统的稳定可靠性。数据采集器将采集到的数据通过 3G 网络发送到远程监控中心，远程监控中心的通信服务器运行的通信软件通过查询数据库的方式验证了数据采集器客户端身份的合法性之后，接收合法的数据并存储到主数据库中，其身份验证过程见图 9-4。

首先是数据采集器请求连接，发送 RCON 命令，RCON 命令中包含的信息为数据采集器对应设备的标志号，这个标志号在数据库中的一张名叫 Equipment 的表格里面有一个对应的字段进行相关信息的存储；服务端根据查询的信息返回应答信息，向客户端索求更多相关的登录验证信息，在一切顺利并且合法的情况下，与客户端建立正常的通信。通信服务器同数据库服务器处于同一个局域网内，通信服务器的通信软件在接收完一个完整的数据原始包之后，将原始数据包存储到同一个局域网内的特定类型的数据库服务器上的 SQL Server 主数据库中，为服务端的数据处理软件提供预解析的数据来源。

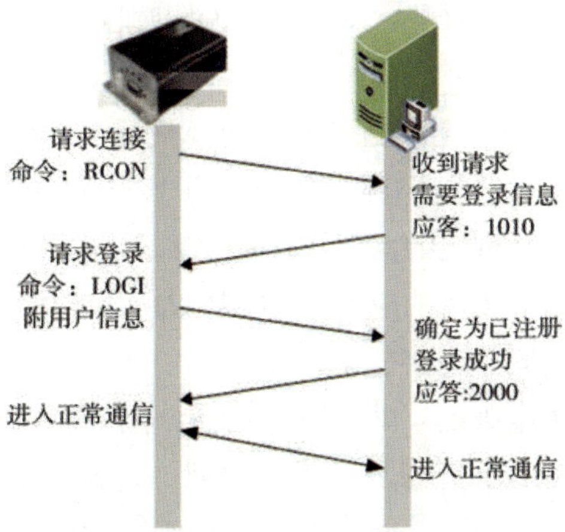

图 9-4　身份验证过程

SCADA 系统采取的最常见的交互模式分为两种：一是由中心站主动轮询所有的远端站，二是由远端站将定制好的信息主动发回给中心站。两者之间的通信方式主要分为两大类，即有线通信和无线通信，远程监控系统由于其特殊的地理位置限制，多采用无线通信方式。在本系统中，数据采集单元采用 3G 网络作为无线传输的 IP 通道，中心站同数据采集单元的交互方式与一般的 SCADA 系统也有所不同，它采用了基于 C/S 和 B/S 的混合结构。

在网络通信中实现可靠的数据通信需要一系列的通信协议配合。常见的通信协议主要有 TCP/IP、NETBEUI 及 IPX/SPX。TCP/IP 族是最常用的，它是面向传输层的，其子协议包括 TCP、IP、UDP、ARP 及 ICMP。在微软平台的各类操作系统中，TCP/IP 是其默认安装的通信协议族。通信协议的选择同系统的架构关系密切，在互联网出现之前，最流行的信息系统架构均基于 C/S 模式，20 世纪 90 年代后，随着互联网的兴起，B/S 模式大有取而代之的趋势，但是 B/S 模式的应用层协议是 HTTP，HTTP1.0 是基于 TCP 的一种无状态的协议，很难满足监控系统的实时需求。

我们选用基于 TCP/IP 的方式实现客户端及服务端的通信，正是考虑到 TCP 提供的是面向连接、基于字节流的服务。在一个 TCP 的连接中，仅有双方彼此通信，也就是说客户端和服务端连接点（Socket 对）必须是唯一的，这在高级语言如 C# 中对应的就是 IPEndPoint，IPEndPoint 类包含应用程序连接到主机上的服务所需要的配对套接字的 IP 地址及端口等信息。TCP/IP 可靠性主要体现在以下方面：应用数据被分割成合适大小的数据块，而且发送端在发送数据之后会设定一个定时器，如果经过一段时间后（定时器时间），仍然没有收到接收端的确认回应，将会重发这一段数据块，如果服务端同时接收到两段重复的数据块，服务端会丢弃重复的信息，TCP 还会保持它头部和数据的检验和，如果接收到的 IP 数据包是失序的，它还可以重新排序数据包。最后一个优点就是 TCP 提供流量控制，也就是说连接的每一方都有固定大小的缓存空间，如果发送过快只会阻塞，但是不会存在发送缓存区溢出的问题。TCP 对字节流是不做任何解释的，对数据流的解释是交给通信双方采用的应用层通信协议所决定的。TCP 提供的是全双工的通信方式，也就是说读写缓存是分离的。

在项目的实际需求基础上，本系统分为通信子系统、数据处理子系统及网站监控子系统。通信子系统采用基于 C/S 的模式，传输层采用基于 TCP 这种面向可靠连接、按字节传输的协议，应用层采用类似于 HTTP 的自定义协议（具体见通信协议设计），以解决数据传输粘包的问题，整个通信过程保持长连接、无断开，以保证远程设备的实时监控需求。

以下详细阐述通信系统的设计及实现。

1. 数据库访问层（DA）设计

在设计数据库的访问方式时，不仅要考虑 SQL Server 数据源，而且还得兼容 Oracle 等其他的数据源，所以数据访问层的设计采用了抽象工厂模式，见图 9-5。

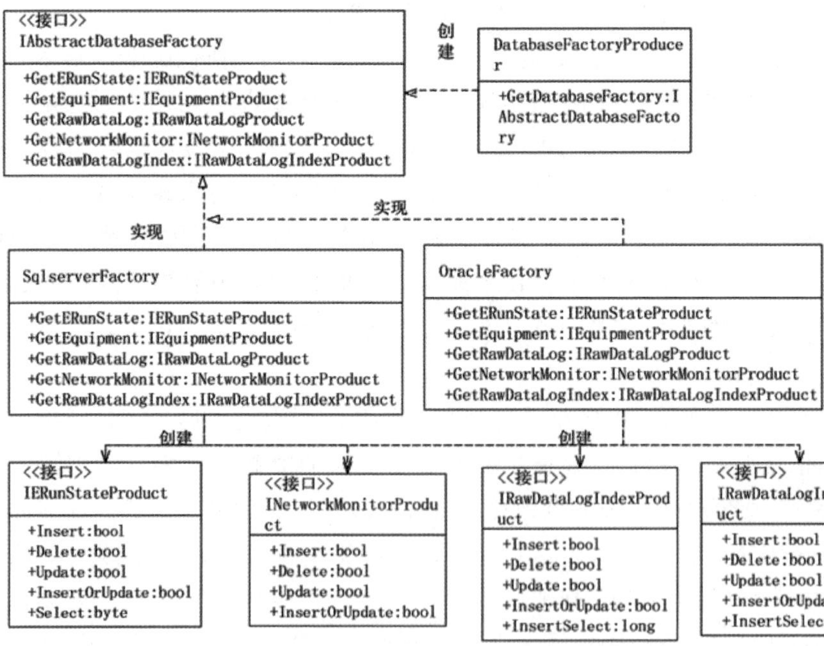

图 9-5　数据库访问类图设计

在对数据库进行访问的时候，会先判断系统访问的是什么数据源，这在通信软件运行开始的配置载入步骤中会进行判断，具体可以参见 9.3 节的介绍。图 9-5 中列出了两种数据源，一种是 SQL Server，另外一种是 Oracle 数据源。在整个通信软件中对数据库的访问都是通过 GetInstance，而对数据库的具体操作均是通过访问 Instance 的属性 DataBaseFactory 来进行的，这也符合数据库事务日志本质是串行的特点。

每一种数据源对数据库的操作方式不相同，所以每一种数据源创建的仅仅是实现相同接口的不同的操作对象实例，如 SqlserverFactory 和 OracleFactory 均有生产 IERunState 产品的方法 GetRunState，返回的对象都是 IERunstate，但是 SqlserverFactory 是 SqlServerERunState 的产品，而 OracleFactory 则是 OracleERunState 的产品，见图 9-6。

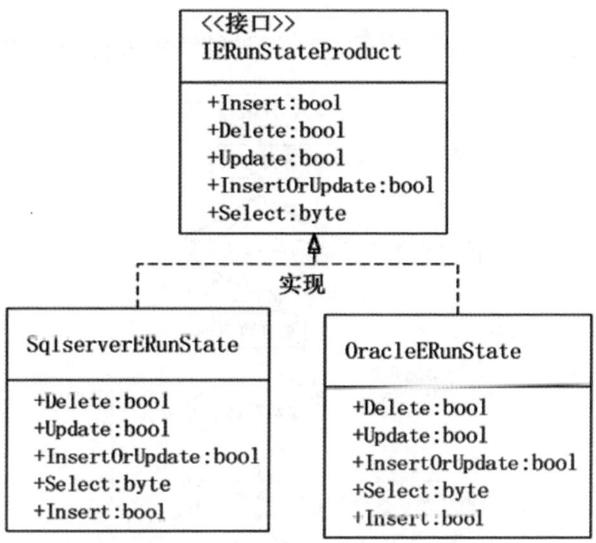

图 9-6　数据层具体产品类图

对于 SqlserverERunState 具体实例对数据库的操作细节在 9.3 节中做介绍。

2. 通信系统的实现

在微软的 .NET 平台上，选用 C# 语言作为网络通信子系统程序的编程语言，依托 CLR 引擎及 ADO.NET 实现数据的接收和同 SQLServer 数据库的交互任务。

一个程序的流程图是由数据流或者事务流来决定的，编程实现的过程则是流程图具体化的过程。通信子系统的数据流主要是围绕原始数据包而展开的，见图 9-7。

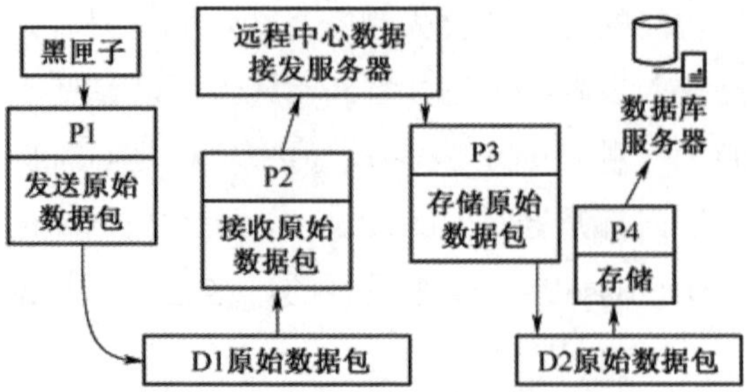

图 9-7 通信子系统的数据流图

首先数据采集单元通过 3G 网络将原始数据包发送给远程中心服务器的通信子系统，通信服务器在验证数据包的合法性和完整性之后，将原始数据包存储到数据库服务器中，上述描述是通信子系统针对每个数据采集单元单次数据接收的一个完整过程。

针对数据流的走向及数据包的要求，设计的程序流程图见图 9-8。

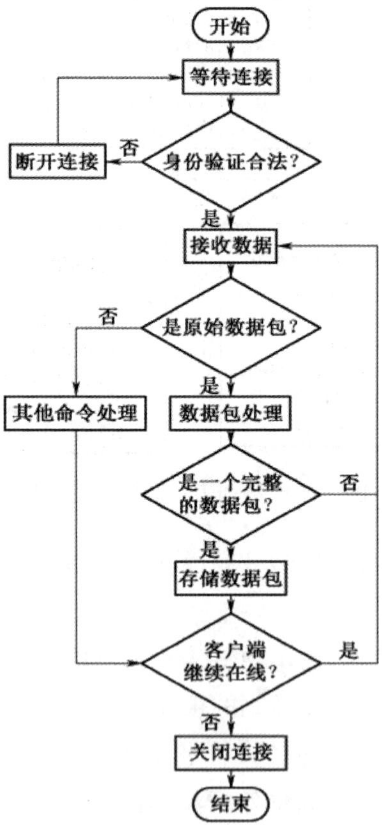

图 9-8 通信子程序流程图

通信子系统的主程序打开后，会在通信服务器后台监听特定端口的连接请求，在基于应用层协议（具体见通信协议的设计）握手成功之后，便返回要求机载黑匣子身份验证的请求，机载黑匣子在接收到身份验证请求之后，发送基于应用层通信协议和自身搭载设备相关的身份验证信息，服务器在接收到验证命令信息并验证成功之后，便可以和机载黑匣子正常通信。

从图 9-8 中可以看出，服务端被动等待客户端的主动连接，客户端以 TCP/IP 的方式连接到服务端以后，客户端对服务端而言只是一个简单的 Socket 对中的一端，服务端可以得到客户端终结点地址族的相关信息，它指定了客户端基础网络所使用的寻址方案。然而对于用户来说，所需要的信息是对应设备的相关信息，通信验证的也是存储在数据库中的设备的身份信息，如果验证失败，服务端会主动断开和客户端的连接，验证成功之后，服务端会接收客户端后续的命令及数据。考虑到网络传输的滞后性，而且 TCP/IP 是不同于 UDP/IP 的传输层协议，它是面向字节流的，可能在服务端并非一次性接收到一个完整数据包长度的包，所以在通信程序中会判断数据包的长度是否已经达到约定好的长度，如果没有达到约定好的数据包长度，必须等待下一次数据包到达，直到数据包接收完整，才会进行下一步传输，将数据包存储到对应设备下的原始数据表中。

通信子系统的任务就是接收发送端发送的基于 TCP 的字节流数据，这里通信的最小类粒度是 TcpListener 和 TcpClient 类，这两个在 C# 高级语言中已经封装好，是专门针对基于 TCP 通信的可实体化的功能类。

由于采用的是 TCP/IP 的通信方式，本书使用的是 Microsoft 的 NetFramework3.5 命名空间下的 TcpListener 类和 TcpClient 类。TcpListener 类用于服务端，它提供一些简单的方法，可用于异步侦听和接收传入的连接请求，见图 9-9。

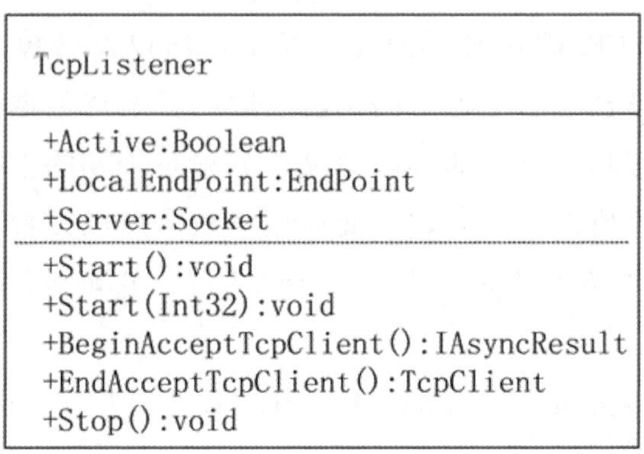

图 9-9　TcpListener 的 UML 类图

属性 Active 标志服务端是否仍在侦听中；LocalEndPoint 是描述服务端相关网络信息属性的；Server 是 Socket 类的属性，用于实际的通信；方法 Start 和 Start（Int32），前者表示开始侦听连接请求，后者同样表示开始侦听连接请求，不过括号内的 Int32 类型的参数限制了最多的连接数目；方法 Stop 可直接关闭服务端的监听。其中最重要的两个方法就是 BeginAcceptTcpClient（Asyncallback，Object），Asyncallback 参数是委托方法，Object 是委托传递参数，必须和 End-AcceptTcpClient 结合使用；EndAcceptTcpClient 返回一个 TcpClient 类型通信实体，用于服务端同客户端正常通信。

TcpClient 的实例是具体通信的实体，可用于实际的 C/S 两端的数据接发任务。它的类图见图 9-10。

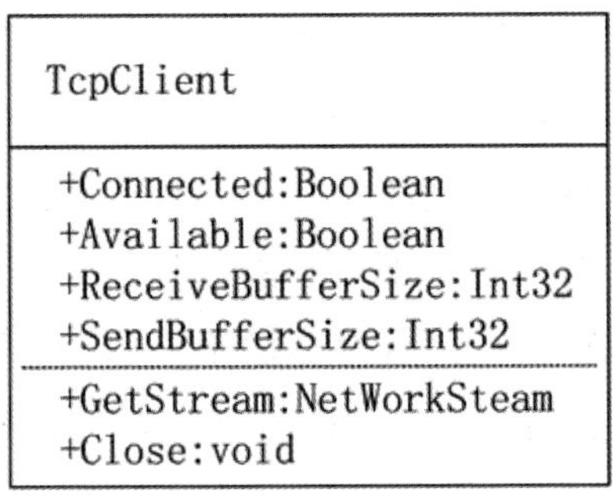

图 9-10　TcpClient 的 UML 类图

属性 Connected 标志服务端通信实体是否仍与远程数据采集器客户端处于正常连接中；属性 Available 标志通信实体是否可以读取或发送数据；ReceiveBufferSize 和 SendBufferSize 用来设置通信实体的接收缓存区以及发送缓存区，因为 TCP/IP 的通信是全双工的，所以发送缓存和接收缓存是分开的，这两个字段表示的是每次网络流读取或者发送数据时操作的字节数，所以对通信的双方具有很大的实际意义，如果是长期的大批量数据的交互，则需要设置较大的值，本系统没有此应用场景，所以设置为默认大小 8KB；GetStream 是通信双方通信过程中最重要的方法，它可以按照字节流的方式读写缓存区的数据。

结合 TcpListener 和 TcpClient 的作用，本书设计了服务端通信类，见图 9-11。

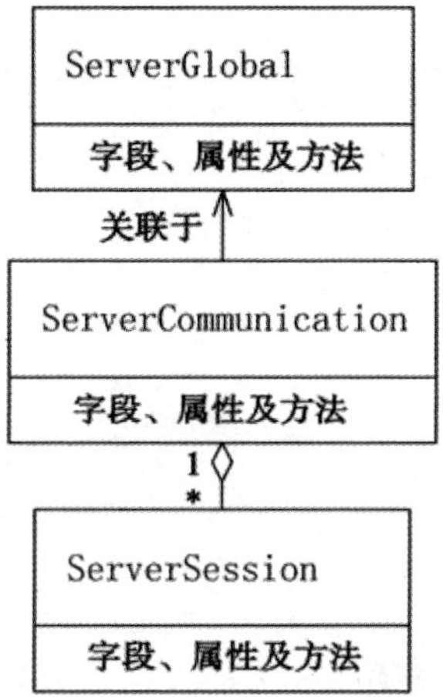

图 9-11　服务端的 UML 类图

ServerCommunication 是具体的服务端的通信类，它的作用就是监听所有客户端的连接，它直接关联 ServerGlobal 类；ServerGlobal 是一个静态类，它包含了服务端的所有相关的配置信息；ServerCommunication 类和 ServerSession 类是聚合关系，ServerSession 类的实例是通信的具体承担者，而一个 ServerCommunication 的实体类中包含具体数目的 ServerSession 实体类。

一个服务器正常运行的前提是拥有一个系统化的配置，在通信服务器系统中同样有这样一个配置，配置的内容位于发布程序下的扩展名为 config 的文件中，包含的内容见表 9-1。

表 9-1　通信服务器软件配置文件

名称	含义	备注
ListenAddress	网络软件监听 IP 地址	目前只支持 IPv4，0.0.0.0 表示计算机上任意网卡支持的 IP 地址，127.0.0.1 是默认地址
ListenPort	网络软件监听端口号	系统使用的是 13 000，需要设置防火墙
ReceiveTimeOut	客户端如果在该时间内无命令发送，就会被断开和服务端的连接	如果是长时间的连接，可以提高该值，单位是 ms，默认值 8 000ms
MaxServerErrors	允许客户端发送错误命令的最多次数，超过这个错误次数客户端会收到相应的错误返回信息并被断开连接	

（续）

名称	含义	备注
MaxServerNoop	允许客户端发送空操作命令的最多次数，超过这个值的行为和MaxServerErrors相同	
MaxMessages	每个回话中允许的最多信息数目	从系统理论上来说是无上限的，但是考虑到数据库对应的字段设置的是long类型，所以设置上限为9 223 372 036 854 775 807
MaxSessions	最大的客户端数目	防止DDoS攻击
MaxDataSize	每个完整的数据包最大的允许字节数	系统目前并不支持超大文件信息的传输，设置这个字段是为了防止恶意信息导致的服务器崩溃
StoreDataBaseServerConnectString	存储数据库服务器连接字符串	系统的数据库服务器根据设备类型进行分类，而且采用的数据源也有可能不同，所以在外部可以配置
LogDataBaseServerConnectionString	日志数据库服务器连接字符串	系统的日志模块使用的数据库是单独的一块，所以也会有存储服务器相同的问题
DataBaseSource	数据源种类	系统使用的是SQLServer

上述表格的配置信息存储在静态类ServerGlobals中，ServerCommunication类的实例和ServerGlobals紧密关联，ServerCommunication采用的是单例模式，它通过GetInstance方法返回的是TcpListener的实例，它的类图设计见图9-12。

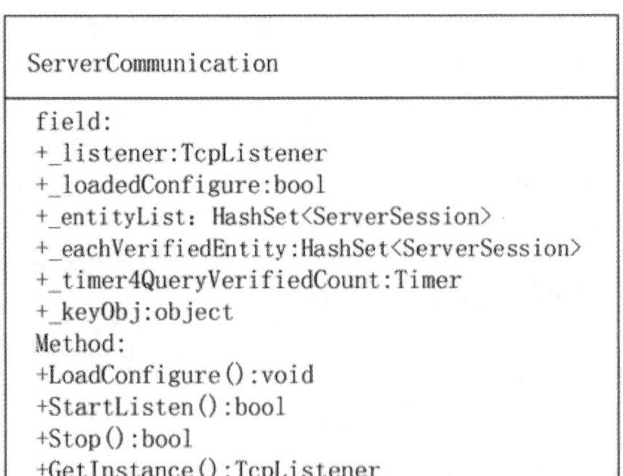

图9-12　ServerCommunication类图设计

通信服务端类的实例采用的是单例模式，_entityList 是所有建立 TCP/IP 通信连接的通信的实体，_eachVerifiedEntity 则是通过应用层协议验证后的所有通信的实体，也是具有实际意义的通信方。如图 9-12 所示，设置一个字段 keyObj_，它的作用是防止多线程同时访问 ServerCommunication 的方法 GetInstance，导致生成多个 TcpListener 的实例。代码通过加同步锁 keyObject 的方法确保不同的线程调用该方法的时候只生成一个 ServerCommunication 的实例，也同时确保 listener 只会被初始化一次，listener 是整个通信类中实际作用的最小粒度类。在上面的代码中，返回 instance_（实例）的时候，前提是已经载入配置了，载入配置是在 main 函数中调用静态方法 LoadConfigure，它的作用是将表格的配置信息载入到全局变量静态类中相应的配置字段中去。ServerGlobals 的类图设计见图 9-13。

在 ServerGlobals 中的字段信息都是和配置文件中的信息一一对应的。可以对应表 9-1 查看它们的意义。在通信类中最为核心的就是 ServerSession 类的设计，它是通信双方实现数据交换的实际承担者，它的职能包括身份验证、数据接收以及状态改变等。

远程机载系统的身份验证是在 ServerSession 的 ID 函数中实现的。在身份验证中，采用对 SN 字符串的 MD5 加密值，与数据库中预存的设备的 SN 序列号加密后的值进行比对，如果比对一致，则表示身份合法，否则就会终止对话。通信子程序身份验证的数据包格式见图 9-14。

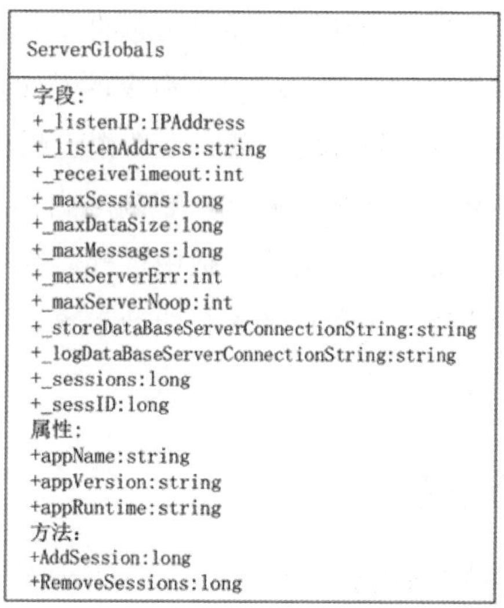

图 9-13　ServerGlobals 类图设计

请求行	LOGI 002\r\n
首部	sn=xxx\r\n free_sp=xxx\r\n Total_sp=xxx\r\n \r\n
正文	null

图 9-14 通信子程序身份验证的数据包格式

整个身份验证包括三个阶段。第一个阶段是验证是否存在该用户，即获取首部中的 UserName 信息，然后到相应的数据源中去查询记录中的该字段信息，以确保有相应的用户存在，也就是 validUserName 为真。第二个阶段就是验证用户发送的 SN 序列号是否是合法的，防止冒用设备标志号的情况发生。第二阶段正确表明用户是合法的，接下来需要用户发送原始数据包，但是用户必须知道从哪个原始数据记录开始发送，所以服务端发送给客户端的回应信息中必须包含该信息，因此第三阶段就是服务端查询数据库中的原始数据包的序号反馈给客户端。在查找数据包的序号记录时，是以 RDL_NUM 为 Select 语句的查询条件的，所以在数据库优化的时候，设置 RDL_NUM 为聚集索引，可以极大地加快查询速度。服务器最主要的职责就是数据的可靠接收及命令的正确响应。在通信过程中要考虑各种突发情况，如数据包的缺失、数据粘包、数据传输的延迟、数据传输的拥塞等。为了避免数据粘包问题的发生，通信协议中约定“\r\n”作为一行的结束，使用”\r\n\r\n”表示一个命令的结束。信息接收采用 C# 的异步调用机制，可以确保多客户同时在线；在数据包的头信息接收时，按单字节方式进行采集，并将字节信息进行拼接，直到遇到“\r\n\r\n”命令结束符，再对头信息进行判断，并转到相应的子函数中进行命令处理。针对数据包的数据部分，为了防止网络拥塞，采用可调大小的动态数组填充的方式进行数据的读取。

9.3 数据预处理子系统

数据预处理子系统的任务就是对数据库中预存的原始数据包进行解析，并将解析的数据重新进行存储，存储后的可读性数据就是诸如网站子系统等的数据显示及数据分析应用的数据源。它的最终目的是配合通信模块完成服务端应用程序的核心功能。

9.3.1 数据预处理子系统的设计

本小节的目的是建立多台设备解析的模型。

为了能使多台设备的数据接收和数据预解析两者同步进行，在数据解析方面提出了基于观察者模式的解析模型。观察者模式又叫发布 - 订阅模式、模型 - 视图模式、源 - 监听模式以及从属者模式，在数据库复制技术中也有应用，由主题（Subject）以及观察者（Observer）两者配合实现。主题当中会包含参与订阅的所有观察者，在有观察者感兴趣的信息源来到时主动推送给观察者，供观察者进行信息的处理及应用。在此基础上提出数据预处理模块的程序流程图，类图设计见图 9-15。

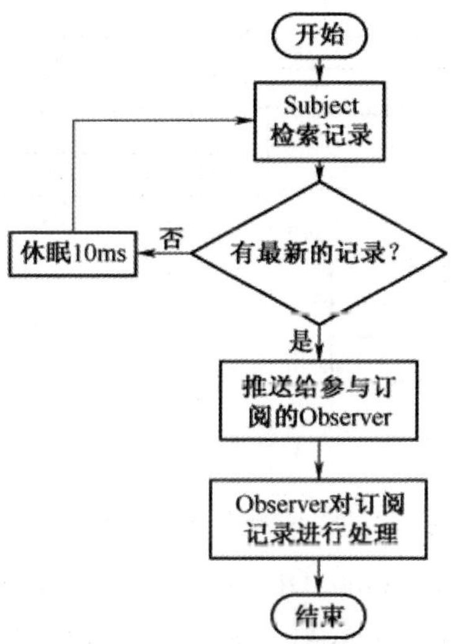

图 9-15　基于观察者模式的数据处理模型流程图

实际的主程序中会有多个具体的发布者，每个发布者都是由一个线程负责运行，发布者的责任就是查阅订阅者感兴趣的信息，然后推送给观察者。在这里，观察者就是不同类型的单台设备，可以是斗轮机、卸船机、盾构机等。观察者的职责就是负责解读推送过来的信息，并将解读后的信息存储到数据库里面。数据预处理程序的类图设计见图 9-16。

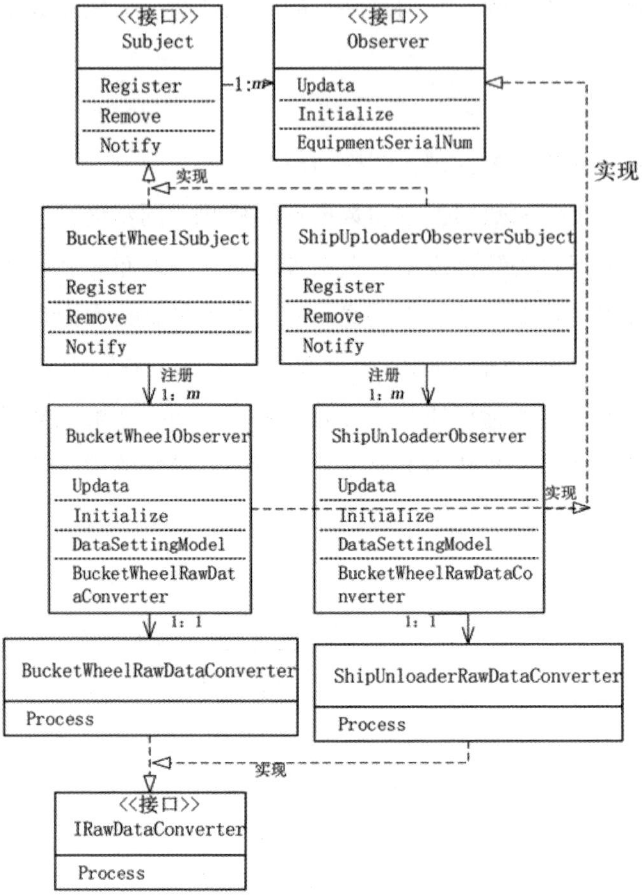

图 9-16　数据预处理模块类图设计

BucketWheelSubject 的实例是和斗轮机相关的信息发布者，它拥有多个和斗轮机相关的观察者 BucketWheelObserver 实例。BucketWheelObserver 实例包含的信息是斗轮机的配置 DataSettingModel 及解析实例 BucketWheelRawDataConverter。在 BucketWheelSubject 查阅到 BucketWheelObserver 订阅的信息的时候，就会将相关的信息推送（Notify）给已经注册的（Register）观察者，而观察者在接收到推送的信息之后，按照自己的配置信息（DataSettingModel）进行解读（BucketWheelRawDataConverter），最后将解读到的信息存储到数据库中。

数据预处理子系统的数据流也是围绕原始数据包来进行的，不同的是，它还会在此基础上生成解析包，见图 9-17 示。

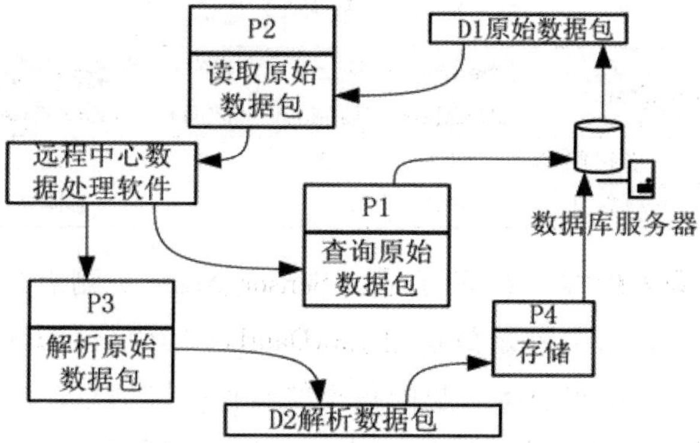

图 9-17　数据预处理子程序数据流图

首先数据库服务器挂载的数据预处理软件读取原始数据包，接着按照对应设备的数据配置表去解析对应的原始数据包，最后将解析完的数据一次性存储到对应设备的数据表格中。数据预处理程序在运行之后，首先会配置每台设备的对应配置信息。测点的配置信息是在解析之前进行初始化的，每台设备对应一个配置信息，这些配置信息其实就是数据库中的表 Sensor 的相关信息。初始化配置信息的方法是使用递归的方法，因为设备 Equipment 的下属单位是父级部件树 Part，父级部件树下属单位是子级部件 Part，部件的下属单位才是测点 Sensor，所以没有办法通过设备直接找到测点信息，而且有些子部件的父级部件是它本身，所以通过递归的方法查找每个设备对应的测点信息是最佳的编程选择。数据预处理的测点配置信息是在程序具体解析之前就已初始化了，防止在解析每个测点的时候多一个配置查找的操作，这样对整个程序的性能有一个质的提升。

9.3.2　数据预处理程序的实现

一个完整的原始数据包包含机载设备所有测点的数据信息，需要进行相应的解析之后才可以获得每个测点监控到的值。数据预解析的功能都由 RawDataConverter 类来实现的。RawDataConverter 类的实例中主要包括 Process 的公共方法，Process 针对同一台设备不同类型的数据包有不同的处理方法。机载黑匣子在设备正常状态下发送一种数据包，表 9-2 中的字段 RDL_Type 就是标识这个类型的字段，1 表示正常数据包，2 表示故障数据包，当设备处于故障状态的时候，发送不同长度的数据包。

上述程序解析的依据配置表的读取，是直接从数据库中去进行读取，它相联系的配置表是 Sensor 表，见表 9-2。

表 9-2　Sensor 表格配置信息图

Sensor_ID	Sensor_Name	Sensor_DataLoc	Sensor_DataLen	Sensor_Offset	Sensor_ValueType	Sensor_Parse	RDL_Type
1	夹轨器电动机接触器	964	1	1	bool	1	1
2	夹轨器电磁阀输出	100	1	5	bool	1	1

Sensor_ID 是测点的唯一标识序号；Sensor_Name 是测点的名字信息；Sensor_DataLoc 是测点数据在原始数据包 RawDataLog 的位置信息；Sensor_Offset 是针对 bool 量的，代表在某个字节长的数据的具体位置信息，因为 bool 量只占有一个 bit 位，所以在发送原始数据包的时候，机载黑匣子将采集到的多个 bool 量拼接成一个字节以节省空间。Sensor 表格中预填充了和测点数据相关的位置、数据类型、数据包类型等配置信息。如字段 Sensor_ValueType 可以是 bool、int、word、dint 及 real 类型，它对应设备上的 PLC 数据采集模块的数据类型，Sensor_Parse 可以是 1 或者 2，表示该测点信息会在哪个类型的数据包里面出现。为了存放对应的配置信息，系统设计了类 DataSettingModel，用于存放运行时的设备配置，见图 9-18。

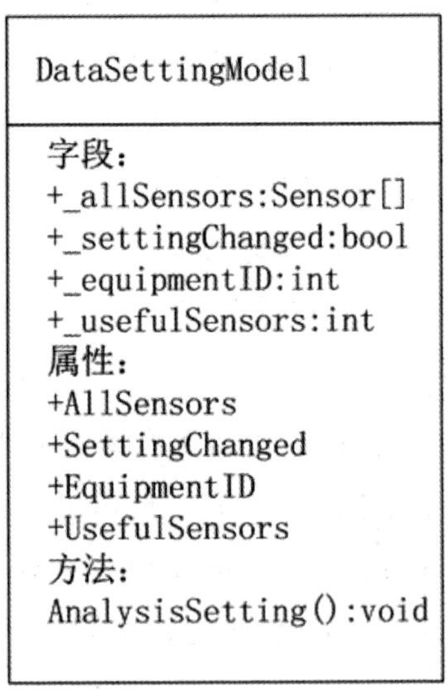

图 9-18　DataSettingModel 类图设计

AnalysisSetting 方法是将所有的数据库表 Sensor 的配置信息，如图 9-18 所示的信息全部加载到数组 AllSensors 里面，供具体的观察者实例进行数据解析时使用。

第 10 章

监控与数据采集系统地理信息模块

10.1 基于地理位置的设备信息管理系统概念

地理位置也被称为空间位置，是一种地理数据。地理数据由空间位置数据、属性特征数据以及时域特征数据三部分组成。其中，空间位置数据是描述对象所在的地理位置关系（如空间上的相邻、包含等）；属性特征数据也称作非空间数据，是描述特定地理要素特征的定性或者定量指标（如城市的人口、区域降雨量等）；时域特征数据是记录地理数据采集或地理现象发生的时刻或时段。本书研究的设备如大型港口机械斗轮机，本质上也是一种空间实体。每台斗轮机都有各自的地理位置坐标（空间位置数据）、监测参数和故障报警信息（属性数据），且斗轮机的运行状态随着时间不断变化（时域数据），因此设备监测数据包含了地理数据的三个维度。基于地理位置的设备信息管理系统建立在地理信息系统（Geographic Information System，GIS）之上，借助地理信息系统可以对斗轮机空间位置数据和非空间数据进行可视化表达和管理。地理信息系统具有对地理空间数据的采集、传输、存储、管理、处理、分析、表达和使用的功能，是分析、处理和挖掘海量地理空间数据的通用技术，见图 10-1。

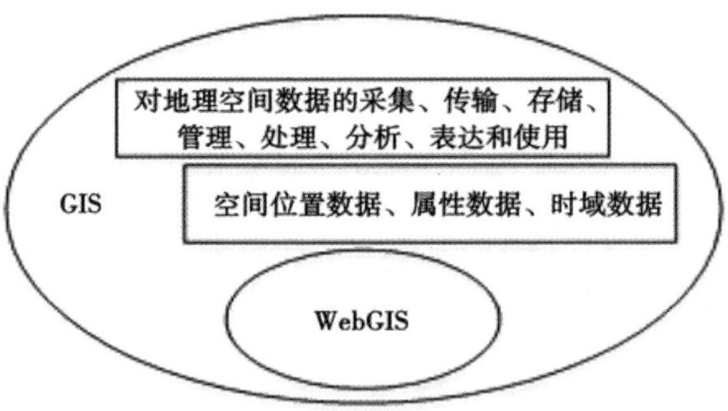

图 10-1 地理信息系统的概念

GIS 的应用非常广泛，是建设“数字城市”的重要支撑技术，在“数字流域”、军事、物流管理、位置服务（Location Based Service，LBS）等领域中发挥着重要的作用。

本章探讨基于地理位置的设备信息管理系统（Location Based Facilities Information Management System，LBFIMS），通过构建专用地理信息系统，将监控系统所容纳的设备的运行状态进行可视化表达，同时提供设备故障报警以及设备运行数据统计功能。如今，WebGIS 已成为 GIS 的发展方向。监控系统监控数据可视化基于 Browser/Server 结构，因此本章研究基于 Web 的地理信息系统（WebGIS）在设备监控系统中的应用。由于该系统是监控与数据采集系统的子系统，因此下文将该系统称为 RMF LBFIMS（其中 RMF 是指 Remote Monitor Facility，即远程设备监控）。RMF LBFIMS 通过地图界面的形式，向用户展示设备的状态和位置等信息，同时对发生故障的设备进行故障报警提示。本章将详细介绍 RMF LBFIMS 的设计开发过程。

10.2 GIS 发展状况

本节首先介绍 GIS 的发展历程和趋势，然后介绍 OGC 相关标准规范。在地图上叠加图层时要特别注意图层的坐标参考系，因此本节也会介绍 GIS 坐标参考系统。接着对国内外著名的 GIS 开发工具进行介绍，最后介绍 WebGIS 在设备监控与数据采集系统中的应用。

10.2.1 GIS 发展历程和趋势

刘岳峰等于 1999 年将地理信息系统的发展划分为专业化、行业化、社会化三个阶段。第一阶段是 20 世纪六七十年代专业化阶段。地理信息系统最早开始于地理学领域，是地理学与计算机技术相结合的产物。这个阶段的 GIS 主要面向地理学专业人员，作为土地信息管理的工具。如世界上第一个地理信息系统——加拿大地理信息系统（CGIS），就是为处理加拿大土地调查的大量数据而建立的。第二阶段为 20 世纪八九十年代行业化阶段。从 20 世纪 80 年代起，随着计算机和信息技术的发展，GIS 不再局限于地理学领域，在越来越多的行业得到了迅速普及和推广应用。这一阶段由于 GIS 技术的提高，涌现出一批有代表性的 GIS 软件。GIS 软件的用户界面进一步友好，行业管理人员不必十分精通 GIS 技术的理论核心，只需要掌握 GIS 的基本概念和使用方法就可以使用 GIS 为该行业服务。第三阶段为 20 世纪 90 年代以来的社会化阶段，计算机和网络技术加速发展并开始直接面向公众。同时信息服务业的兴起促进了 GIS 应用的发展，使得 GIS 从专业化、行业化迈向社会化，进而推动了 GIS 产业化。

第三阶段出现了基于 Internet 的 GIS。基于 WWW 的地理信息系统被称作 WebGIS，利用 Internet 技术在 Web 上发布空间数据，让用户能够通过浏览器浏览并获得地理信息系统中的数据和功能服务。WebGIS 的主要功能是地图信息发布，同时还包括空间数据查询和空间分析等辅助功能。WebGIS 是 GIS 走向社会化和大众化的有效途径，也是 GIS 的必由之路。

王辉等于 2006 年将 GIS 应用发展扩充为四个阶段，指出传统的 WebGIS 产品不能满足本阶段的需求，由于其数据与功能互相绑定、系统相对孤立缺乏良好互操作性、系统内部耦合度较强、应用模式不够灵活，因此难以为不同需求的应用提供不同力度和不同功能组合的地理信息服务。GIS 的第四阶段主题是互操作和集成。GIS 不再是只能独立运行的完整软件，而是可以互操作的组件，GIS 将成为应用系统的一部分，可以和应用系统的其他子系统无缝集成。

1996 年，美国成立了开放地理信息系统联盟（Open GIS Consortium，OGC，后在 2004 年正式更名为 Open Geospatial Consortium），该组织旨在推进地理信息系统的互操作。OGC 针对地理数据的分布式访问、获取以及地理数据处理等问题，颁布了一系列开放地理信息数据互操作规范（OGIS）。地理信息系统软件开发商可以使用规范所描述的公共接口模板，使软件、组件之间能够进行互操作。目前，OGIS 规范已形成一定规模，很多 GIS 软件开发商也先后声明支持该规范。

当前地理信息系统朝着虚拟现实和三维可视化、智能 GIS 和空间数据挖掘以及分布式、互操作 GIS 等方向发展。

1. 虚拟现实、三维可视化

随着 GIS 的大众化和社会化，很多 GIS 平台，如国内的高德地图、百度地图等在一定程度上也支持三维 GIS。二维 GIS 支持点、线、面三类空间物体，不能很好地支持曲面（体）。三维 GIS 较二维 GIS 复杂得多，主要表现在数据的采集、管理、分析、表示方面。虚拟现实技术通过三维立体显示器、数据手套、三维鼠标、立体声耳机等手段和工具创造出一种三维立体环境，这使得 GIS 能更好地表达真实世界，用户体验更加友好。不仅如此，由于虚拟环境可以重复再现，因此可以在虚拟现实环境下进行地理实验和空间分析。虚拟现实技术的发展在某种程度上推进了地理信息系统理论的发展。

2. 智能 GIS 和空间数据挖掘

GIS 的最终目的是为人类提供基于地理环境的决策支持，但是目前 GIS 仅仅关注数据管理、制图和空间分析，缺乏对知识进行表达、获取和应用的方法机制。数据挖掘也是当今热门的 IT 技术，空间数据挖掘能够为人类提供更好的空间决策支持。通过半自动或自动地从空间数据库中挖掘数据所蕴含的知识，可以实现智能的 GIS，从而为企业决策提供支持。

3. 分布式、互操作 GIS

随着信息技术的革新，分布式和互操作已经成为软件和服务发展的趋势，地理信息系统作为一个计算机软件系统也不例外。分布式意味着地理数据和服务可以位于不同的计算机主机，用户可以在本地环境中调用远程的地理数据服务而不必关心地理数据服务在互联网上的位置。分布式让 GIS 在物理位置上的表现为分散，但是在逻辑结构上的表现为一致。分布式使得软件中的组件模块更加自治、模块之间的耦合度更低。组件之间交互则需要一个统一的标准规范进行约束，从而使得不同厂商的软件和地理数据格式能够交互。互操作 GIS 作为 GIS 的发展方向，旨在解决异构地理数据之间的融合以及不同软件组件的集成和数据交换问题。

基于 Internet 的 GIS 可以达到分布式和互操作的目的。尤其是在 WWW 技术不断发展的今天，WebGIS 得到了广泛应用。在 WebGIS 中广泛使用到 Web 服务。Web 服务可以实现分布式架构，在 Web 服务的基础上构建数据交互标准，成本低并且可靠性高。WebGIS 成为地理信息系统的发展趋势。

10.2.2 OGC 规范和 WMS 服务

开放地理空间信息联盟（OGC）是一个非营利性质的国际标准组织，该组织不断在全球范围内推进地理信息软件、地理空间数据和服务的互操作。互操作的实质内容就是标准化。通过一系列的标准规范，让开发者和使用者从中受益。开发者可以使用其他开发者提供的组件和服务构建相关应用，节省了时间和开发成本，使用者也可以无阻碍地使用不同地理信息提供商的软件、数据和服务，在国家和世界范围内的分布式环境下实现地理空间数据和地理处理资源的共享。通过标准的公共接口访问和操作地理数据和软件，可以极大地提高应用软件的开发效率。通过国际标准化组织（ISO/TC211）或技术联盟（如 OGC）制订数据互操作的接口和规范，GIS 软件商开发的产品遵循 OGC 接口和协议，使得相同接口和协议的 GIS 软件和 GIS 服务之间能够互操作。对用户来说，可以通过网络实时获取不同系统中的地理信息，减少空间数据冗余存储，实现地理空间数据共享。

Web 服务技术是推进空间数据互操作的重要技术。Web 服务技术主要有 HTTP、XML、SOAP、WSDL 等技术，这些技术在 Web 地理信息系统中的应用也非常广泛。OGC 标准由 30 多个标准组成，其中包括基于 Web 服务（XML）的空间数据互操作实现规范 Web Map Service（WMS）、Web Feature Service（WFS）、Web Coverage Service（WCS）以及用于空间数据传输与转换的地理信息标记语言 GML。

WMS 是关于提供服务器生成具有地理坐标参考的地图图片的协议。WMS 的第一个版本在 1999 年由 OGC 推出。OGC WMS 是一种 Web 服务，定义了多种不同类型的请求。WMS 规范的请求类型说明见表 10-1。

表 10-1 WMS 规范的请求类型说明

请求类型	说明
GetCapabilities	返回 WMS 的有关参数（如图片格式以及 WMS 版本兼容性）和可获取的图层的信息，包括地图边界框、坐标参考系统、数据的 URI 以及图层是否透明。URL 参数包括地图的宽度和高度、坐标参考系统、渲染样式、图片格式
GetMap	返回地图图片
其他请求	GetFeatureInfo、DescribeLayer、GetLegendGraphic

每一个 WMS 服务器必须能够处理 GetCapabilities 和 GetMap 这两种请求，还可以支持一些可选的请求类型，如 GetFeatureInfo、DescribeLayer、GetLegendGraphic。一个 WMS 服务器通常提供位图格式的地图，如 PNG、GIF、JPEG。除此之外，也可以输出通过 SVC 或者 WebCGM 格式表达的矢量图形，如点、线、圆弧和文本。

WMS 通信模型见图 10-2。

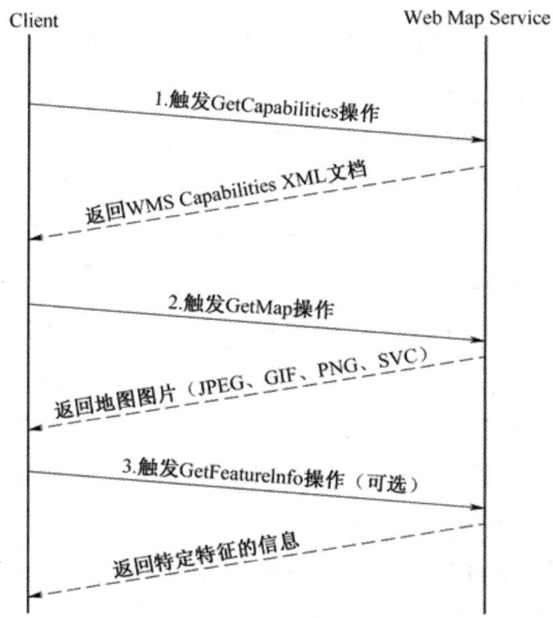

图 10-2 OGC WMS 通信模型

10.2.3 GIS 中的坐标参考系统

坐标参考系统（Coordinate Reference System，CRS）也称为空间参考系统（Spatial

Reference System，SRS），它是基于坐标用于定位地理实体的系统，是所有 GIS 应用的核心。坐标参考系统分为本地、国家或者全球坐标参考系统。每种坐标参考系统定义了一个特定的地图投影，以及不同坐标参考系统之间的坐标转换。坐标参考系统依据 OGC 组织的标准定义，每一个坐标参考系统都可以用空间参考系统标识符（Spatial Reference System Identifier，SRID）来表示，SRID 是一个唯一的整数值。事实上，GIS 厂商可以参考一个授权机构（如 European Petroleum Survey Group，EPSG）的成果来构建自己的 SRID。EPSG 成立于 1986 年，2005 年重组为 OGP（International Association of Oil & Gas Producers），它负责维护并发布坐标参考系统的数据集参数以及坐标转换描述，该数据集被广泛接受并使用。

地图投影是指将地图的椭球曲面转换为二维平面。地图投影种类繁多，自从 Gerardus Mercator 在 1569 年向世人展现了他的墨卡托地图投影后，大量的地图投影被创造出来。本质上，所有的地图投影在某些属性上都扭曲了球形的特征。

墨卡托投影又称等角正轴圆柱投影，几何原理是：假设有一个与赤道相切的圆柱体，将椭球表面投影到圆柱面上，再将圆柱面展开成平面，实现球面到平面的转换。墨卡托投影具有等角特性，保证形状保持原样，同时保证了方向和相互位置的正确性，但是相对于真实椭球，局部会发生面积伸缩。

Web Mercator（Web 墨卡托）、Google Web Mercator、Spherical Mercator（球面墨卡托）、WGS 84 Web Mercator 或者 WGS 84/Pseudo-Mercator 都是墨卡托投影的变体，并且都是 Web 地图实际应用中的标准。所有主流在线地图提供商，包括 Google Maps、Bing Maps、MapQuest、ESRI、Mapbox 等都使用 Web 墨卡托投影。在 Web 墨卡托投影出现时 EPSG 组织不承认该投影，谷歌公司为该投影冠以 ESPG：900913 的编号。随着该投影坐标系在 Web 上的广泛应用以及随之产生的巨大影响力，EPSG 接受了该投影坐标系并正式命名为 EPSG：3857。

还有一种常用投影坐标系是 EPSG：4236，EPSG：4236 参考的是 WGS 84。WGS 84 是地心坐标系，它是一种空间直角坐标系，原点与地球质心重合，是 GPS（全球定位系统）采用的坐标系。通过 GPS 可以直接获取 WGS 84 下的坐标（B、L、H），B 为纬度、L 为经度、H 为高度，即到 WGS 84 椭球面的高度。

10.2.4 GIS 开发工具介绍

目前国内外的 WebGIS 开发工具较多，可以分为两大类：GIS 商业软件和开源软件。国外比较著名的 GIS 产品主要有美国环境系统研究所（ESRI）的 ArcGIS、Mapinfo 公司的相关产品等。国内 GIS 平台包括武汉大学的吉奥之星 GeoStar、中国地质大学信息工程学院的 MapGIS、北京超图软件股份有限公司的 SuperMap 等。开源软件包括 GeoServer、MapServer、OpenLayers 等。ArcGIS、Mapinfo、SuperMap 是全套的 GIS 产品，而 MapServer 是一个地图图片服务器，OpenLayers 是基于 JavaScript 的前端地图渲染库。由于 WebGIS 产品种类很多，这里仅对几个主要的产品进行介绍。

1. ArcGIS

ArcGIS10.3 包括 ArcGIS Online、ArcGIS for Server、ArcGIS for Desktop、ArcGIS Runtime SDKs 和 ArcGIS API。其中 ArcGIS Online 是一个公有云，构建在 Amazon 之上；ArcGIS for Server 是一个 GIS 服务器，可以使用它构建私有云 GIS 系统；ArcGIS for Desktop 包含了一系列桌面 GIS 工具可以供专业人员进行 GIS 空间分析；ArcGIS Runtime SDKs 是面向各个平台的开发包；ArcGIS API 是面向 JavaScript、Flex、Silverlight 用户的开放 API（Application Interface，应用程序接口）。可以使用这些 API 将地图嵌入 Web 应用。

2. SuperMap

SuperMap GIS 是北京超图软件股份有限公司开发的具有完全自主知识产权的大型地理信息系统软件平台，提供全方位的专业 GIS 开发平台、多行业的 GIS 系统解决方案以及 GIS 云服务。SuperMap GIS 系列产品分 GIS 平台软件、GIS 应用软件与 GIS 云服务三类。其中，GIS 云服务包括超图在线 GIS 平台（SuperMapOL.com）、地图慧（www.dituhui.com）；GIS 应用软件包括 SuperMap SGS（共享交换平台）、SuperMap MMIS（矿政管理信息系统）、SuperMap Floor（房产项目测绘软件）、SuperMap FieldMapper（野外专业数据采集软件）等。SuperMap GIS 平台软件包括云平台软件和面向多种终端（桌面、浏览器、移动端）的 SDK 或者软件包，见图 10-3。与 ArcGIS online 相同，SuperMap GIS 云服务是公有云服务，SuperMap GIS 平台软件可以构建企业级私有云。

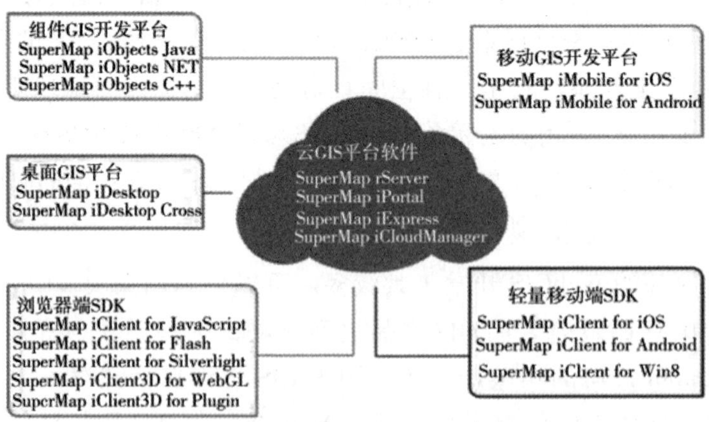

图 10-3　SuperMap GIS 的相关产品

3. MapServer

MapServer 是一个开源的网络开发环境，可以用来构建与空间相关的网络应用，它是在美国航空航天局和明尼苏达大学自然资源系的资助下，由明尼苏达大学开发的。MapServer 并不是一套全能的 GIS 系统，它更擅长于在网络上发布空间数据。MapServer 的核心模块提供了对 OGC 规范的支持，一方面可以轻松搭建 WMS 服务或 WFS 服务，对外提供符合 OGC 规范的空间信息服务，另一方面，可以通过统一接口访问遵循 OGC 规范的远程空间信息服务。MapServer 是一个基于 CGI 的“胖服务器端 / 瘦客户端”模式地图发布平台，利用 C 语言编写的 CGI 脚本在服务器端实时地将地理空间数据处理成地图发送给客户端。MapServer 同时支持 FastCGI 技术，FastCGI 是可伸缩架构的 CGI 开放扩展，其主要作用是将 CGI 进程保存在内存中避免反复加载，从而获得较高的性能。此外 MapServer 还可以支持通过 MapScript 与其他服务器脚本进行灵活的结合，使得使用 PHP、Perl、Python、Java 和 C# 语言编写的服务器程序可以调用 MapScript 模块。

MapServer 用于在互联网上展现动态空间地图，其主要特征包括：

1）支持栅格数据、矢量数据以及数据库上百种格式数据的显示和查询。

2）可以运行在多种系统上（Windows、Linux、Mac OS X 等）。

3）支持流行脚本语言和开发环境（PHP、Python、Perl、Ruby、Java、.NET）。

4）高质量渲染。

5）完全的可定制应用输出。

4. OpenLayers

OpenLayers 是由 MetaCarta 公司开发的一个用于 WebGIS 客户端的 JavaScript 开发包，用于实现标准格式发布的地图数据的访问。OpenLayers 支持多种地图数据来源，支持 OGC 制订的 Web 地图服务（Web Map Service，WMS）和 Web 要素服务（Web Feature Service，WFS）等网络服务规范，可以通过远程服务的方式，将以 OGC 服务标准的地图数据加载到浏览器客户端中显示。它的基本功能是载入地图切片实现地图浏览，比如比例尺放大、缩小、平移等，还可以进行面线选取、要素选择、图层叠加、要素查询等操作，还可以提供对加载的地理空间数据进行空间分析处理服务。

以上 4 种 WebGIS 软件中，ArcGIS 和 SuperMap 是同种类型的软件，提供全套的 GIS 系统解决方案，支持公有云和私有云解决方案，具有多种平台的开发包，并且都是商业软件；MapServer 和 OpenLayers 则是 WebGIS 组件，它们需要与其他组件进行组合从而构建 WebGIS 系统。MapServer 可以发布遵循相关标准的地图服务，而 OpenLayers 可以获取这种遵循标准的服务，MapServer 是服务端，OpenLayers 是客户端。后面章节将介绍如何使用 MapServer 和 OpenLayers 构建 WebGIS 系统。

10.2.5 WebGIS 的研究与应用

黄亦翔、周俊等于 2006 年设计了基于 WebGIS 技术的数据可视化及分析工具，利用 GPRS 网络传输设备性能数据，辅以 GPS 定位的设备远程监测系统。针对如何高效地协助工业生产、降低设备维护费用并及时发现各类重大事故隐情，李路华于 2014 年提出了一种合理的设备远程监测体系，借助 Google Map 展示各个设备的实时运行状态。当设备出现异常时，WebGIS 界面迅速定位异常信息点并以报警声音提醒。在农机设备监控方面，王慧平于 2014 年提出了一种基于 WebGIS 的农机远程监管服务系统，能够及时获取和有效管理农机作业现场各类数据，实现了农机信息采集、传输、分析和访问的集成化解决方案。在车辆监控方面，为了加强汽车租赁公司对被租赁车辆的动态状态管理、调度，保障驾驶员的工作安全，王冬娜于 2008 年将网络地理信息系统（WebGIS）、GPS 定位系统和 CDMA 通信系统相互结合，为汽车租赁公司调度部门监管外派车辆提供了一个管理平台。在工程机械方面，王辉、邵贝恩等于 2006 年在大型工程机械设备远程监控系统的开发中提出了基于 Web 服务的 WebGIS 作为地理信息系统的第四个阶段，通过 Web 服务技术实现 GIS 的互操作，使之能与其他应用系统有效集成。黄露高于 2008 年设计开发了工程机械远程监控与数据采集系统，该系统包括设备远程监控平台和设备信息管理平台两部分，其中在设备远程监控平台中使用了 WebGIS 技术实现设备的地图定位和实时跟踪功能。陈元谋于 2011 年构建了重型工程平板车的车辆监控系统，该系统的远程监控中心包括 Web 地理信息系统（WebGIS）、通信模块和数据管理部分，监控中心实现了对实时数据的实时显示和车辆的实时定位跟踪。陈霏霏于 2012 年设计了一种基于三层结构的远程网络监控系统模型。该系统集全球定位系统（GPS）、网络地理信息系统（WebGIS）、通用无线分组业务（GPRS）和 Internet 技术为一体，对履带式起重机进行远程监控。在特种设备监察方面，杜栋于 2007 年针对特种设备管理方面存在的不足，使用 SuperMap IS Java 技术开发了国家特种设备安全监察地理信息系统。在电力设备管理方面，张铭泉、陈玉胜等将 WebGIS 技术引入配电网设备管理系统中，不仅便于实现配电网设备故障的快速定位，而且利用其强大的空间分析能力，可实现电网的统一规划。宋文乐、张晓东等于2012年在ESRI ArcGIS Server平台上开发了电力信息系统，该系统将电网设备信息与地理信息结合起来，建立起图、数、模一体化的空间数据模型，直观地表达了电网拓扑关系及电力系统的运行状态。

许多学者包括设备监控与数据采集系统应用开发人员在将WebGIS引入各自行业过程中，通常将WebGIS作为设备定位跟踪以及设备监控数据可视化的工具，通过WebGIS监控设备的状态或者管理设备信息。本文也正是借助WebGIS这一特点开发地图应用系统，并与设备监控管理平台的其他应用系统集成起来。

2013年，天津某单位的生态城智慧城市公共服务支撑平台项目完成了信息支撑平台的建设，形成了基于ArcGIS的智慧城市地理空间建设框架。该系统从上到下分为5层：智慧应用、智慧门户、软件资源层、虚拟化服务层、基础设施层。基础设施层包括网络、智能化传感器、服务器以及其他基础设施。虚拟化服务层提供资源的存储、管理和监控（包括ArcGIS的相关软件产品），智慧应用层包括城市运行指标监控、社区儿童智能监控、智能管线巡检等。

广西地图院的廖顺华设计开发了南宁市粮食应急供应指挥系统。该系统采用WebGIS技术，实现了粮食数据的空间可视化，能发现以往二维表管理方式中难以发现的问题，并通过互联网及时传递信息，进而为决策者快速、准确地做出决策提供科学依据。该系统的整体结构可分为数据层、系统支持层和应用层三个层面。数据层包括基础数据库和粮食应急数据库，系统支持层是GIS数据处理平台，应用层包括专题数据录入、查询定位、统计分析、应急决策、数据输出、系统管理等。Web地图采用图层分级显示原理，图面要素按其重要性分配图级参数，根据缩放参数改变各类图元的显示，既保全了图面要素的完整性与详尽度，也解决了图元的叠加冲突问题。应用VML技术、GIS空间分析技术并与Web技术相结合，将各项统计分析结果以地图分层设色、统计图表、汇总表格、地图结合统计图等多种表达方式动态地体现出来，内容丰富，表达方式直观。

以上两个WebGIS应用系统具备WebGIS系统的一般功能和结构特点。WebGIS可以提供地图操作、图层分级显示、将对象在地图上定位显示、地图查询以及与业务数据进行融合的功能。在结构上，系统一般分为三部分：数据层、系统支撑层和应用层。数据层包括基础地理数据和业务数据，系统支撑层为应用层提供可调用API，应用层涉及具体的业务逻辑。

10.3 系统功能需求分析

当系统中接入大量设备或监控对象时，不仅需要对单台设备进行状态监测，了解该设备及其部件的状态，还需要采取某种方法监测所有设备的运行状态和地理分布情况。基于地理位置的设备信息管理系统（LBFIMS）研究如何监控和管理系统的所有设备或监控对象。前面章节介绍了对单台设备零部件的状态监测，系统用户可以通过 RMF LBFIMS Web 界面进入具体设备的监测界面，从而查看单台设备的状态信息。对整个系统的监测操作见图 10-4，用户在 LBFIMS 选择某台设备，进入 RMFDeviceMonitoring 系统。

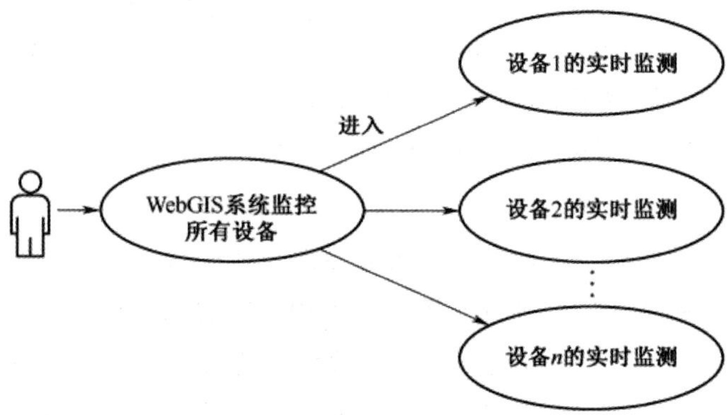

图 10-4　系统操作示意图

RMF LBFIMS 为本项目提供的网络地理信息系统解决方案将设备监控数据与地理数据融合形成专用地理信息系统，系统的功能需求主要包括：

1）提供具有交互功能的 Web 地图，用户能缩放、拖拽地图。

2）设备运行状态在 Web 端同步更新。

3）帮助用户选择设备和零件，作为其他功能模块的入口。

4）对设备部件故障进行实时报警和提示。

5）实时统计和查看设备的运行状态。

6）地理空间数据存储在本地，能够进行基本的查询和管理。

7）提供专题地图显示设备运行数据统计结果。

将地理分散的设备象征性地表达为符号标记，并作为图层覆盖在地图上。用户可以通过地图界面直观地了解设备的地理分布情况，选取相应设备，进入其他功能界面。RMF LBFIMS 考虑的是系统中设备的总体状态，更多关注设备是否发生故障、设备故障的统计以及设备信息的管理等。对于零件层面的信息可以通过选取相关设备，进入具体的监控界面。

10.4 WebGIS 实现方式的比较和方案选取

在选取 WebGIS 实现方式时，主要考虑以下几个方面的问题：

（1）地图数据的来源　WebGIS 地图数据可以全部来自第三方的地图 API 接口，也可以部分来自第三方地图 API 接口部分使用本地地图数据。如果构建 WebGIS 的目的是为了显示地理信息相关的数据，可以使用第三方地图数据作为底图，并将本地地理数据和属性数据渲染后叠加在底图之上。如果构建的 WebGIS 系统要承担空间分析的任务，可以使用第三方空间分析资源（包括算法和空间数据），即远程调用第三方空间分析 API，并将返回的结果在 WebGIS 地图上表达。如果空间分析使用本地的空间数据资源，WebGIS 系统应包含后台空间数据库系统，并具备空间分析的软件环境。

（2）GIS 软件和框架选取　本文开发的 WebGIS 主要是作为设备监控数据的可视化和分析工具，因此 Web 地图的空间数据来源可以是本地数据也可以是第三方数据，并保证在不能使用第三方数据时（如网络等原因），使用本地地图数据。与使用本地地图数据资源相比，使用第三方地图数据资源构建的 Web 地图内容更加详细、界面更加美观。如果使用第三方地图数据，WebGIS 开发的重点在 Web 前端，在前端使用渲染库将第三方地图数据集成到应用中。若使用本地地图数据，GIS 服务器、Web 服务器等软件必不可少。

本节将对几种 WebGIS 实现方式进行比较，然后根据项目需求选择合适的实现方式。

10.4.1 使用地图 OpenAPI

在 Web 应用中嵌入地图有多种方法，一种简便的方法是调用第三方地图 API。这种 API 叫开放网站 API，是一种应用程序接口，通过把网站的服务以 API 的形式对外开放，供第三方开发者使用。

随着 Web 技术的发展，Web 应用层出不穷，在应用开发的过程中出现了“Mashup”的概念。Mashup 是糅合的意思，是当今互联网上新出现的一种网络现象，将两种以上使用公共或者私有数据库的 Web 应用糅合在一起，形成一个整合应用。Mashup 对开发者的编程技能要求不高，只需要熟悉 API 和网络服务工作方式就可以进行开发，因此 Mashup 很快成为一个流行的网络现象。很多公司（如雅虎、谷歌、百度等）都为此提供开放接口，以吸引这一开发者群体。Mashup 的典型应用包括地图 Mashup、视频和图像 Mashup、搜索和购物 Mashup、新闻 Mashup、微博 Mashup 等。

GIS 应用系统开发要解决两个问题：软件的编写以及地理数据的获取。本小节将介绍如何使用开源软件和开放数据构建 WebGIS 系统，首先介绍 WebGIS 的原理和实现模式，然后选取合适的 WebGIS 开发方式。

10.4.2 WebGIS 的基本原理和实现模式

常见的 WebGIS 的体系结构是由数据库、应用服务器、客户端三部分组成。客户端通常是浏览器，服务器端由 Web 服务器、GIS 软件和数据库组成。见图 10-5。

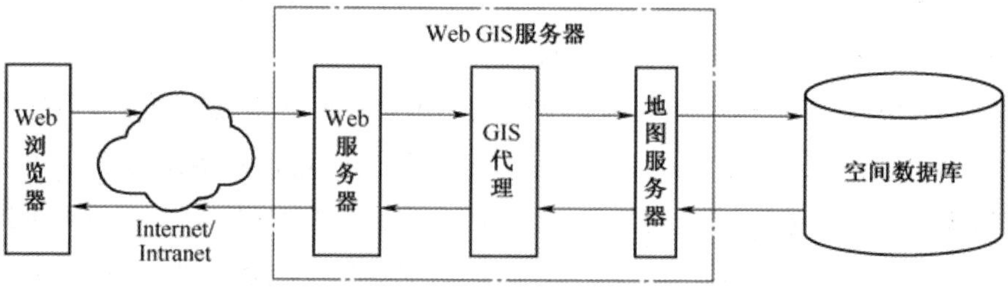

图 10-5 WebGIS 的三层体系结构

根据 WebGIS 计算模式在服务器端和客户端的分配情况，将 WebGIS 分为以下三类：瘦客户端 WebGIS、胖客户端 WebGIS、富客户端 WebGIS。

1. 瘦客户端 / 胖服务器

瘦客户端对浏览器要求不高，客户端不需要安装任何插件就可以获取栅格地图图片。廋客户端侧重于服务器端策略，数据和数据处理软件都运行在服务器端。服务器根据客户端的需要提供 GIS 数据和分析结果，客户端仅组织、发送请求和显示来自服务器的响应结果。

基于服务器的瘦客户端 WebGIS 应用的构造模式有两种：CGI（Common Gateway Interface，通用网关接口）和 Server API（服务器应用程序接口方法）。CGI 技术是实现 WebGIS 最早使用的方法，是 Web 服务器调用外部应用程序的标准接口，通过 CGI 脚本将 Web 服务器和应用程序连接起来。Server API 与 CGI 实现的功能相同，但是 Server API 需要依赖于 Web 服务器。

2. 胖客户端 / 瘦服务器

胖客户端是利用前端插件技术，把一部分应用和数据下载到客户端进行处理。需要在客户端浏览器上安装相应插件（Plug-in、ActiveX、Java Applets 等）作为 GIS 工具。基于客户端的胖客户端 WebGIS 的 GIS 功能主要是由客户端实现的。这些 GIS 数据和 GIS 工具最初是位于服务器端，用户向服务器发送 GIS 分析工具和 GIS 数据请求，服务器将这些工具和数据发送到客户端，浏览器安装插件工具后就可以根据用户需求进行空间数据分析。

3. 富客户端

富客户端技术是一个具有较强交互性的技术，能为用户提供更加舒适、复杂和全面的用户体验。它将桌面应用的交互性和 Web 应用的部署灵活性完美结合，用户可以非常方便地使用浏览器体验桌面级的交互。Adobe Flash、Microsoft-Silverlight 是目前主流的两种客户端平台，其通过一个浏览器插件、独立的沙箱或者虚拟机显示页面。富客户端开发工具主要有 JavaScript/AJAX、Adobe Flex、Microsoft Silverlight、Java、Laszlo 等。AJAX（Asynchronous JavaScript And XML，异步 JavaScript 和 XML）在不刷新页面的情况下可以实现页面的局部刷新，使得网页交互性得到巨大提升。Flex 目前占据了富客户端的主要市场，Flex 为客户端技术开辟了新的路径，极大地推动了富客户端技术的发展和普及。Laszlo 整合了 XML 和 JavaScript 技术，通过 J2EE 服务器编译成 Flash 文件传输给用户。它是动态编译的 Flash 应用，本质上和 Flash 相同，支持 Java 和 .NET。基于富客户端的 WebGIS 能够提供对分块数据和影像、矢量和地名数据的显示、查询、量算以及图层控制等功能。

10.4.3 WebGIS 实现方案的选取

由上一节可知，通过使用浏览器插件技术开发相应的 GIS 工具，可以实现胖客户端的 WebGIS 系统。用户在使用这类系统时需要下载安装相关插件。为了兼容各类浏览器版本，开发人员需要不定期对插件进行升级维护。插件的开发、升级和版本统一需要额外的工作投入，因此，本文不选择胖客户端的 WebGIS，而选择富客户端的 WebGIS 实现模式。目前大部分基于位置的服务（如谷歌地图、百度地图等），在前端使用 JavaScript。JavaScript 是当今最流行的前端技术之一，现代浏览器包括移动端浏览器几乎都支持 JavaScript。用户在不需要安装任何插件的情况下可以直接访问和使用这类使用了 JavaScript 的地图服务。相对于使用前端插件技术开发 WebGIS 系统，使用 JavaScript 有很大的优势。本文选择使用 JavaScript 可以实现富客户端的 WebGIS。

客户端使用 JavaScript 技术，服务端主要使用 CGI 和 WebService 技术。在服务端，一种简便的实现技术是 CGI 技术。CGI 是地图引擎和 Web 服务器之间的桥梁，Web 服务器接收用户请求，通过 CGI 转交给地图引擎，地图引擎根据请求参数生成地图图片，通过 Web 服务器返回给浏览器。服务端以 Web 服务的方式向客户提供数据和服务。使用 Web Service 技术，分布在网络上的 GIS 节点（服务器）对外提供用户接口、数据接口和功能接口，每个 GIS 节点同时是服务提供者和服务消费者，都以 Web 服务的形式对外提供数据和功能服务。

独立开发 WebGIS 软件系统需要考虑非常多的问题。本文通过选择支持 OGC 互操作规范的相关软件构建 WebGIS 系统。常用的 WebGIS 软件包括 ArcIMS、ArcGIS Server、MapXtreme、Autodesk MapGuide、GeoMedia Web Map、GeoBeans、MapServer、GeoServer 等。本文选择使用 MapServer 作为地图服务器发布 Web 服务。

地理数据是通过 PostgreSQL/PostGIS 数据库进行存储和管理的，地理数据的格式包括矢量数据格式 shapefile 以及来源于 OpenStreetMap 网站的 OSM 数据。在后面将介绍原始地理数据导入地理空间数据库的过程。

10.5 系统总体设计

根据对 RMF LBFIMS 系统功能需求的分析， 把 RMF LBFIMS 分成以下几个部分：WMS 模块、设备状态更新模块、故障报警和查询模块。本节介绍 RMF LBFMS 的总体设计。首先给出了 WMS 模块的方案设计，然后对系统的总体结构进行介绍。

10.5.1 WMS 模块的方案设计

WMS 模块的结构见图 10-6。后端主要包括 Web 服务器、GIS 服务器、空间数据库、关系数据库以及 Shapefile 组，前端是浏览器。

WebGIS 采用的是基于 JavaScript 和 AJAX 的富客户端实现模式。在服务器端，Web 服务器和 GIS 服务器之间通过 CGI 脚本进行连接，配置地图服务器，以支持网络地图服务。

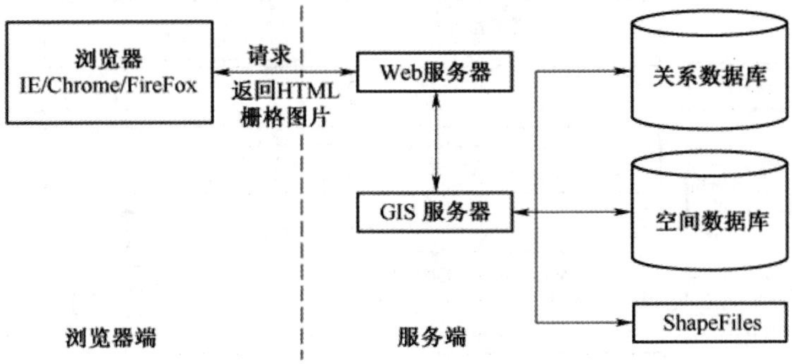

图 10-6 WMS 模块的结构

WMS 标准是 OCG 规范之一。在客户端，实现地图切片载入功能，实现地图数据以不同的比例尺显示。OGC WMS 规范从语义和语法两个角度详细定义了 WMS 服务器向客户程序提供操作的接口，所以它提供了规范化网络空间信息系统的能力。所有遵循该规范的服务器都可以被客户端访问。OGC WMS 规范并没有规定具体的实现方式。

本文使用 MapServer 作为 WMS 服务器，对外发布 WMS 空间信息服务，在前端使用 OpenLayers 将遵循 OGC WMS 服务标准的地图数据加载到客户端浏览器中显示。在浏览器端将地图数据与监控数据融合，同时从服务端获取实时设备状态数据，并提供故障报警功能。

10.5.2 系统结构

RMF LBFIMS 体系结构见图 10-7。系统分为五层：表现层、业务逻辑层、接口层、GIS 核心层、数据存储层。

（1）表现层　浏览器客户端通过执行 JavaScript 脚本，调用 OpenLayers 库从服务器端异步获取地图切片，在客户端组织和渲染。OpenLayers 库将用户触发的事件转换为相应的请求参数，向服务器发送 WMS 服务请求。表现层的程序逻辑承担着地理数据的加载以及地理数据和监控数据的融合功能。通过异步 AJAX 请求，从服务端获取设备运行状态数据，根据设备运行状态，实时更新地图显示。

（2）业务逻辑层　WebGIS 子系统的业务逻辑主要有地图呈现、设备状态监测、故障报警、用户管理等。业务逻辑层根据客户端请求，通过接口层从数据库中获取数据，然后执行响应。

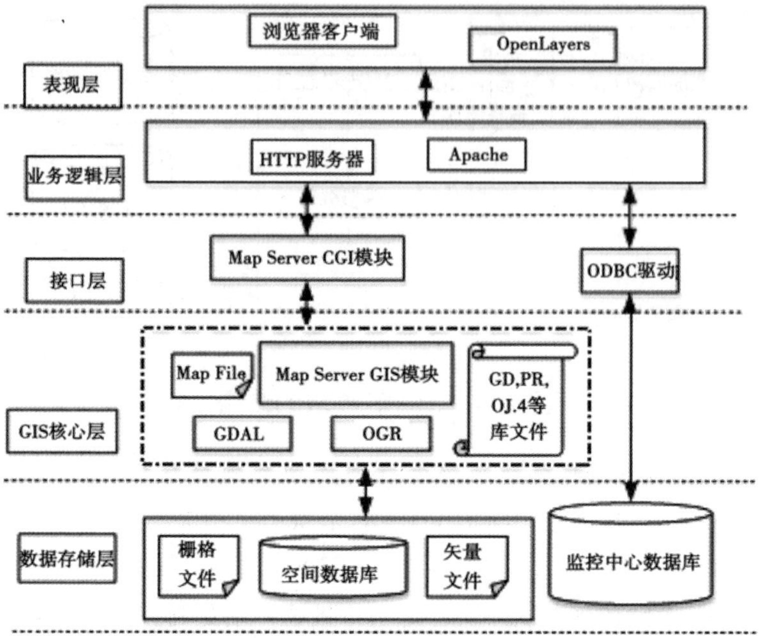

图 10-7 RMF LBFIMS 系统体系结构

（3）接口层　接口层由两部分组成，MapServer CGI 模块和 ODBC 数据驱动模块。当客户端发送地图图片请求到 HTTP 服务器时，HTTP 服务器将它转发给 MapServer CGI 程序，CGI 模块启动新进程，从用户请求中解析出请求操作的相关参数，然后将这些参数作为输入，调用 MapServer GIS 模块。ODBC 数据驱动模块是业务逻辑层访问监控中心数据库的桥梁。业务逻辑层中的编程语言函数库实现了 ODBC 接口的功能，开发人员可以通过调用这些函数对数据库进行查询。

（4）GIS 核心层　MapServer GIS 模块接收 CGI 模块传输过来的参数、访问数据源并完成相关操作，从而实现制图的核心功能。GIS 模块读取 Map 文件，根据 Map 文件确定数据源的位置，然后通过 GDAL 访问 JPEG、PNG、GIF 等栅格文件，通过 OGR 访问 shapefile 等矢量数据，通过空间数据库扩展来访问数据库中的地理数据等。MapServer 将需要访问的数据读入内存，调用 GD、Proj.4 等库完成对地图的绘制，并按照用户制订的格式完成图片输出。

（5）数据存储层　RMF LBFIMS 数据源包括地理数据和监控中心 RMF 数据。将两部分数据分布式存储，使得 WebGIS 模块与系统的耦合性更低。

10.6 系统实现

WMS 模块是 RMF LBFIMS 的基础模块，本节将重点介绍 WMS 模块的设计过程。在本节开始，介绍系统运行环境的搭建。WMS 模块的服务端要解决地理数据的获取和存储管理等问题，本文使用对象关系型数据库 PostgreSQL 存储空间数据，对空间数据的查询是基于空间扩展 PostGIS。地理数据源一部分来自国家基础地理信息部门公布的矢量数据，另一部分是从 OpenStreetMap 网站导出的 OSM 数据。其中第一部分数据 MapServer 可以直接访问，第二部分数据需要进行数据转换，导入到空间数据库 PostgreSQL 中。整个 WMS 模块的核心是 MapServer，MapServer 的核心是其配置文件 Map 文件。Map 文件作为结构化的文本，将存储到数据库中的数据组织成各种图层，告诉 MapServer 如何生成地图图片。最后是将 WMS 模块的地图服务与监控系统的具体业务结合起来，实现了设备状态数据在地图上的显示和动态刷新。

10.6.1 系统运行环境配置

RMF LBFIMS 的实现方案见图 10-8。RMF LBFIMS 系统服务端包括 Web 服务器 Apache、地图引擎 mapserv.exe、PHP 执行环境、空间数据库扩展 PostGIS、对象关系数据库 PostgreSQL、关系型数据库 SQL Server、ShapeFile 矢量文件以及 MapServer 的配置文件 Mapfile。使用的操作系统是 Windows10，这些软件都支持 Windows10。运行环境相关软件清单见表 10-2。

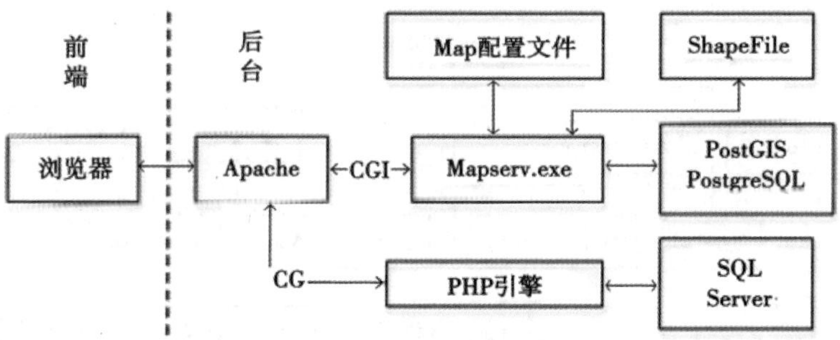

图 10-8 RMF LBFIMS 的实现方案

表 10-2 RMF LBFIMS 运行环境相关软件清单

软件名称	版本	软件名称	版本	软件名称	版本
PHP	5.4.3 MSVC9（Visual C++ 2008）	MapServer	6.0.3	PostgreSQL	9.2.14

（续）

软件名称	版本	软件名称	版本	软件名称	版本
Apache	2.2.22 （Win32）	Ms4w	3.0.6	PostGIS	PostGIS 2.1 bundle for PostgreSQL 9.2 v2.1.8
SQL Server	SQL Server Express 2008 R2				

其中 PHP、Apache、MapServer 在 Windows 上可以通过 MapServer 提供的安装程序 Ms4w 一体化安装。本书使用的是 Ms4w 3.0.6，Ms4w 的版本越高相应的 Mapserver 的版本也越高。

10.6.2 创建 WMS 地图服务

通过在监控中心服务器中准备地图数据，并配置 MapServer 使之能够对外发布 WMS 地图服务。在对 GIS 开发工具的介绍中谈到 MapServer 支持 OGC 规范中的 WMS 服务，本节首先对 MapServer 的 Map 配置文件相关规则进行介绍，然后介绍空间数据的准备和组织过程。

1. MapFile 编写规则

MapFile 是 MapServer 的核心，它告诉 MapServer 地理数据在计算机中的位置以及如何绘制地图图片，为 MapServer 提供配置机制。它定义了一个绘图对象的集合，将各种地理要素组织成具有层次关系的对象系统，见图 10-9。这些对象决定了地图在浏览器中显示的外观和行为。MapServer 依据不同的 MapFile 来绘制不同的地图。用户交互和对 OGC 规范的支持也在 MapFile 中定义。

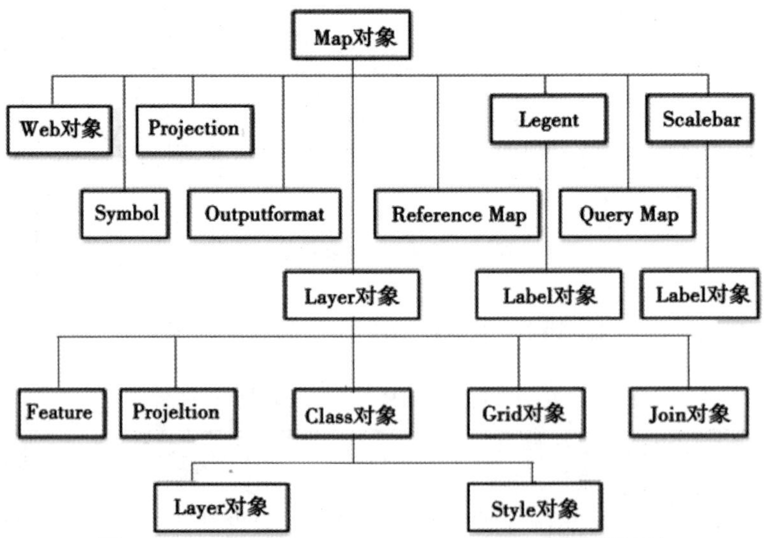

图 10-9 MapServer MapFile 对象系统结构图

一个 MAP 对象代表着一个 MapFile，在 MAP 对象中包含着 SIZE、UNITS、EXTENT、FONTSET、IMAGECOLOR、IMAGEQUALITY、IMAGE-TYPE 等元素，以及 PROJECTION、OUTPUTFORMAT、LEGEND、WEB、LAYER 等对象。

WEB 对象使用 METADATA 对象定义元数据，以支持 OGC WMS 服务：

```
METADATA
      'wms_title'              'QGIS-MAP'
      'wms_onlineresource'   ''
      'wms_srs'                'EPSG: 4326'
      'wms_enable_request'           '*'
END
```

WEB 作为外部访问接口，还定义了存放 MapServer 生成地图图片的绝对路径，以及该绝对路径对应 Web 服务器的 URL：

```
IMAGEPATH   'F: /ms4w/ms4w/tmp/ms_tmp/'
IMAGEURL   '/ms_tmp/'
```

使用 LAYER 对象组织地理数据，使之成为图层。LAYER 对象包括 CLASS、DATA、FEATURE、LABEL 等对象，它们用来指定 LAYER 所表达的内容及其形式。CLASS 用来为给定的图层定义主题的类型，每个 LAYER 中必须有 CLASS。默认的 CLASS 中没有条件筛选限制，指定的数据集中的要素将会全部绘制。如果在 CLASS 中指定选择条件，则 LAYER 中将绘制符合条件的要素。另外像 LABEL、STYLE、COLOR 等对象都可以在 CLASS 中定义。每个 LAYER 必须有一个 TYPE 对象，用来指定空间几何特征类型。

例如，在地图上绘制城市，城市的几何类型（TYPE）是点（POINT）类型，假如城市用一组同心圆表示，内圆和外圆可以用两个独立的 LAYER 表示，但是在考虑应用程序性能的情况下，最好的方式是用一个 LAYER 表示。我们在 LAYER 的外面定义两个 SYMBOL 元素，SYMBOL 元素的 TYPE 是 ecllipse，SYMBOL 对象中用 POINTS 参数指定圆的半径，用 FILLED 参数设置圆形是否填充，ANCHORPOINT 参数表示该 SYMBOL 对象与坐标点的偏移量。在该 LAYER 对象中的 CLASS 中定义两个不同的 STYLE 对象。每一个 STYLE 对象的 SYMBOL 分别使用上面定义的两个 SYMBOL 元素。圆的颜色、明亮程度、大小和轮廓由 CLASS 中的 STYLE 部分指定。

基本地图数据是存放在 ShapeFile 或 PostgreSQL/PostGIS 数据库中，可以在 LAYER 图层为每个图层指定数据来源。

如果是访问 PostGIS 数据库，在 LAYER 图层中使用 postgis 的连接类型；在 CONNECTION 中指定数据库的用户名、密码、数据库名和主机名；DATA 中说明地理数据来源是 countries 表中的 geom 列。

```
CONNECTIONTYPE  postgis
CONNECTION    "user=postgres password=123 dbname=nyc host=localhost"
PROCESSING     "CLOSE_CONNECTION=DEFER"
DATA           "geom FROM countries"
```

如果访问数据文件只需指明 Shapefile 的绝对路径：

DATA 'F：/ms4w/ms4w/Apache/htdocs/data/countries.shp'

在 LAYER 中 CLASS 用来设置图层的主题，在 countries 的图层中，国界线的宽度为 0.91px，轮廓颜色和线条颜色都为 RGB（246， 243， 238）。

```
CLASS
    NAME 'countries'
    STYLE
      WIDTH 0.91
      OUTLINECOLOR 246 243 238
      COLOR 246 243 238
    END
END
```

代码 10-1 表述了 RMF 项目中 MapFile 中的一个 LAYER 对象，数据源是通过 PostGIS 访问 PostgreSQL 数据库的，空间几何特征是数据库 nyc 中的 wpi 表的 geom 列。在第 13 行，CLASS 对象中通过逻辑表达式 EXPRESSION 从数据源中选取符合条件的空间特征作为 LAYER 所表示的图层。如果将所有的港口都在小比例尺情况下显示，则会出现标签密密麻麻甚至重叠的现象，给用户带来极为不友好的体验。依照港口的重要性，在小比例尺、大范围情况下显示重要的港口，当地图被放大到一定程度时才显示其他港口。港口的重要性根据数据表中 HARBORSIZE 字段（港口尺寸）确定。通过逻辑表达式选择属性表中 country = CN 并且 harborsize = ‘V’ 的港口。

代码 10-1　MapServer MAP 文件的一个图层

MapServer MAP 配置文件

```
LAYER
        NAME 'WPI'
                CONNECTIONTYPE postgis
                CONNECTION "user=postgres password=123 dbname=nyc host=localhost"
                PROCESSING "CLOSE_CONNECTION=DEFER"
                DATA "geom FOM wpi"
        TYPE POINT
        ……
                LABELITEM 'port_name'
                MINSCALE 2999999
        ……
        CLASS
                NAME 'WPI'
                        EXPRESSION （（（'[country]' eq 'CN' ）or（'[country]' eq 'TW' ））and （ '[harborsize]' eq 'V' ））
        STYLE
        ……
        END
LABEL
TYPE truetype
FONT "simhei"
……
END
        END
 END
```

在一个 LAYER 对象中，LABEL 和 LABELITEM 用于在地图上给 CLASS 定义的数据贴上文本标签。LABELITEM 参数指出属性表中用于标签显示的数据列名，LABEL 对象用于设置标签的字体类型、字体大小以及颜色等。

Map 文件的基本样例见代码 10-2。MAP 对象是 MapFile 的根对象，其他对象都包含在其中。它的属性定义了应用程序的大部分参数，如地图大小、地图坐标系统、地图输出质量等。第 02 行设置 MAP 对象的名称，第 04 行设置图片大小为 400px×400px，由于服务端开启 WMS 服务，客户端实际获取的图片大小是默认值 256px×256px。第 05 行指定地图的单位为米。第 07 行设置地图的范围，单位是米，并且每个图层对象（LAYER）都有范围，图层的 EXTENT 指定了图层所覆盖的范围。第 08 行指定了地图图片所使用的字体集的配置文件 font.txt。第 10 ～ 15 行设置 MAP 对象的投影，如果 LAYER 对象没有指定投影，则继承 MAP 对象的投影，否则，使用 LAYER 给出的投影。第 18 行设置了地图的背景颜色，也就是地图中海洋的颜色。第 20 行和第 22 行指定了生成图片的质量和图片类型。第 24 ～ 29 设置 MapServer 输出图片时所需的相关参数，包括图形库 GD，图片文件扩展名 PNG 等。第 31 ～ 45 行定义了 MapServer 的 Web 接口。第 33 行指定了输出图片存放的位置。第 35 行定义了图片存放位置对应的 WEB URL 路径。第 37 ～ 43 行是进行 WMSWeb 服务的相关配置，分别设置了 WMS 的服务的标题、坐标参考系，并让 WMS 服务器接受所有相关请求。第 51 行之后，是 WMS 服务提供的图层的定义。

代码 10-2　MapServer 配置文件（部分）

```
01  MAP
02   NAME "WMS_MAP"
03   # 地图图片大小
04   SIZE 400 400
05   UNITS meters
06  # 地图所显示的地理范围
07   EXTENT -200.230313 -100.579987 269.598383 110.047699
08   FONTSET 'F：/ms4w/ms4w/Apache/htdocs/map/fonts/truetype/fonts.txt'
09  # 地图投影
10   PROJECTION
11    'proj=longlat'
12    'ellps=WGS84'
13    'towgs84=0，0，0，0，0，0，0'
14    'no_defs'
15   END
16
17   # 地图曲线的背景颜色，可以根据需要修改
18   IMAGECOLOR 158 196 220
19          # 地图图片质量
20   IMAGEQUALITY 100
21  # 图片类型
```

（续）

```
 IMAGETYPE PNG
          # 输出格式
 OUTPUTFORMAT
  NAME png
  DRIVER 'GD/PNG'
  MIMETYPE 'image/PNG'
  EXTENSION 'PNG'
 END
 # 定义 Web 接口
 WEB
  # MapServer 输出路径
  IMAGEPATH 'F：/ms4w/ms4w/tmp/ms_tmp/'
  # 定义指向 IMAGEPATH 的 url
  IMAGEURL '/ms_tmp/'
  # WMS 服务器设置
  METADATA
   'wms_title'        'WMS-MAP'
   'wms_onlineresource'
'http：//192.168.1.115：8089/cgi-bin/mapserv.exe?map=F：/ms4w/ms4w/Apache/htdocs/map/china1.map'
   'wms_srs'          'EPSG：4326'
          'wms_enable_request'          '*'
  END
          TEMPLATE 'fooOnlyForWMSGetFeatureInfo'
END
# 定义图层对象
 LAYER
  ……
 END
 LAYER
          ……
 END
 ……
END
```

2. 准备地图数据

WebGIS 的地图数据来源有两种：一种是国家基础地理数据网公布的 1∶400

万的矢量空间数据，该矢量数据以 ERSI 的 ShapeFile 存储；另一种数据是从开源地理空间项目 OpenStreetMap 网站上导出的免费 OSM 格式数据文件。对于第一种数据，MapServer 可以直接访问，第二种数据 MapServer 不能直接访问，需要借助相关工具导入到 PostgreSQL 中，并生成用于表达这些数据的 Map 文件。这里重点介绍第二种数据的准备和组织过程。可以参考 github 上的一个例子：

https：//github.com/mapserver/mapserver/wiki/RenderingOsmDataWindows

首先将 OSM 格式的文件通过数据转换工具（如 osm2pgSQL）导入到 PostgreSQL 中，此时 PostgreSQL 存储的是原始数据。然后利用开源项目 Basemaps 提供的 SQL 脚本生成包含地理数据的数据表。修改 Basemaps 源码包中的 Makefile，在 Cygwin 环境中编译 Basemaps，可以生成数据库中 OSM 格式数据对应的 Map 文件 . 修改后的 Map 文件可以被 MapServer 使用。

到目前为止，PostgreSQL 中有 OSM 格式数据，MapServer 可以通过 osm-google.map 这一配置文件读取数据库中的地图数据。剩下的工作是编写前端代码，通过 WMS 服务获取服务端的地图数据。

10.6.3 获取 WMS 地图服务

客户端可以获取本地 WMS 服务或者开源地图服务，在 Web 前端使用 OpenLayers 库即可获取 WMS 图层。OpenLayers 库控制图层加载以及地图图片请求的发送，本文使用的 OpenLayers 的版本是 OpenLayers2，可以从 OpenLayers 官网下载 OpenLayers 库。在使用 OpenLayers 之前，需要在客户端引入 OpenLayers.js 文件，见代码 10-3。

代码 10-3 客户端引入 OpenLayers 库

HTML

```html
<script src="/assets/lib/OpenLayers.js" type="text/javascript">
</script>
<script type="text/javascript">
OpenLayers.ImgPath="/assets/lib/img/";
</script>
```

使用 OpenLayer 开发 Web 地图需要在 HTML 中定义一个 DOM 元素作为地图容器：<div id="container" style="width：500px；height：400px；"></div>。然后以该 DOM 元素的 ID 为参数创建 OpenLayer.Map 类对象：var map = new OpenLayers.Map（'container'）；接着创建并添加图层。OpenLayers 提供了一些类用于创建图层，

这些类都是 OpenLayers.Layer 类的派生类，如使用 OpenLayers.Layer.OSM 可以获取 OpenStreetMap 地图服务，使用 OpenLayers.Layer.WMS 类可以获取远程服务器上的 WMS 地图图层。

1. 获取本地地图服务

在上一节我们配置了一个 WMS 服务器可以提供本地的地图数据。首先使用 OpenLayers.Layer.WMS 类构造函数获取该服务器发布的 WMS 地图图层，新建的图层对象是 layerOSM。

```
var layerOsm = new OpenLayers.Layer.WMS ( " layerOsm ",
"http: //localhost: 8089/cgi-bin/mapserv.exe?map=F: /ms4w/ms4w/apps/data/basemaps/osm-google.map",
{ layers:
'land0, borders0, places0, land1, borders1, places1,  …, land18, landuse18, transport_areas18, waterarea18, waterways18, railways18, roads18, aeroways18, borders18, places18',
format: 'image/png',
isBaseLayer: false,
transparent: true,
VERSION : '1.3.0'
}
);
```

OpenLayers.Layer.WMS 构造函数的第一个参数是 WMS 图层的名称，第二个参数是 WMS 服务的 URL，第三个参数是一个配置对象，用于在发起 WMS 服务请求时，传递 URL 变量，这些变量是 WMS GetMap 请求定义的变量。Layers 表示需要从 WMS 服务器获取哪些图层，以上共获取了 0 ～ 18 级的图层。这些图层的叠加顺序由前端 OpenLayers 库负责处理。Format 参数指定返回给浏览器的地图图片的格式为 image/png，isBaseLayer 参数指定 WMS 图层是否为底图图层，Transparent 参数指定 WMS 图层是否透明，VERSION 参数指定了 WMS 规范的版本为 1.3.0。WMS 1.3.0 比 WMS1.0.0 功能更强大，提供了调试功能，可以通过浏览器端输出的错误信息定位 Map 文件中错误的位置。

还需要一个底图 layer0，底图图层数据来源于 ShapeFile。在配置对象中指定了 GetMap 请求的投影为 ESPG：4236。注意 layer0 的 isBaseLayer 参数是 true，表示该图层为 Base Layer。Base Layer 是特殊的图层，它永远是活动的，能够决定地图的一些特性，如投影和缩放级别。如果有两个图层被设置为 Base Layer，则第一个被添加到地图的 Base Layer 是活动的 Base Layer。这两个 Base Layer 是排他性的，每次只能有一个是活动的。

```
var layer0 = new OpenLayers.Layer.WMS ("guoj",
"http: //localhost: 8089/cgi-bin/mapserv.exe?map=F: /ms4w/ms4w/Apache/htdocs/map/china.map",
{
layers: 'countries',
srs: 'EPSG: 4326',
format: 'image/png',
isBaseLayer: true,
visibility: true,
VERSION : '1.3.0'
}
);
```

然后将 layerOsm 和 layer0 添加到地图对象 map 中，并设置地图中心点。

```
map.addLayer ( layerOsm ) ;
map.addLayer ( layer0 ) ;
map.setCenter ( new OpenLayers.LonLat ( lon, lat ) , zoom ) ;
```

在浏览中访问该前端页面，可以得到 Google 风格的 Web 地图，地图可以进行缩放，当地图不断放大时，会得到更详细的信息。

2. 获取开发地图服务

OpenLayers 库提供许多获取开放地图服务的类和函数，使用这些类和函数可以很方便地将第三方地图服务嵌入应用中。如使用 OpenLayers.Layer.OSM（）函数可以获取 OpenStreetMap.org 网站公开的地图图层，使用 OpenLayers.Layer.Bing（）可以获取微软 Bing 地图服务。如下面的代码将调用 OpenStreetMap.org 网站提供的地图服务。

```
var osmOnline = new OpenLayers.Layer.OSM ("osm") ;
map.addLayer ( osmOnline ) ;
```

OpenStreetMap 地图使用的是球形墨卡托投影（EPSG：3857），而 OpenLayer 库中表示地理特征的类使用的是地心坐标系（EPSG：4326）。因此，如果要将一个使用经纬度坐标作为参数构建的 OpenLayers.Geometry.Point 类实例添加到地图上，需要对其进行坐标（投影）转换。

10.6.4 设备状态更新模块

设备运行状态数据存储在监控中心数据库中，黑匣子将采集到的监测参数通过通信网络传输到监控中心，监控中心对这些数据进行存储和解析，并在数据库中的 ERunState 表中插入表示该设备状态的记录。设备状态更新模块的任务就是将数据库中的设备状态数据同步到 Web 浏览器进行显示。由于 Web 应用一般是基于 HTTP，而 HTTP 是无状态的，即对于用户每一次请求，Web 服务器都认为是新请求。HTTP 是请求 - 响应的模式，只能由客户端先发送请求，服务端根据请求返回响应结果。服务端与浏览器直接的通信是单向的，前端页面要获取最新的内容，只能主动向服务器发送请求。所以，如果是完全基于 HTTP 进行设备状态更新，需要定时向 Web 服务器发送 AJAX（HTTP）请求，每一次请求，服务端都执行数据库查询获取设备最新的状态信息，并返回给客户端。

设备的状态一共有 5 种，分别用相应的代码表示，见表 10-3。

表 10-3　设备状态分类

设备和黑匣子的状态	设备状态编码
黑匣子离线	0
黑匣子与 PLC 连接异常且黑匣子在线	1
设备未工作且黑匣子在线	2
设备正常工作且黑匣子在线	3
设备出现故障或报警且黑匣了在线	4

除了与运行相关的状态外，设备的地理位置、名称、类型、编号、各种状态对应的设备数量、设备的总数量等信息也应该同步更新到前端浏览器。这种更新不是真正的实时更新，而是通过在浏览器前端不断向后台发送请求，后端查询当前的设备状态信息而实现的更新。后端返回的数据都是数据库中当前最新的状态数据。设备状态信息需要在地图监控界面的几个不同区域按照不同的方式进行显示。

从实现方式上看，每一种请求都是由浏览器前端代码和服务代码组成。前端代码发送请求并根据返回结果进行页面局部刷新，服务端代码处理请求，准备资源，操作数据库，进行设备状态更新。设备状态更新前端代码流程见图10-10。

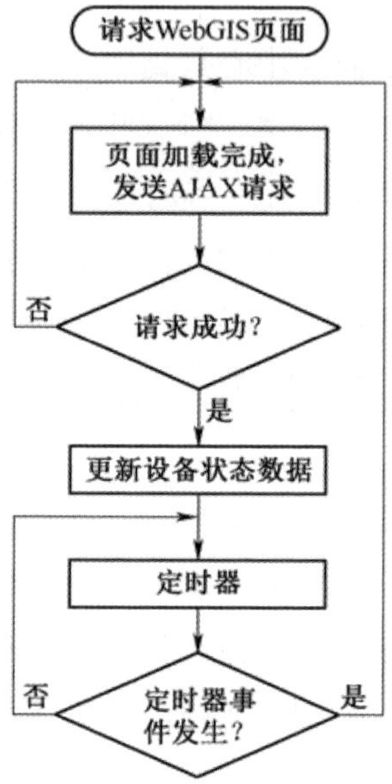

图 10-10　设备状态更新前端代码流程

设备分散在港口的几个固定工位上工作，四处移动的可能性很小。每个设备都有其经纬度坐标。但是，在 Web 地图上根据设备的经纬度坐标标记设备时，设备的标注会出现重合。当设备位置重合时，采用一个图标标记，图标上用数字说明此处共有多少“重合”的设备。用户单击设备图标，将打开一个模态框，模态框中会显示设备相关信息的列表，可以从列表中选择特定设备，从而进入单台设备零部件参数监控页面。设备状态不同，图标的颜色也有所不同。如果一个图标表示了多台“重合”的设备，这些重合设备中至少有一台设备发生了故障，该图标的颜色将会是红色。如果设备图标表示的一组设备都正常工作，则设备图标是绿色。如果设备图标表示的一组设备包含离线状态的设备，但不包含故障状态的设备，则设备图标是灰色。

获取设备地图图标的 JavaScript 代码见代码 10-4，第 02 行判断用户是否开启了设备状态监测。第 03 ～ 15 行是一个 AJAX 请求，通过 AJAX 请求调用 REST

Web 服务，Web 服务的 URL 在第 04 行给出，请求的方法是 GET。第 06 ～ 14 行是 AJAX 请求成功返回后执行的回调函数。在该回调函数中遍历返回的 JSON 对象。从 JSON 对象中获取设备位置点的经纬度坐标、设备图标的 URL 路径，并使用图标的 URL 路径和经纬度坐标创建 Marker 对象（第 10 行），将 Marker 对象添加到图层（第 11 行），并为 Marker 对象绑定事件处理函数（第 12 行）。

代码 10-4　更新地图标注的客户端代码

JavaScript

```
01 function GetIcon（）{
02  if（G_MONITOR == 1）{
03     $.ajax（{
04       url：'/basic/web/v2/local-gis/ajax/fundamental-data',
05       type： "GET",
06       success： function（data）{
07          $.each（data， function（key， eLocation）{// 遍历 data
             // 根据底图所使用坐标参考系对经纬度坐标进行转换
08             var lonlat =
        transLonlat（eLocation['Equipment_Longitude']， eLocation['Equipment_Latitude']， map.
mapType）；
09             var icon =
new OpenLayers.Icon（eLocation['Equipment_IconUrl'],
          map.size， map.offset）；// 创建一个 OpenLaysers.Icon 对象
     // 为每一个图标生成创建一个 Marker 对象
10             var markerobj = new OpenLayers.Marker（lonlat， icon）；
// 将 Marker 对象添加到 map 的 eLocationLayer 图层上
11             map.eLocationLayer.addMarker（markerobj）；
// 为每一个 Marker 对象绑定事件处理函数
12             addClickHandler2（'str'， markerobj，
     eLocation['ELocation_ID']，eLocation['ELocation_Content']）；
          }）；
// 将 eLocationLayer 图层添加到 map 中
13          map.addELocationLayer（）；
14       }
15     }）；
16  }
17  }
```

设备整体状态监测的界面分为三个部分，导航栏、地图容器和右侧列表。右侧列表显示设备的类别。用户可以从右侧列表中选取设备进入设备零部件状态监测页面，也可以从地图中点击设备图标，从打开的模态框中选择希望查看的设备。

10.6.5　故障报警和故障信息查询模块

监控中心的数据解析程序将逐一检查原始数据包，根据上下限值或者一定的规则判断一条原始数据记录中哪些零件发生了故障，如果发生了故障，在数据库Alarm表中添加一条记录。Web端的故障报警和故障信息查询模块的任务是查询数据库Alarm表，将最新故障记录连同故障零件以及设备相关的信息反馈给用户。

统计专题图是将统计数据结合Web地图进行显示。用户进入设备状态监测界面，导航栏下有一排按钮，用户可以进行页面刷新、开启或关闭设备状态监测、开启或关闭故障统计专题图、开启或关闭运行统计专题图等操作。

当用户单击故障专题图按钮时，进入界面后地图会进行相应的平移和缩放，用户可以从下拉框中选择将要统计的区域。在地图上，所选的行政区域会用黄色高亮显示。用户可以通过单击地图上的图标打开统计结果面板。

第 11 章

监控与数据采集系统移动终端

移动化是下一代互联网的发展方向。随着智能手机的普及，人类的生活和移动互联网的联系日渐紧密。在工业远程监控领域，利用移动互联网来拓展现有系统功能将使人们突破地理与时间的局限，去实现更多功能。

本章结合移动互联网思维，介绍并分析了移动互联网背景下设备监控系统的发展方向和移动终端上功能拓展的需求。综合远程监控功能与移动互联网技术提出了面向移动终端的远程监控系统架构，并介绍了其面临的技术挑战。

面向移动终端开发一套可行的系统，涉及移动开发技术、数据通信技术、图形开发技术、数据存储技术以及信息安全等关键技术，本章第 2 节对这些技术的难点与实现思路做详细介绍。

最后，本章给出了一个面向 Android 客户的应用实例，介绍了服务器的开发架构与开源框架，并对该系统的部分实现细节及调试结果做了简要介绍。

11.1 监控系统的移动化

移动互联网的出现，为工业监控领域带来了全新的思路。移动互联网是指用户的移动终端借助移动通信系统接入互联网，构成一个无线、移动的互联网系统，用户可以随时随地获取互联网上丰富的信息资源和服务。

随着科技的发展，移动终端与人们生活、娱乐的联系越来越紧密，除了闲暇时用来刷微博、朋友圈和看视频外，它更是强有力的工作伙伴：设计工程师用智能移动终端随时捕捉灵感、完成设计；生产线上的工程师和工人用移动终端辅助完成生产管理、质量控制和数据采集；终端客户利用移动终端和网络客服入口反馈意见，更灵便地介入企业产品的设计和生产环节。智能移动终端在工业领域的应用只是个开端，在未来，传统工业和智能移动终端、移动互联网、物联网、大数据等新兴技术的结合，将会在工业监控领域创造更多可能性。

在工业监控领域，传统的工业设备监控系统大多基于 PC 运行，工作人员必须在监控室内进行操作。移动互联网的发展为系统的开发提供了新的思路。随身携带是移动终端区别于传统监控系统的重要特征，结合数据推送技术，可提高监控系统的自动化水平，同时解放了工作人员。移动监控系统在不破坏传统控制监控系统网络拓扑结构的前提下，通过在原来的工业局域网络中加入移动终端服务器为远程终端提供数据服务。

11.1.1 移动终端功能需求

工业监控软件在发展的过程中，逐渐形成了一般的应用场景和功能，如查看工业现场的实时数据，获取报警通知，查看和打印报表文件，查看历史数据，提供预测、设备诊断等分析功能，提供用户控制接口，查看生产现场视频数据。结合移动设备随时可用、随地可用的特点，系统的功能大大拓展。

移动设备可随身携带，使得用户可随时了解当前设备的状态。同时，借助移动互联网数据推送技术，监控中心可将任何消息推送到工作人员的移动终端上，使得工作人员在任何地点都能及时了解设备状态的变化。根据这些移动端的功能特征，用于移动端的设备远程监控系统需要满足以下基本要求。

1）地图概览。企业往往存在多台设备且分布在较大的地理范围内，通过地图可以直观展示设备的地理位置信息，还可展示各个设备的实时状态，方便快速查找异常设备。移动终端提供了便捷的开发接口，可十分方便地完成此功能。此外，利用手机的 GPS 定位功能，可以结合用户地理信息为系统提供更多服务，如当故障发生时，根据工作人员的实时位置向就近的工作人员发送消息。

2）设备信息查询。目前监控对象数量众多、种类各异，工作人员需要随时掌握设备的有关信息，能够通过互联网访问系统数据库中的设备、零部件、传感器、相关人员、供应商等信息。

3）实时数据查看。设备当前的运行状况是监控关注的重点，系统需要能够高效可靠地进行实时数据通信，通过图表和数值的形式直观展现当前设备的运行参数和状态信息。实时数据的传输涉及通信、图形开发等技术，要求有一定的性能和传输效率。

4）历史数据查看。历史数据能在一定程度上反映设备的运行状态，也是分析其故障原因的必要数据来源，因此，移动监控软件也要求能够根据时间区间选择并查看历史运行的状态。

5）数据推送。远程监控的故障诊断、报表分析、预测评估等功能会主动产生许多报警、通知等信息，为了保证这些消息的时效性，要求移动应用能克服地理与时间的限制，使监控人员能够随时随地获取系统数据，同时系统也能将运行状态即时反馈到相关人员手中。

6）保证安全和隐私。移动终端本身遗失和受外界攻击的可能性，使得数据安全成了必须考虑的因素。移动监控软件应当具有安全的传输加密机制和权限验证机制，将安全问题带来的损失降至最低。

此外，移动设备监控系统应当与以往系统保持相对独立，减少耦合，也应当保证用户和企业的信息安全。在目前智能工厂开始成为研究热点的情况下，还可以将 Android 应用结合到智能工厂管理中。如，充分利用移动设备的传感器功能，通过手机相机识别二维码的功能来管理设备与零部件；可以利用 Android 设备的地理位置信息共享功能，获取工作人员的位置及协调人员的调度；还可开发类似聊天软件的通信功能，能够方便员工之间进行语音或文字沟通。这些工业监控网络的新思维，能有效地提升企业内部的工作效率。结合上述特点，系统的功能见图 11-1。

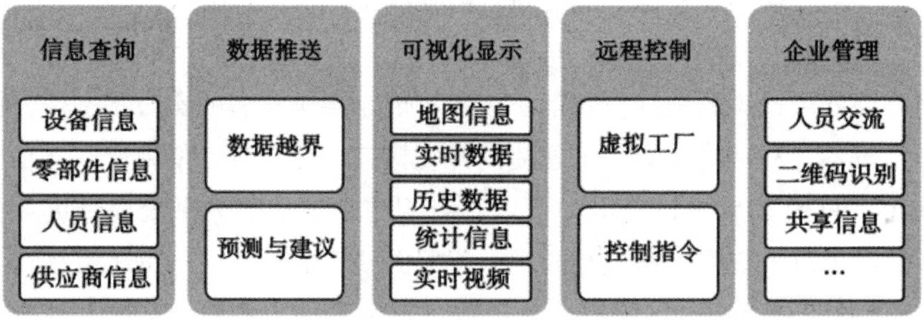

图 11-1　监控系统在移动终端的功能架构

11.1.2　研究现状

计算设备的多样化、计算性能的提升和应用功能的完善使得监控系统有了更为丰富的表现形式和载体，移动远程监控系统应运而生。移动监控系统早期的研究主要集中在医疗、农业、智能家居等领域，这些研究具有某些共同的技术特征，它们都具有相似的客户端 / 服务器组成结构，都利用主动推送技术使监控从被动变为主动，具有自定义的控制指令协议，在部署和应用上成本十分低廉等。这些特征对工业领域移动监控系统的研究具有一定的借鉴意义。

以往的研究大致分为四类：一是基于移动流媒体技术的视频监控系统。这一类研究的重点是移动终端上视频数据传输的实时性、可靠性和稳定性，同时对视频数据的编码进行选择。这类系统可用于智能家居、工业视频监控等。

二是在移动终端上实现智能家居的远程客户端功能。智能家居系统通过控制技术、综合布线技术和通信技术对家庭内部的各种电子产品进行有效的连接和控制，这一切操作都可以通过移动终端进行，对用户来说十分方便。同时这也具备工业监控的雏形，如具有数据采集、数据展示、开关控制、报警通知等功能。这方面的研究与民众的生活联系紧密，是目前研究的热点，国内外均有大量相关的研究。目前美的、小米等公司都推出了相关产品，对于工业领域的实现有很大的参考价值。

三是医疗监护领域。基于移动终端设计的监测系统使得日常生活中的生理检测成为可能，采集的数据可上传至云端进行统一的分析处理，手机则成了报警和数据监测的终端。同时，利用数据挖掘等技术也可充分结合现有的数据总结更多的规律，不断完善健康评价体系和标准。

四是对简单生产过程参数的检测与控制，目前主要应用在农业生产和对参数变化不敏感的工业生产过程中。这类研究主要通过访问远程的网关来获取传感器的参数，同时可以发出控制指令进行简单的控制。

基于移动终端的远程监控技术还应用在车辆远程监控中。在用户应用层面，系统可实时监控车辆的运行状态，在云端进行故障诊断与分析，及时发现车辆故障威胁并向用户发出警报。对于汽车厂商来说，该系统实现了实时数据的无线传输，解决了数据采集的距离限制问题，提高了数据分析处理的效率。同时，该系统可以长期地、实时监控车辆各个部件的参数，从而获取大量更加真实的汽车状态参数，通过对这些参数进行分析可以对车辆的性能进行评估，以指导对车辆的改进工作。这种通过移动终端为客户提供监控服务，而服务提供商自身又能根据客户所提供的数据通过数据挖掘分析得出大量用户行为和设备运行的规律，极大地促进了技术的进步与服务品质的提升，对于工业领域的监控技术应用有着重要的参考意义。

尽管移动互联网已经渐渐融入人们的生活中，并且发挥着越来越重要的作用，但目前运行在移动设备上的设备监控软件还很少，也缺少相关的标准和规范，不利于设备监控软件的移动化发展。工业生产领域目前有一些运行在移动设备上的软件，并有相关的论文发表，但是主要还存在以下问题：

一是缺乏完善的数据库支持，因此无法基于复杂完备的数据库完成监控软件需要的数据支持。对于设备的历史运行状态、设备信息、人员信息等缺少规范的记录，使得监控软件的功能拓展受到限制。

二是数据的图形显示较为薄弱。由于工业领域在这方面缺乏经验，往往图形显示不够直观，与移动设备的现有 UI（User Interface，用户界面）规范常常不符，这极大地影响了用户体验，同时也导致产品缺乏市场竞争力和推广能力。

三是与移动端结合还不够充分，还没有充分发挥出移动互联网时代移动终端的各种优势，如日益增强的计算能力、用户行为特征、高集成度的功能等，同时也没有和目前的数据挖掘、云计算等热门的计算机技术相结合。此外还未将 GIS 服务整合在系统中。目前很多企业的设备在地域上分布广泛，因此移动客户端需要针对此特性增加 GIS 服务。通过借助第三方地图服务，可以方便地在地图上标注出每个传感器节点的地理位置。单击地图上的节点标记，还可以弹出对话框显示当前设备的信息。

四是没有和现代企业管理相结合。移动监控软件作为企业生产、产品维护环节的重要工具，是移动互联网时代企业管理必不可少的组成部分。充分借助移动客户端的便捷，可以实现企业的高效管理，为企业提高设备维护效率和生产效率等提供决策数据支持。

五是通用化程度不高。可移植性与可拓展性是评价软件质量的重要指标，但目前的监控系统往往都是为某一具体设备的监控需求所设计，缺乏在软件可移植性架构上的考量，因此系统的通用化程度较差，这使得软件的开发周期和成本都比较大。

综上所述，传统远程监控系统积累下来的研究与应用经验，以及移动终端目前在其他行业的应用示范，将会成为移动监控系统发展的基础。可以预见，面向大型机械设备的移动监控系统将会成为今后研究的热点，应用的范畴也不再局限于简单的数据采集与展示，移动监控系统将结合自身和新兴的数据挖掘、云计算等技术，为工业监控系统提供更多数据支持。移动监控系统会朝着智能化、人性化、标准化的趋势继续发展。

11.1.3 移动终端平台介绍

移动监控系统的客户终端是目前已经得到普及的手机。要实现满足用户要求的产品，必须充分了解当前移动终端的发展现状，同时，对操作系统平台的体系结构、开发技术特点等也需深入理解。

目前市场上主流的移动操作系统是 Android 与 iOS，两者都提供了强大的功能、美观的界面和完善的生态系统，包揽了目前移动终端的绝大部分用户。

Android 是以 Linux 作为内核的开源操作系统，广泛使用在各种移动设备，如手机、平板电脑上。对于开发者而言，Android 操作系统的最大优势在于开发的自由。Android 平台提供了一个十分自由的环境，开放了源代码，并向开发者提供了底层的硬件调用，手机生产商也可针对硬件对系统做相应的定制。Android 使用 Java 作为开发语言。

iOS 是由苹果公司开发的基于 UNIX 的移动操作系统，诞生于 2007 年。其优势在于流畅的操作体验，系统提供给应用有限的接口调用，并将应用更多地置于系统的管理下，使得系统非常流畅且具有更高的安全性。iOS 使用 Swift 或 Objective-C 进行开发。

Android 系统基于 Linux 内核，其架构从下至上分为五层，即 Linux 内核层、硬件抽象层、组件库和虚拟机运行时、应用框架层、应用层，见图 11-2。

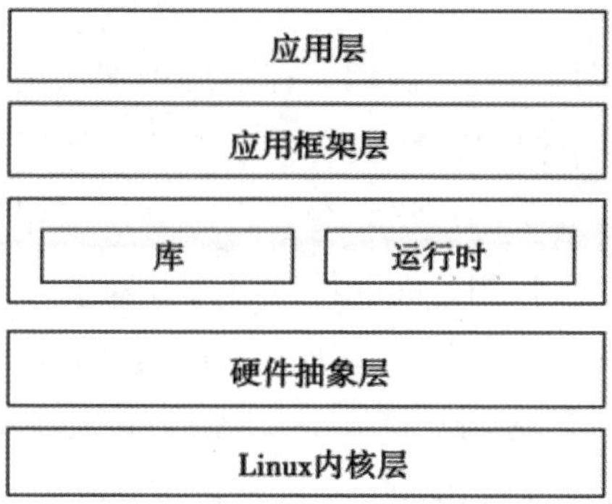

图 11-2　Android 系统架构

操作系统内核负责内存管理、硬件驱动、进程调度、文件管理、网络通信等操作系统依赖的基础功能，这是 Android 运行的基础，因此 Android 也被看作是 Linux 操作系统的一种。

由于 Android 厂商众多，各自使用了不同的硬件，硬件抽象层是 Android 系统对底层硬件所定义的一种规范，本质上将硬件的驱动分为用户空间和内核空间两个层面，使得两个空间可以独立变化相互不影响。硬件抽象层为上层提供了硬件资源的调用接口，使得上层的程序不用随着硬件变化而变化，厂商只需要根据硬件抽象层的规范对硬件的驱动程序进行封装，减少了系统模块间的耦合，同时使 Android 系统具有硬件无关性，可运行在不同配置、不同架构、不同组成的硬件上。

组件库和虚拟机包含运行依赖的程序库和 Java Runtime 环境，为应用框架层的运行提供了支持。每一个 Android 应用程序的进程运行在 Android 系统独有的 Dalvik 虚拟机上。这种虚拟机类似于 Java 的虚拟机，都提供了内存管理、线程调度等功能，但 Dalvik 虚拟机加载执行的是 .dex 扩展名的文件，而 Java 虚拟机加

载执行的是 .class 扩展名的文件。同时前者在虚拟机的指令上采用了类似于操作寄存器的指令集，而 Java 虚拟机的指令则是基于栈帧（Stack Frame）的，比起前者显得更为重量级。

应用框架层则是开发应用程序所关心的部分，Android 应用程序都是基于应用框架层所提供的基本框架和 API 进行开发的。该层将复杂的系统调用进一步封装，简化为组件的重用，利用这些组件可加速开发过程；同时，应用程序可将自身模块的一部分开放为可调用的模块，而其他应用程序则可以使用这些功能模块完成功能的复用。

应用层则包括系统应用和外部应用，在应用框架层之上实现了人们所需要的功能。整个 Android 体系结构中，高层模块负责调用低层接口，保证整个系统正常运行，同时整个系统有完整的层次划分，保证系统能够便捷地维护升级。

Android 的开发使用 Android Studio 作为官方开发工具，使用 Java 语言进行开发，并基于 Android 官方软件开发工具包（Software Development Kit，SDK）调用系统提供的 API 完成丰富的应用功能。一个 Android 应用通常由四类基本组件组成：Activity、Service、BroadcastReceiver、ContentProvider，此外各组件间还使用通信组件 Intent 作为组件之间消息传递的中介。对于程序而言，在默认情况下各个组件都运行在同一个进程中，即同一个 Dalvik 虚拟机中，这四大组件在使用时都必须在 AndroidManifest.xml 配置文件中声明。

每一个 Activity 代表一个可见的界面，将会根据界面布局进行界面绘制，同时在 Activity 内部定义了具体的业务逻辑。Activity 具有严格的生命周期，一个 Activity 从开始到结束经历了创建、前台显示、部分覆盖、后台等诸多状态，不同的状态在转换时也会调用相应的回调方法。开发者无法控制其 Activity 的状态变化，这些均由 Android 系统自身来管理。但是当一个 Activity 的状态发生改变的时候，系统会自动调用开发者重写过的回调方法。每一个应用程序对应着一个 Activity 栈，栈内存放了应用程序中已经被创建的 Activity，同时转入前台的界面也将会从这个栈的下方提升至栈顶。

Service 即服务，运行在系统后台，用于完成一些后台的任务。需要说明的是，基本组件都是运行在程序主线程中，如果发生阻塞将会影响界面的刷新与响应，因此需要将耗时的操作放入子线程中完成。

BroadcastReceiver 用于接收程序中的广播，没有运行的界面。这是一种异步的通信机制，基于观察者模式，每个应用的 BroadcastReceiver 具有监听的消息类型，在程序启动后会被Android系统注册，当系统内出现该类型消息的广播对象时，Android系统将会调用所有等待这个广播的BroadcastReceiver，并调用其接口方法。

ContentProvider主要用于面向其他应用程序共享数据，是一种进程间共享数据的通信方法。各个应用程序的ContentResolver之间可以通过相互通信达到资源和数据共享。

四个组件之间通过Intent对象通信。Intent包含了组件的目标调用对象的名称，并规定了目标调用对象的行为方式，并可携带附加的数据，系统负责找到Intent对应的目标组件，并启动目标组件完成既定功能。Intent机制作为一种消息机制，通过消息隔离了调用者与被调用者的内部逻辑，实现了两者的解耦。

程序开发中最重要的部分是界面的开发。Android提供了大量UI组件，这些组件都继承自名为View的基类。View保存了界面上控件的空间和内容属性，并包含了处理测距和布局、绘图、焦点变换、滚动的方法，并能够处理屏幕区域的单击事件和手势。Android界面的生成使用了Composite模式（组合模式），使得UI组件能以层级的方式不断嵌套组合，形成丰富的界面，开发者只要把这些组件组合起来使用即可。ViewGroup是View的子类，它的功能是装载和管理其他View对象，ViewGroup同样包含了事件处理机制，并能够将事件在其子View中进行传递。Android的界面通常在布局文件中使用XML方式进行配置，利用这种视图与数据模型相分离的方法，使得页面逻辑与视图解耦；另一方面，也可在Java程序中使用代码控制界面，使得程序运行中界面能动态地显示数据的变化。

用户与界面的交互动作会在程序中产生对应事件，事件将交由控件进行处理。Android提供了两种事件处理机制，即回调机制和监听机制。监听机制采取的措施是为界面上的元素绑定一个事件监听器，由于Android系统处理屏幕交互事件会沿着View节点逐级向父节点传播，因此界面元素将有机会调用事件处理方法，如果存在事件监听器，便会调用这个监听器完成对事件的处理；回调机制则通过Activity提供的回调接口，使Activity自行处理事件。

Android系统对应用程序的安装和运行具有权限方面的要求和限制，因此，开发中需要在AndroidManifest.xml这一主配置文件内声明应用使用权限。

Android还提供了数据存储、图形开发、网络通信、传感器、GPS、多媒体等常用的API，为开发提供完善的接口调用。

此外，Android程序开发注重用户体验。本地数据库读取、网络数据请求、复杂的运算等操作属于耗时操作，这些耗时应该放在新的线程中去执行，避免造成 UI 线程的假死，出现程序无响应（Application No Response，ANR）和强制退出（Force Close，FC），这需要使用异步开发技术。Handler 是 Android 开发中最常用的多线程处理机制。Handler 机制利用消息传递机制提供了主线程与子线程之间的一种通信方法，使子线程在耗时工作完成后及时通知主线程完成 UI 的更新。

11.1.4 系统架构

移动客户端作为系统中新增的部分应当与原有系统独立开来，只需要增加面向客户端的服务接口，使得客户端可以便捷地加入到已经投入使用的系统中来。相比于Web开发，移动端的开发注重界面与用户交互的设计以及数据传输的安全。在监控系统的整体架构设计阶段，业务逻辑部分可以将其独立，移动端服务器可以调用数据访问层接口（见图 11-3），这大大减少了工作量，当数据业务发生变化时，各个客户平台也能保证统一。

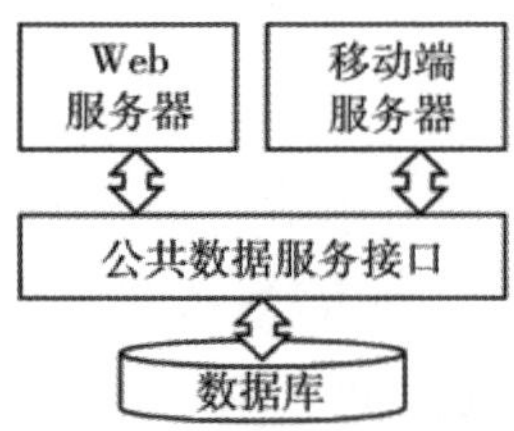

图 11-3 数据接口的共享

系统可以采用 B/S（浏览器 / 服务器）模式与 C/S（客户端 / 服务器）模式。目前在移动端应用较多的技术架构是 C/S 架构，它具有较强的交互性能、完善的用户体验，同时能减少移动端的访问流量。但 C/S 架构在移动开发中通常使用 Native 开发，并使用其所在平台提供的开发工具和语言，开发难度更大，同时，针对每个平台都需要开发专门的客户端，成本较高。

B/S 架构的监测系统解决了传统 C/S 监测系统所不能解决的关键问题——跨平台，适用于多个操作平台，而且开发部署更方便，当系统进行更新时，只需要开发人员在服务器端对系统进行更新即可。随着目前 HTML5 的发展，这种开发方式功能越来越完善，但这种架构在性能上不如 Native 开发方式，在用户体验上也存在明显不足之处。

11.1.5 技术挑战

将监控系统移植到移动端是一项相对较新的技术，由于移动开发与传统的软件开发有着较大的区别，同时也需要结合工业监控领域的特点进行设计与开发，因此实现起来依然面临着一些挑战。

技术上的首要挑战来自系统的安全性，黑客入侵对移动设备造成的危害可能比目前互联网上的更大。随着工业领域越来越多地使用移动设备和移动APP，协同工作的效率得到了显著提高，但公共WiFi和移动网络的数据安全问题却变得尤为突出，工程师移动设备的遗失不仅会导致私人信息的泄露，还会带来企业数据外泄的隐患。移动终端的安全涉及两个方面：移动终端安全与无线网络安全。一方面，移动设备中存在众多应用，运行环境复杂，存在诸多安全威胁；另一方面，移动终端暴露在企业网络外部，且暴露时间长，使窃听、攻击行为变得更加频繁和容易。

要解决数据泄露的危险，需要对关键数据和文件进行加密处理，定时清除不需要的数据。同时软件还需要添加登录认证过程，拒绝非认证用户使用。对于员工主动泄露数据的情况，则需要引入权限分级管理的机制，某些重要的数据或报警信息只有高权限的用户才能获取，而普通用户只能查看某些低权限的数据。服务器端系统还需要记录用户的使用行为和操作，确保能追查到数据泄露的根源。

另一个挑战在于产品的设计。面对产品的迅速更迭，信息时代的人机关系与传统产品设计有明显区别。将以用户为中心的交互设计理念应用于工业设计领域，能够促使设计人员以用户的实际需求为出发点，进而满足市场需求。但是，如何将交互设计有针对性地应用在工业设计中，已成为当前所面临的一大挑战。由于传统工业监控领域使用的交互方式、数据展示方式在屏幕尺寸较小并且有着一定UI设计规范的移动操作系统上不能直接使用，因此开发者必须在这方面进行探索。当前广泛使用的商业应用已经在用户交互方面积累了大量经验，并给用户培养了大量操作习惯。如何结合这些规范与习惯设计出适合工业领域的规范，是值得思考的问题。与传统的人机工程学不同，目前的移动互联网软件开发更侧重于产品的实用和功能，它注重消费类产品的造型与结构，使它们变得易于操作和使用。

为了获得更好的用户体验，应当明确交互的设计目标。第一，产品的有效性。指的是产品功能的有效性，即产品功能应满足用户对产品的基本使用要求。第二，易用性。这意味着这一产品能够被目标用户中的大部分群体所使用。第三，易学性与易记性。易学性指的是用户能够用现有知识结构学习新产品的使用，而易记性指的是用户能够在掌握产品使用方法的基础上，随着时间的推移依旧能够记住使用方法。第四，容错性。意味着这一产品能够在避免用户操作出错的基础上，针对操作失误及时阻止其对产品造成影响与损害，进而提高产品的安全性以满足用户的实际需求。

此外，兼容性也是技术挑战之一，目前主流移动平台 Android 与 iOS 有着截然不同的运行环境。而 Android 平台的碎片化也是困扰 Android 开发者的难题，如设备繁多、品牌众多、版本各异、分辨率不统一等，程序开发中必须考虑这些问题，增强程序界面的自适应性。

11.2 关键技术

移动客户端的开发涉及多种技术，从层次上划分可分为三层：前端技术、客户端开发技术、后台开发技术，见图 11-4。前端开发技术提供了与用户交互的页面以及对监控数据的展示，直接影响了用户的体验；客户端开发技术针对不同移动平台的技术特点，使用该平台的开发语言与开发库来实现整个程序的基础功能，如数据缓存、多线程开发、传感器开发、各种系统接口的调用等，这部分具有很强的平台相关性；后台开发涉及服务器的开发和客户端与服务器的通信交互，各种通信技术的使用以及数据格式的制定，通信技术的稳定性和效率成为该层的关键。

图 11-4 移动端关键技术

11.2.1 客户端开发

客户端开发在移动设备上完成通信、UI、存储等功能的开发，最终完成数据与消息的展示和处理。目前客户端开发除了利用各个移动操作平台提供的接口实现相应的功能以外，还出现了更多的开发方式。

基于各平台系统使用相应的语言，使用平台提供的原生技术进行的开发称为 Native 开发，其中 iOS 提供基于 Swift 语言开发，Google 提供的是基于 Java 语言的 Android SDK 应用开发。这种开发方式的优点是具有更好的用户体验和数据交互操作。Native 开发的优点在于能高效调用系统提供的接口，并能实现丰富的功能，但是实现的程序不具备跨平台性，只能在固定的移动平台上运行，这使得在每个平台上都必须投入开发精力与成本。目前，存在其他开发方式，如 Hybrid 开发（混合开发）和 HTML5 页面开发，这两种开发方式能有效平衡开发成本与程序可移植性之间的矛盾。

Hybrid 开发方式首先基于开发框架（移动中间件），利用 HTML5 技术调用其提供的 API 接口编写客户端界面，然后利用开发框架转化为各个平台的 Native 应用。Hybrid 可解决跨平台的问题，也与传统的原生应用程序有相似的用户体验。目前有一些成熟的服务提供商提供的移动中间件框架，如 PhoneGap、Sencha Touch、jQuery Mobile、AppCan 等。利用 Hybrid 开发可以将应用程序分为三层：UI 层、移动中间件以及终端系统层。UI 层主要负责绘制界面，使用了 HTML5 技术进行页面的布局、元素的绘制，以及页面上异步数据请求的调用等；移动中间件层位于中间，为 UI 层提供编程接口，并负责消除不同操作系统间的差异；终端系统层则处于整个应用的最底层，即 Android 和 iOS 操作系统，提供了底层编程接口。

HTML5 实际上是指 HTML5、CSS3、JavaScript 等网页开发技术的集合，又称为 H5 技术，通过 HTML5 技术可编写能够在浏览器中直接运行的应用。H5 技术出现之前，Web 技术开发能力有限，具有代码冗余、对图像处理和动画支持不足、解释执行效率较低等问题。H5 页面针对移动应用做了适配，能够良好适应移动终端的屏幕，并能通过浏览器访问设备本身提供的 Native 接口，实现如本地存储、音频、视频、地理定位等功能，因此同样能提供完善的功能。客户端程序可以通过在程序中内嵌一个原生浏览器或自行开发一个更加高效的浏览器内核以解析来自服务端的 HTML5 页面。H5 技术的优点在于具有良好的跨平台性、较低的开发和学习成本，以及不需重新安装即可完成功能的更新和补丁功能。但 H5 和 Hybrid 开发一样，在效率和体验上不如 Native 开发。

11.2.2 数据通信

11.2.2.1 数据分类

大型设备的机械结构复杂，零部件数多，出现故障的原因多种多样。为了对其进行远程状态监测、诊断、维护及管理，需要的传感器种类多、数量大，并且数据采集的频率很高，采集的数据量大，将这些数据全部交由移动客户端处理是不现实的，需要有针对性地对 PC 端的数据库数据进行筛选、改动，以适应移动客户端的要求。

系统采用的通信手段与传输的数据类型有关。表 11-1 将系统数据分为 3 类：

第 1 类属于设备的基础信息，变动性小，采用 HTTP 访问，并采取持久化缓存机制；第 2 类数据不断更新，需要实时获取；而第 3 类数据为故障诊断系统生成的数据，随时可能变动，并需要服务器主动发送到客户端，涉及数据推送技术。

表 11-1 设备数据分类

类别	内容
第 1 类	设备信息、零部件信息
第 2 类	设备状态、传感器实时数据
第 3 类	故障信息、报警信息、预测评估信息

根据上述需求可制定系统通信方案，见图 11-5。其中，HTTP 请求主要用于向第 1 类数据请求，并增加了客户端缓存机制减少通信量；对于有安全性要求的通信，可利用 HTTPS 协议，通过 SSL 进行数据传输；对于实时数据，则使用了 TCP 长连接，并在应用层制定了协议；此外，推送是完成服务器主动发送数据的必要方法，推送技术也是移动端区别于传统监控系统的重要技术。

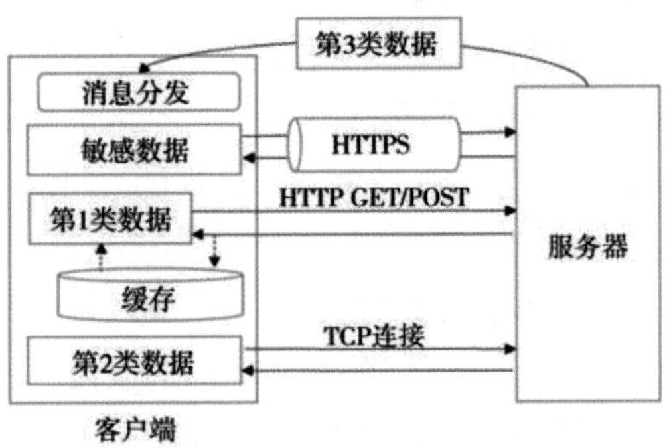

图 11-5 通信技术方案

在目前的服务器开发技术中，数据在服务器与客户端中大多以对象的形式存在，但在通过网络传输时势必要经过相应的转换，这涉及数据的序列化与反序列化，见图 11-6。序列化（Serialization）是将对象状态转换为持久化的或可传输的格式的过程。与序列化相对的就是反序列化（Deserialization），它将数据流转换为对象。若服务器的开发语言为 Java，语言中提供了 Serializable 接口，可实现对象自动的二进制序列化，具有很高的效率，但是这种依赖于 Java 语言的机制不是实现序列化的最佳选择。目前，JSON 和 XML 等与平台无关的交换格式应用广泛。

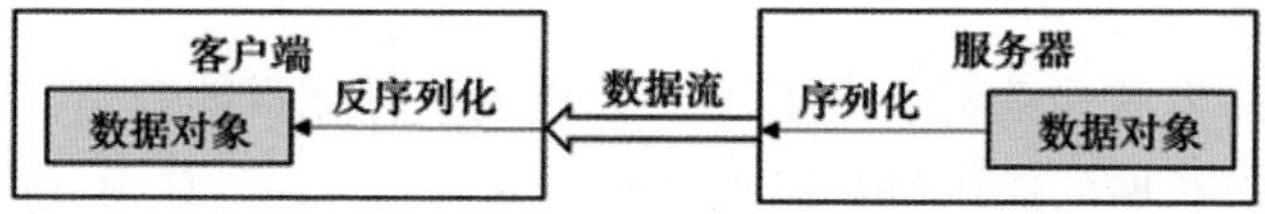

图 11-6　序列化与反序列化

JSON（JavaScriptObjectNotation）是目前使用广泛的轻量级数据交换格式，具有阅读和编写简单的特点。JSON 采用键值对文本存储数据，使用“[ ]”表示数组，“{ }”表示对象，可以表达各种复杂的数据结构。

相比于 XML 格式，JSON 格式的数据大大降低了反序列化时的冗余度。对于移动客户端的应用场合，使用 JSON 格式减少了移动设备的网络流量。

11.2.2.2　数据推送

监控中心常常有一些数据需要主动发送到客户端，如某些零部件发生故障时向用户主动发送故障警报，或者在对设备的运行状态进行故障诊断预测后，向用户发送报警信息，以要求用户及时采取措施进行预防和维护。在这种情况之下，服务器与客户端之间的通信必须依靠建立可靠的连接来实现，这就需要用到数据推送技术。

设备的状态信息变化并不频繁，客户端状态信息采用推送的方式进行，仅当数据状态发生变化时才通知客户端，减少了客户端流量的同时，降低了客户端开发的复杂程度。

随着信息技术的高速发展，移动互联网络已经成为人们有效获取信息的一个平台。服务器端的消息如何及时或定时地发送给预定用户成为研究的热点，消息推送应运而生。推送技术是一种基于客户端服务器机制，由服务器主动将消息发往客户端的技术，其优点在于消息发送的主动性和及时性。该技术将原先用户主动查询信息的方式转变成服务器主动推送信息的方式，从本质上改变了网络信息的服务方式。

近年来，推送技术已从浏览器领域扩展至移动物联网领域，并得到了快速发展。目前 Android 数据推送技术较多。Google 官方提供了 GCM（Google Cloud Messaging）服务，这种服务与 iOS 提供的 APNs（Apple Push Notification service）推送服务相似，通过一个统一的应用推送服务后台进程，可减少手机内维持的后台进程数目，节省了宝贵的系统资源，但是在国内该服务不稳定。轮询（Polling）技术采用定时向服务器发送 HTTP 请求的办法，实现简单，但是不断建立和断开连接的开销很大。

比较可靠的方法是建立一个 TCP 连接作为数据推送的基础。与实时数据传输不同的是，推送数据的通信量与通信频率十分小，客户端的 IP 可能由于长时间没有通信而被运营商回收，重新分配，造成 TCP 链路中断，因此，这样的连接必须要保证客户端每隔一段时间向服务器发送一个很小的字符串作为心跳包，保证运营商维持设备的 IP 存在于网络地址转换（Network Address Translation，NAT）表中。当客户端发送心跳包失败或服务器检测到一个用户心跳包超时，客户端与服务器将重新进行连接。目前数据推送的主要协议有消息队列遥测传输（Message Queuing Telemetry Transport，MQTT）和可扩展消息处理现场协议（Extensible Messaging and Presence Protocol，XMPP），它们均为建立在 TCP 基础上的协议。

11.2.2.3 实时数据

为了使客户端能实时观测设备的运转状态，服务器与客户端进行实时数据传输是一项关键技术。实时数据的传输需要服务器实现数据的主动传送，有以下几种方案：

第一种方案是轮询，即使用 HTTP 请求定时向服务器请求数据。基于轮询的方式具有明显的缺点，即需要不断向服务器发送请求，这种请求的首部信息是非常长的，增加了不必要的带宽。同时对于移动端而言，这种方式更加大了终端的耗电量，浪费了系统资源。

二是使用 TCP 连接。TCP 是面向连接的、可靠的、基于字节流的传输层通信协议，在简化的计算机网络 OSI 模型中，它完成传输层所指定的功能。基于 TCP 连接，可以在应用层自定义服务器与客户端的交互协议，制定双方的操作类型、校验方式、数据传输格式等重要信息。传统的服务器工作原理见图 11-7，服务器接收到客户端的请求后将会开启一个新线程处理请求，同时正在新线程中的 IO 是阻塞与同步的，即每个 IO 操作执行完毕前，该线程都会处于等待状态，这样的处理方式为服务器的开发带来了难度。当用户增加时，传统的阻塞式 IO 方式会给服务器带来很大压力，使得服务器所能维持的连接数目受到系统资源的限制。

解决的办法是使用 Reactor 模式的服务器架构。Reactor 模式基于 IO 多路复用与事件驱动模型，围绕选择器（Selector）和通道（Channel）构建。在使用 Reactor 模式的并发型服务器程序中，不用为每一个客户端连接新启线程，而是将其注册到特定的选择器对象上，这就可以在单线程中利用选择器管理大量并发的网络连接，更好地利用了系统资源；采用非阻塞 I/O 的通信方式，不要求阻塞等待 I/O 操作，从而减少了管理 I/O 连接导致的系统开销，大幅度提高了系统性能，见图 11-8。使用非阻塞通信时，采用单个线程实现客户端连接和 I/O 管理，为了减少对该线程的阻塞，将用户的请求处理放入线程池中执行，执行完毕后向客户端写回结果。这种服务器模型的优点主要有两方面：线程不再在通信时阻塞，减少了 CPU 负载；通过单个线程能够管理多个连接，并通过线程池大幅降低了服务器新建线程的开销。这种模式适用于大量用户并发访问的 I/O 密集型任务。Java 中的 NIO（Non-Blocked IO）、UNIX 中的多通道复用都利用这一思想，从而节省了系统资源。在 Java 中，可以使用 Mina 或 Netty 框架进行高性能的 NIO 开发，该框架可帮助用户开发高性能和高伸缩性的网络应用程序，它们借助 Java NIO 技术基于 TCP/IP 和 UDP/IP 提供了抽象的、事件驱动的、异步的 API。

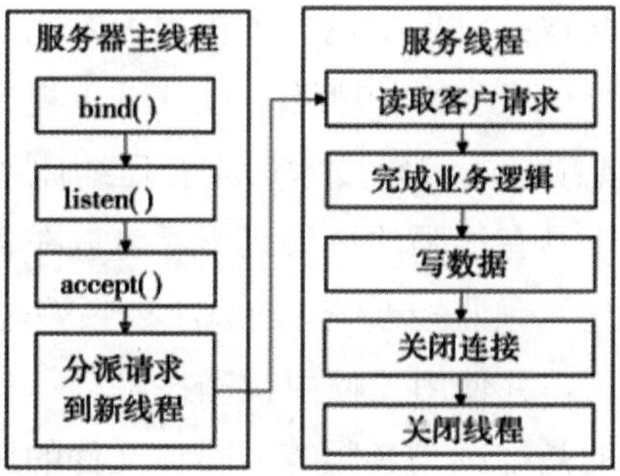

图 11-7　同步、阻塞 IO 模式下 TCP 服务器工作原理

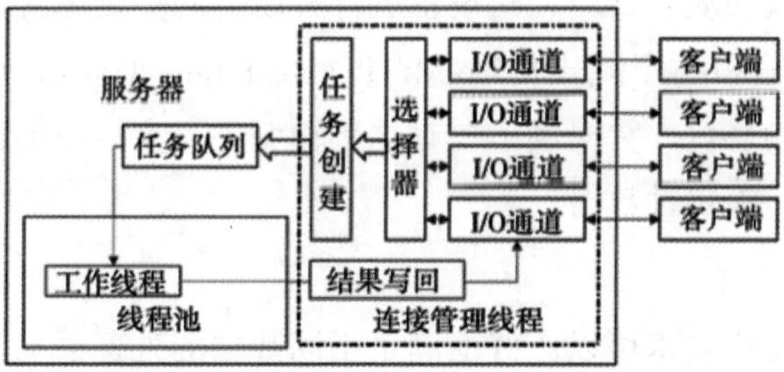

图 11-8　TCP 服务器的 I/O 多路复用

此外，在使用 HTML5 技术的开发中，可使用 WebSocket 技术。HTML5 中提供的 WebSocket 协议是 B/S 架构解决实时数据传输的首选。WebSocket 协议是在 HTTP 基础上通过升级而建立起来的，它通过声明一个全双工的通信信道，在浏

览器端与服务器端建立 Web 上的 Socket 通信，从而实现了监测数据从服务器向 Web 页面的实时推送。

WebSocket 技术的本质在于客户端发起特殊 HTTP 请求，特殊之处在于它包含了一些附加头信息。这些附加的头信息经过服务器解析之后，产生相应的应答信息并返回给客户端浏览器。客户端进行验证之后，两者之间的 WebSocket 连接通道就建立起来了，双方可以通过此通道相互传递信息。这个连接通道会持续存在，直到客户端或者服务器的某一方主动关闭连接。

11.2.2.4 实时视频传输

工业现场有时需要对生产现场进行实时的视频监控，这些视频数据的传输涉及两种技术：压缩编码技术与流式传输技术。

依据信息论创始人香农的理论，任何数据都是信息和冗余度的组合，冗余度是指信息的数据量与包含信息的数据量的差值。视频数据的图像在帧与帧之间存在很大的关联性，因此视频信息中包含了相当大的冗余度，通过视频编码技术可以将这些冗余信息进行可恢复性的删除，以此减少视频数据量，达到压缩视频的效果。H.264 是一种视频压缩编码技术，具有压缩比率高、图像质量好、网络适应能力强等优点，由于具有很强的抗误码率，可以在各种网络环境差的条件下使用，非常适合无线远程视频监控系统。H.264 视频编码标准分为两层结构——网络提取层和视频编码层，并使用了帧内预测技术。

流式传输方式传输的是视频和音频等多媒体文件的压缩包，服务器将这些压缩包连续、实时地向用户计算机进行传送。而用户只需经过短暂的启动延时就可以在计算机上播放和观看利用解压设备进行解压后的多媒体文件。流媒体技术包括了实时流式传输和顺序流式传输。RTP（Real-time Transport Protocol）是一种应用层的实时传输协议，它提供了端对端传输服务，支持在单目标广播和多目标广播网络服务中传输实时数据。

11.2.3 数据展示

使用图形可视化技术可以更好地满足不同数据的处理需求，让数据呈现出用户友好性和直观性。但目前工业应用领域对于移动应用尚无比较深入的研究。

数据可视化使得人们不再局限于通过数据表本身来观察和分析数据，而是能够依据其内在模式和关系，利用计算机生成的图像以更直观的方式看到数据及其结构关系。数据可视化技术的基本思想是将数据库中的每一个数据项作为单个图元元素表示，将大量的数据集构成数据图像，同时将数据的各个属性值以多维数据的形式表示。这样一来，我们就可以从不同的维度观察数据，从而对数据进行更深入的观察和分析。

Android与iOS系统包含丰富的组件，可实现软键盘、按钮、菜单、文本编辑框、对话框等输入形式，还具有文本框、列表、图片、状态栏通知以及丰富的图形显示形式，开发者还可以根据实际需求通过代码自定义组件，对于一般的数据，完全能自由地呈现。此外，移动平台的3D引擎可还原逼真的场景，通过移动终端方便的屏幕触碰功能使人机交互更加灵活，如通过单击实现视图的缩放，通过拖动实现对设备的控制功能等。除了传统的图形交互，还可使用语音提示、声音识别、震动、手势识别、传感器等更多可扩展的交互形式。

对于工业监控系统而言，实时、历史数据的展示需要以图表等形式实现，这就涉及更加复杂的图表可视化。可视化的图表类型包括常规的折线图、柱状图、散点图、饼图、K线图，用于统计的盒形图，用于地理数据可视化的地图、热力图、线图，用于关系数据可视化的关系图、树形图等以及特殊的图形如仪表盘等，图11-9展示了各种图表形式。

可视化图形显示可利用移动开发领域的各种图表框架，如HTML5中的Highcharts、Echarts、Chartjs，以及Android中的AndroidCharts等，或利用移动平台提供的图形开发技术自行开发相应的控件。

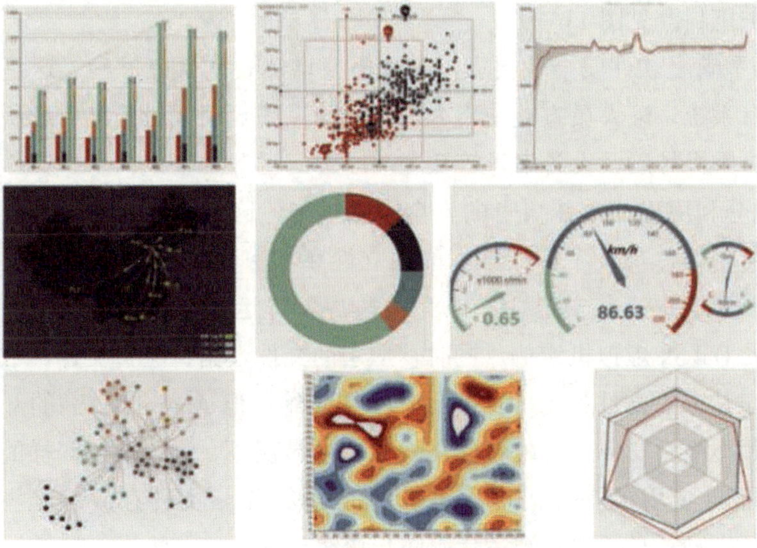

图11-9　移动端丰富的图表形式

11.2.4 数据存储

客户端的数据存储方式包括内存、文件、配置文件、数据库等方式，采用的存储方式与数据的类型、有效期限、隐私性有关。当前的移动端、操作系统均提供了完善的功能。

内存用于保存临时的数据文件、程序变量、数据缓存等，配置文件保存简单的数据和配置信息。如果数据比较复杂，则通过数据库结构化数据，虽然操作比较复杂，但是管理方便；文件则用来保存较大的数据。

此外，程序中还可以采用缓存缓解数据交互的压力，又能提供一定的离线浏览功能，更能减少程序对数据流量的消耗。当数据不需要实时更新或数据可以接受一定的过期时间时，可以对数据采用缓存机制，这样可减小服务器的压力，提高客户端的响应速度，并在一定程度上支持离线浏览。一般在客户端内可以采用内存–文件两级缓存机制。对于移动端而言，内存的占用对程序的流畅度具有重要影响。当内存过小时，程序将不可避免地出现卡顿无响应等问题，严重影响用户体验。当程序中存在大量较大的数据占据内存时，系统的内存将会紧张，此时内存–文件缓存将会发挥作用，将程序中比较大的数据存放至设备的文件系统中。

11.2.5 信息安全

移动端的信息安全目前具有越来越重要的地位。在信息安全方面，主要有四方面的保护机制，见图 11-10。

1）为了满足软件安全性要求，首先需要增加安全认证过程。这是最基本的防护，仅有系统认证人员方能使用客户端访问系统数据，对于某些场所更可加入指纹识别、手机号码、设备串号等认证手段。

2）充分利用操作系统自身的安全隐私机制。这方面 iOS 的沙箱机制具有非常高的安全等级，保证了应用数据的独立性和私密性。Android 系统在不断发展之后，也在不断提高其安全性，Android 程序同样运行在沙箱机制中，每个进程均有独立的 Dalvik 虚拟机实例，同时，应用的文件数据、配置文件、数据库文件也可存放在私密的文件目录中，与其他应用隔绝。但 Android 较高的开放性使得这一机制并不绝对安全，如在拥有 Root 权限的情况下，这些数据同样能被获取。同时，Android 使用了 Java 语言，程序中的类以 .Class 文件存放，这些文件能被反编译为源代码，必须通过混淆代码防止黑客偷窥。

3）使用加密传输。不使用 SSL/TLS 的 HTTP 通信是不加密的通信，所有的信息通过明文传播，带来了窃听、篡改、顶替三大风险。HTTPS（Hyper Text

Transfer Protocol Secure）是一种基于 SSL/TLS 的 HTTP，所有的 HTTP 数据都是在 SSL/TLS 协议封装之上进行传输的。HTTPS 协议是在 HTTP 的基础上，添加了 SSL/TLS 握手以及数据加密传输内容，也属于应用层协议。使用 HTTPS，用户需要验证服务器提供的证书，之后双方将协商生成“对话密钥”，双方采用“对话密钥”进行加密通信，保证了数据的安全性。

4）对于来自企业内部的泄露风险，系统内部也应当维持用户的权限机制，每个用户被赋予相应的数据查看权限和操作权限，保证内部用户不会做出越权和具有危害性的操作。

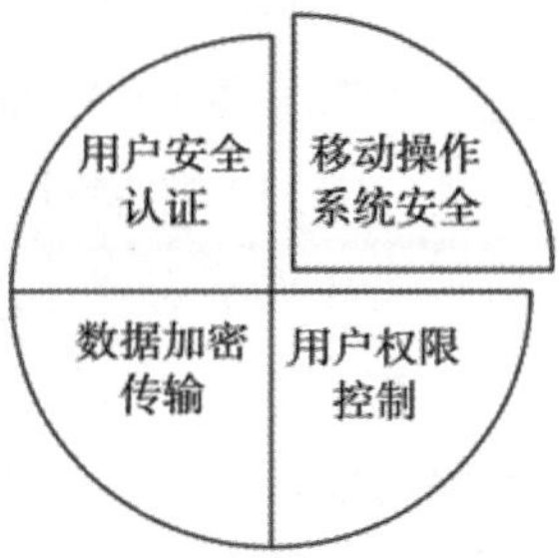

图 11-10　信息安全体系

11.3　应用实例

本系统的监控对象为华电集团的港口设备 —— 斗轮机，这是一种利用斗轮连续取料、用机上的带式输送机连续堆料的有轨式装卸机械。设备结构庞大，系统繁多复杂。同时每台设备有众多机构，如大车行走机构、回转机构、主俯仰机构、尾车机构、斗轮机构、悬臂机构、电缆卷筒机构、中心料斗、司机室、润滑除尘系统、电气系统等。每一个机构都包含大量的部件和零件。斗轮机上安装有大量的传感器和电气部件，它们的输出信号反映了斗轮机整体、各机构乃至部件的运行状态。系统监测的数据，除了环境参数、整机的状态和机构的状态量之外，大部分是机构所包含的关键部件和零件的数据。本章将介绍如何围绕这些大型设备开发一套基于移动客户端的远程监控系统。

考虑到与传统工厂控制监控系统之间的兼容性，移动监控软件系统应做到尽量降低系统升级的成本。在不改变传统控制监控系统网络拓扑结构的前提下，通过在工厂局域网络中加入移动终端服务器和铺设路由器或 VPN 服务器来构成移动监控服务的整体通信链路。

在原有的系统中，每台设备都安装有一台嵌入式终端，称为机载“黑匣子”，基于 Linux 系统实现。底层传感器的数据将会被机载黑匣子收集，黑匣子将数据打包并通过 3G 模块和 VPN 将数据发送到数据库服务器，数据库服务器上的数据解析程序将不断接收下位机传来的数据并放入数据库中，数据库服务器仅对所有数据进行统一的管理，仅能通过 VPN 被广域网访问。另一台服务器面向外网，从数据库服务器中获得数据，并响应 Android 客户端的数据请求。

前文的章节已经介绍了数据采集、数据处理、数据传输、数据库管理系统等，本系统作为项目的补充部分，将在现有基础上实现监控系统的移动化。本系统在传统的远程监控系统的架构之上，增加了面向 Android 用户的服务器，没有改变原有监控系统的网络拓扑结构，具有很好的拓展性，能良好兼容过去的系统。所以，在原有的远程监控系统的基础上几乎不需要增加额外设备。系统的拓扑结构见图 11-11。

下面介绍服务器与客户端的架构设计，并展示系统的调试结果。

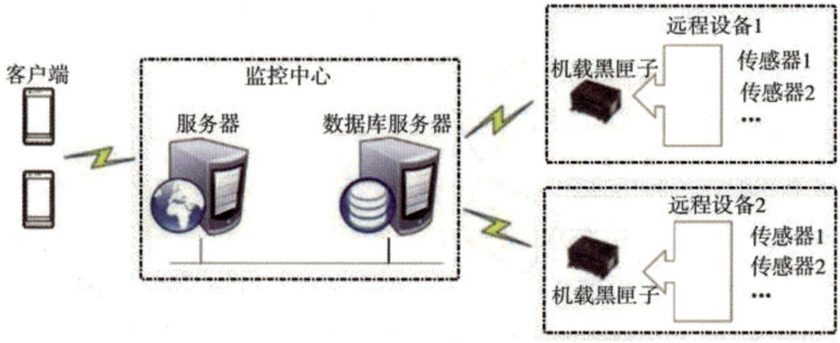

图 11-11　远程监控系统拓扑结构

11.3.1　服务器实现

11.3.1.1　系统架构设计

系统架构采用了 C/S 模式，即客户端 / 服务器模式，服务器直接将数据序列化为 JSON 字符串，并传输到客户端，不用考虑客户端的视图呈现。客户端接收到字符串后，再通过 Java 提供的反序列化工具将字符串重新解析为一个 Java 对象，供程序使用。为了提供统一的交互协议，JSON 字符串采用了统一的格式，见图 11-12。其中 code 表示了本次请求的状态，称为状态码，其类型是一个数值，code 为 0 代表成功，非 0 则代表本次请求出现错误，服务端和 Android 程序在配置文件或Java类的静态常量中保存了这些状态码，当请求出错时，客户端根据状态码进行相应处理。status字段作为辅助字段，说明了状态码的含义，这些状态包括成功、密码错误、登录异常、未登录、无权限、参数错误、服务器内部错误、验证码错误、新版本存在等。data字段中保存了本次传输的数据，这些数据同样以JSON格式嵌套其中。

{"code"：0，"data"：{}，"status"："ok"}

图 11-12　统一 JSON 格式

本系统中服务器程序包括两部分，见图11-13，一部分用于响应用户的实时数据请求，与客户端的通信是基于连接的，作为一个单独的进程运行；另一部分响应用户的HTTP请求，发布并在Tomcat容器中运行。Tomcat服务器是一个免费的开源Web应用服务器，属于轻量级应用服务器，在中小型系统和并发访问用户不是很多的场合下被普遍使用。Tomcat通常用于Web端作为Java服务端页面（Java Servlet Page，JSP）和Servlet的容器使用，同样可作为Android的服务器容器，只是提供的服务内容从HTML页面变成了JSON字符串。

基于开源的Netty框架开发的TCP服务器程序，Netty是由JBOSS提供的一个Java开源框架。Netty提供异步的、事件驱动的网络应用程序框架和工具，用以快速开发高性能、高可靠性的网络服务器和客户端程序。该服务器可为客户端提供TCP连接，传输设备实时数据。

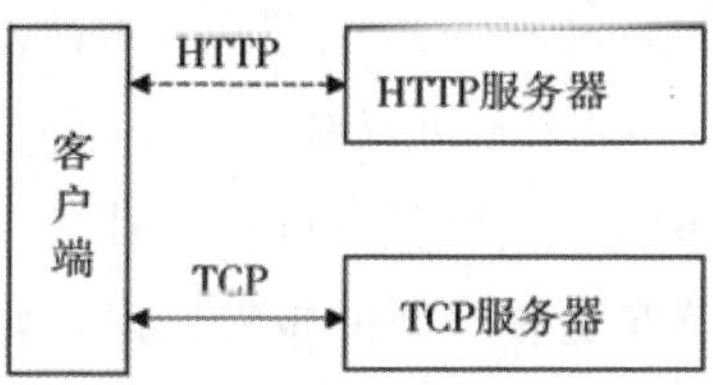

图 11-13　系统软件组成

11.3.1.2　使用SSM框架实现HTTP服务器搭建

Java Web技术可用于面向移动客户端的数据服务器。传统的Java Web端通过Servlet或JSP作为表现层，向前端传输Web页面；业务层交给EJB（Enterprise Java Bean，企业级Java组件）实现，完成系统核心业务逻辑的处理；数据层由Java数据库连接（Java Date Base Connectivity，JDBC）加DAO（数据访问对象）或者由EJB中的Entity Bean实现。这种结构比较复杂，层次划分并不清晰，开发过程中会遇到拓展性、可维护性、代码的重用性等问题。为了避免上述问题，使用了 SSM 框架集编写服务器。SSM 由 Spring、Spring MVC、MyBatis 三个开源框架组成。其中，Spring 是一个轻量级的容器框架，旨在简化 Java 开发，其核心思想通过依赖注入（Dependency Injection，DI）和面向切面编程（Aspect Oriented Programming，AOP）实现系统的松耦合和对常规 Java 对象的最小侵入，将其他框架整合为一个复杂的系统，并通过声明式编程实现对对象生命周期的管理。Spring MVC 是 Spring 的子框架，基于 MVC（Model-View-Controller，模型—视图—控制）模式。MyBatis 则是一个基于 Java 的持久层框架，消除了繁琐的 JDBC 代码以及数据库结果集的检索，可使用简单的 XML 或注解用于配置和原始映射，将接口和 Java 对象映射成数据库中的记录。SSM 框架集的应用使得服务器开发变得快捷可靠，具有良好的拓展性。

基于 SSM 框架，可以对系统进行层次划分，并将层次间的耦合降到最低，有利于系统的拓展和维护。服务器的架构见图 11-14，各部分组成说明如下。

1）拦截器（Interceptor）：拦截器作用于表现层与业务层之间，基于 Spring 的 AOP 思想，可对用户的请求进行预处理或对响应进行处理，包括用户登录拦截器、用户请求预处理拦截器等，它们组成了链式结构，前者用于检验用户是否登录，后者用于处理用户请求的首部信息、记录用户操作历史、向响应中写入 HTTP 首部信息。

2）控制器（Controller）：控制器是业务层的模块，负责响应用户的 URL 请求。Spring MVC 框架的 DispatcherServlet 将用户的请求根据 URL 分配到不同的 Controller 进行处理，每个 Controller 可以响应多个不同的 URL 请求。

3）定时任务（Schedule）：定时任务同样是业务层的模块，负责完成需要定期完成的任务，如定时扫描是否存在新的报警信息，定时进行设备的故障诊断、评估等。定时任务可通过 Spring 的 @Scheduled 注解简单地实现。

4）服务（Service）。服务为业务层的对象——Controller 与 Schedule 提供了服务接口，供其调用，本身则负责调用 DAO 接口访问数据库和调用第三方接口。服务打通了业务层与持久化层，同时也为其他的服务，如远程服务提供接口，保持了良好的可拓展性。

5）DAO（Data Access Objects）。DAO 处于持久化层，供 Mybatis 框架生成数据访问对象的接口，SQL 语句可在与 DAO 同名的 XML 文件中自行定义，Mybatis 通过 XML 映射生成 DAO 的实体对象，完成数据库的增删查改操作。

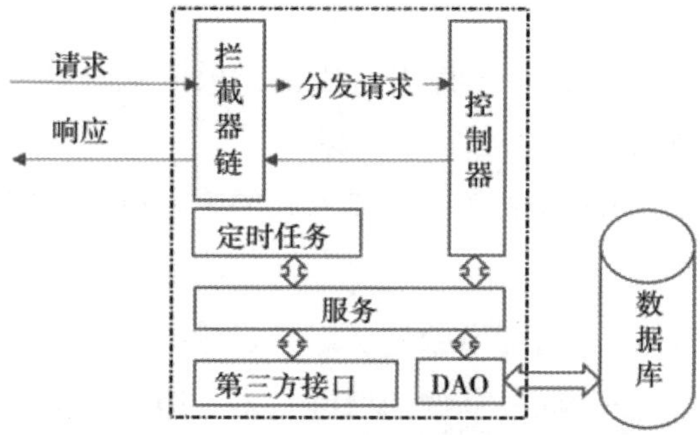

图 11-14 HTTP 服务器程序架构

Spring MVC 充分利用 Spring 框架中控制反转的思想，使用大量注解声明类、字段、方法，极大地减少了程序的复杂性。框架中主要包含以下注解。

1）@Controller：控制器（Controller）负责处理用户的请求，它提供了一系列的方法，把用户请求的数据的处理结果封装成一个 Model（数据模型），然后再把该 Model 返回给对应的 View（视图）进行展示。此注解负责注册一个 Bean 到 Spring 上下文中，Spring 将会自动扫描带有该注解的类并产生 Bean 对象，作为 MVC 框架的控制器使用。

2）@RequestMapping：被 @Controller 注解的对象主要是让 Spring 容器识别出这是一个需要构建的对象，而真正使 Controller 内的方法获得处理请求能力的是 @RequestMapping 注解，它作用于 Controller 对象，为控制器指定可以处理哪些 URL 请求、接受哪些 HTTP 方法。Spring MVC 在初始化后会在内存中建立起 URL 与 Controller 中各个方法的映射，使得 HTTP 请求到达时能自动调用 Controller 的方法以完成请求的处理任务。

3）@ResponseBody：该注解用于将 Controller 的方法返回的对象，通过适当的 HttpMessageConverter 转换为指定格式后，写入到 Response 对象的 Body 数据区。由于程序中采用了 JSON 字符串作为传输的数据载体，因此加入此注解后，框架就会自动将被注解方法的返回值以字符串的形式序列化输出。

4）@RequestParam：在 Controller 处理方法的输入参数处使用 @RequestParam 可以把请求参数传递给请求方法。这个注解的原理同样是更深层次的反射，一般是利用字节码框架直接读取 Class 文件，并读取被注解方法的参数类型、名称。当 HTTP 请求到达时，请求所携带的参数将会被框架读取，并根据参数名与方法的参数名的对应关系进行绑定，这大大减少了开发者读取 HTTP 请求参数的工作量。

5）@PathVariable：用于将请求 URL 中的模板变量映射到功能处理方法的参数上，即取出 URL 模板中的变量作为参数。

Spring 通过使用这些注解实现了非侵入式的编程风格，提高了程序的可读性和可维护性。

11.3.1.3 使用 Netty 框架实现 TCP 服务器搭建

在 TCP 服务器中引入 Netty 框架的原因是减少服务器的资源消耗，提高并发性能。同时，由于 Netty 提供了 IO 事件驱动的编程模式，使得对各条 IO 链路的控制变得十分简单。可以从 Netty 的官方网站中找到更加详细的官方介绍。

Netty 基于 Reactor 模式，具体的实现有自己的特点。EventLoop 是 Netty 设计的一个抽象概念，可看作一个事件检测循环线程，用于检测通信事件。Netty 通过两个 EventLoopGroup 处理用户的请求，EventLoopGroup 可以看作一个 EventLoop 线程组，负责管理 EventLoop 的申请和释放。服务器创建了两个 EventLoopGroup：BossGroup 与 WorkerGroup。BossGroup 是一个负责接收客户端新连接的线程池，负责处理客户端的 TCP 连接请求。WorkerGroup 是负责通信读写操作的线程池，当 IO 事件发生时，该线程组负责事件的处理。

通道（Channel）是 JavaNIO 的一个基本抽象，代表一个网络连接，所有的 IO 通过通道完成。每个通道中包含一个处理客户端 IO 事件的流水线——ChannelPipeline，注册了一系列 ChannelHandler 用以处理和传递 IO 事件，各种事件在这些 ChannelHandler 中链式传递，可以通过覆盖 ChannelHandler 的回调函数完成相应操作，也可动态添加或删除 ChannelHandler，使得程序具有很高的灵活性。Netty 能够响应的输入事件包括连接注册、连接激活、读数据、异常捕捉等，而输出事件则是会触发将来行为的操作事件，包括打开或者关闭到远端的连接、写数据、冲刷数据等。图 11-15 展示了 ChannelPipeline 中事件的传递模型。

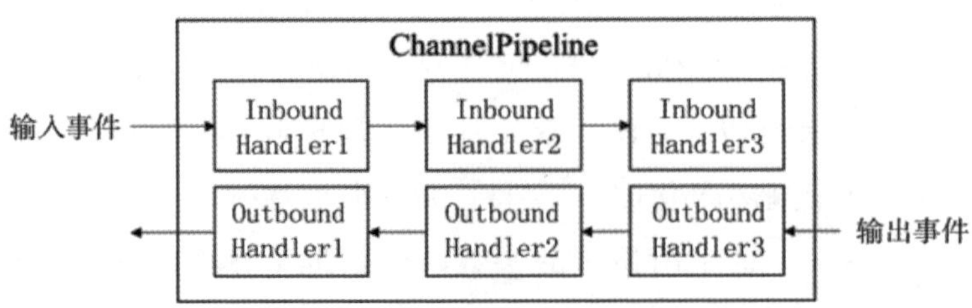

图 11-15 Netty 通道事件的处理流程

基于各部分的功能可以将服务器分为三层：Netty 通信层、业务处理层和数据服务层。Netty 通信层可以用于接收用户的新连接、接收并对客户的请求进行处理和封装，最后交由业务处理层进行处理。业务处理层通过调用数据服务层提供的数据接口完成相应的处理任务，并将返回数据交给 Netty 通信层完成对客户端的响应，通信层与业务处理层是互相独立的，处于自己的线程池中，并且基于消息与回调思想，不会出现阻塞，有助于提高有大量客户请求时的响应能力。

本应用引入了 Spring 和 Mybatis 框架，前者用于组件的对象管理，后者用于数据服务层。系统的通信层基于 Netty 框架，在处理用户的请求时需要一套较为完整的组件来处理用户请求的并发性能和资源占用。图 11-16 展示了服务器中通过 Spring 管理的各个模块和其相互作用。

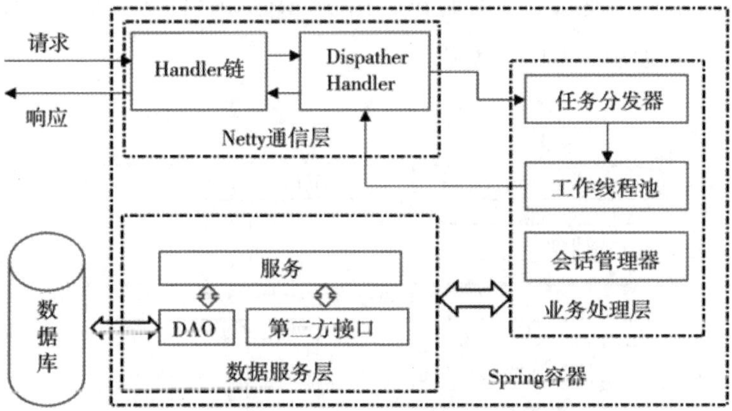

图 11-16　通过 Spring 管理服务器各模块

Spring 容器作为控制反转的工具，在系统中的职责包括：

1）初始化服务器各模块的对象实例，自动注入这些实例所依赖的其他对象并管理其生命周期。通过 Spring 管理的对象包括 Netty 服务器实例、数据库访问所需的 Mybatis 组件、客户请求分发器、客户请求映射管理器、客户请求处理器、客户端会话管理器等，Spring 解决了这些模块相互依赖与合作的关系，使得模块间的耦合降到最低。

2）使用面向切面（AOP）技术实现日志系统、某些事件发生时的处理机制，如当用户连接或断开连接时自动统计当前客户端的在线数量。使用面向切面有效降低了系统耦合。

3）根据需要在运行过程中动态创建某些对象。如当客户端连接时动态创建Netty 服务器所需要的 Handler 实例，添加到每一个客户连接的 Channel 中。动态创建对象使用了 Spring 的 FactoryBean 机制，这种机制为动态创建对象提供了接口。

在通信层中，Netty 框架将客户的一次请求的消息内容保存在缓冲区中，该内容及处理中产生的事件与异常信息将在 ChannelHandler 链中传递，经过一层层的处理，最后被抽象成一个可提交的任务。当客户端连接到服务器时，在 Netty 通信层将会经过图 11-17 所示的处理流程。

其中，ReadTimeoutHandler 为 Netty 提供检测客户端连接超时的 Handler，当长时间没有接收到用户的消息时将会生成超时异常。由于手机的 IP 地址通常通过运营商的 NAT（Network Address Translation，网络地址转换）进行维护，必须在过期时间内发送心跳包以防止客户端的 IP 被回收。服务器要求客户端必须在一定时间内向服务器发送一次心跳包。TimeoutHandler 用于接收超时异常，并及时关闭超时用户的连接以节约资源。

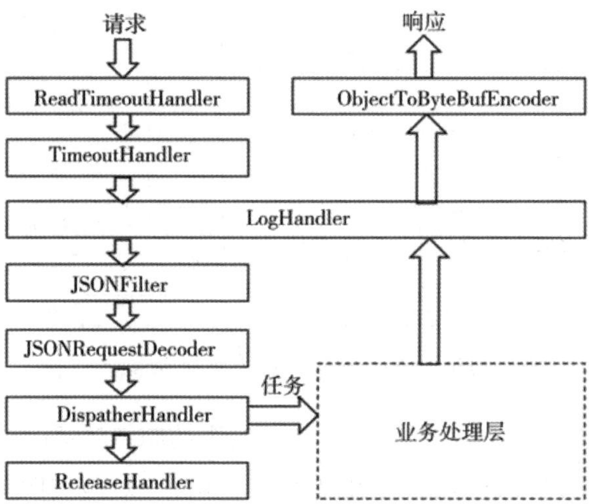

图 11-17　客户端请求在 Netty 通信层中的处理过程

LogHandler 是一个双向 ChannelHandler，用于记录日志。另一个重要的作用是在连接建立与关闭时自动创建和销毁客户会话。

JSONFilter 继承自 Netty 框架提供的 JSONObjectDecoder 类，能根据格式将客户端请求的字符串划分为 JSON 字符串序列，并将这些字符串向下一级 Channel-Handler 逐个传递，当用户的请求不符合 JSON 格式的标准时将会产生异常，起到过滤不符合 JSON 要求的客户端请求的作用。

JSONRequestDecoder 继承自 Netty 框架提供的 MessageToMessageDecoder，将客户端的请求字符串封装为一个自定义的请求对象，可使用 JSON 转换工具将字符串反序列化为请求对象。

DispatherHandler 为所有客户端连接所共享，用于将请求进一步封装为抽象的可提交任务。它使用请求分发器将用户通道信息、请求提交给业务逻辑层。

ReleaseHandler 是为 Netty 提供的资源回收 Handler，处在进入服务器的 Handler 链的末尾，负责销毁处理，提高服务器的资源利用效率。

ObjectToByteBufEncoder 继承自 Netty 的 MessageToByteEncoder 类，处在服务器的出口，负责将响应写入缓冲区，以满足 Netty 发送数据的要求。

业务处理层采用了线程池与任务队列机制来对客户请求进行处理。任务分发器是连接 Netty 通信层和业务处理层的关键模块，客户端通道、任务分发器、工作线程池构成的任务分发机制见图 11-18。这种任务分发机制有效地解除了通信层与业务处理层的耦合，具有很高的并发能力。

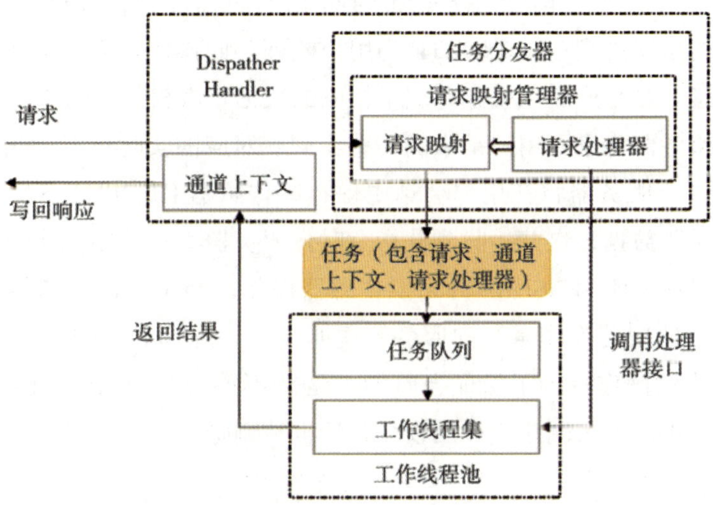

图 11-18　任务分发机制

请求分发器内有请求处理器的映射管理器，这个映射管理器将在 Spring 初始化的时候扫描 Java 程序相应的包（Package），寻找带有自定义注解标记的请求处理器类，并将其实例化。作为所有请求的处理器，只要调用处理器的接口方法，即可完成对请求的处理。请求分发器在 Spring 中被设置为单例对象，即所有的客户通道共用同一个分发器。为了防止阻塞通信主线程，提高服务器的吞吐量，请求分发器本身不处理请求，而是根据客户端的操作码与请求处理器的映射，获得相应请求处理器的接口方法，并将这个调用过程连同客户请求的上下文及客户端的通信通道封装为一个任务，提交到任务队列。工作线程池不断从队列中提取任务进行处理，完成处理后通过这个任务持有的上下文利用 Netty 通信层向客户端发送请求的处理结果。

客户端的请求通过 JSON 字符串进行传递，包含的字段为：Requestld、OpCode、Sensorlds、Userld、Password。其中 Requestld 为请求标识，当数据返回时用以区分其对应的请求；OpCode 为客户端的操作类型；SensorIds 用来传递客户端要查看的传感器参数的列表；UserId 和 Password 作为客户端的认证参数，认证成功后方可赋予相应的操作权限。这些请求将在经过 Netty 通信层的处理后被封装为一个请求对象，向上层传递。

客户端的每一个操作指令用一个整数表示，都包含自己的请求处理器。业务处理层处理请求时，将会调用相应处理器的接口方法。操作指令包括以下几种类型：DEFAULT 为默认操作，当用户携带的操作码错误时，系统设置其为默认操作，并转入相应的错误处理；VALIDATE 为用户验证，此操作将会检验用户携带的用户名密码信息，对客户加以校验并赋予相应的数据查看权限；GET_DATA 为获取数据操作，服务器将返回用户请求的传感器列表对应的实时数据，此外为了减少用户的通信量，服务器将在用户会话中保存写传感器 ID，用户下次请求时不需要再携带传感器数据，在此接收到此指令时，服务器直接写回上次查看过的传感器的数据；SWITCH_SENSORS 为切换传感器操作，当用户需要切换要查看的传感器列表时，使用此操作重写向服务器说明传感器的列表；HEART_BEAT 表示这是一个心跳包操作，为了保证当前 TCP 链路不被运营商回收，CLOSE 用于显示断开此次连接，客户端连接被回收，会话也被删除。

11.3.2 客户端实现

11.3.2.1 客户端架构

Android 操作系统作为主流移动操作系统，具有开源、开放的特性，本文选择其作为移动客户端的实现平台。客户端的架构根据所需的功能通常情况下可以分为多个界面，每个界面需要编写一个 Activity 类。

本系统中，客户端程序的界面跳转流程见图 11-19。

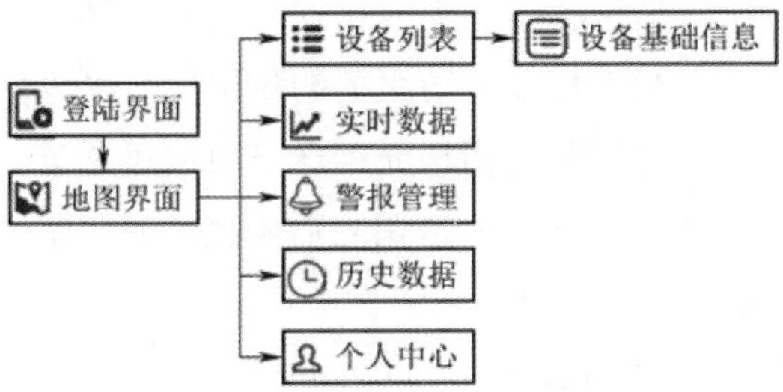

图 11-19　Android 程序界面跳转流程

1）地图界面。系统的监控对象斗轮机分布在全国的多个港口，通过地图可以直观展示设备的地理位置信息，也可在地图上展示各个设备的实时状态，有助于方便快速查找异常设备。地图首页作为进入客户端的第一个界面，能够令操作人员快速地掌握目前整个系统的运行情况，更加高效地实现监控的目的。因此，在首页中还将展示各个设备重要的实时状态量。

2）设备列表与设备基础信息。此页面能够以列表的形式展示当前的所有设备，并给出需要展示的设备的缩略信息。在此页面，用户可以查询到目标设备的基本信息，也可由此进入设备详情页面访问系统数据库当中的设备、零部件、传感器、相关人员、供应商等信息，便于工作人员掌握设备的相关信息。

3）实时数据与历史数据。实时数据界面能够高效可靠地进行实时数据通信，通过图表和数值的形式直观展现当前设备的运行参数和状态信息。具有较高关键等级的参数将以列表的形式展示在界面中，而其他的非关键参数也能通过零件树逐级向下方便地查找。历史数据界面则提供了根据时间区间选择并查看历史运行状态的功能。

4）警报管理。移动应用能克服地理与时间的限制，使得工作人员能够随时随地获取系统数据，同时系统也能随时将系统状态的变化、预警等信息即时反馈到相关人员手中。这些警报在到达时，会在手机的通知栏给用户以及时提醒，同时也会被保存到手机中。通过警报管理界面，用户可以查看过往的报警数据。

11.3.2.2　通过第三方推送数据

数据推送服务一般通过 TCP 长连接来实现，但无论是客户端还是服务端，资源消耗都非常大。由于 Google 的推送服务无法在国内使用，Android 的长连接是由每个应用各自维护的，这就意味着每台安卓设备上都会存在多个长连接。即便没有消息需要推送，长连接本身的心跳消息量也是非常巨大的，这就会导致流量和耗电量的增加，同时消息丢失、重复推送、延迟送达、过期推送是常出现的问题。为了减少手机的资源消耗并提高服务的稳定性，可以使用第三方推送。

目前国内的第三方推送服务包括极光推送、百度推送等。第三方推送服务为开发人员提供了 SDK，在申请开发者密钥之后，使用时只需要将库文件引入，并在 AndroidManifest.xml 文件中注册相应组件即可。

以百度推送为例，使用时在 AndroidManifest.xml 中注册百度提供的 Receiver 与 Service 组件。根据组件的配置，百度推送的后台通信服务运行在一个独立于本应用程序进程名为 bdservice_v1 的进程中，这保证了单一终端多个使用百度推送的应用共享一个服务进程和一条 TCP 长连接，从而有效降低了手机的资源消耗，同时保证了推送服务和应用程序的独立性，关闭应用进程时，推送服务不受影响。

百度推送的后台服务进程在接收到新的推送消息时，会发出一个 action 为 com.baidu.android.pushservice.action.MESSAGE 的广播事件，因此需要在程序中创建一个 BroadcastReceiver 组件作为该广播事件的接收者。百度提供了继承自 BroadcastReceiver 的抽象类 PushMessageReceiver，并提供了处理推送消息的回调接口 onNotificationClicked、onNotificationArrived、onMessage，这些接口用于处理两种不同的消息类型——透传消息和通知。当设备接收到透传消息时，消息不会在通知栏展示，而是静默回调 onMessage 方法；当通知到达时，将会调用 onNotificationArrived 方法并显示在通知栏中；单击通知栏的消息时，将会回调 onNotificationClicked 方法。通过此方法，可利用 Intent 机制进入警报管理界面。

图 11-20 展示了推送数据在百度地图 SDK 与用户程序之间的流向。

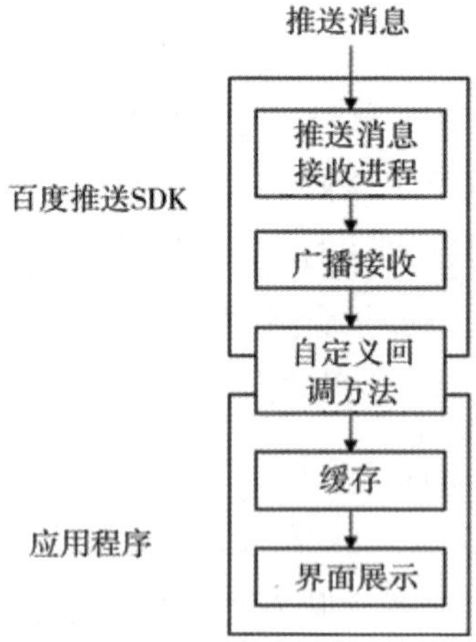

图 11-20 推送数据在百度地图 SDK 与用户程序间的流向

11.3.2.3 实时数据传输

大型设备通常由大量零部件构成，但是零件之间存在着一定的层级关系，可以用零件树对大量零件进行组织，在程序内部以树的数据结构予以表示。沿着子节点向下查询，可以找到要查看的零件的传感器，零件树的表示见图 11-21。

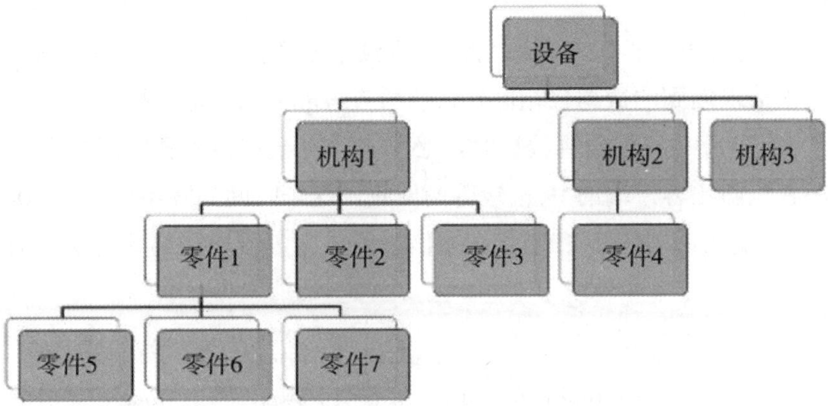

图 11-21　零件树结构

通常，每台设备都有需要重点关注的关键零部件及传感器，这部分数据可以在地图界面上和实时数据界面上进行集中展现，同时，对于其他需要查看的传感器，可以通过遍历零件树进行选择。对于访问的每个树节点，程序都将通过 HTTP 请求该节点零件所包含的传感器。

客户端和服务器使用 TCP 连接交换 JSON 字符串实现了实时数据传输，在应用层采用了如下的交互协议。

1）客户端建立 TCP 连接。服务器在内存中添加一个会话，保存这次连接的信息，但此时的连接是没有传输实时数据权限的。

2）验证请求合法性。客户端将保存在内存中的用户名和密码发送给服务器，实时数据模块此时需要先向 Tomcat 服务器发送一次 HTTP 验证请求，验证此用户的合法性。对于不合法的请求，服务器将在返回的 JSON 字符串中告知错误码，并主动关闭此次连接释放资源。对于合法的用户，将修改会话中的标志位，表明这是一个合法的用户。

3）开始数据请求。客户端在告知服务器需要查看的传感器的 ID 列表后，实时数据服务程序把从数据库或缓存中查询到的最新的实时数据序列化成 JSON 字符串，并加入时间戳，发送给客户端。此后，为了减少通信数据量，服务器将传感器 ID 列表保存在会话中，下次用户请求实时数据时，可以不携带传感器 ID。

4）用户定时刷新数据，用户主动向服务器发送数据请求。

5）切换传感器列表。客户端在前端页面切换要显示的数据时，将按照系统时间生成一个 request_ID，再次向服务器发送一次请求，更新服务器会话中的传感器 ID。

6）用户切换传感器列表后，按照 4）继续请求数据。客户端接收到数据包后，为了与上次请求迟到的数据包相区别，将检查 request_ID 是否相符。

7）当用户长时间不传输数据时，必须在实时数据暂停传输时向服务器定时发送心跳包以防止客户端的 IP 被运营商回收，这个时间间隔不能大于 10min。

8）客户端主动关闭 TCP 连接，通信结束，服务器检测到这一事件后，删除会话信息。

11.3.3 客户端界面设计

程序界面采用了 AndroidmaterialDesign 设计风格，这是 Google 提倡的设计风格，程序中还引入了官方提供的支持包：com.android.support：design。欢迎界面见图 11-22a，包含了软件名称与版本号。当用户自动登录成功时，会弹出欢迎提示，见图 11-22b。用户使用用户名、密码及验证码登录，程序提供了自动登录选项，用户密码将加密存储在程序的私有文件夹中，保证了密码的安全性。使用自动登录后，程序不再进入此页面。

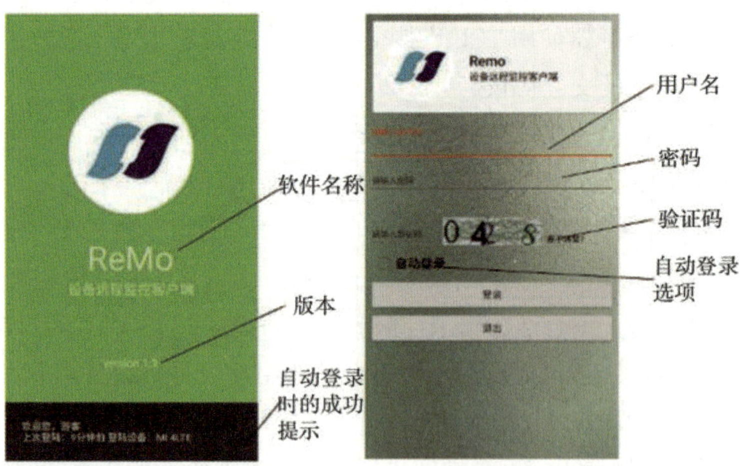

a）　　　　b）

图 11-22　欢迎、登录、导航界面

首页主题为地图，在地图上利用不同颜色的图标标识了设备以及设备的状态。图标及其含义见表 11-2。对于同一地址的多台设备，图标将会合并，图标的颜色根据当地设备状态的优先级从高到低进行显示，显示优先级最高的图标。单击地图上的图标会出现弹层，展示设备的信息并定时刷新设备的重要传感器的实时数据。首页的实时数据展示了系统的重要参数，可按照设备的机构分类进行查看。数字量和开关量、丢失的数据以不同颜色进行区分。蓝色为数字量，红色为开关量 OFF，蓝色为开关量 ON，数据丢失时以黄色显示。图 11-23 为设备的实时数据曲线，可以按机构直观地查看相应的实时数据。

表 11-2　地图图标及其含义

图标	含义	优先级
	设备故障	低到高 ↓
	设备离线	
	设备运行	
	设备关机	

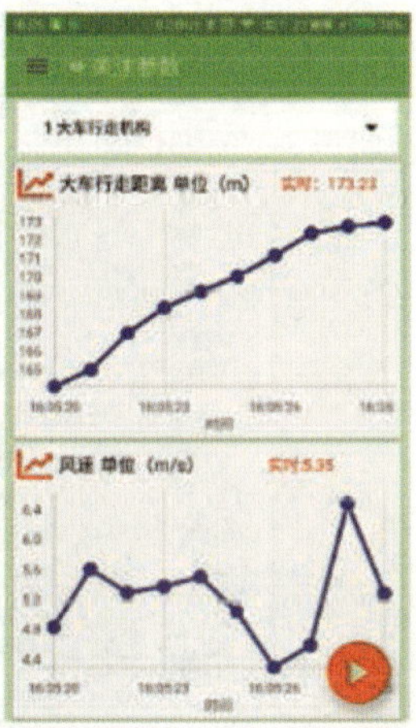

图 11-23　实时数据曲线

设备的详情页面见图 11-24。在厂商信息中，可以单击电话直接拨打相关负责人的电话，这体现了移动终端的便捷优势。

图 11-24 设备信息查询

服务器通过定时任务检查新报警，报警数据将被推送到客户端，显示在通知栏内。在 APP 内也可查看报警的历史记录，见图 11-25。

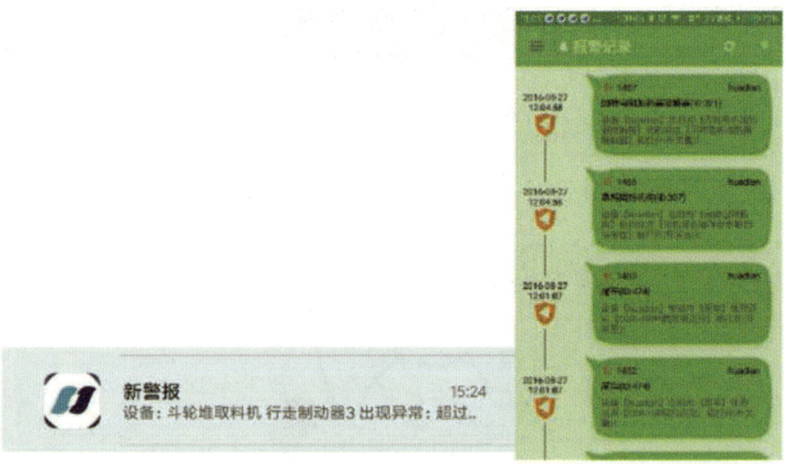

a）显示在通知栏的报警信息 b）APP内的报警列表

图 11-25 警报通知

11.4 监控软件的通用化

目前监控领域监控的设备种类繁多、网络通信环境复杂等使监控系统的通用化成为一大难题。现有移动监控应用只能配合设备设计各自的方案，这阻碍了监控系统的发展。

解决该问题的关键思路在于抽象。本节基于抽象的思路对程序进行模块和层次的划分，通过抽象屏蔽不同设备、不同传感器参数带来的应用兼容问题，研究并设计系统的通用化架构，为产品走向市场提供软件架构的支持。

11.4.1 通用化应用难题

可移植性是软件的重要度量指标之一。产品的通用化设计可以使软件开发成本与周期大大降低，还能使产品后期维护、升级更加简便，但目前移动远程监控有诸多因素使得系统的通用化设计变得十分困难，主要体现在以下几个方面：一是设备类型众多，监控对象涵盖各个领域的设备，同时这些设备的复杂程度又差异很大；二是类别众多的传感器使得监测参数又有很大差别，这给监测参数的存储和展示带来了挑战；三是传感器与采集器之间有多种通信方式和网络连接技术，种类繁多的通信手段并没有统一的标准，因此现有监控系统有着各自的不同实现方式；四是各个监控系统功能需求众多，并且有着各自的特殊需求，不得不为其开发新的功能，而这些功能可能与原有功能发生冲突。

11.4.2 通用化架构概述

移动监控软件通用化的含义不是指创建一个可以适用于各种应用场合的软件系统，而是指可以在极低的工时和成本之下做出少量的修改即可运行在其他系统之上。这样的软件体现在以下几个方面。

1）可根据实际需要裁剪、添加功能，这就要求系统在业务层面有合理的与粒度较细的功能划分，同时各模块间不应有强依赖性，使之容易解除耦合。程序采用插件式架构，可以根据需要向程序中添加或删除功能，有时根据需要还可能具有热插拔功能，以便能快速拓展系统功能。

2）具有高可配置性，可以对程序中采用的算法、参数等进行配置，通过后台配置可完成对监测功能所需的算法的选择。也可对模块的功能进行调整，以适应不同设备的需求。

3）客户端界面应具有较高的可定制性。用户界面可定制要求各个页面模块具有插件化的特点，可前端开发页面、可灵活组装，降低界面开发成本。服务层应当使用基于服务的架构，通过轻量级的服务减少界面、业务逻辑与数据资源的耦合，从而使页面的组合更加灵活。

4）系统具有良好的兼容性，可加入不同类型的设备，对于不同设备的不同网络接口能良好兼容，对于以往的监控系统中遗留的模块、数据也能灵活地使用，这就要求数据库能满足各种监控对象的存储需要。

5）系统具有良好的可拓展性，当监控设备数目、监控参数增加时，可便捷地加入这些设备、参数，当设备的性能要求增加时，也具有可伸缩性。可拓展性与高可配置性密切相关，通过适当配置可以高效地拓展系统。

系统具有通用性的关键在于实现了模块化与插件化，并且通过底层抽象增强了对各种设备的适应性。这就要求对系统各个模块进行合理划分，并通过抽象提取出监控系统中的资源、行为与状态等一系列内容，形成具有良好通用性的框架。因此，基于抽象思想对系统各模块进行合理的划分，在架构上制定一套软件实现方案，是实现软件通用化的第一步。

11.4.3　模块划分与解耦

为了实现系统的模块化和插件化，不仅要将系统模块化，也要对其层次进行划分，同时要明确定义各个模块的构件，从各个业务中提取共性，并由此开发出系统的基础组件，为具体业务的开发提供便捷的组件支持。

系统在逻辑上采用五层架构，即表示层、业务逻辑层、持久化层、资源抽象层与设备适配层，移动监控系统的客户端软件与 Web 的页面一样属于表示层，负责向用户展示监控结果。业务逻辑层负责具体业务逻辑的处理，同时通过异步处理、数据缓存、消息中间件等技术优化系统的并发性能，确保系统能面对较高的用户请求频率和用户数量。持久化层则负责各种底层资源的调用与协调。与一般三层架构不同的是，通用化的监控系统具有资源抽象层，该层包含了对底层监控设备与底层传感器的各种抽象，并向上层提供了调用规范。该层并不关心具体监控设备的类型，而是作为一种设备的抽象规范，描述了设备的对象所需要的抽象属性以及各个属性间的组合与关联方式，从而屏蔽了具体设备的具体细节。设备适配层作为底层，对底层监控对象的模型、行为与状态等进行了封装，使之与资源抽象层的规范相符。五层结构见图 11-26。

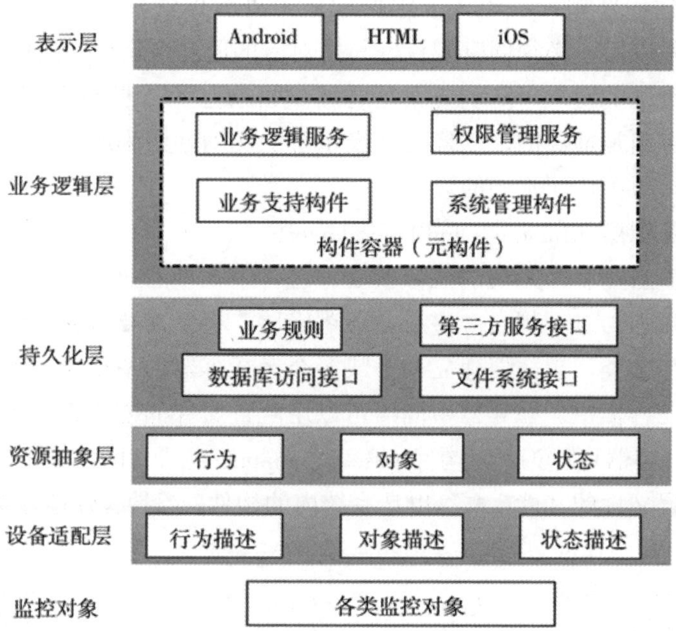

图 11-26　通用化监控程序五层结构

1. 表示层（Presentation Layer）

表示层为客户展示数据，需要高度的可定制性以便灵活地应用在不同系统中，因此需要为客户端与 Web 页面展示的各类数据和各类功能开发相应的组件与模块。可以通过开发页面构件来使界面模块化。页面构件由基本的页面布局和页面元素组合而成，将常用的显示和输入功能进行门类划分，并针对门类开发基础构件。这些构件可用于显示特定种类的数据，并且构件内具有足够的灵活性，可显示数据的特殊属性。这些构件的重用，使得界面的开发变得更加快速。此外，也需要提供构件与后台数据的绑定功能，可为构件指定数据源与数据的获取方式，具体的数据逻辑则交给页面构件内部实现，免去表示层大量的逻辑开发。使用时，只需要在页面视图中注册相应的构件即可。

表示层的构件组成比较适合的粒度是一个相关功能的集合。如，一台设备的实时监控参数显示模块包含了监控参数曲线、参数数值显示、监测参数的存储导出等功能，这些功能可集中成为一个复合的构件，整个构件提供一组用户自定义参数，如刷新频率、传感器 ID（组）等，可配置在配置文件中，这样就形成了一个简单的基于配置的构件。整个页面可由这些构件组合而成，程序在输出页面的同时，也会根据配置文件生成该页面的数据请求方案，当页面处在客户端前端时，会按照该方案进行相应的数据请求，而 App 由于受界面大小尺寸限制则可按照界面进行构件划分，在 App 中增加一个页面也就意味着增加了一个构件。表示层定制完成后，必须同时配置好与之对应的业务逻辑层中的服务接口。

当然，最优的用户可定制方案是通过在业务逻辑层进行配置的，表示层的展示数据本身应当是抽象的，这样可使表示层的变动性变为最小，表示层仅需要作少量的变动，即可适配不同的设备。

2. 业务逻辑层（Business and Logic Layer）

业务逻辑层是整个系统的业务核心，包含了大量的业务逻辑，因此也最容易造成系统的臃肿与过度耦合。整个业务逻辑层，不仅需要对这些构件按照功能与工作性质进行分类，也需要建立一个或多个运行容器，使得各个构件能够以插件的形式工作在容器中。在容器中同样可以用配置文件的方式将各个构件注册并运行在容器中。容器可称为“元构件（Meta Component）”，因为其不仅提供了编辑、解析系统配置文件的功能，本身也是系统内的构件，还具有管理其他构件的功能，见图 11-27。

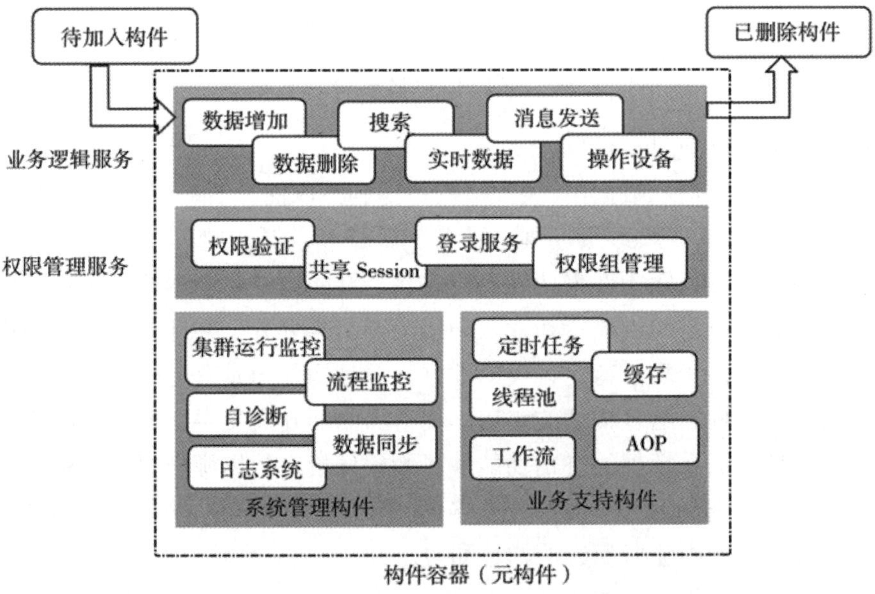

图 11-27　基于服务的插件式的业务逻辑层结构

业务逻辑层包含了大量的构件，可以分为以下四类。

第一类是业务逻辑服务构件，为客户端及 Web 页面提供数据操作、数据搜索、远程控制功能。各个构件中包含了对持久化层功能的调用，并完成了自身的业务逻辑。构件也可同时为其他构件乃至客户端提供服务，这些服务基于 HTTP 提供数据响应，可以选择提供 SOAP、RestFul 类型的服务。所有服务各自独立并可根据需要增加或卸载，因此具有较好的可拓展性。在大型软件的架构中，服务应具有相对小的粒度，以减轻服务间的耦合。

第二类是业务支持构件。他们并不直接对表示层提供服务，而是作为系统中的独立组件为其他构件提供业务支持，如定时任务构件、基于AOP的拦截器构件、多线程计算构件、工作流构件、缓存服务构件等。

第三类是系统管理构件，完成系统安全、自动运行监控、自动管理等功能，使系统的自动化程度得到提升，可实现系统的自诊断、数据同步、服务监控、硬件监控、数据库监控、异常监控、流程监控等功能。这些构件保证了在服务器运行过程中系统地了解整个系统的运转情况，提升了系统工作的稳定性。

第四类是用户管理构件，包含权限校验构件、用户中心、权限与用户组管理构件等，为用户与服务构件提供各种用户权限验证服务。

上述所有的容器和构件均在专门的后台管理页面进行配置，并且可使用在线重新加载程序库的办法进行动态更新，也可动态地增删系统中的构件，以保证程序具有较高的可用性。

3. 持久化层（Persistent Layer）

持久化层包含对各种底层资源服务的调用，包括数据库、第三方远程调用接口、文件等资源。持久化层将所有的资源都看作对象，将对象的行为封装起来，通过对象提供的方法进行交互。

4. 资源抽象层（Resource Abstract Layer）

资源抽象的作用在于使系统的业务逻辑和持久化层与底层的设备隔离开来，便于上层应用的开发，能够快速地适配不同的底层设备。资源抽象层更加接近了一种规范，各种底层设备的行为被抽象为这种规范所定义的行为，而抽象层也对各种底层的资源指定了相应的描述规则。

资源抽象层包含了对底层监控设备的各种抽象，抽象主要包含实体抽象、行为抽象与状态抽象三大类。实体抽象包括对各种设备、零部件、传感器、工作人员等具体监控对象本身所具有的各种属性的抽象，可以用一种静态的语言描述各类实体，从而使实体的各种特性得以描述。行为抽象包含了对设备运行、设备控制、设备间的通信协议等对象行为的抽象，用以表示实体自身的动作以及设备间的交互协议，描述了实体的各种动态特性。状态抽象则将设备运行中各式各样的状态与传感器数据统一抽象为相互兼容的对象，使它们在程序中具有相同的描述语言。

5. 设备适配层（Device Adapter）

设备适配层代表了不同系统间的底层区别，其开发类似于PC程序中设备驱动层的开发，即通过为具体底层设备所提供的通信接口编写相应的适配程序，使之符合资源抽象层提供的规范要求，在通用化产品的生命中占据了较多的开发周期。上层的通用程序运行在设备适配层与资源抽象层提供的抽象环境中，具有相对稳定的结构和功能，因此具有极高的可移植性。

资源抽象层、设备适配层与具体的底层设备之间的关系借鉴了适配器（Adapter）设计模式的思想，使得系统的通用化程序部分具有极小的变动性，只需要通过编写设备适配程序或改变系统的配置参数即可主动适配各种设备，使各种底层设备在属性、行为与状态三方面符合抽象模型规范。这些适配程序或参数配置可统称为程序的适配描述。

上述五层体系设计使得系统耦合、开发粒度都很小，系统的层次划分清晰，同时资源抽象层和设备适配层的引入使系统屏蔽了不同监控对象的差别，因而能够使系统适用于大多数的设备，具有较好的通用性。

这种设计的另一个优点是具有良好的可拓展性与可伸缩性，对于系统的运行具有重要的意义。由于系统从上至下已经具有了清晰的层次并在每一层横向进行了功能划分，各层次和各模块之间采用基于服务的通信方式，具有较高的独立性与较小的耦合，因此具有较好的可拓展性。系统的业务逻辑层各模块通过提供服务的方式，从而独立开来，各模块在功能与性能上的拓展都十分方便。通过负载均衡、分布式缓存、数据库与服务器横向拓展等技术，系统可以实现性能的弹性增长。

11.4.4 监控设备的抽象与适配

通过底层设备 — 设备适配层 — 资源抽象层三层的处理，底层的设备、零部件、传感器、工作人员等资源被抽象为一个个对象，以及用于描述这些对象属性或描述性质的对象，而对资源的所有操作都被抽象成对象的行为或用于描述行为的对象，来自底层的各种格式的数据则被封装成“数据”这种对象，进入业务逻辑层进行处理。因此，监控设备的抽象与适配完成了各种监控对象从物理世界的“实体”分解为程序中对象模型的过程。图 11-28 说明了物理实体变为业务逻辑层中对象的过程。物理实体通过设备适配层的适配描述产生了符合资源抽象层规范的描述数据，并为该实体指定一个描述标识，这些数据可直接持久化保存在持久化层。当业务逻辑层需要对该实体进行操作时，则根据标识找到该实体的描述数据，将其反序列化为一个对象。

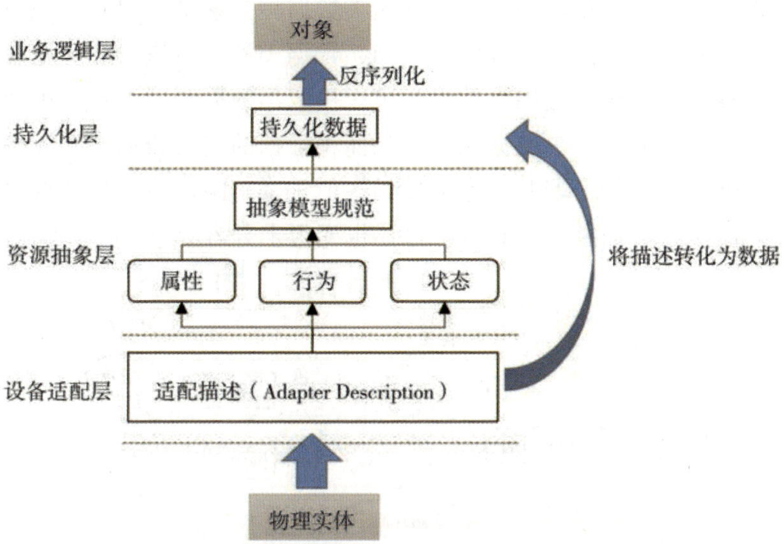

图 11-28　物理实体变为抽象对象的过程

要完成设备抽象层的设计，首先要将各种实体对象的性质分离和抽象。为了提高抽象程度，减少实体个性带来的变化，不能简单地提取出实体对象的公共特性，而是需要在更高的维度描述这些实体对象"共性的共性"，即建立起一种能描述实体对象属性的"元抽象（Meta Abstract）"。以一台设备为例，其包含的属性既有设备名称、设备启用时间、维修时间等信息，也包含了地理位置、图片、设备类型、联系人、供应商等信息，后面几类属性同样可以作为实体对象提取出来成为独立的对象，我们也要建立起对这些高维度属性的抽象。一台设备在资源抽象层以图 11-29 的形式抽象为一个对象，针对不同的设备类型提取出设备库这一对象，用以描述具体的设备类型，使得资源抽象层能灵活对各类设备进行描述。通过元抽象，能尽量提取出设备的高维度属性，使得对实体的抽象描述范围更广，具有更大的通用性。

设备的行为，如启动、停止、维护、零部件的关联与取消关联等，都可以作为"操作"这种对象存在于系统之中，这种对象包含了操作的各种行为描述，如操作的时间、操作人员、操作目标、操作目标的状态变化与变化量，具体设备的操作则变为对这些对象的调用。对于操作这种对象，资源抽象层仅仅是对其各种描述属性做出规定，操作通常可利用程序设计中的接口方法生成规范，适配描述则变为了重写这些接口中的所有方法。

系统中除了具体的资源与资源的行为外，还有状态与数据这样的特殊对象，如设备当前的运转状态、传感器的数据、人员的在岗状态等。这类对象具有时效性与变动性，且种类与数量众多。尽管这类数据种类繁多，但其表现形式是相对稳定的，可以通过实体关联、数值、时间、数据类型、数值单位等属性对这些数据进行统一描述，同时从这些属性中又可以提取出数据类型、数值单位这类描述数据的属性，并抽象为一个数据实体，从而将数据的值与数据的属性独立开来，形成两种数据实体对象。因此状态数据虽多但种类有限，每一种数据可采用相同的表现形式，从而使抽象层对其进行描述也变得十分容易。

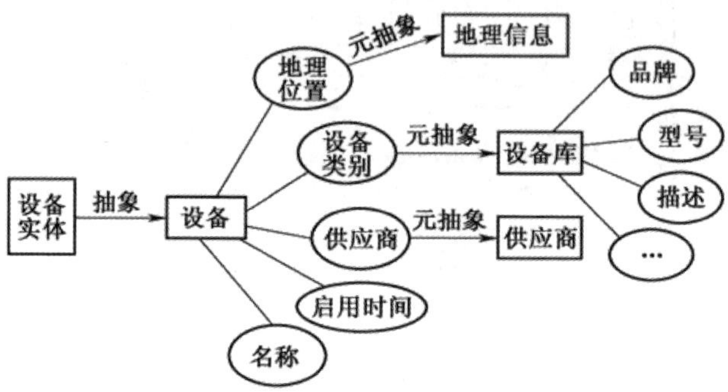

图 11-29　设备的抽象与元抽象

通过在资源、行为、状态三个方面的抽象，系统能够以一种抽象的语言屏蔽底层的细节，上层业务程序的开发也具有较好的通用性。当系统应用在一个新的场合时，需要根据每一个设备、零部件、传感器的特征对其进行适配，适配的内容包括：

1）根据每个设备、零部件的性质对其进行分类，将属性与描述化为具体的数据，将这些数据按照资源抽象层的定义存放到数据库中，使得各个资源以数据的形式成为一个个实体对象持久化地存在于系统之中。每一个实体对象均有独立的标识，实体间通过这些标识建立联系，这些标识同样是使其行为、状态与实体建立起联系的纽带。

2）采用与底层设备相匹配的通信接口采集数据，并对其进行解析与重组，使之与抽象层的数据模型相匹配。经过适配后数据转化为符合抽象层规范的数据格式，并交由上层程序进行处理。

3）对设备具体的行为进行描述，这样的描述同样可用对象的形式存储，以配置的形式，可以将操作的各种行为描述，如操作的时间、操作人员、操作目标、操作目标的状态变化与变化量等，配置在系统之中，并给每个操作配置以相应的标识。业务层可按照操作的标识调用抽象层定义的操作接口，实际调用的操作将会变成已经适配好的操作对象。

第 12 章

岸边集装箱起重机智能维护系统

当前，港口的自动化发展趋势要求港口装卸机械实现运作无人化，其关键之一就是设备的状态监测及智能维护技术。港口岸桥在作业的过程中，通过在岸桥驱动机构及钢结构上安装的大量传感器采集振动、应力、应变、温度和液位等信息，并将这些信息在岸桥电气室进行缓存和初步分析，同时将数据传输至港口中控室监测中心及大数据云平台对数据进一步分析，实现岸桥驱动机构及钢结构的状态监测、故障诊断和寿命预测，并利用可视化技术展示相应分析结果，最后根据分析结果生成设备健康状况评价及相应维护建议。针对通用港口岸桥，开发岸桥可视化状态监测及智能维护系统，其主要目标包括：

1）建立统一的数据平台，采集汇总双小车岸桥驱动机构及钢结构的各类状态数据，实现海量数据的录入、存储、传输。

2）实现整机，包括钢结构和各驱动机构的模块化状态监测，实现原始数据的典型信号分析及可视化展示。在出现异常或检测到潜在异常时及时预警。

3）实现整机，包括钢结构和各驱动机构的模块化故障诊断，实现即时和准确的故障识别，并对诊断结果及诊断过程进行可视化解释。

4）实现整机，包括钢结构和各驱动机构的模块化寿命预测，实现准确的潜在故障识别及剩余寿命预测，并对预测结果及预测过程进行可视化解释。

5）根据数据分析结果和用户意愿，生成岸桥监测、诊断、预测及维护建议报告。

12.1 系统需求分析

根据系统建设目标，通过对系统功能和可视化需求的分析，把系统分为 7 个模块，分别是：岸桥状态总览、岸桥状态监测、岸桥智能诊断、岸桥寿命预测、程序自诊断、数据管理及系统管理。其中岸桥状态总览界面为主模块，其他模块内容根据总览中选择的岸桥而进行联动显示，其关系见图 12-1。

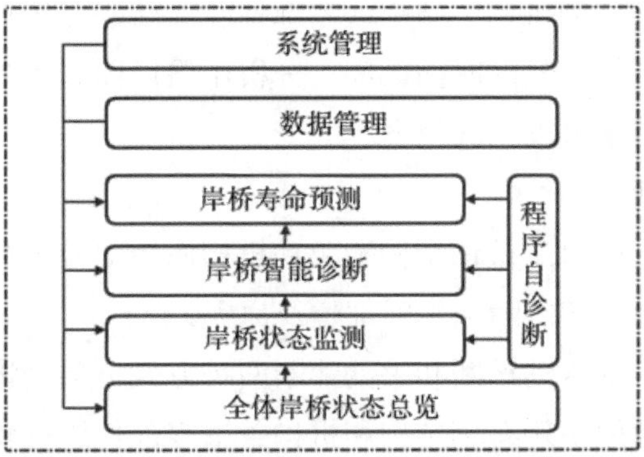

图 12-1　岸桥状态监测与智能维护系统需求

1. 岸桥状态总览

岸桥状态总览界面对港口所有岸桥的状态作一个概览和总体展示，并作为具体岸桥详细监测的入口。

总览主界面是由岸桥所在地地图和岸桥列表构成。左边的地图在默认状态下显示指定的地图，每座岸桥所在位置有一个气泡标志，不同的气泡颜色代表不同的健康状态。将鼠标移动到气泡位置会弹出岸桥的关键信息框（设备类型、健康状况等），双击气泡就进入了岸桥的具体监测界面。界面的右边显示港口所有岸桥列表，列表根据设备健康状况、地理区域等信息对所有岸桥进行划分，选中列表中特定岸桥后，地图上对应的气泡会高亮，并且弹出设备的关键信息框，单击该设备就进入了岸桥的具体监测界面。

2. 岸桥状态监测

岸桥状态监测展示岸桥在工作过程中机构 / 结构的实时数据及初步分析信息结果，包括振动信号、应力、应变、温度信号和液位信号等，并在检测到设备异常和故障后即时报警。

实时数据以列表和图表两种方式展示，界面的左侧是岸桥、机构 / 钢结构、部件 / 梁、零件 / 部位的导航栏，通过导航栏选择具体的机构 / 结构或零部件 / 梁结构后，在界面的右侧选择相应的传感器测点，选好之后即可在界面上显示出该传感器的实时数据列表或者实时曲线和图表。同时给传感器的数据设置阈值，一旦超出阈值即发出报警信号。除了显示原始数据外，该监测可以图形化显示信号处理后的结果，包括频谱分析、倒谱分析、多时域分析、多频谱分析、长时域波形分析、频率趋势分析、包络解调及阶次分析等。在进行分析之前同样需要通过岸桥导航栏选择具体的机构 / 结构或零部件 / 梁结构并选择相应的传感器，然后选择分析方法和分析信号的时间区间。分析结果以图表和列表的形式显示在右边的界面上，监测结果可以生成报表。

3. 岸桥智能诊断

岸桥智能诊断程序对岸桥钢结构和驱动机构原始信号进行特征提取和故障识别，自动检测岸桥故障和故障产生的部位及原因。

岸桥故障诊断包括自动诊断和手动诊断两种方式。自动诊断由程序在后台自动完成，程序定期对岸桥所有钢结构和机构关键零部件进行轮询诊断，用于诊断的信号和方法由程序自动选择，诊断完成后生成诊断记录，若诊断出故障则即时推送报警信息。

手动诊断需要人工选择诊断对象和诊断工具。首先在界面左侧设备导航栏中选择岸桥的结构 / 机构或零部件，并选择该零部件的传感器信号，然后选择相应的智能诊断模型开始诊断，诊断结果以正常或发生某种故障的概率图显示，同时可以查看诊断结果的解释并生成诊断报表。

4. 岸桥寿命预测

岸桥寿命预测结合岸桥钢结构和驱动机构历史数据和实时数据进行趋势分析，得到结构和关键零部件的剩余寿命信息，为维护决策提供支持。

岸桥寿命预测同样包括自动预测和手动预测。自动预测由程序在后台自动完成，程序定期对岸桥所有结构和零部件进行轮询预测，用于预测的数据和方法由程序自动选择，预测完成后生成预测记录，若预测出潜在的故障即时推送预警信息。

手动预测需要人工选择预测对象和预测工具。首先在界面左侧设备导航栏中选择岸桥的结构 / 机构或零部件，并选择该结构或零部件的传感器信号，然后选择相应的寿命预测模型开始预测，预测结果以剩余寿命雷达图显示，同时可以查看预测结果的解释并生成预测报表。

5. 程序自诊断

上述状态监测、故障诊断和寿命预测模块在检测到异常之后，需要首先对数据源和程序本身进行自诊断，确认异常不是由传感器故障、传感器数据异常、程序出错造成的。自诊断模块在检测出传感器和程序异常的情况下同样即时推送报警信息。

6. 数据管理

数据管理模块实现岸桥数据的存储、备份、导出和上传。

数据存储实现存储策略设置，在保证系统监测、诊断和预测功能前提下，尽量减少存储开销，并保证数据存储时间在一个月以上。数据备份实现重要数据的自动备份，同时也可以由用户指定时间区间和数据内容（原始信号、分析结果和报表等），对指定数据进行备份。数据导出实现系统中的数据转移到外部存储设备，从而降低系统的存储压力，同样需要用户指定时间区间和数据内容。数据上传实现系统数据自动上传到云平台，同时也可以由用户指定时间区间和数据内容，将指定数据上传到云平台。

7. 系统配置

系统配置包括岸桥管理、人员管理和系统配置。

岸桥管理实现监测系统中岸桥的增加、删除和编辑，方便新的岸桥接入系统或者编辑现有岸桥信息。用户只需要输入岸桥的零部件信息及验证信息，岸桥即自动接入系统，同时可以对岸桥的信息进行编辑。人员管理实现系统用户的新增、删除和编辑，同时对用户的权限进行划分，分为超级管理员、一般管理员、维护人员和普通用户四种，不同级别的用户权限有所区分。系统配置实现监测系统的网络设置、数据库管理和界面风格等设置。

12.2 系统总体方案

系统的总体方案目标为：建设满足上述功能需求的数据可视化监测系统，集成海量岸桥数据并对接第三方系统；为方便查看岸桥实时状态，提供丰富的信号分析、智能诊断、寿命预测工具及相应的结果可视化展示和解释手段。可视化监测系统的数据层要具有高性能的数据计算处理能力，能够完成数据集成、状态监测、诊断预测分析和可视化功能，同时系统的结构具有高度的兼容性和可拓展性，可以同时为 PC 端和移动端 APP 提供服务，并方便二次开发。

12.2.1 系统逻辑架构

岸桥可视化监测系统整体采用 B/S 架构和 Java SSM 框架，用户通过网页和移动端 APP 登录系统，不仅方便用户使用，同时有利于系统的维护和升级。岸桥可视化监测系统采用层级架构，各层之间设计成松散耦合，从技术层面共分为四层，见图 12-2。

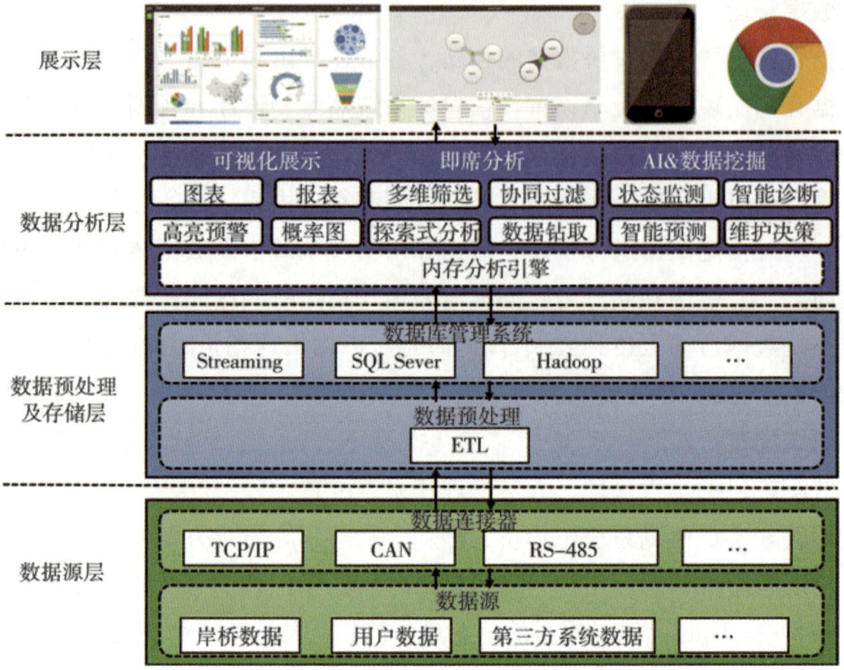

图 12-2　系统逻辑架构图

（1）数据源层　数据源层包括海量岸桥数据、用户录入数据、操作记录和第三方系统数据的集成。数据源层定制开放、通用且具有安全的连接和通信协议，保证数据采集平台的多样性和数据传输的即时、稳定和安全性。

（2）数据预处理及存储层　对数据源层集成的各类数据进行清洗、解析和分类，并进行结构化 / 非结构化混合和分布式存储。和上层数据分析层对接，提供高性能的数据存取服务。

（3）数据分析层　使用内存分析引擎对所有的数据进行交叉分析，同时引入人工智能和机器学习等多维度数据探索式分析技术，实现岸桥状态监测、故障诊断和寿命预测等数据挖掘业务。

（4）展示层　借助可视化分析探索工具进行深入的分析研究，通过实时曲线、频谱图、瀑布图、雷达图和概率图等可视化工具展示原始数据及分析结果，并对分析结果给出可视化解释。

12.2.2　系统网络架构

系统网络架构方案包括了数据库服务器、Web 服务器、网络设备、系统管理模块、岸桥设备、远程用户和大数据云平台，见图 12-3。

1）数据库服务器：负责数据的整合处理及存储，实现系统数据的结构化/非结构化混合和分布式存储，是整个系统的数据中心。

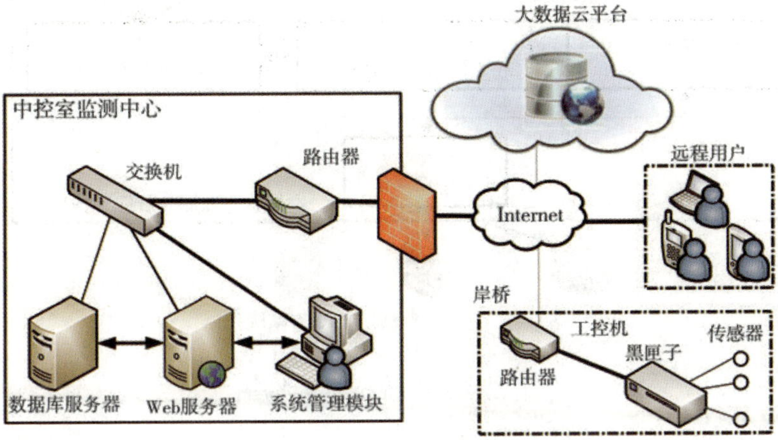

图 12-3　系统网络架构图

2）Web 服务器：负责数据分析和可视化业务。实现岸桥监测系统的状态监测、故障诊断和寿命预测等分析，并提供原始数据和分析结果可视化服务。对外提供 Web 服务，可通过网页和移动端 APP 访问。

3）网络设备：负责系统各组成部分通信网络的构建，并实现数据的安全传输，主要包括路由器和交换机。

4）系统管理模块：用于整套岸桥监测系统的管理配置，实现系统用户管理、数据管理和系统关键参数调整，可选用普通 PC 机。

5）岸桥设备：包括黑匣子和工控机，黑匣子经采集卡获取并缓存传感器数据，传输到工控机。工控机将数据处理后发送到中控室。

6）远程用户：远程用户包括 PC 端和移动端，用户通过网页或者 APP 访问 Web 服务器登录系统，获取权限范围内的服务。

7）大数据云平台：Web 服务器通过大数据云平台的开放接口建立连接，实现系统数据上传或数据获取。

12.2.3　系统技术架构

岸桥状态监测与智能维护系统使用 SSM 技术开发框架进行数据的分析处理和展示呈现。采用的技术框架见图 12-4，主要包含数据源、数据连接器、数据处理引擎、存储分析引擎和 Web 服务器五大部分。

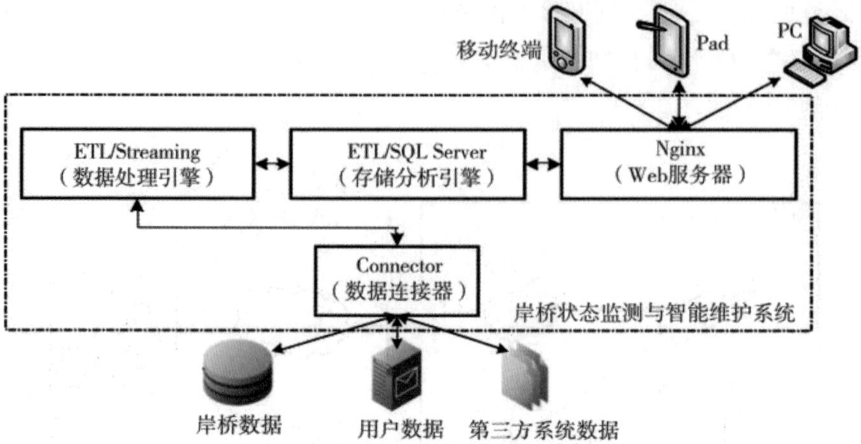

图 12-4　系统技术架构图

具体的模块技术描述见表 12-1。

表 12-1　系统技术框架模块

模块	技术说明
Connector	基于 Java 技术实现的连接框架，可以对接数据库（MySQL、Oracle、SQLServer）、业务 API、日志文件等数据源
ETL/Streaming	基于 Java 的数据处理、流式数据处理程序包
ETL/SQL Server	分布式存储数据库，使用 ES 作为基础存储，SQL Server 采用分布式存储为分析加速
Nginx	用于支撑移动端、PAD、PC 的 Web 访问请求

12.3　系统主要功能模块方案

系统功能模块方案确定各模块采用的分析方法和工具，从而达到系统目标。以下从岸桥驱动机构和岸桥钢结构两大部分分别进行介绍。

12.3.1　岸桥驱动机构

岸桥驱动机构主要实现减速箱、轴承、电动机等关键部件的状态监测、故障诊断和寿命预测。以下分别对这三个模块加以说明。

1. 状态监测模块

状态监测模块分为两个层次：第一个层次为黑匣子层面的状态监测，通过对信号时域分析、频域分析和时频分析，通过阈值超限检测和振型匹配识别已经发生的故障；第二个层次为港口中控室状态监测，港口中控室利用第一层提取的信号特征，利用智能诊断模型发现更加隐蔽和复杂的故障，其层次关系见图 12-5。

图 12-5　岸桥状态监测的两个层次

黑匣子状态监测模块采用客户端软件实现。岸桥中控室状态监测模块包括原始数据的显示和信号分析结果显示功能，以网页的形式展示，其界面示意图见图 12-6。在左侧的导航栏中选择岸桥的具体机构或零部件，并选择隶属该零部件的传感器后，针对传感器的数据就进行原始数据显示或者信号分析结果显示。

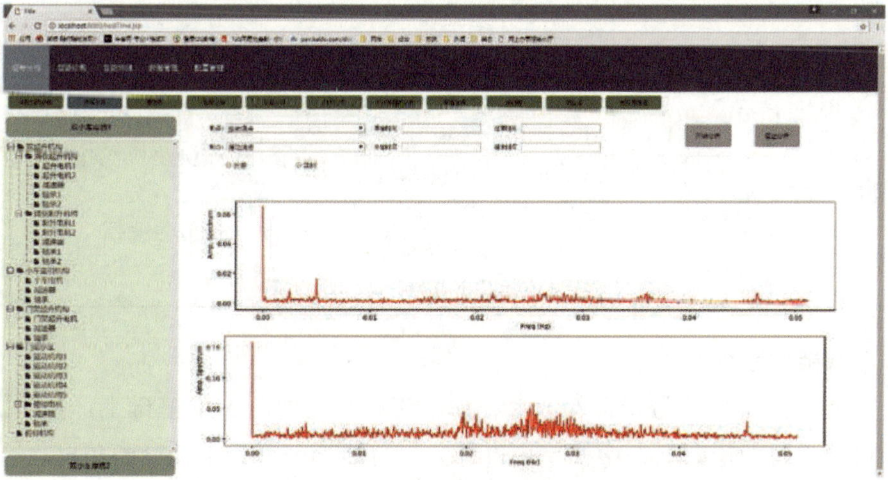

图 12-6　状态监测示意图

岸桥驱动机构状态监测的关键在于选择合适的信号处理方法，获取有效故障信息。根据轴承、电动机、齿轮箱的故障特性，选择信号处理的方法见表 12-2。

表 12-2 机构状态监测信号处理工具选择

关键部件	常见故障	故障特征	信号处理工具
齿轮箱	齿轮磨损	冲击振动幅值大，产生啮合频率的 2 倍、3 倍等高次谐波	时域统计分析、快速傅里叶分析
	偏心、齿距和齿形误差等制造误差	啮合冲击振动振幅偏移	边带谱分析、小波变换、小波包变换
	局部磨损、裂纹、断齿	冲击振动振幅大，旋转频率成分较多	快速傅里叶分析、短时傅里叶分析、倒谱分析，小波变换，小波包变换
轴承	外圈故障	故障频率： $f_0=\frac{nN}{120}\left(1-\frac{D_\omega \cos \alpha}{D}\right)$ D_ω 为滚动体直径，D 为轴承节圆直径，α 为接触角，n 为滚动体个数，N 为轴承转速	快速傅里叶分析、短时傅里叶分析、小波变换、小波包变换
	内圈故障	故障频率： $f_0=\frac{nN}{120}\left(1+\frac{D_\omega \cos\alpha}{D}\right)$	
	滚子故障	故障频率： $f_0=\frac{nN}{60D_\omega}\left(1-\left(\frac{D_\omega \cos\alpha}{D}\right)^2\right)$	
电动机	定子故障	CF （中心频率） = RS× 定子槽数 LF（线频）边频	快速傅里叶分析、短时傅里叶分析、小波变换、小波包变换
	转子故障	CF = RS× 转子条数 LF 边频	
	机械不平衡	CF = RS× 转子条数 LF 边频和 2LF 边频	

2. 智能诊断模块

智能诊断是在信号特征提取（在岸桥工控机上进行）的基础上，基于 AI 技术和机器学习的诊断（在中控室内进行）。智能诊断分为手动诊断和自动诊断。手动诊断界面见图 12-7，需要在左侧的导航栏中选择岸桥的具体机构或零部件，并选择隶属该零部件的传感器，然后选择相应的智能诊断算法即可利用指定的传感器数据进行故障诊断并显示诊断结果。自动诊断则由程序在后台自动按顺序选择所有零部件、相应传感器数据和相应的诊断算法，诊断完成之后生成诊断记录，用户可以随时查看诊断记录并导出报表。

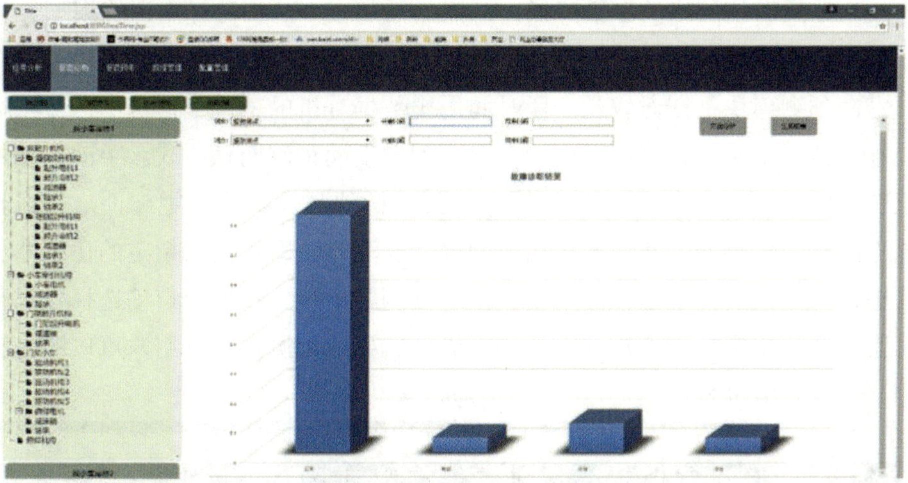

图 12-7　智能诊断界面

智能诊断的有效性不仅在于智能诊断模型本身，还依赖于提取的特征是否有效，根据轴承、电动机、齿轮箱的故障特性，选择提取特征和智能诊断的方法，见表 12-3。

表 12-3　智能诊断机构特征提取及诊断模型

关键部件	常见故障	特征提取	智能诊断模型
齿轮箱	齿轮磨损	时域特征、频谱特征	支持向量机（SVM）、人工神经网络（ANN）、隐马尔科夫模型（HMM）、深度神经网络（DNN）
	偏心、齿距误差、齿形误差	边带谱特征、时频特征	
	局部磨损、裂纹、断齿	时域特征、频谱特征、时频特征、倒频谱特征	
轴承	外圈故障	频域特征、时频特征	SVM、ANN、HMM、DNN
	内圈故障		
	滚子故障		
电动机	定子故障	频谱特征、边带谱特征、时频特征	SVM、ANN、HMM、DNN
	转子故障		
	机械不平衡		

理论上，在数据足够多和特征提取理想的情况下，SVM、ANN、HMM 等浅层网络均能取得比较好的诊断效果，在实际项目中可通过实验台数据和岸桥运营实际数据测试选择两种效果较好的模型。然而浅层网络需要较多的故障样本训练，而 DNN 等深度网络具有较强的特征提取能力，同时深度的增加使得网络的宽度

大大减小，反而使网络的参数降低，从而只需要较少的训练样本训练模型。

3. 寿命预测模块

寿命预测模块是在对较长一段时间历史数据分析的基础上，基于信号特征提取的寿命预测。寿命预测同样包含自动预测和手动预测两种方式。手动预测的界面见图 12-8，首先在左侧的导航栏中选择岸桥的具体机构或零部件，并选择隶属该零部件的传感器，然后选择相应的寿命预测算法即可利用指定的传感器历史数据进行寿命预测并显示预测结果。自动预测则由程序在后台自动选择零部件、传感器数据和相应的预测算法，预测完成之后生成预测记录，用户可以随时查看预测记录并导出报表。

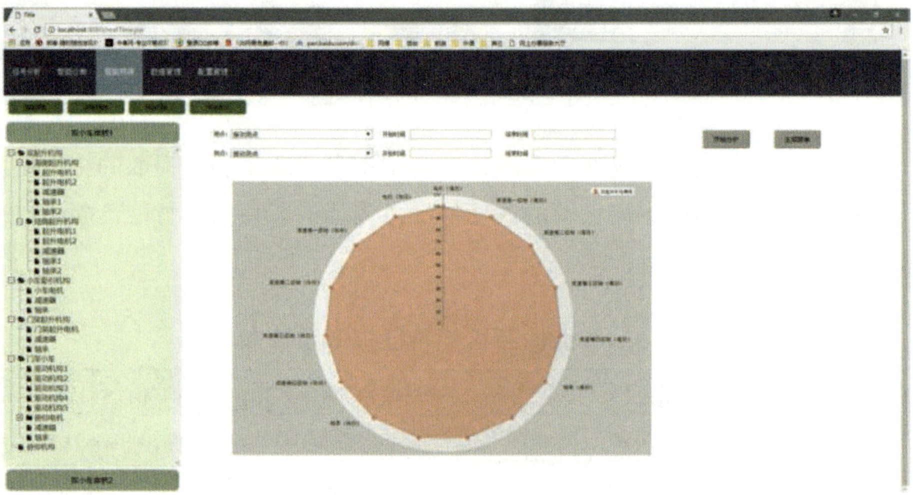

图 12-8 寿命预测界面

寿命预测的有效性不仅建立在预测模型本身上，还依赖于历史数据的积累和有效信号特征的提取。根据轴承、电动机、齿轮箱的故障发展特性，选择提取特征和寿命的预测方法，见表 12 4。

表 12-4 寿命预测机构特征提取及预测模型

关键部件	提取特征	智能预测模型
齿轮箱	时域特征、频谱特征、边带谱特征、时频特征倒频谱特征	支持向量回归机、Petri 网、模糊逻辑、相似性匹配、灰色预测、BP 网络、深度学习
轴承	频域特征、时频特征	
电动机	频谱特征、边带谱特征、时频特征	

不同关键零部件预测的效果不仅受到历史数据积累、特征提取的影响，还有预测模型的影响。因此在项目进行过程中，需要利用实验数据和岸桥实际运营数据来测试预测算法的有效性，针对特定关键部件选择 1、2 种预测模型，或者多种预测模型混合预测，以达到更好的预测效果。

12.3.2 岸桥钢结构

岸桥钢结构部分实现前后大梁、拉杆系统、海陆侧梯形架、海陆侧门框、门框联接系统、联系横梁和转接平台的状态监测、智能诊断和寿命预测。

1. 状态监测模块

钢结构状态监测分为两个层次：岸桥工控机和中控室。岸桥工控机通过信号时域分析、频域分析、时频分析以及阈值超限检测，实现岸桥钢结构状态初步判断；中控室获取工控机信号处理后的特征数据，利用智能诊断模型发现更加隐蔽和复杂的故障。

岸桥工控机和中控室工控机钢结构与机构部分的状态监测模块集成在一起，同样包括原始数据的显示和信号分析结果显示功能。首先在左侧的导航栏选择岸桥的指定钢结构，并选择隶属该结构的传感器，然后针对传感器的数据进行原始数据显示或者信号分析结果显示。

钢结构包含致命裂纹、铰点轨道、整机振动和特殊拓展四大监测关键点，前三者通过应力、应变和振动来判断结构状态，后者通过图像识别判断结构状态。状态监测的有效性取决于信号处理方法的选择，针对不同监测关键点选择信号处理方法，见表 12-5。

表 12-5 钢结构状态监测信号处理工具

监测模块	处理节点	处埋操作	信号处理工具
致命裂纹	黑匣子	缓存	—
	岸桥工控机	时域、频域、时频分析	时域统计分析，阈值超限检测，快速傅里叶分析，能量谱、功率谱分析，小波分析
	中控室	提取时域、频域、时频特征	振型匹配、智能诊断模型（在下一小节介绍）
铰点轨道	黑匣子	缓存	—
	岸桥工控机	时域、频域、时频分析	时域统计分析，阈值超限检测，快速傅里叶分析，小波分析，能量谱、功率谱分析
	中控室	提取时域、频域、时频特征	振型匹配、智能诊断模型

（续）

监测模块	处理节点	处理操作	信号处理工具
整机振动	黑匣子	缓存	—
	岸桥工控机	时域、频域、时频分析	时域统计分析，阈值超限检测，快速傅里叶分析，小波分析，能量谱、功率谱分析
	中控室	提取时域、频域、时频特征	振型匹配、智能诊断模型
特殊拓展	黑匣子	缓存	—
	岸桥工控机	图像监测	卷积神经网络、自编码器
	中控室	提取降维特征	特征匹配、智能诊断模型

2. 智能诊断模块

智能诊断分为手动诊断和自动诊断。结构手动诊断和机构诊断界面集成在一起，需要首先在左侧的导航栏中选择岸桥的具体结构，并选择隶属该结构的传感器，然后选择相应的智能诊断算法即可利用指定的传感器数据进行故障诊断并显示诊断结果。自动诊断则由程序在后台自动轮询选择岸桥结构、传感器数据和相应的诊断算法，诊断完成之后生成诊断记录并将诊断结果推送给用户，用户也可以随时查看诊断记录并导出报表。

智能诊断的有效性同样依赖于诊断模型本身和所提取的特征，根据诊断关键点的不同选择提取特征和智能诊断方法，见表 12-6。

表 12-6　智能诊断结构特征提取及诊断模型

监测模块	提取特征	诊断方法
致命裂纹	应力、应变、振动时特征、频域特征、时频特征	振型匹配，SVM、ANN、HMM、DNN
铰点轨道	铰点振动时域特征、频域特征、时频特征	振型匹配，SVM、ANN、HMM、DNN
整机振动	振动时域特征、频域特征、时频特征	振型匹配，SVM、ANN、HMM、DNN
特殊拓展	裂纹图像特征识别	卷积神经网络（CNN）、堆叠自编码器（SAE）

3. 寿命预测模块

钢结构寿命预测是结合岸桥基本参数、设计制造参数、模型参数和检修参数，基于信号特征提取的预测。结构寿命预测分为自动和手动两种方式。其中结构手动预测和机构预测界面集成在一起，需要首先在左侧的导航栏中选择岸桥的具体结构，并选择输入预测模型的岸桥基本参数和隶属该结构的传感器，然后选择相应的寿命预测算法即可利用指定的输入岸桥参数和传感器历史数据进行寿命预测并显示预测结果。自动预测则由程序在后台自动按顺序选择结构、岸桥参数、传感器数据和相应的预测算法，预测完成之后生成预测记录，系统会将预测结果推送给用户，用户也可以随时查看预测记录并导出报表。

预测模型中用到的梁结构应力谱，通过有限元分析和实际监测值修正的方式获得。预测程序和有限元分析程序联动，在预测开始时会启动有限元程序分析结构应力谱，结果返回预测程序并利用监测值修正后再输入预测模型进行剩余寿命分析，见表 12-7。

表 12-7　寿命预测结构特征提取及预测模型

关键部位		参数	特征提取	智能预测模型
致命部件	前拉杆、中拉杆、梯形架后撑管、外伸梁拉杆	基本参数：疲劳可靠度、细节级别、*P*-*S*-*N* 特征曲线参数、吊载分级、小车行程分档、服役天数 设计制造参数：材料特性、应力集中系数、板厚修正、焊趾改进修正 模型参数：监测应力预处理、有限元计算应力修正、雨流计数法选择、平均应力修正、应力谱级数、应力谱外推 检修参数：发现裂纹时间、裂纹位置、裂纹长度、裂纹修复时间、修复后细节级别	应力谱有限元计算 + 修正；*S*-*N* 曲线、ε-*N* 曲线、累积疲劳系数、基于断裂力学的裂纹拓展速率 da/dN、基于损伤力学的损伤速率、基于能量的损伤参数	基于概率统计 Miner 方法、支持向量回归机、Petri 网、模糊逻辑、相似性匹配、灰色预测、BP 网络、深度学习
重要部件	前大梁、后大梁、海侧上横梁、陆侧上横梁、外伸梁			
其他部件	除致命部件和重要部件之外的其他结构部件			

不同结构预测的效果受到基本参数和历史数据的影响，而基于各种寿命预测理论的特征提取对预测效果也有极为重要的影响，同时在选择有效的特征基础上还需要选择正确的预测模型，因此在项目进行过程中，需要利用实验数据和岸桥实际运营数据来测试预测算法的有效性。针对特定结构选择 1、2 种预测模型，或者多种预测模型混合预测，以达到更好的预测效果。

参考文献

[1] MANYIKA J, CHUI M, BROWN B, et al. Big data: The next frontier for innovation, competition and productivity[R]. 2011.

[2] 程学旗，靳小龙，王元卓，等.大数据系统和分析技术综述[J].软件学报，2014，25(9)：1889-1908.

[3] DALPIAZ G, RIVOLA A, Rubini R. Effectiveness and sensitivity of vibration processing techniques for local fault detection in gears[J]. Mechanical Systems and Signal Processing, 2000, 14(3): 387-412.

[4] MILLER A J. A new wavelet basis for the decomposition of gear motion error signals and its application to gearbox diagnostics[D].PA: The Pennsylvania State University, State College, 1999.

[5] RUSS J C. The Image Processing Handbook[M]. Boca Raton, FL: CRC Press, 2002.

[6] NiXON M S, AGUADO A S. Feature Extraction and Image Processing[M]. xford: Newnes, 2002.

[7] 王华忠.监控与数据采集（SCADA）系统及其应用[M].2版.北京：电子工业出版社，2012.

[8] 王振明.SCADA（监控与数据采集）软件系统设计与开发[M].2版.北京：机械工业出版社，2008.

[9] 杨叔子，史铁林，李东晓.分布式监测诊断系统的开发与设计[J].振动、测试与诊断，1997，17(1)：1-6.

[10] NICHOLSH M C, BERNARD C B, David M H.Remote Instrument Diagnosison the Internet [J].IEEE Intelligent System, 1998 (5): 70-76.

[11] 凌振宝，王君，马心璐.一种网络监测模型的研究[J].仪表技术与传感器，2003(2)：37-38.

[12] 潘健华.大型船厂造船门式起重机安全监测管理系统研究与开发[J].机电工程，2014，31(1)：72-75.

[13] 应光伟，李波，刘勤国，等.斗轮堆取料机的发展与展望[J].港口装卸，2010(4)：1-4.

[14] 邵明亮，于国飞，耿华．斗轮堆取料机[M]．北京：化学工业出版社，2007.

[15] 王琼．基于嵌入式 Linux 数据采集系统的软件设计与实现[D]．成都：电子科技大学，2013.

[16] 赵莹．基于 Linux 的嵌入式控制平台的研究与开发[D]．北京：华北电力大学（北京），2009.

[17] 周靖吕．基于 ARM9 和嵌入式 LINUX 的嵌入式开发平台的研究与设计[D]．成都：电子科技大学，2008.

[18] 王卫国．嵌入式 Linux 在高速数据采集系统中的应用研究[D]．西安：西北工业大学，2004.

[19] 赵炯，周奇才，熊肖磊，等．设备故障诊断及远程维护技术[M]．北京：机械工业出版社，2014：9-10.

[20] 付玉志．基于 ZigBee 技术的智慧农业实时采集和远程控制系统[D]．杭州：浙江大学，2015.

[21] i.MX6：多核应用处理器 Wandboard 开发方案[J]．世界电子元器件，2014（2）：23-24.

[22] IMX6_CoreC 用户手册[Z]．广州：广州天嵌计算机科技有限公司，2015.

[23] 潘传勇，丁国臣，陈世夏．基于 LM2596 的不间断直流电源设计[J]．现代电子技术，2013（17）：107-109.

[24] 叶朝锋，黄松岭，徐云，等．基于 SATA 的嵌入式高速大容量数据存储系统设计[J]．电测与仪表，2008，45（2）：41-44.

[25] Freescale, Inc. i.MX 6Dual/6Quad Applications Processor Reference Manual[Z].2012.

[26] National Semiconductor, Inc. LM2596 Power Converter 150 kHz 3A Step-Down Voltage Regulator [Z].2002.

[27] National Semiconductor, Inc. LM1117 800mA Low-Dropout Linear Regulator[Z]. 2004.

[28] Microchip Technology, Inc. MCP2551 High-Speed CAN Transceiver [Z]. 2002.

[29] 刘伟雄．多层印制板设计基本要领[J]．印制电路信息，2007（9）：24-26.

[30] 付强 . Altium Designer 软件在电路设计中的应用 [J]. 科技传播，2011（14）：197-198.

[31] 黄杰勇，林超文 . Altium Designer 实战攻略与高速 PCB 设计 [M]. 北京：电子工业出版社，2015.

[32] 谢国雄，朱璇，徐美红，等 . Access 与其它数据库系统在 OA 应用中的对比 [J]. 电脑知识与技术，2011（28）：6804-6806.

[33] 成玉琼 . Oracle 优势与前景 [J]. 大科技，2015（20）：204.

[34] 周文宇 . DB2 与 Oracle 数据库技术的对比研究 [J]. 电脑知识与技术（数字社区与职能家居），2005（12）：15-17.

[35] 钟文龙，陈磊 . DB2 与 Oracle 的数据仓库技术关键能力对比研究 [J]. 电脑知识与技术，2005（9）：9-11.

[36] 李玉芝 . 关系型数据库 Oracle、DB2、Sql Server 的比较研究 [J]. 中国包装科技博览，2010（26）：100.

[37] 王静文 . 关系数据库管理系统 SQL Server 和 Oracle 比较 [J]. 科技创新导报，2007（18）：197.

[38] 胡静涛，徐皑冬，于海斌 . CBM 标准化研究现状及发展趋势 [J]. 仪器仪表学报，2007，28（3）：569-574.

[39] 郭前进，徐皑冬，于海斌 . 基于状态维护的标准化开放系统研究 [J]. 山东大学学报，2005，35：213-217.

[40] 徐皑冬，于海斌，郭前进 . 基于状态的设备维护——CBM 技术研究 [J]. 工程机械，2005，36（6）：9-13.

[41] 郭前进，于海斌，徐皑冬 . 基于状态维修的开放系统研究与实现 [J]. 计算机集成制造系统，2005，11（3）：416-421.

[42] ALLEN S，GILANI S F，等 .C# 数据库入门经典 [M]. 北京：清华大学出版社，2003.

[43] 魏晓 . 基于状态监测与故障诊断大型数据库的设计开发 [D]. 大连：大连理工大学， 2005.

[44] 张春华，刘伟 . 基于故障树的故障诊断专家系统 [J]. 兵工自动化，2009，28（11）：15-16.

[45] 丛培盛，龚沛曾，高枚，等 . 计算机软件开发技术与应用 [M]. 北京：高等教育出版社，2012.

[46] AGARWAL V V, HUDDLESTON J, 等 . C# 2008 数据库入门经典 [M]. 沈洁，杨华，译 . 北京：清华大学出版社，2009.

[47] 张虹，郑会颂 . UML 中的类模式在关系数据库中的映射及其实现 [J]. 南京邮电学院学报，2005，25（3）：73-78.

[48] 张良银 . 浅论 C/S 和 B/S 体系结构 [J]. 工程地质计算机应用，2006（4）：20-23.

[49] 苗沐新 . 浅论 C/S 与 B/S 软件系统体系结构的差异 [J]. 长春师范学院学报，2007，26（6）：92-95.

[50] 刘晓叙 . 灰色预测与一元线性回归预测的比较 [J]. 四川理工学院学报，2009，22（1）：107-109.

[51] 赵炯，屈剑平，周杰，等 . 基于 XAF 框架的盾构机故障诊断系统设计与开发 [J]. 机械设计与制造工程，2013,42（6）：5-9.

[52] SILBERSCHATZ A，KORTH H F，SUDARSHAN S. Database System Concepts[M]. 5th. NewYork： McGraw-Hill Education， 2010.

[53] CODD E F. A Relational Model of Data for Large Shared Data Banks[J]. Communications of ACM，1970.

[54] CHAMBERLIN D D，BOYCE R F.SEQUEL：A STRUCTURED ENGLISH QUERY LANGUAGE[R].San Jose：IBM Research Laboratory.

[55] STRAUCH C. NoSQL Databases[D].Stuttgart：Hochschule der Medien.

[56] 李学龙，龚海刚 . 大数据系统综述 [J]. 中国科学：信息科学，2015（1）：1-44.

[57] 冉祥生 . 基于 MapServer 的空间信息发布技术研究 [D]. 成都：西南交通大学，2008.

[58] 张黎明，闫浩文 . 基于 OGC 规范的 WebGIS 设计与应用 [J]. 测绘与空间地理信息，2011，34（6）：41-43.

[59] 圣荣，刘友兆，王庆，等 . 基于开源 MapServer 的网络空间数据共享系统研究 [J]. 农业网络信息，2007（11）：51-54.

[60] 王慧平 . 基于 WebGIS 的农机远程监管服务系统的设计与实现 [D]. 北京：首都师范大学，2014.

[61] 童恒建，杨贵仙，张志毅，等 . 地理信息系统发展趋势和对策研究 [J]. 科技进步与对策，2003（5）：143-145.

[62] 李路华．基于 WebGIS/3G 的设备远程监测系统的研究与实现 [D]. 天津：河北工业大学， 2014.
[63] 王辉，邵贝恩．WebGIS 在工程机械远程监控系统中的应用研究 [J]. 微计算机信息，2006，22（10-1）：4-6.
[64] 黄露高．工程机械远程监控与数据采集系统的研究与开发 [D]. 上海：上海交通大学，2008.
[65] 陈霏霏．履带式起重机远程网络监控与数据采集系统的研究与实现 [D]. 长沙：中南大学，2012.
[66] 陈元谋．重型工程平板车远程监控系统的设计与实现 [D]. 秦皇岛：燕山大学，2011.
[67] 张斌．基于 GPRS/GIS 的工程机械远程监控系统 [D]. 长沙：湖南大学，2007.
[68] 杜栋．基于 SuperMap IS Java 的特种设备安全监察系统设计与实现 [D]. 杭州：浙江大学，2007.
[69] 沈阳．基于 GPRS 网络电动汽车远程监控系统设计的研究 [D]. 上海：上海交通大学，2013.
[70] 黄亦翔，周俊，刘成良，等．基于 WebGIS/GPRS/GPS 的设备远程监测系统 [J]. 计算机工程，2007，33（2）：225-227.
[71] 张铭泉，陈玉胜，杨力，等．基于 WebGIS 的配电网设备管理研究与应用 [J]. 电力系统通信，2006，27（167）：58-62.
[72] 宋文乐，张晓冬，陈勇，等．基于 WebGIS 的电力信息系统 [J]. 电力信息化，2012，10（11）：12-15.
[73] 杨保群．地理信息系统的现状和发展趋势 [J]. 城市建筑，2013 （16）：271-271.
[74] 童恒建，杨贵仙，张志毅，等．地理信息系统发展趋势和对策研究 [J]. 科技进步与对策，2003 （5）：143-145.
[75] 王宇，王东．地理信息系统 GIS 技术在电力系统自动化中的应用 [J]. 黑龙江电力，2007，29（5）：354-357.
[76] 刘明望．浅谈港口装卸机械的未来发展趋势 [J]. 城市建设理论研究（电子版），2014 （23）：3019-3020.
[77] 许辉，马晓鹏．基于 Web 墨卡托投影地理信息系统设计与实现 [J]. 电脑编程技巧与维护，2011（8）：41-43.

[78] 高进．基于 MapServer 的电子海图服务系统研究 [D]．大连：大连海事大学，2013.

[79] 张黎明，闫浩文．基于 OGC 规范的 WebGIS 设计与应用 [J]．测绘与空间地理信息，2011，34（6）：41-43.

[80] 杨玉鑫．基于 Web GIS 的校园房产管理信息系统设计与实现 [D]．泰安：山东农业大学，2015.

[81] 陈海燕，刘珍．基于 Google Maps 的地理信息标注系统的设计与实现 [J]．湖南科技大学学报（自然科学版），2009，24（3）：87-90.

[82] 赵炯，陈阳振，周影，等．基于 WebGIS 的设备监测系统设计与实现 [J]．机电一体化，2016（7）：45-51.

[83] 宋宏权．基于 Adobe Flex 的网络视频 GIS 设计与实现 [D]．开封：河南大学，2010.

[84] 邱晨健．栅格地图分布式存储方案设计与性能分析 [D]．西安：西安电子科技大学，2014.

[85] 曾建．移动互联网产业链合作竞争研究 [D]．北京：北京邮电大学，2009.

[86] 彭鑫．基于 Android 的工业控制监控软件的设计和开发 [D]．杭州：浙江大学，2013.

[87] 曹晓芳，王超，李杰．一种基于 Android 智能手机的远程视频监控的设计 [J]．电子器件，2011，34（6）：709-712.

[88] 杨威，高文华．基于 Android 的智能家居终端设计与研究 [J]．计算机技术与发展，2013，23（7）：245-248.

[89] 李慧，刘星桥，李景，等．基于物联网 Android 平台的水产养殖远程监控系统 [J]．农业工程学报，2013（13）：175-181.

[90] 黄贤强．交互设计在工业设计中的应用研究 [D]．济南：齐鲁工业大学，2014

[91] 黄永慧，陈程凯．HTML5 在移动应用开发上的应用前景 [J]．计算机技术与发展，2013，23（7）：207-210.

[92] GAMMA E，HELM R，JOHNSON R，et al. Design Patterns：Elements of Reusable Object-Oriented Software[M]. Addison-Wesley Longman Publishing Co. Inc，1995.

[93] 张玉晴，黄瑾娉．基于 HTML5 的跨平台移动应用关键技术的研究与实现 [J]．工业控制计算机，2013，26（3）：56-58.

[94] 高静， 段会川 . JSON 数据传输效率研究 [J]. 计算机工程与设计，2011，32（7）：2267-2270.

[95] 许金喜， 张新有 . Android 平台基于 MQTT 协议的推送机制 [J]. 计算机系统应用， 2015，24（1）：185-190.

[96] 段艳明， 肖辉辉 . 基于 Java NIO 开发高性能并发型服务器程序的研究 [J]. 教育技术导刊， 2009（5）：63-66.

[97] The Netty Project, User guide for 5.x [EB/OL]. [2016-07-12]. http://netty.io/wiki/user-guide-for-5.x.html.

[98] MAURER N， WOLFTHAL M A. Netty in Action[M]. Manning Publications Co， 2015.

[99] 戴而正 . 基于 Android 系统的设备端视频监控软件设计与实现 [D]. 杭州：浙江工业大学， 2012.

[100] 张硕，罗阿理 . 基于 Android 平台的天文观测信息集成系统 [J]. 计算机应用， 2014 （S2）：339-343.

[101] 陈龙 . 基于 Android 的外形量仪人机界面的研究 [D]. 成都：西南交通大学，2014.

[102] 徐雯，高建华 . 基于 Spring MVC 及 MyBatis 的 Web 应用框架研究 [J]. 微型电脑应用， 2012， 28（7）：1-4.

[103] WALLS C. Spring in Action[M]. Manning， Publications，2011.

[104] 袁绪峰 . 基于 Spring 框架的 AOP 编程 [J]. 计算机与现代化， 2006 （1）：118-120.

[105] Google， Material Design [EB/OL]. [2016-07-02]. http://material.google.com.